JN096904

新・コンメンタール
民法(家族法)

松岡久和・中田邦博[編]

日本評論社

はしがき

本書は、2009年に刊行した『学習コンメンタール民法Ⅱ親族・相続』を『新・コンメンタール』シリーズにあわせて『新・コンメンタール民法（家族法）』に改題したものであり、実質的には『学習コンメンタール民法Ⅱ親族・相続』の第２版である。

『学習コンメンタール民法Ⅱ親族・相続』は、民法の家族法の全体をコンパクトに解説しており、必要な基本情報を簡易・迅速に参照できるものとして広く受け入れていただくことができた。そして、このシリーズにおいては、インターネット時代における電子書籍編集の技術を取り入れた新しい試みとして、電子書籍版とウェブ版が同時に作成されており、これも本書の特徴の１つとなっている。ウェブ版には、関連条文や参照している判例の全文をリンクから一瞬で見ることができる仕組みが用意されており、そうした工夫は好評であった。本書もまた、こうした以前のコンセプトを受け継ぐものである。

そこで、まずは、あらためて、本書の当初の意図と編集の基本方針を説明しておきたい。すなわち、民法の学習には体系的な理解が必要であり、そのための教材としては民法の教科書や体系書が適切である。他方で、個々の条文の意味を正確に把握するには、それだけでは足りず、条文を解説する注釈書（コンメンタール）を読むことが有益である。そうした注釈の叙述は、条文の解釈を中心に問題を整理するものであり、それを読むことで、条文の文言上の意味についての理解が飛躍的に高まることになる。私たちは、条文の意味を理解し、その知識を確実にするために、こうした注釈書が必要であると考えている。

ところが、手元に、適切な注釈書を見出すことができなくなって久しい。権威のある大部の注釈書は刊行されているが、その多くが実務家を対象としており解説が詳細すぎたり、また各巻の出版年度が異なっていたり、常に改正法に対応しているわけではないものがほとんどである。古い学説や判例の見解が叙述されているだけで、新しい展開が取り入れられていなかったり、受験参考書的な解説だけで内容的に物足りなかったりするものも少なくはない。なにより、民法全体（財産法と家族法）をあわせて解説する注釈書がないこと自体も驚きである。注釈書の有用性に鑑みると、このような状況は好ましくない。こうした問題意識を出発点にして、私たちは新たな注釈書を提供したいと考えたのである。

このため、本書では次のような執筆方針をとった。私たちは、執筆に際して、注釈書の主な役割を個々の条文についての知識の確認や、その手がかりとなる基本情報の提供に、内容を限定することにした。いたずらに情報を増やすことは理解を困難にするからである。本書は、読者に基本的な情報の提供を目的としたことから、判例・通説（多数説）に依拠することを原則とした。その際、判例の引用は基本的には最高裁のものに限定し、判例を（ときには批判的に）理解するのに必要な限度で学説を参照してもらうようにお願いした。全体として、各執筆者にはいわば濃淡のある解説をしていただくよう努めていただき、全体の分量を抑えるため、たとえば、条文を読めば足りるものにはあえて解説を付けないことにした。

本書の利用者としては、主に法学系の学部学生、および法科大学院に在籍する学生、手短に情報にアクセスしようとする実務家を想定した。ウェブ版が利用できる環境にある場合には本書と併用して利便性を高めてほしい。

本書の前身である『学習コンメンタール民法Ⅱ親族・相続』は、すでに述べたとおり、2009年の刊行であるが、その後の11年間に、親族法・相続法の領域では大きな改正や判例変更があった。

主要な改正でも次のように多数に及ぶ。

①親権の喪失や未成年後見等を見直した2011（平成23年）法律第61号
②最高裁判例の違憲判決を受けて非嫡出子の相続分を嫡出子の半分とする規定を削除した2013（平成25年）法律第94号
③成年後見の事務の円滑化を図った2016（平成28年）法律第27号
④再婚禁止期間を短縮した同年の法律第71号
⑤債権関係を大改正した2017（平成29）法律第44号
⑥成年年齢を18歳に引き下げる2018（平成30）法律59号（施行は2022（令和4）年4月1日であるが本書では各所でこの改正も解説している）
⑦相続法を大改正した2018年法律第72号
⑧特別養子の適格年齢の制限を緩和する2019（令和元）年法律第34号

さらに関連する手続法の改正として、財産開示や子の引渡し執行に影響する民事執行法等の見直しをした2019（令和元）年法律第2号があった。

家族法関係の改正は多く、また債権関係の改正でも家族法の規定に影響したものがある。そこで、財産法以上に、家族法においても、新規に原稿を作成し、または、旧版の原稿を大幅に改める必要のある条文は少なくなかった。こうしたことから、本書は全体として厚くなったが、それでも特徴の１つであるコンパクトさを失わないように努めた。

改訂の企画を相談してからも時間的な余裕がなく、執筆者の皆さんには、相次ぐ民法改正および法科大学院制度の改正に加え、長引くコロナ禍へのオンライン授業などによる対応で多忙を極める中、短期間の間に改訂原稿を執筆し、編者からの細かい注文にも真摯にお応えいただいた。おかげさまで、本書を『新・コンメンタール民法（財産法）［第２版］』に続けて刊行できたことは大きな喜びであり、各位に心より厚く御礼を申し上げる。

『新・コンメンタール民法（財産法）［第２版］』のはしがきでも書いたように、本書についても今後のタイムリーな改訂のための体制整備などいくつか課題が残されている。読者の皆さんには、本シリーズを十分にご活用し、ご意見やご要望を引き続きお寄せいただくことを切に願っている。

最後に、この一連の改訂企画につき、厳しく督励し、辛抱強く支えていただいた日本評論社の串崎浩さん、武田彩さんおよび有安香央理さんに、心より感謝を申し上げる。

2021 年 3 月

編者　　松岡久和
中田邦博

「インターネットコンメンタール民法」のご案内

株式会社　日本評論社

1　ウェブ版の特徴

本コンメンタールは、従来の逐条解説書と異なり、ウェブ版を同時提供し、書籍とあわせて利用できるという特徴があります。

このウェブ版は、本書と同様の解説のほかに次のような機能を備えています。

(1)　解説中に指示される「条文」、「判例」にはリンクがはられており、最新の法改正をふまえた条文と判例全文を参照することができます。

(2)　条文に関しては、「民法のほかの条文」は、同じデータベース内の「条文、および解説」を参照することができます（異なる法分野の条文については条文全文を参照できます）。

(3)　判例に関しては、「判例全文」、「判例に関する情報（審級情報、判例要旨、評釈論文情報など）」も同時に参照することができます。

書籍とあわせての利用により、条文趣旨だけでなく判例を含め、より深く理解することが可能となります。

2　ウェブ版との共存で常に最新情報を提供

法改正が頻繁に行われる近時、より早く、より正確な条文理解が必要とされています。「インターネットコンメンタール」との共存により、最新の情報を織り込んだ改訂を行う予定です。

【『インターネットコンメンタール』の内容、利用方法に関するお問い合わせ】
株式会社日本評論社　第１編集部　inkom@nippyo.co.jp

※　料金・利用方法などに関して
株式会社 TKC　リーガルデータベース営業本部　lexcenter@tkc.co.jp

目次

凡例

▼条文

・条文の見出し・ふりがなは、立法者によりつけられたものである。

▼法令名（次のように略記した。）

民	民法
憲	憲法
刑	刑法
民訴	民事訴訟法
一般法人法	一般社団法人及び一般財団法人に関する法律
家事手続	家事事件手続法
家事手続規	家事事件手続規則
家審	家事審判法
家審規	家事審判規則
学教	学校教育法
教基	教育基本法
戸籍	戸籍法
戸施規	戸籍法施行規則
後見登	後見登記等に関する法律
厚年	厚生年金保険法
児童虐待	児童虐待の防止等に関する法律（児童虐待防止法）
児童約	児童の権利に関する条約（子どもの権利条約）
児福	児童福祉法
自賠	自動車損害賠償保障法
借地借家	借地借家法
信託	信託法
人訴	人事訴訟法
人保	人身保護法
人保規	人身保護規則
生保	生活保護法
任意後見	任意後見契約法

年齢計算　年齢計算ニ関スル法律
破　破産法
非訟　非訟事件手続法
不登　不動産登記法
法適用　法の適用に関する通則法
民執　民事執行法
民執規　民事執行規則
労基　労働基準法

▼判例集（略記法は以下の通り。）
民集　大審院民事判例集（大正11年～昭和21年）、最高裁判所民事判例集（昭和22年～）
民録　大審院民事判決録
裁判集民　最高裁裁判集民事
高民集　高等裁判所民事判例集
下民集　下級裁判所民事裁判例集
刑集　最高裁判所刑事判例集
下刑集　下級裁判所刑事裁判例集
家月　家庭裁判月報
裁時　裁判所時報
訟月　訟務月報
裁判例　大審院裁判例（法律新聞別冊）
新聞　法律新聞
判時　判例時報
判タ　判例タイムズ
金判　金融・商事判例
金法　金融法務事情
評論全集　法律学説判例評論全集
法学　法学（東北帝国大学）
LEX/DB　LEX/DBインターネット

※なお、本書では注番号は章単位で通し番号とした。

第４編　親族

〔前注〕

親族編では、男女の関係や親子関係の問題、さらに家族構成員の保護の問題を扱っている。家族は、社会の変遷の影響を直接または間接に受けながら、変貌している。それゆえ、家族関係において生じてくる法律問題も、その時代の社会を反映している。

Ⅰ　民法典の編纂と親族法の変遷

1　民法典編纂と親族編に関する改正

日本の民法典は、明治29年法律89号と明治31年法律９号が１つになり、1898（明治31）年から施行されたものである。前者の法律が総則、物権、債権、後者の法律が親族、相続に関係している。現在に至るまで、条文は改正され、とくに1898（明治31）年公布のこの民法典を明治民法と呼ぶことがある。この民法典に至るまでには、旧民法と呼ばれるものがあった。旧民法のいわゆる財産法に関する条文はボアソナードが、人事編および財産取得編中の親族、相続に関する条文は熊野敏三や磯部四郎らが起草した。

第二次世界大戦後、憲法改正とともに、家制度に基づいていた親族編と相続編が大改正され、文章も口語体に改められた（1947（昭和22）年の民法の一部改正により、私生児という言葉が廃止され、現在では嫡出でない子に改められている）。

親族法に関する戦後の大改正のうち、重要なものとしては、1948（昭和23）年法律260号による裁判所法の改正によって、1947（昭和22）年に家事審判法の施行にあわせて設けられた家事審判所（地方裁判所の特設支部として位置づけられた）と従来の少年審判所とを統合し、新たに家庭裁判所が設けられたことが挙げられる。新たに独自の司法的機能を果たす裁判所が設けられたことになる。その後の大きな改正は、1987（昭和62）年の民法等の一部改正法による特別養子制度の創設がある（昭和62年法律101号。1988（昭和63）年１月１日より施行された）。また、人事訴訟法が2003（平成15）年７月16日に公布され（平成15年法律109号。2004（平成16）年４月１日施行）、人事訴訟手続法が廃止された。その結果、人事訴訟事件が、家庭裁判所で裁判されることになった。この手続法の改正により、離婚訴訟は、家庭裁判所で審理され、家庭裁判所で行われる調停と訴訟の関連性が密接になり、家庭裁判所が利用しやすいものになったといえる。実務上、家族法に大きな影響を与えている。また、2011（平成23）年に、親権の喪失（民834条）、親権の停止（民834条の２）など、親権に関する民法の規定に改正が加えられた。さらに、「面会その他の交流」という言葉が条文の中に入り、子の利益という視点が民法典の中に置かれた（民766条）といえる。加えて、2011（平成23）年に家事事件手続法（平成23年法律52号）が、2012（平成24）年に家事事件手続規則が公布され、2012（平成25）年１月から施行された。家事事件手続法は、家事審判法を見直し、新法としての制定であり、当事者の手続保障に留意している。調停や審判の適正さを担保するように改正されている。

明治民法の下では、家制度に基づく家族法が構築されていたことはよく知られている。第二次世界大戦後、憲法が改正され、男女平等、夫婦の平等などが採り入れられた。民法の家族法も、封建主義的な家制度から離れて平等主義等を採り入れ、民主主義的な家族法に改正された。しかしながら、家制度は、社会の変遷により、戦前からすでに家の内部から崩壊が始まっていたと分析されている。

家族は、社会や世界の状況から直接、間接に影響を受けながら、変遷を繰り返し、その価値観も変化している。男女関係を例にとれば、準婚としての婚姻外の関係を保護の対象とした時代から、自由に関係を解消できる関係として互いを拘束し合わない関係としての男女関係が、民法で取り扱われる時代となりつつある。また、男女関係の多様化は、性転換の問題にまで範囲を広め、戸籍上の性別表記に関して立法がなされた（性同一性障害者の性別の取扱いの特例に関する法律（平成15年法律111号））。同性での婚姻の可否も議論がなされている。このように、民法の対象は個々人の多様な生き方にも及んでいる。積極的に保護するのか、関係を静観するのか、考え方も多様である。契約によるパートナーの関係も考慮の対象となってくるかもしれない。

２　離婚に関する問題

どのように離婚をするのかという問題も重要ではあるが、現在では相手方配偶者の保護の問題、さらに未成熟子の問題へと関心が移っている。離婚に関しては、子の養育費の問題も含め財産的な問題が最も大きい。夫婦財産制に関して、共有的要素を前面に出した改正を行うことも解決方法の１つであると思われる。このような中にあって、2007（平成19）年４月から厚生年金の分割制度が実施された。しかしながら、2018（平成30）年に相続法が改正され、配偶者居住権（民1028条以下）、婚姻期間が20年以上の配偶者の特別受益の持戻しの免除（民903条４項）などが設けられており、夫婦の財産関係は、夫婦財産制ではなく、相続法で解決を図ろうとする日本の民法改正の姿勢が示された。

離婚にあたっての財産分与は、とくに離婚の90％を占める協議離婚では、額、履行方法でも問題が多い。日本の財産分与に補償給付的な意味を加味させていくことも必要な作業と思われる。未成熟子の問題に関して、夫婦は離婚しても、子に対しては父母であり続けるという意味では、離婚後の共同親権はむしろ自然なことと思われる。日本でも立法的に考慮されるべき問題の１つである。子の取り合いは、少子化を反映してか大きな問題を投げかけている。日本では祖父母の孫に対する関係は考慮されておらず、問題を深刻化させる１つの原因であるといわれている。すでに述べたように、2011（平成23）年に「面会その他の交流」として、離婚後の面会交流が規定され、子の利益の保護の観点が明確になった。しかし、親からではなく子の立場から、面会交流権を位置づけるにはまだまだ道のりは遠いように思われる。また、離婚の方法に関しても、婚姻の本質は同居であることを考慮すれば、別居を離婚原因とした離婚を積極的に認めていく立法が必要であるように思われる。ただ、それに至るまでに、夫婦間の財産上の問題、財産分与の問題等、解決すべき問題は多い。

３　子に関する問題

社会や世界の動き、さらに加えて科学技術の進歩の影響を受けながら変遷している。何世紀にもわたって存在していた「嫡出子」「非嫡出子」の区別を廃止した国がある。大きな流れから考えれば、日本も、このようなことを検討する時がやってくると思われる。また、親子法にもたらした生殖補助医療の影響は大きい。凍結保存された精子で、夫の死後に懐胎した子の親子関係をめぐる最高裁判決が公にされ、認知が認められなかった※1。提供配偶子による生殖補助医療では真実と異なる親子関係が生じることもありうる。親子関係に関して、法が追求すべき真実と、生物学を始めとする自然科学者の追究する真理が異なることがありうることに注意が必要である。

４　家族構成員の保護の問題

親権、成年後見と扶養が中心的な問題になる。親権に関しては、虐待の問題が社会で日常的に取り上げられている。民法は、親権の喪失（民834条）、親権停止（民834条の２）、管理権喪失（民835条）という制度を有しているが、多くの問題をはらんでいる。「父若しくは母が親権若しくは管理権を辞し、又は父若しくは母について親権喪失、親権停止若しくは管理権喪失」（民841条）した場合に選任の可能性のある未成年後見には、問題が多い。

成年後見に関しては、実務的な利用の仕方が、成年被後見人の意思尊重の観点から再検討されるべき時期であろう。成年後見に関して、2016（平成28）年に郵便物の管理に関する民法860条の２や死後事務に関する民法873条の２が新たに設けられている。とくに、後者の死後事務に関する後見人の権限に関する規定は相続法の観点からは問題が山積されている。扶養法に関して、日本の高齢者の介護の慣習もからみ、親族法上の難問を未解決のまま残している。高齢化を迎える現在において、財産管理等民法上明らかにすべき問題は多い。

※1　最二小判平18・9・4民集60巻７号2563頁。

扶養の問題に関して、定期金債権の不履行に際して、確定期限が到来していなくても一括して強制執行を開始することを可能とする改正が民事執行法になされた（2003（平成15）年。民執151条の2）。より確かな履行確保を目指す改正であるといえる。

5　その他

成年年齢が18歳に引き下げられ、2022（令和4）年4月から施行されることになっている。その結果、子は18歳に達すれば親権に服することがなくなる。また1人で有効な契約を締結することができることになるが、民法の規定の中には、成年という言葉を20歳に改め、引下げ前の20歳を維持するものもある（たとえば、民792条）。

2019（令和元）年には、民事執行法及び国際的な子の奪取の民事上の側面に関する条約の実施に関する法律の一部を改正する法律（令和元年法律2号）が公布されて、債務者以外の第三者からの情報取得手続が新設され（民執205条以下）、加えて子の引渡しの強制執行に関する規定が明確化された（民執174条2項等、ハーグ条約実施法136条等）。また、2019（令和元）年には、特別養子縁組に関して、養子候補者の審判申立て時の上限年齢を15歳未満に引き上げる改正（民817条の5）、さらに特別養子縁組の成立の手続の見直し（家事手続164条・164条の2等）に関する改正もされた。

Ⅱ　国際化のもたらすもの

国際化が進む中、国際結婚をする人が増加している。また、国際的な条約での家族の捉え方が、直接的または間接的に日本の家族法に影響を与えている。児童の権利に関する条約、女性差別撤廃条約等批准されたもののほか、ヨーロッパ人権条約、国際的な子の奪取の民事上の側面に関する条約（ハーグ条約）等、日本の法律事情を考える上で指針を与えるものがある。

Ⅲ　調停の役割

日本の家族法を考える上で、家庭裁判所で行われている調停の役割の重要性を無視することはできない。調停委員と当事者の話し合いの中から、解決方法を探っていく。調停制度の発展が、世界の1つの大きな傾向を作っていくものと思われるが、日本の調停制度が主導的な役割を果たすには、法律的観点からの、より科学的な分析と、外部からの透明性とわかりやすさが必要になろう。合意を得るプロセスの適正と合意の法的な妥当性の判断は重要な問題であると思われる。

さらに、家庭裁判所の果たしている後見的な役割は重要であり、社会、市民に家族の紛争解決に貢献している。当事者の関係を修復し、また個人を立て直すことによって、争いを、人間関係から修復しようとする視点は、かつての大家族の時代にあっては、家族それ自体に内在していた治癒力であった。しかし、核家族化が進み、さらに家族が解体しつつある現在においては、家庭裁判所の後見的な役割はますます重要性を帯びてくると思われる※2。

（松川正毅）

※2　2013（平成25）年１月１日から家事事件手続法が施行され、調停も明確さが図られた。

第４編第１章　総則

〔前注〕

ここでは、親族の範囲や親等の計算方法等が規定されている。さらに、婚姻によって生じた姻族関係の終了に関する規定や、養子縁組による親族関係（法定血族関係）の発生、消滅に関する規定もある。親族関係の終了原因としては、死亡、離婚、離縁が考えられる。

条文では規定されていないが、自然血族関係の終了に関しては、以下のように考えられている。自然血族関係は死亡により当然に終了するが、当事者以外の他の血族関係は終了せずに維持されることになる。これは、親族関係の終了を考える際に、基礎となる考え方である。

（松川正毅）

（親族の範囲）
第725条　次に掲げる者は、親族とする。
一　六親等内の血族
二　配偶者
三　三親等内の姻族

Ⅰ　本条の意義

日本の民法典では、親族の範囲に関して包括的な規定を設けて、一定の続柄にある者を親族と呼ぶ。しかし、民法典の中では、個々の規定でもって、法的効果を一定の親族に定めている（たとえば、民877条参照）。それゆえ、包括的規定で親族の範囲を定める本条は、家制度を基礎とした明治民法の名残りであると批判され、その存在意義が疑問視されている。

Ⅱ　親族に関する基礎用語

１　親等

親族間の遠近を示す単位であり、親子一代を一単位とする（民726条１項参照）。

２　血族

出生による血のつながりのある者（自然血族）のほか、民法727条が規定するように、養親子関係も血族である（法定血族）。

3　配偶者

夫婦の一方からみた他方をいう。

4　姻族

婚姻を媒介とする「配偶者の一方」と「他方配偶者の血族」との関係にある者をいう。たとえば、妻と夫の父母とは姻族である。本人といとこの配偶者も姻族の関係にある。また、夫の先妻の子と後妻である配偶者は姻族である。これに対して、妻の親と夫の親は姻族関係にはない。これは、配偶者の一方の血族と他方配偶者の血族の関係になるからである。

5　直系・傍系

直系とは、血縁が直上直下する形でつながる関係を意味する。傍系とは、血縁が共同始祖から直下する関係を意味する。たとえば、兄弟姉妹は父母を共同始祖とする傍系である。いとこは、祖父母を共同始祖とし、直下する傍系である。上述の血族、姻族の関係と組み合わせて、直系血族、傍系血族、直系姻族、傍系姻族という区分も使われている（たとえば、民734条参照）。

6　尊属・卑属

自分よりも前の（古い）世代を尊属といい、後の（新しい）世代を卑属という。子は卑属であり、祖父母は尊属である。必ずしも年齢の上下とは一致せず、自己よりも年下の尊属もありうる。尊属や卑属に関する条文は民法第4編や第5編に散見される（民736条・729条等）。

Ⅲ　親族の範囲

1　血族

血族に関しては、六親等内を親族としている。このような広範囲を親族としていることに対して批判がある。

2　配偶者

血縁に基礎を置いていないにもかかわらず、わが国の民法典の下では、配偶者も親族である。しかしながら、配偶者を親族とすることは、本来、合意を基礎とする婚姻関係を、血縁を基礎とする関係に取り込むことになり、古くから批判されている。

3　姻族

姻族に関しては、三親等内を親族としている（姻族が問題になる条文として、以下のものがある。民730条・735条・877条等参照）。

（松川正毅）

（親等の計算）

第726条　親等は、親族間の世代数を数えて、これを定める。

2　傍系親族の親等を定めるには、その1人又はその配偶者から同一の祖先にさかのぼり、その祖先から他の1人に下るまでの世代数による。

本条は親等とその計算の方法について規定している。

定義に関して、民法725条の解説Ⅱ参照。親等が問題になるのは、血族と姻族であり、配偶者には親等がない。本条2項は、傍系親族の親等の計算方法に関して規定している（次の「親族・親等図」参照）。

親族・親等図

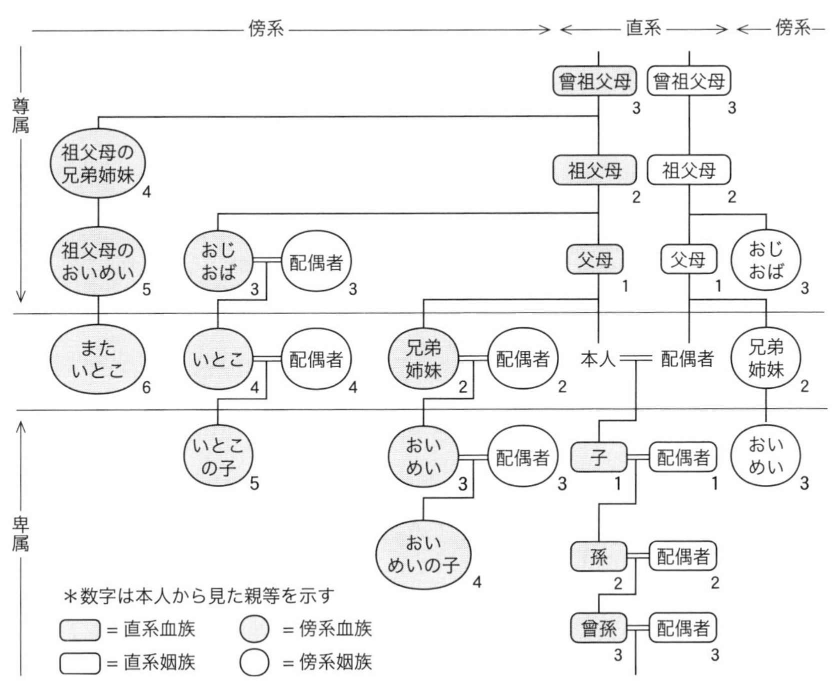

（松川正毅）

（縁組による親族関係の発生）

第727条　養子と養親及びその血族との間においては、養子縁組の日から、血族間におけるのと同一の親族関係を生ずる。

本条は、縁組によって、縁組の日から法定血族関係が発生する旨を規定している。

養親の血族のことを、養方（ようかた）といい、縁組前の養子の血族を実方（じつかた）と呼ぶ。

縁組によって法定血族関係が発生するのは、「養子」と「養親及びその血族」との間である。養子は、養親の嫡出子の身分を取得する（民809条）。さらに、養子と「養親の血族」との間にも、自然血族間と同一の親族関係が生じる。

しかし注意すべき事柄の第1は、「養子の血族」と「養親および養親の血族」との間には、親族関係は生じない点である。養子縁組は、養子のみを養方の親族に取り込むからである。この点に関連して、養子の「縁組以後に生まれた子」

は、養親およびその血族との間に親族関係が生じる。しかしながら、縁組前にすでに生まれていた子に関しては、養親およびその血族との間に親族関係は生じない。

第2に、普通養子の場合、縁組をしても、養子と実方との親族関係は消滅せずに残存する（特別養子に関しては、民817条の2以下参照）。

（松川正毅）

（離婚等による姻族関係の終了）

第728条　姻族関係は、離婚によって終了する。

2　夫婦の一方が死亡した場合において、生存配偶者が姻族関係を終了させる意思を表示したときも、前項と同様とする。

Ⅰ　本条の意義

本条は、婚姻により発生した姻族関係の消滅に関して規定している。姻族関係は婚姻によって生じ、離婚はすべての親族関係を消滅させ、その結果、姻族関係は当然に終了する（Ⅱ）。しかしながら、配偶者の一方が死亡した場合には、姻族関係は当然には終了しないで、姻族関係終了の意思表示を求めている（Ⅲ）。

明治民法下では、夫婦の一方が死亡した場合には、生存配偶者が家を去った時に姻族関係が止むと規定していたが（(旧) 民729条2項)、戸主の意に反して居所を定めることはできなかった（(旧) 民741条1項)。このため、嫁が家を去ることは事実上困難であった。戦後の改正によって家制度が廃止され、1947(昭和22) 年の民法改正で、生存配配偶者が姻族関係を終了させる旨の意思表示でもって、その終了の効力が生じるとされるに至った。

Ⅱ　離婚による姻族関係の消滅

離婚によって、姻族関係は当然に終了する。婚姻の取消しの場合も同様であると考えられている。

Ⅲ　生存配偶者の意思による姻族関係の消滅

配偶者が死亡すれば、生存配偶者は、自らの意思で、いつでも一方的に、姻族関係を消滅させることができる。また、姻族関係を維持しておくことも可能である。このことは、氏の変更とは関係しない。たとえば、氏を変えないで、姻族関係を終了することも可能であるし、また、氏を変えて、姻族関係を維持しておくことも可能である。さらに、生存配偶者が再婚し、氏を改めても、以前の姻族関係を維持しておくことも可能である。

なお、死亡配偶者の血族からは、生存配偶者との姻族関係を消滅させることはできないことに注意すべきである。また、死亡した配偶者と「生存配偶者の血族」との姻族関係は、死亡により当然に消滅する。

（松川正毅）

（離縁による親族関係の終了）
第729条　養子及びその配偶者並びに養子の直系卑属及びその配偶者と養親及びその血族との親族関係は、離縁によって終了する。

Ⅰ　本条の意義

自然血族とは異なり、法定血族関係では、離縁が可能である。そして、離縁により法定血族関係は終了する。その結果、離縁によって親族関係が消滅するのかどうか問題となりうる。本条は、離縁による親族関係の終了に関する規定である。

Ⅱ　離縁による親族関係の消滅

養子と養親が離縁すれば、当事者間の養親子関係のみならず、養子と「養親の血族」との間の親族関係も当然に終了する。さらに加えて、「養子の配偶者、養子の直系卑属（縁組後に生まれた子等）、及び直系卑属の配偶者」と「養親及びその血族」との親族関係も終了する。

Ⅲ　縁組当事者の死亡による親族関係の消滅

本条は、死亡の場合を規定していないが、養親子関係は当事者の一方の死亡により当事者間で消滅する（このことは自然の実親子関係でも同じ）。しかしながら、当事者の一方が死亡しても、養親子関係以外の親族関係は存続することになる。この残った親族関係を終了させる行為が、民法811条6項で死後離縁として規定されている。

（松川正毅）

（親族間の扶け合い）
第730条　直系血族及び同居の親族は、互いに扶け合わなければならない。

本条は、親族間の扶け合う義務を規定しているが、民法典には他にも扶養義務に関する規定がある。それゆえ、本条は倫理的な規定であるといわれている。

本条では世帯単位として考えることができる点に注目する学説がある。またさらに、裁判の指導原理であると位置づける学説や、権利の濫用や信義則の家族法上の規定であると積極的な位置づけを試みる学説もある。

（松川正毅）

第４編第２章　婚姻

〔前注〕

Ⅰ　婚姻の意義

民法は、婚姻について、その成立（民731条以下）、効力（民750条以下）、解消（民751条・763条～771条）を規定する。民法が定める以外のパートナー関係は、法律上の婚姻としては認められない。そして、民法に従い婚姻関係にあると認められる当事者には、それに伴う法律上の権利義務が発生する。

Ⅱ　法律上の婚姻と事実上の婚姻

個人と個人の結合体は、当事者の意思、生活環境、法制度を始めとするその他さまざまな社会的要因が重なって形成される。しかし、今日日本において法律上婚姻として認められる関係は、当事者間で婚姻する意思が合致し、法律で定められた方式に従い届出をした男女の関係に限られる。これ以外の関係が法律婚として認められることはない。しかし、民法上、婚姻制度が整備される以前から、制度がないので当然届出はないが、その生活の実態において現在の法律婚に類似する関係（長期間にわたり同棲生活を送る男女の関係）は存在している。そして近年、個人主義の尊重とライフスタイルの多様化が相まって、各人の個性を尊重することが一層求められるようになる中、個人と個人の結合関係もまた多様化している。婚姻を意識することなく同棲する男女関係、なんらかの事情のためにあえて婚姻を望まない男女関係、制度上婚姻が認められない男女関係または同性同士の関係等、老若男女を超えたパートナー関係の存在が社会的に認知され、広がりをみせている。

ところで、民法は、法律婚の成立や効果、さらには解消について規定し、婚姻関係を維持するために当事者に要請される権利義務、婚姻関係が破綻した場合の権利義務の調整をしている（この点については、第２章第１節～第４節で解説）。しかし、法律婚以外のパートナー関係については、とくに規律を置いていない。とはいえ、法律婚以外のパートナー関係にある当事者が法的保護を求めてきたとき、なんらかの救済を講じることが求められる場面がある。そして、判例・学説は、社会的には夫婦として認められているような共同生活を行っているにもかかわらず、婚姻届をしていないがために法律上正式な夫婦として認められない事実上の夫婦関係のことを内縁と称し、問題の解決に向けて、さまざまな理論を形成してきた。しかし、今日では、従来の内縁理論では対応できない、あるいは対応する必要がないパートナー関係もみられ、そのようなパートナー関係にどのような保護を与えるかは、なお問題として残されている。

Ⅲ　内縁

1　法的性質

日本では、明治民法施行以来、届出婚主義が採用されているが、当初は婚姻の届出をすることなく事実上生活をともにする男女が多かった。というのも、家制度の下で、挙式をしてもすぐに届出をすることなく、ある女性が嫁としてふさわしいかを試したり、後継ぎの子を妊娠または出産できなければ嫁として受け入れられないとの理由で実家に戻したりするということがあったからである。明治民法下では、戸主の同意が婚姻に際して必要であったため、戸主の同意がない男女は婚姻の届出はできなかった。さらに、ともに法定推定家督相続人である長男と長女の関係では届出をすることができなかった（法定推定家督相続人の去家禁止）。このため、このような男女は、事実上生活をともにするほかなかった。そして当時から、このような事実上の婚姻関係が、一方的に解消されたときには、その保護の必要が認められていた。とりわけ生計を依存している者が一方的に追い出された場合にそれは問題となった。

判例は、当初、挙式後数日の同居で追い出された女性の損害賠償請求について、婚姻の予約は、将来において婚姻をするべきことを目的とする契約として有効であるとしつつも、法律上、履行を強制することはできないが、当事者の一方が正当な理由なくしてこの予約に違反した場合には、その相手方が予約を信じたことで被った有形無形の損害について、債務不履行に基づき損害賠償責任を負うとした※1（**婚姻予約法理**）。判例は、内縁関係にある当事者が、将来の婚姻届に向けた共同生活を行っているという、同居から婚姻届に至る経過的側面に着目したのである。そして、この法理は、婚約、準備行為、挙式、同居までの婚姻成立に至るすべての過程だけでなく、事実上の夫婦としての内縁関係、婚外の継続的な性関係までを保護の対象として広げていった。しかし、この法理のみでは、一方的な婚外関係の破棄には対処できるが、実際の共同生活から生じる問題（たとえば、第4編第2章第3節第2款で述べる婚姻費用分担義務や日常家事の連帯責任の規定を参照）には対処できない。そこで学説は、むしろ当事者が事実上の夫婦共同生活を営んでいたという実質的側面を重視し、この関係をとくに「婚姻に準じる関係＝準婚関係」と捉えて、その保護を図ろうとした（**準婚理論**）。そして、この理論は、その後、判例においても受け入れられ、こうした内縁の不当破棄については不法行為に基づいても責任追及ができるようになった※2。

※1　大連判大4・1・26民録21輯49頁。

※2　最二小判昭33・4・11民集12巻5号789頁。

2　特別法による内縁の保護

内縁の保護は、民法だけでなく、社会保障法の領域においても大正末に立法が行われている。まず、1923（大正12）年施行の改正工場法により、「職工死亡当時其ノ収入ニ依リ生計ヲ維持シタル者」という資格から内縁の妻が遺族扶助料の受給権者として認められ、第二次世界大戦後になると、社会的給付の分野で「配偶者（婚姻をしなくとも事実上婚姻と同様の関係にある者を含む。以下同じ)」という文言により、法律上の配偶者と同じような扱いを受けるようになっている。そして、今日でも、最高裁は、私立大学の死亡退職金について、明文の規定がなかったにもかかわらず、法律上の配偶者と同視して、内縁の配偶者に帰属することを認めている※3。

3　内縁の成立

内縁は、一般に、婚姻意思（第４編第２章第１節婚姻の成立〔前注〕の解説Ⅱ参照）をもって夫婦共同生活を行い、社会的にも夫婦として認められているにもかかわらず、婚姻の届出をしていないために、法律上正式な夫婦として認められない事実上の夫婦関係として位置づけられている。つまり内縁関係にあると認められるためには、①婚姻意思と②夫婦共同生活の存在が必要となる。婚姻の儀式を挙げていることは必要でない。

もっとも判例においては、内縁の成立が厳格に判断されているわけではなく、要保護性に応じて判断されている。たとえば、③婚姻共同生活を欠くいわゆる婚約の段階で損害賠償を認めたり※4、逆に７年間の共同生活で喫茶店を経営していた男性と女性がその関係を解消した事案では、女性の経営への寄与の事実から婚姻意思が明確になくとも、「事実上の婚姻関係即ち内縁」と判断し、民法768条を類推適用することで財産分与を認めたりしている※5。

このほか、婚姻障害事由（第４編第２章第３節第１款参照）に該当する内縁関係については、婚姻適齢（民731条)、未成年者の場合の父母の同意（民737条。2022（令和４）年には削除)、再婚禁止期間（民733条）に関する規定に違反しても内縁の成立が認められるが、近親婚（民734条）のような治癒されない婚姻障害事由にあたる男女間での内縁の成立は認められない※6。重婚禁止に関連する**重婚的内縁**の問題については、後述７参照。

4　内縁の効果

次に、内縁を準婚関係と位置づけた場合、婚姻に関する規定がどの程度用い

※3　最一小判昭60･１･31家月37巻８号39頁。
※4　福岡地判昭44･８･26判時577号90頁。
※5　岐阜家審昭57･９･14家月36巻４号78頁。
※6　最一小判昭60･２･14訟月31巻９号2204頁。

第４編第２章

ることができるかが問題となる。

まず、戦前の判例で、第4編第2章第2節婚姻の効力に関する規定である同居・協力・扶助義務（民752条）に相当する義務が認められた※7。また、貞操義務についても認められた※8。これに対し、判例にはないが、学説上、夫婦間の契約取消権（民754条）、成年擬制（民753条。2022（令和4）年には削除）については、準用が否定されている。また、夫婦同氏（民750条）や姻族関係の発生も内縁には認められていない（相続権については後述6⑵）。

次に、婚姻中の夫婦の財産関係を規律する第4編第2章第3節の規定については、夫婦財産契約は婚姻の届出を前提とするものであるから、内縁には準用されない。しかし、法定財産制に関する規定については、夫婦の共同生活から生じる財産的問題を処理する規定であるから、その準用が認められている。

5　内縁の子の法的地位

内縁関係にある男女から生まれた子には、嫡出推定が働かない。母子関係は、分娩の事実により当然発生するが※9、父子関係の形成のためには、認知が必要となる（民779条以下）。もっとも、認知の訴え（民787条）がされる場合の証明では、男女が共同生活し、女性が子を出産していれば、その子の父親はその女性のパートナーである男性である蓋然性が高いとして、裁判官が事実上の推定を行うことはできる※10（詳しくは、民787条の解説Ⅲ4を参照）。

6　内縁の解消とその効果

内縁の解消には、①**当事者の意思による解消**と②**死亡による解消**がある。

⑴　当事者の意思による解消

内縁は、当事者の意思により事実上の婚姻共同生活が営まれているにすぎないため、内縁の当事者の一方がその解消を求めた場合、事実上他の一方はそれを受け入れざるをえない。しかし、一方が、他の一方が実家で療養中に一方的に関係の解消を求めるなど、内縁関係を不当に破棄した場合は、その一方は、他の一方に対し債務不履行責任または不法行為責任を負う※11。

また、下級審や学説においては、内縁関係にあると認められると、その関係の解消にあたり、夫婦関係が解消された場合に問題となる財産分与の規定であ

※7　大判大10・5・17民録27輯934頁、大判大11・6・3民集1巻280頁。

※8　大判大8・5・12民録25輯760頁。

※9　最二小判昭37・4・27民集16巻7号1247頁。

※10　最一小判昭29・1・21民集8巻1号87頁。

※11　不法行為責任を認めた例としては、前掲※2・最二小判昭33・4・11民集12巻5号789頁、婚姻予約の不履行という形で債務不履行責任を負わせた例として最二小判昭38・12・20民集17巻12号1708頁。

る民法768条が類推適用されるべきであるとするものが多い※12。

⑵　死亡による解消

内縁配偶者の一方が死亡した場合には、内縁関係は当然に解消されることになる。このとき、内縁関係において形成された財産を他の一方に分与する可能性があるかが問題となる。

配偶者は法定相続人であるが（民890条）、ここでの配偶者は法律婚の配偶者に限定され、内縁の配偶者には**相続権**はない。伝統的に法律婚の尊重、相続をめぐる紛争の複雑化、長期化を回避するためだとされている。もっとも、相続人が不存在の場合には**特別縁故者**として相続財産の分与を受ける可能性がある（民958条の３）。

ところで、死亡した者に相続人が存在する場合、その内縁配偶者は、その死亡に際して、全く財産を得ることができないのか、それとも、**財産分与請求**をすることができるのかが問題となる。

判例は、共働きのケースにおいて、生存している内縁の配偶者を共有持分権者であると認定し、共有理論で解決している※13。しかし、生存している内縁の配偶者が、財産分与に関する民法768条の規定を類推適用することで財産分与を求めた事案については、相続による財産承継の構造の中に異質の契機を持ち込むことになるという理由から、死亡による内縁関係解消時には民法768条の規定を類推適用することは否定されている※14。

このように判例は、内縁配偶者の財産関係の清算については、財産分与は認めても相続分は認めていない。これに対し、婚姻という制度に服していない関係については、生存中の解消か死亡による解消かにかかわらず、共有持分の清算により処理するべきであるという学説が近時有力である。

2018（平成30）年の相続法改正において民法1050条に「**特別の寄与**」が新設された。この制度は、被相続人に無償で療養看護その他の労務の提供をしたことにより被相続人の財産の維持・増加に特別に寄与した被相続人の親族に対し、相続開始後、相続人に対し特別寄与料の支払請求を認める制度であるが、改正時の議論の中で、内縁配偶者や同性カップルの当事者にもこの請求を認めるべきかどうかが議論された。立案担当者の説明では、これらの類型のものを請求権者の範囲に含めると、相続をめぐる紛争が一層複雑化、長期化するなどのおそれがあること等を考慮し、これらの者を請求権者の範囲には含めないとの考え方を採用したとする。

また、内縁配偶者の一方は、相手方が死亡した場合、その相手方の居住建物

※12　前掲※５・岐阜家審昭57・9・14家月36巻４号78頁のほかにも、広島高決昭38・6・19高民集16巻４号265頁ほか。

※13　最一小判平10・2・26民集52巻１号255頁。

※14　最一小判平12・3・10民集54巻３号1040頁。

に継続して住むことができる（**家屋居住権**）かが問題となる。

相続人が不存在で、内縁配偶者がその居住建物を所有していた場合には、生存している者が特別縁故者として分与を受ける可能性がある（民958条の３）。また、借地借家の場合でも、内縁配偶者には借家権の承継が認められる（借地借家36条）。

死亡内縁配偶者が居住建物を所有していて相続人がいる場合、相続人がその居住建物を相続することになる。そのため、内縁配偶者が相続人にその居住建物の明渡しを求められる可能性がある。判例はこのような事案について、権利濫用にあたるとして、内縁配偶者を保護した※15。さらに、不動産が死亡した者の名義であったことから、その相続人が賃料相当分の不当利得の返還を内縁配偶者に求めた事案について、その不動産が、内縁夫婦の住居または共同事業のために使用していた場合には、それは共有であると認定し、当事者間で死亡後は他の一方が単独で使用する旨の合意が成立していたものと推認するのが相当であるとして、その不動産の無償使用を認め、相続人の不当利得返還請求を否定したものがある※16。また、居住建物の家主が内縁の配偶者に明渡しを求めてきた事案については、相続人の借地権を援用することを認め、内縁配偶者の居住権を保護している※17。

内縁関係にある者が交通事故等で死亡した場合、生存している内縁の配偶者は、その者固有の権利として（**固有権構成**）、**損害賠償請求権**を取得する可能性がある。精神的損害に関して、判例上、民法711条にいう「配偶者」は実質的に解釈されており、内縁の配偶者も含まれる※18。また、自動車損害賠償保障法71条以下に規定されている政府保障事業にいう「被害者」には、扶養利益を喪失した内縁の配偶者も含まれる※19。

７　重婚的内縁

重婚的内縁とは、法律上の配偶者がいる者が配偶者以外の者と内縁関係にあることを意味する。判例は、法律上の夫婦関係が形骸化している場合には、内縁配偶者の保護を図っている※20。

また、社会保障給付の受給資格を法律上の配偶者と内縁の配偶者が争った場合は、原則として、法律上の配偶者が優先する。しかし、婚姻が形骸化してい

※15　最三小判昭39·10·13民集18巻８号1578頁。

※16　前掲※13・最一小判平10·２·26民集52巻１号255頁。

※17　最三小判昭42·２·21民集21巻１号155頁。

※18　最三小判昭49·12·17民集28巻10号2040頁。

※19　最三小判平５·４·６民集47巻６号4505頁。

※20　東京地判昭43·12·10家月21巻６号88頁。

る場合には、判例は、内縁の配偶者が受給資格を有するとしている※21。なお、学説上は、損害賠償や遺族年金について、法律上の配偶者と内縁の配偶者のいずれか一方を権利者として認めるのではなく、生活の実質や保護の度合いに応じて、按分させるべきであるという説も有力である。

Ⅳ　パートナー関係の多様化と内縁理論の限界

判例・通説はともに、民法成立当初から婚姻関係にない男女関係を内縁と位置づけ、その保護を図ってきた。しかし、今日のパートナー関係は、従来、保護されるべき対象とされてきた典型的な内縁関係にとどまることなく、多様性をみせている。かつて判例・学説が保護の対象としてきた内縁関係は、婚姻届ができないがために、事実上の婚姻生活を強いられてきた関係である。それに対して、今日では、むしろ意図的に婚姻届を出さない関係もある。学説上、このような関係を、とくに事実婚と称し従来の内縁と区別するものや自由結合と称し内縁と区別するものがみられる。また、学説は、それぞれ独自の婚姻観を基に、このようなパートナー関係を法的にどのように扱うか、あるいは婚姻の効力をどこまで及ぼすことができるのか、すなわち内縁保護法理が妥当するか否かについて、さまざまな議論を繰り広げている。とりわけ、婚姻を個人のライフスタイルの選択自由の問題とする立場（**ライフ・スタイル論**）と、婚姻という制度の法的効力を望む以上婚姻を選択しなければその保護も与えられないとする立場（**婚姻保護論**）との対立が注目される。そして、後者の立場から、意図的に婚姻を回避したパートナー関係にある男女に準婚理論に基づき保護を与えることに対しては、以下のような批判が展開されている。すなわち、そのような関係にある者は、婚姻の効力を享受することを望んでいないはずである。そうであれば、その婚姻関係を婚姻と同視する必要はない。パートナー関係にある２人が婚姻を回避している理由が、自由にその関係を形成することと解消することにあるとすれば、不法行為法によって保護するべき利益もない、というものである。

このような批判を受け、近年最高裁は、共同生活はなく別々の生計を持っていたが16年にわたりパートナー関係にあり、２人の子が生まれるたびに婚姻届をし、その都度婚姻を解消していた者の一方が、その相手方が別の女性と婚姻したことにより一方的に関係の解消を求められたとして不法行為に基づく損害賠償を求めた事案について、相手方の不法行為責任を否定した※22。

しかしながら、今日、婚姻を回避しているパートナー関係にある者の多くが、婚姻の効果を享受することを完全に拒否しているわけではなく、また自由にそ

※21　最一小判昭58・4・14民集37巻３号270頁。

※22　最一小判平16・11・18判時1881号83頁。

の関係を解消することを望んでいるわけでもない。解消の自由を予定している者もあれば、永続的な関係を望んでいる者もある。また、共同生活をするものもあれば、それを望まないものもあり、貞操義務を意図的に排除しているものもあれば、そうでないものもある。また、経済的にそれぞれが独立しており、婚姻の効果として生じる婚姻費用分担義務や日常家事の連帯責任を負わないことを望むものもある。

このように、一方で、それぞれの男女が目指すパートナー関係が一致したものではないという現実と、他方で、日本においてこのような２人が婚姻を避ける理由のほとんどが伝統的な男女の役割分担、とりわけ女性の側が「嫁役割・妻役割」を否定することにあるという状況を考慮し、民法の定める「婚姻」の中に、多様なパートナー関係を取り込み、共同生活の実態に適合する多様な保護の可能性を模索する見解もある。

Ⅴ　同性パートナーシップ

欧米では同性カップルの婚姻を認める国が増える中、2015（平成27）年に東京都渋谷区がパートナーシップ証明書を発行して以降、一部の自治体レベルでは同性パートナーシップを公的に証明する制度を導入する動きがみられる。さらに、現行民法上の婚姻をすることは認められておらず、同性カップルの婚姻を認めないことは憲法違反であるとの訴訟が提起されている。今後日本法においても同性カップルの婚姻を認めるのかは検討するべき課題であるが、仮に認められてない現行法の状態でも、パートナー関係を継続している同性カップルのために、婚姻夫婦に認められる法的利益や内縁カップルに認められる法的利益（民法上、社会保障法上、税法上の利益など）がどのような根拠でどこまで認められるべきかは最低限検討するべき課題といえる。

（冷水登紀代）

第４編第２章第１節　婚姻の成立

〔前注〕

Ⅰ　総説

法律上の婚姻が成立するためには、当事者間で婚姻をする意思が合致し、戸籍法上の婚姻の届出という方式が必要である。後者については、民法739条に定められている。前者については明確な規定を欠くが、婚姻の無効原因を定める民法742条はこのことを前提としている。婚姻意思の合致と届出は、これがなければ婚姻は成立しないという**積極的要件**である。

また、民法は、当事者が婚姻障害にないこと、すなわち①婚姻適齢にあること（民731条）、②重婚でないこと（民732条）、③一定の近親者でないこと（民734条・735条・736条）、④未成年者は父母の同意を要すること（民737条。2022（令和4）年には削除）、⑤女の再婚については原則として一定の再婚禁止期間を経過したこと（民733条）を定めている。これらの事由は、婚姻の届出時にそれが存在しないことの確認がされ、確認されれば受理されないため（民740条）、婚姻成立の**消極的要件**である（消極的要件については、各条を参照）。

積極的要件を欠く婚姻は、無効であり、また消極的要件が満たされる婚姻は、取り消せる。

Ⅱ　積極的要件

1　婚姻意思とは

婚姻意思は婚姻成立の積極的要件の1つであるが、何をもって婚姻意思と解するのかについて学説上争いがある。伝統的には、届出意思があれば足りるとする（形式的意思説）のではなく、社会通念に従って婚姻とみられる関係を形成する意思をもって、婚姻意思と考えてきた（**実質的意思説**）。

しかし、具体的にどのような婚姻が社会通念に従った婚姻といえるのかが明確ではない。そこで、学説において民法が定める定型を婚姻と解し、それに向けられた意思を婚姻意思とするべきであるとの指摘がされた（法律定型説）。この指摘を受け、実質的意思説の立場から、社会通念に従った婚姻とはどのようなものかを明らかにするために、婚姻意思を「男と女の終生にわたる精神的・肉体的結合を発生せしめようとする意思」とか、「特定の相手方とテーブルとベッドをともにする関係に入ろうとする意思」として、婚姻意思を具体化する見解がみられる。その一方で、法律定型説の立場からも、民法が定める定型に向けられた効果意思を婚姻意思とする説があり、有力である。もっとも、実質的意思説の立場も、民法との規定との関係では、民法752条の夫婦の同居・協力・扶助義務と結びつけることができ、法の定める婚姻像を定型として捉える流れにあるという点では、法律定型説と近接している。

判例は、「当事者間に真に社会観念上夫婦であると認められる関係の設定を欲する効果意思」を婚姻意思とし、婚姻の届出にあたり子に「嫡出子としての地位を得させるための便法として婚姻の届出についての意思の合致はあつたが」、上記の婚姻関係の設定をする効果意思はない場合には当該婚姻は無効であるとする※23。実際この事案では、夫は、他の女性との婚姻を望んでおり、入籍後直ちに婚姻無効の訴えを提起している。このように判例は、基本的には

※23　最二小判昭44·10·31民集23巻10号1894頁。

実質的意思説の立場に立つ。しかしながら、判例は死後の相続権を付与する目的で行った「臨終婚」については、婚姻意思の内容をとくに問題とせず有効としており[※24]、実質的意思説の唱える婚姻意思よりも拡張して捉える可能性を示している。

このような判例の状況を、婚姻共同体を典型的婚姻共同体と非典型的婚姻共同体という枠組みで捉えることにより、説明する見解がある。この見解は、典型的婚姻共同体は、民法典が予定した効果を一括して生じさせる婚姻共同体で、非典型的共同体は、ある特定の効果のみを求める婚姻共同体で、非典型的共同体の婚姻も有効とみるべきであると考える。つまり「臨終婚」をする夫婦は、非典型的共同体であり、非典型的婚姻共同体の形成のためには非典型的婚姻意思で足りるとし（二元的意思説）、抽象的な婚姻意思の存在を認める。

なお、平成29年判決は、相続税の節税のために養子縁組をすることは、節税効果の発生を動機として養子縁組をするものにほかならず、相続税の節税の動機と縁組をする意思とは、併存することができるとし、当該事実関係の下では「当事者間に縁組をする意思がないとき」にあたるとすることはできないと判断した[※25]。あくまで縁組意思に関する判例であり、養子縁組が多様な目的で行われる日本では、この判例が直ちに婚姻意思が問題となる場面で妥当するわけではない。しかし、婚姻の多様性の観点から、非典型的共同体についても婚姻意思を認める二元的意思説の考え方になじむ判例であるともいえる。

２　婚姻意思の存在時期と婚姻の届出

婚姻届は、婚姻成立のために重要な要件であり、届出がなければ婚姻は成立しない（届出婚主義。民739条参照）。婚姻意思が合致してから、届出、届出の受理に至るまでの間に時間差が生じるため、どの時点で婚姻意思が必要となるのかが問題となる。通説は、届出を成立要件と解し、届出受理時にも婚姻意思が存在することを要求する。届出が受理されるまでの婚姻意思の撤回は自由にできる。仮に婚姻届を作成し、相手方に渡していても、相手方に撤回の意思を明確に伝えたり、戸籍役場に**不受理申出**をしている場合には、後に届出が提出されてもその婚姻は無効となる。これに対して有力説は、届出を効力発生要件と解し、届出作成時に婚姻意思があればよいとする。

判例は、婚姻届出作成時には婚姻意思があったが、届出受理時には昏睡状態にあり意識を喪失していた「臨終婚」の事例で、受理前に翻意した等特段の事情がない限り、婚姻は有効に成立するとした[※26]。もっとも、受理時に当事者

※24　最一小判昭44・4・3民集23巻4号709頁。

※25　最三小判平29・1・31民集71巻1号48頁。

※26　前掲※24・最一小判昭44・4・3民集23巻4号709頁、最三小判昭45・4・21判時596号43頁。

の一方または双方が死亡していたときは届出が受理されても効力は生じないが[※27]、生存中に郵送した届出が死亡後に到達したときはその届出は受理され、死亡時に届出があったものとみなされる（戸籍47条）。

（冷水登紀代）

第４編第２章第１節第１款　婚姻の要件

（婚姻適齢）
第731条　婚姻は、18歳にならなければ、することができない。

【2022（令和４）年４月１日施行前】

（婚姻適齢）
第731条　男は、18歳に、女は、16歳にならなければ、婚姻をすることができない。

本条は、有効に婚姻をすることができる最低年齢（婚姻適齢）を18歳と規定する。婚姻適齢を規定する目的は、倫理的、習俗的、あるいは医学的な理由から早婚により生じる弊害を防ぐことにある。

2018（平成30）年６月13日に成立（2022（令和４）年４月１日施行）した民法の一部を改正する法律（成年年齢。平成30年法律59号）により、成年年齢が20歳から18歳に引き下げられることとなった（民４条）。この改正に伴い、本条も改正され、「男18歳、女16歳」とされていた規定が、男女ともに18歳で統一された。ただし、新規定にかかわらず、施行前は女性は16歳以上18歳未満で婚姻することができ、この場合、この改正により廃止される親の同意に関する改正前民法737条と成年擬制に関する改正前民法753条の適用を受ける。

改正前の規定において、男女間に年齢差を設けていたことに対しては、合理的な理由がなく、違憲であるとの批判が強く、1994（平成６）年の「婚姻制度等に関する民法改正要綱試案」でも、1996（平成８）年の「民法の一部を改正する法律案要綱」でも、婚姻適齢を男女ともに18歳とするべきとされていた。2018（平成30）年改正の立案担当者は、男女の年齢が統一されるのは、若年者の社会的、経済的成熟度をより重視し、これらの成熟度は男女に違いはないからであるとし、女性の婚姻適齢を引き上げたのは婚姻共同生活に要求される成熟度を考慮したと説明する。

※27　大判昭16･5･20民集20巻629頁。

なお、本条に違反する婚姻は戸籍法上受理されないというだけであって、当事者が内縁関係に入ることまでが禁止されているわけではない。

本条の規定に違反した届出は受理されず（民740条）、たとえ受理されたとしても、各当事者、その親族または検察官から、その取消しを家庭裁判所に請求することができる（民744条1項本文）。なお、本条の定める取消権の消滅については、民法745条参照。

（冷水登紀代）

（重婚の禁止）
第732条　配偶者のある者は、重ねて婚姻をすることができない。

Ⅰ　本条の意義

本条は、一夫一婦制度の採用を宣言した規定である。本条にいう重婚とは、届出のある法律上の婚姻が二重に成立することであり、事実上の婚姻の重複や、法律婚と事実上の婚姻の重複は、本条の重婚にはあたらない。

Ⅱ　重婚が生じる原因

本条に違反する婚姻届出は、戸籍上重婚であることが明瞭であるから、受理されない（民740条）。しかし、以下のような場合に重婚が生じる。

第1に、前婚の届出が受理されたにもかかわらず戸籍に記載されていない等、戸籍事務処理上誤りがあり、後婚の婚姻届出が受理された場合、後婚も一応有効に成立するため、重婚状態が発生する。

第2に、離婚後再婚したが、離婚が無効となったかあるいは取り消された場合、①当事者の一方あるいは第三者が勝手に協議離婚の届を出し、その当事者の一方が他の者と再婚した場合、前婚の離婚は無効であり、重婚が生じる。もっとも、離婚届等の不受理申出の制度が確立され、広く活用されるようになってからは、協議離婚の無効・取消しによる重婚の成立は減少している。

②失踪宣告を受けた者の配偶者が再婚した後に、失踪宣告が取り消された場合にも重婚が生じる。

戸籍実務は、民法32条1項後段を適用し、当事者双方が失踪の宣告の取消し前に善意で再婚した場合には、その婚姻は完全に有効で取り消すことができなくなるため、前婚は復活せず、したがって重婚は生じない（昭25・2・21民事甲520号回答）とする。学説も概ねこれを支持する。これに対して、一部の学説は、民法32条1項後段は、財産行為にのみ適用するべきで、婚姻のような身分行為には適用するべきでないと解している。

学説上、一致がみられないのは、後婚当事者の双方もしくはいずれか一方が悪意の場合である。前婚が復活し重婚が生じるという説、後婚の両当事者ともに善意のときに限り後婚は有効だが、それ以外は重婚となるとする説、後婚は当然効力を失い重婚は生じないとする説に分かれている。

また、立法論ではあるが、後婚の当事者の善意・悪意で効力を区別することは、婚姻関係の画一的観点からみて妥当ではなく、失踪者と後婚当事者を比較すると後者の方がより保護に値するとの理由から、後婚をすべて有効とするべきであるという見解も強い。この見解は、婚姻については失踪宣告取消しの効果を制限し、前婚の復活を認めず、相続等財産関係についてだけ失踪宣告取消しの効果を及ぼせばよいとする。

Ⅲ　重婚の効力

重婚が生じた場合、後婚（重婚）は、当然に無効となるのではなく、取消しの対象となるにすぎない（民744条）。取消しの手続・効果については、民法744条参照。

2つの婚姻のうち、一方が解消したならば重婚状態はなくなる。前婚が解消されれば、後婚の瑕疵は治癒され、もはや後婚は取消しをすることができない。また、後婚が離婚により解消した場合については、判例は、「特段の事情のない限り」後婚の取消しをすることはできないとする[※28]。婚姻取消しの効力は離婚の効力に準じることから（民748条・749条）、離婚後、なお婚姻の取消しを請求することは法律上その利益がないからである。これに対し、学説は、判例のような留保をつけることなく後婚の取消しを不可能とする説、離婚と婚姻取消しの違いを理由に取消しを認める説、判例を支持する説に分かれる。

前婚の配偶者は、重婚そのものの効果ではないが、重婚者が悪意であれば不貞行為（民770条1項1号）に基づき、重婚者に対して離婚を請求することができる。また善意であっても婚姻を継続し難い重大な事由（民770条1項5号）に基づき、重婚者に対して離婚を請求することができる。

死亡により後婚が解消される場合には、後婚の取消しが認められる（民744条1項ただし書反対解釈）[※29]。重婚者の死亡の場合に後婚配偶者の相続権を否定する意味があるからである。

また、重婚者が悪意の場合には、相婚者とともに2年以下の懲役に処せられることがある（刑184条）。

重婚的内縁については、第4編第2章婚姻〔前注〕Ⅲ7参照。

（冷水登紀代）

※28　最三小判昭57・9・28民集36巻8号1642頁。

※29　東京地判昭31・10・16下民集7巻10号2913頁。

（再婚禁止期間）
第733条　女は、前婚の解消又は取消しの日から起算して100日を経過した後でなければ、再婚をすることができない。
2　前項の規定は、次に掲げる場合には、適用しない。
一　女が前婚の解消又は取消しの時に懐胎していなかった場合
二　女が前婚の解消又は取消しの後に出産した場合

Ⅰ　本条の意義

本条は、女性の再婚の時期を制限した規定である。その制限された期間は、「再婚禁止期間」や「待婚期間」と称されている。本条の立法目的は、「女性の再婚後に生まれた子につき父性の推定の重複を回避し、もって父子関係をめぐる紛争の発生を未然に防ぐことにある」[※30]。

Ⅱ　本条１項

本条は、明治民法制定当初の法医学者の意見を聴取し、６か月の再婚禁止期間を定めていた。本条の目的は民法772条との関係で父性推定の混乱を避けるためとされているが、その目的であるならば100日で足りることから、1996（平成８）年の民法改正要綱では、100日に短縮する案も出されていた。平成27年判決[※31]は、「夫婦間の子が嫡出子となることは婚姻による重要な効果であるところ、嫡出子について出産の時期を起点とする明確で画一的な基準から父性を推定し、父子関係を早期に定めて子の身分関係の法的安定を図る仕組みが設けられた趣旨に鑑みれば、父子関係の推定の重複を避けるため」には、女性に対し一律に100日の再婚の制約をおくことは、合理性がある。しかし、医療や科学技術が発達した今日において、父子関係の推定の重複を回避するために必要な期間以上の再婚禁止期間を設けることは困難な上、婚姻の自由は十分尊重されるべきで、妻が婚姻前から懐胎していた子を産むことは再婚の場合に限られないことを考慮すると、100日を超過する部分は、合理性を欠く過剰な制約を課すものであり、憲法14条１項、24条２項に違反するとの判断を示した。

この判決をうけ、2016（平成28）年に本条は改正され、女性は、前婚の解消または取消しの日から起算して100日経過しなければ再婚することができないとの規定（本条１項）となった。

※30　最大判平27·12·16民集69巻８号2427頁。

※31　前掲※30・最大判平27·12·16民集69巻８号2427頁。

Ⅲ 本条2項

本条の意義が父性推定の混乱を回避するためにあることから、そのおそれがない場合には、再婚が可能となる。

女性が前婚の解消または取消しの時に懐胎していなかった場合（本条2項1号）や女性が前婚の解消または取消し前から懐胎し、その後出産した場合（本条2項2号）がこれにあたる。市町村長は、婚姻届出の際に、本条2項に該当する旨の医師が作成した証明書が提出される場合、その証明書に疑義があるなど特段の事情がない限り、本条1項の期間内に婚姻の届出があってもこれを受理しなければならない（平28･6･7民一584号通達）。

本条2項以外にも以下のような場合に、戸籍実務上、本条の期間中の婚姻届が受理されている。①離婚した前夫と再婚する場合、②夫の3年以上の生死不明による離婚判決、失踪宣告があった場合、③前婚につき夫による悪意の遺棄後6か月が経過している場合、④懐胎可能年齢を明らかに超えている場合※32である。ただし、④については、医学の進歩に伴い年齢を限定するのは困難となる。

本条に違反する婚姻の届出は受理されない（民740条）。しかしながら、提出した婚姻届が受理されてしまった場合には、前婚および再婚の各当事者、その親族、前婚の配偶者または検察官は取り消すことができる（民744条）。さらに子の父性推定が重複した場合には、父を定める訴えにより父が定められる（民773条）。

Ⅳ 本条の廃止に関する議論状況

学説上は、婚姻の自由、男女平等の観点から、本条の廃止を求める説も有力である。本条は、上述したように、父性推定・嫡出推定の重複を回避することを目的とした規定である。嫡出推定制度（民772条）は、2019（令和元）年より、法制審議会民法（親子法制）部会において見直しが始まっており、現行民法772条2項の「婚姻の解消若しくは取消しの日から300日以内に生まれた子」を夫の子と推定する規定についても見直しの対象となっている。仮に同規定の上記箇所が削除されれば、本条も存在意義がなくなり削除されるとの指摘がある※33。

（冷水登紀代）

※32 55歳以上の女性から再婚禁止期間内に再婚の届出がされても、受理してもよいとしている。

※33 法制審議会（親子法制）部会・部会資料8（http://www.moj.go.jp/shingi1/shingi04900001_00019.htm）。

（近親者間の婚姻の禁止）
第734条　直系血族又は三親等内の傍系血族の間では、婚姻をすることができない。ただし、養子と養方の傍系血族との間では、この限りでない。
2　第817条の9の規定により親族関係が終了した後も、前項と同様とする。

本条から民法736条までは、近親婚を制限した規定である。このように近親者間の婚姻を禁止するのは、主として、優生学的配慮と婚姻倫理上の理由からである。しかし、婚姻自由の要請もあり婚姻の禁止をどの範囲と定めるかは、条文上曖昧な箇所で学説上対立がみられる。

本条により禁止される範囲は、①直系血族間の婚姻、または、②3親等内の傍系血族間の婚姻である（本条1項本文）。

①において、父と認知されていない子との婚姻は可能かが問題となる。法律上の父子関係が存在しないこと、戸籍吏が実質的審査権限を持たないことから考えると、事実上、婚姻届は受理されることになる。そのため、優生学的な根拠から婚姻が禁止されている本条の立法趣旨に照らし、届出の段階で阻止できなかったとしても後に父子関係が判明した場合には、取り消すことができる婚姻と解する説が有力である。

②は、兄弟姉妹間、おじ・おばとおい・めい間での婚姻である。兄弟姉妹の場合、全血・半血を問わない。四親等の傍系血族、たとえば、いとこ同士の婚姻は可能である。

養子・養方の傍系血族間での婚姻は禁止されていない（本条1項ただし書）ので、養子と養親の兄弟姉妹・子等とは婚姻することができる。養子を実子と婚姻させ家を承継させることが慣習として行われていたため、例外的に認められたとされている。

養子の子と養親の実子との婚姻については、本条1項ただし書の趣旨をどのように捉えるかで、学説が分かれる。養子縁組から生じた法定血族関係である点を強調すると、本条1項ただし書の場合と同様に扱われるべきであるということになり（婚姻可能）、本条1項ただし書はあくまで家的要請により例外的に認められたものであると解すれば婚姻を禁止するべきであるということになる。

本条2項は、特別養子とその実方血族（直系血族または三親等内の傍系血族）との婚姻を禁止する。特別養子となったことで実方との親族関係が終了したとしても（民817条の9）、生物学上の血縁関係が消滅することはないからである。

本条に違反する婚姻は受理されない（民740条）。仮に、受理されたとしても取消しの対象となる（民744条）。本条違反の婚姻は、時間の経過により治癒されるものではない。そのため、当事者の一方の死亡後も取消権は消滅しない[※34]。

（冷水登紀代）

（直系姻族間の婚姻の禁止）
第735条 直系姻族の間では、婚姻をすることができない。第728条又は第817条の9の規定により姻族関係が終了した後も、同様とする。

本条は、直系姻族間の婚姻を禁止した規定である。本条の趣旨は、優生学的な配慮ではなく、婚姻倫理、とりわけ親子秩序を乱すことを防ぐためであるとされている。

本条で禁止される範囲は、直系姻族、たとえば、配偶者の父母または子（連れ子）等との婚姻である。ただし、配偶者のある者は重ねて婚姻することができず（民732条）、本条前段が禁止するのは配偶者の死亡後、姻族関係終了前の婚姻である。

本条後段により、離婚や生存配偶者による姻族関係の終了の意思表示が行われることによる姻族関係終了後（民728条）や特別養子成立による姻族関係の終了後（民817条）の直系姻族間の婚姻も禁止されている（民728条による婚姻禁止は、直系姻族との親子関係意識が希薄化されていることから削除するべきであるとする説もある）。

しかしながら、婚姻の取消しによる姻族関係終了の場合にも本条が適用されるかについて、学説は、離婚と同様に適用を肯定する説、例示されていないことから適用を否定する説、さらに詐欺強迫を除く婚姻の取消しの場合に限定して適用を肯定する説に分かれている。

本条に違反する婚姻は受理されない（民740条）。仮に受理されたとしても取消しの対象となる（民744条）。

（冷水登紀代）

（養親子等の間の婚姻の禁止）
第736条 養子若しくはその配偶者又は養子の直系卑属若しくはその配偶者と養親又はその直系尊属との間では、第729条の規定により親族関係が終了した後でも、婚姻をすることができない。

本条は、養子縁組により法定直系血族になった者または法定直系姻族になった者との婚姻は、離縁により親族関係が終了しても、社会倫理上の理由から、

※34 東京高判平3・4・16判時1392号85頁。

禁止される旨を規定している。

ただし、離縁後に養子の配偶者となった者は、本条の適用を受けない。また、縁組前または離縁後に生まれた子とその配偶者についても本条の適用を受けない。

なお、離縁後の養親またはその直系尊属の配偶者については、本条に規定はなく、見解が分かれる。離婚または死亡による姻族関係終了の意思表示による場合は、民法735条が適用される。

（冷水登紀代）

第737条　削除（平成30年法律59号による）

【2022（令和４）年４月１日施行前】

（未成年者の婚姻についての父母の同意）

第737条　未成年の子が婚姻をするには、父母の同意を得なければならない。

２　父母の一方が同意しないときは、他の一方の同意だけで足りる。父母の一方が知れないとき、死亡したとき、又はその意思を表示することができないときも、同様とする。

2018（平成30）年の成年年齢引下げ等に関する民法改正（2022（令和2）年4月1日施行）により、成年年齢が18歳に引き下げられ（民4条）、婚姻適齢も男女18歳に統一された（民731条）。この改正により、未成年者による婚姻がなくなったため、父母の同意に関する規定も必要なくなり、本条は廃止されることになった。

なお、改正法の施行日以前に未成年者が婚姻する際には、本条が適用されるため父母の同意が必要となる。

本条は、同意するべき者を法定代理人ではなく、父母とし、同意をするべき父母を限定していない。父母の同意には、父と母双方の同意を得ることを要しない。一方が同意しないときは、他の一方の同意があれば足りる（削除前本条2項前段）。父母の一方が知れないとき、死亡したとき、または、その意思を表示することができないときも、他の一方の同意で足りる（削除前本条2項後段）。

本条の規定に違反しないことを認めた場合でなければ、未成年者の婚姻届出は受理できない（民740条）が、誤って受理されたときには有効な婚姻として認められる（民744条は、婚姻取消しの訴えの対象から、未成年者の婚姻に関する本条違反の場合をはずしている）。この場合にも、婚姻による成年の擬制を受ける（民753条）。

本条は、婚姻における父母の意思の尊重と、家制度の秩序維持という理念の下、男は満30歳、女は満25歳になるまで父母の同意が必要とされ（(旧) 民772条)、戸主の同意は年齢のいかんを問わず必要とされた明治民法750条に対し、成年者の婚姻に父母の同意を必要とすることは、「婚姻は、両性の合意のみに基いて成立」すると宣言する憲法24条に適合せず、成年者の婚姻に不当な干渉を加えることになるとの理由から戦後の改正により成年者の婚姻については父母の同意を必要としないという立場を前提として未成年者に限り父母の同意を必要とする旨の規定に改めた沿革を持つ。本条は必ずしも思慮分別の定まらない未成年者が軽率な婚姻をすることを防止することを目的としていた。しかし、父母の同意を欠いたとしても、受理された婚姻は取り消すことができないため、学説の中には、不完全な規定であるし、婚姻適齢を男女とも18歳にし、成人年齢もこれに一致させるよう改正することで、未成年者の婚姻自体をなくすべきであるという本条の廃止を求める立場もあった。本条の廃止はこのような考え方が反映されたといえる。

本条が対象とする未成年者は、成年擬制を受けていない20歳未満の者である。婚姻により成年擬制を受けた者は、本条の未成年者には含まれない。したがって、婚姻した未成年者が、婚姻解消後または婚姻の取消し後、20歳到達前に再婚する場合について、本条による父母の同意は必要ない。もっとも、婚姻不適齢を理由に婚姻が取り消された場合には、不適齢者自身が成年擬制を受けることはない。

（冷水登紀代）

（成年被後見人の婚姻）

第738条　成年被後見人が婚姻をするには、その成年後見人の同意を要しない。

1999（平成11）年の禁治産・準禁治産制度から成年後見制度への改革に伴い、成年被後見人の意思の尊重が謳われている（民858条)。成年被後見人の行為のうち、成年後見人の同意がなければ取り消されるのは、日用品の購入を除く財産行為に限定される（民9条)。そして、成年被後見人であっても、本人の意思能力が回復している状態であれば、単独で身分行為を行うことができるのは当然であり、本条は、そのことを規定したにすぎないとされている。

1999（平成11）年民法改正前の禁治産制度においても、禁治産者が婚姻する際に、後見人の同意は不要とされていた。ただし、身分行為においても、婚姻の性質や効果を理解するのに足りる能力は必要であるため、医師の診断書を添付することが義務づけられていた（(旧) 戸籍32条)。

（冷水登紀代）

（婚姻の届出）

第739条　婚姻は、戸籍法（昭和22年法律第224号）の定めるところにより届け出ることによって、その効力を生ずる。

２　前項の届出は、当事者双方及び成年の証人２人以上が署名した書面で、又はこれらの者から口頭で、しなければならない。

本条は、婚姻が届出によって成立することを宣言したものである（**届出婚主義**）。婚姻の成立は、当事者間の意思の合致だけでは十分でなく、届出という方式が必要となる。このように、婚姻の成立に届出が要求されるのは、当事者の婚姻意思を確認する手段として意義があるだけではない。届出の機会に婚姻の要件が充たされているかどうかを審査する機会が確保されることにもなる。民法731条から736条（2022（令和４）年４月施行前は737条）、および739条２項の規定とその他の法令に違反しないことが認められた後でなければ、届出を受理しないとすることで（民740条）、社会秩序の維持に寄与しているといえる。また、届出により、婚姻関係が公示されることになる。届出がされると、新戸籍が編成され（戸籍16条１項）、夫または妻であることが記載されるため（戸籍13条６号）、ある者と婚姻しようとする者や取引をする者は、戸籍法10条の２第１項の要件を満たす限りで、相手方の戸籍謄本の交付請求ができ、相手方の配偶者の有無を確認することができる。

現行法の届出婚主義は明治民法に由来するが（(旧) 民775条）、当時の庶民層は明治民法施行以前の慣行に基づく儀式を行うだけで婚姻は完了するという意識が強く、届出は浸透しなかった。そのため、内縁が発生することになり、判例により内縁関係の保護が図られてきた（この点については、第４編第２章婚姻〔前注〕Ⅲ参照）。そして、届出を徹底させるために現行制度の通り簡便な方法が採られることとなったが、結果的に実質的な婚姻意思を確認・確保する手段が講じられていないという問題がなお残っている。

届出は**書面**または**口頭**により行われる（本条２項）。やむを得ない事由がある場合を除き、所定の書面により、届けなければならない（戸籍28条、戸施規23条・59条）。届出書面の記載事項は、戸籍法および戸籍法施行規則により定められている。当事者は、定められた書式「婚姻届」に必要事項を記入し、届出人・証人２人以上が署名押印し（戸籍29条・33条）、市町村長あてに提出する（戸籍74条）。

戸籍法に基づく婚姻届などの届出の様式に求められる押印について、2020（令和２）年に行政手続における押印廃止の検討の中で、法務省は婚姻・離婚などは「人生の大きな節目の手続であり」、国民の「声を十分に踏まえながら、丁寧」に検討する方針を示している。他方、戸籍の届出のオンライン化については、2004（平成16）年から市区町村長の判断で行うことができるため（戸籍130

条、情報通信技術を活用した行政の推進等に関する法律（平成14年法律151号））、制度の導入はそれぞれの市区町村長で判断するべきこととしている[※35]。

代書について、戸籍法施行規則は署名押印に際し、印を有しないときは署名で、署名ができないときは氏名を代書させ押印で、署名できないときは氏名を代書させぼ印するだけで足りるとしており（戸施規62条）、戸籍実務は理由を付記して婚姻届にも代書を認めている[※36]。

提出は、本人が作成した届出を他人が代わって提出することも、郵送することも可能である。郵送については、とくに規定があり、郵送した届出は、死亡後であっても受理され、受理されたときは死亡時に届出があったとみなされる（戸籍47条。なお、届出と婚姻意思の存否の問題については、第４編第２章第１節婚姻の成立〔前注〕Ⅱ２参照）。

やむを得ない事由があり、口頭で届出をする場合には、当事者および証人の全員が市役所または町役場に出頭し、記載事項を陳述し、市町村長がそれを筆記し、届出年月日を記載し、これを届出人に読み聞かせ、届出人にその書面に署名押印させる方法で行うことになる（戸籍37条）。

（冷水登紀代）

（婚姻の届出の受理）
第740条　婚姻の届出は、その婚姻が第731条から第736条まで及び前条第２項の規定その他の法令の規定に違反しないことを認めた後でなければ、受理することができない。

【2022（令和４）年４月１日施行前】

（婚姻の届出の受理）
第740条　婚姻の届出は、その婚姻が第731条から第737条まで及び前条第２項の規定その他の法令の規定に違反しないことを認めた後でなければ、受理することができない。

本条は、戸籍事務管掌者（市町村長）が本条に定める違反がないかどうかを審査した後に受理することを定める。

2018（平成30）年の成年年齢引下げ等に関する民法改正（2022（令和２）年４月１日施行）により未成年者の婚姻についての父母の同意に関する民法737条が

※35 http://www.moj.go.jp/hisho/kouhou/hisho08_00131.html。

※36 昭14・10・９民事甲1100号通牒。なお、養子縁組については、最一小判昭31・7・19民集10巻７号908頁。

廃止されることに伴い、本条で審査される規定も民法731条から民法736条および739条２項の各規定とその他の法令の規定へと改正された。なお、改正法施行前の未成年者の婚姻に関しては、民法737条に違反がないかも審査される。

戸籍吏は、届出の記載事項が真実であるか否かの実質的審査権がないと解されている（**形式的審査**）。受理要件を満たした届出が提出された場合には、受理しなければならない。正当な理由がなくこれを受理しなければ、当事者は家庭裁判所に対し不服申立てができる（戸籍121条・123条）。

なお、郵送による届出の受理については、民法739条の解説参照。

提出された届出は、受け付けられても効力は生じず、受理されて初めて効力が生じる。届出は、受理により効力が生じるため、受理以前にこれを取り下げることはできるが、一度受理されれば撤回することができない。届出が受理されると、戸籍に記載されるが、戸籍への記載は効力発生要件ではない[※37]。口頭による届出の場合、届出人が署名押印したときに受理されると解されている。

もっとも、誤って受理された場合でも、婚姻意思がある限り婚姻は無効とはならない。ただし、婚姻適齢（民731条）、重婚禁止（民732条）、再婚禁止期間（民733条）、近親者間の婚姻禁止（民734条）、直系姻族間の婚姻禁止（民735条）、養親子等の間の婚姻の禁止（民736条）の各規定に違反する場合には、取消事由となる（民744条）。また、民法739条２項の届出方式に違反する場合には、その効力は妨げられない。

戸籍吏の審査権は実質的審査を含まないため、婚姻意思のない婚姻届がされる可能性がある。そのため、1952（昭和27）年以降、法務省の通達により、**不受理申出制度**が整備されている。これは、かつて、戸籍実務において、協議離婚の無効な届出を防止するため不受理申出を受け入れる扱いがされていたが、婚姻等の創設的届出全体に広がったものである。

婚姻意思のない婚姻届が提出されるおそれがある者は、原則として本籍地の市町村長あてに書面により、受理しない期間を６か月以内で定めて申し出る。不受理の申出後にされた婚姻届は受理されないことになる。もしも、その期間中に婚姻届が受理され、戸籍に記載された場合には、婚姻届出時に婚姻意思はなかったものとして、婚姻届出は無効ということになり、戸籍の訂正がされる。

なお、婚姻届出が受理された後の夫婦の氏の処理については、民法750条の解説参照。

（冷水登紀代）

第４編第２章

[※37] 大判昭16・7・29民集20巻1019頁。

（外国に在る日本人間の婚姻の方式）
第741条 外国に在る日本人間で婚姻をしようとするときは、その国に駐在する日本の大使、公使又は領事にその届出をすることができる。この場合においては、前2条の規定を準用する。

渉外婚については、法の適用に関する通則法24条に規定されているが、本条は、このうち外国にいる日本人間で婚姻をする場合の方式の1つを規定したものである（なお、日本人と外国人の婚姻については法適用24条が適用される）。

外国にいる日本人間での婚姻については、本条による婚姻の届出による方法のほか、当事者のいずれかの本籍地の市町村長に届出を郵送する方法、挙行地法により婚姻をし、そこで作成された婚姻証書の謄本を戸籍法41条に従い提出または郵送する方法がある。

（冷水登紀代）

第4編第2章第1節第2款　婚姻の無効及び取消し

〔前注〕

I　婚姻の無効・取消しの意義

民法は、婚姻無効の原因を、当事者間に婚姻の意思がない場合（民742条1号）と届出がない場合（民742条2号）の2つの場合に限定した。そして、判例・通説は、婚姻の無効を判決や審判がなくとも当然に無効であると解している[※38]。その結果、婚姻無効に関する訴え（人訴2条1号）は、無効確認の訴えであり、何人でもその無効を主張することができると解される。婚姻が無効であれば、初めから夫婦として法律関係は一切生じていないことになる。なお、判例は、上記のように婚姻の無効は当然に無効であるとする一方で、追認の可能性も認めている[※39]。

これに対して、婚姻障害のある場合（不適齢婚者の婚姻、重婚、再婚禁止期間内にした婚姻、近親婚）と詐欺または強迫による婚姻の場合には、その婚姻の取消しが問題となる（民743条以下）。婚姻の取消しは、婚姻取消しの訴えに

※38 最三小判昭47・7・25民集26巻6号1263頁。

※39 前掲※38・最三小判昭47・7・25民集26巻6号1263頁は、最二小判昭27・10・3民集6巻9号753頁と最二小判昭37・8・10民集16巻8号1700頁を引用し、追認の遡及効を認める（詳細は、民742条の解説Ⅵ参照）。

よってのみすることができる（形成訴訟）。取消し原因のある婚姻届が受理されてしまったときは、その婚姻は有効な婚姻となる。このような婚姻は、その瑕疵が治癒された場合（再婚禁止期間を経過した等。民746条）や、その追認があった場合（詐欺発見後追認した等。民747条）には、取消しをすることができなくなる。

婚姻の取消しの効力は、将来に向かってのみ生じる（民748条）。そして、取消しの効果は、離婚に近く、離婚の規定が準用されている（民749条）。

Ⅱ　民法総則における無効・取消しと婚姻の無効・取消し

婚姻には、民法第1編第5章第4節無効及び取消しに関する規定が適用されないとするのが通説である。婚姻の効力を否定することは、当事者やその子、さらに第三者との関係においても一般の法律行為とは異なる重大な影響を及ぼす。そのため、民法は、婚姻の無効と取消しを本款に規定するものに限定した。とはいえ、民法総則は財産法・親族法（および相続法）に妥当するという観点から疑問が呈されており、とくに婚姻の無効を実質的意思がないため無効となる場合のうち（第4編第2章第1節婚姻の成立〔前注〕の解説Ⅱ）、公序良俗に反するような婚姻については、民法90条の適用を認めるべきであるとする見解も有力である。

（冷水登紀代）

（婚姻の無効）

第742条　婚姻は、次に掲げる場合に限り、無効とする。

一　人違いその他の事由によって当事者間に婚姻をする意思がないとき。

二　当事者が婚姻の届出をしないとき。ただし、その届出が第739条第2項に定める方式を欠くだけであるときは、婚姻は、そのためにその効力を妨げられない。

Ⅰ　本条の意義

婚姻は、身分上の効果を発生させる法律行為であり、したがって、その意思を欠くときには無効とされてよいはずである。しかしながら、こうした婚姻の効力を否定することは、当事者や子に影響を与えるだけでなく、それらの者をとりまく（第三者も含めた）生活環境に重大な影響を及ぼす。そこで、本条は、婚姻無効となる場合を、①婚姻意思がなかった場合と②当事者が届出をしていない場合という2つに限定している。

Ⅱ 婚姻無効の訴えの当事者

婚姻無効の訴えは、婚姻当事者だけでなく、利益のある第三者も提起することができる[※40]。訴えの相手方は、夫婦の一方が提起するときは他の一方の配偶者、第三者が提起するときは夫婦（一方が死亡している場合は生存者）、相手とするべき者が死亡しているときは検察官となる（人訴12条）。

Ⅲ 婚姻無効の訴えの法的性質

婚姻無効の訴えの法的性質については学説上争いがある。判例と学説の多数は、婚姻取消しとは異なり、婚姻無効には明文の規定がないことから、一般の法則に従って個々の訴訟の先決問題として婚姻無効を主張することができ、このような婚姻については、判決・審判を待たずに当然に無効であると解する。この説によると、婚姻無効の訴えは、無効確認の訴えということになる[※41]。それに対して、判決･審判によって画一的･遡及的に無効とするべきであり、無効判決に対世効が認められていることから（人訴24条）、婚姻無効の訴えを形成の訴えと解するべきであるとする学説もある。

もっとも、婚姻無効の訴えは、どのように解しても人事に関する訴訟事件であり、調停を申し立てなければならない（**調停前置主義**。家事手続244条・257条）。ここで当事者間での合意が成立すると、家庭裁判所は、必要な事実調査をした上で正当と認めれば、「合意に相当する審判」をすることができる（家事手続277条）。これに不服な当事者は、2週間以内に家庭裁判所に対して異議申立てができる（家事手続279条）。この審判について、上記期間内に異議申立てがないとき、または異議の申立てを却下する審判が確定したときは、確定判決と同一の効力を持つが（家事手続281条）、異議があればその効力を失う（家事手続280条4項）。調停が成立しない場合や、審判がなされない場合、または異議申立てで審判が失効した場合（家事手続280条4項）には、人事訴訟法に従って訴えを提起することになる。

婚姻無効の訴えにおいては、弁論主義が制限され（人訴19条）、職権探知主義が採られ（人訴20条）、判決には対世効が認められる（人訴24条）。

Ⅳ 婚姻の無効原因

本条1号は、婚姻意思のない婚姻は無効であるとしている（第4編第2章第1

※40 最二小判昭34･7･3民集13巻7号905頁。

※41 たとえば、最二小判昭34･7･3民集13巻7号905頁は、「無効の確認」という文言を用いる。

節婚姻の成立〔前注〕参照)。婚姻意思がない例としては、以下のような場合がある。

1　人違い

本条1号は、意思がない例として人違いを挙げる。ここでいう人違いとは、相手の同一性を誤ることであり、相手の性質ないし属性について誤ることを意味しない。相手の性質ないし属性についての誤りが、詐欺により生じている場合には、民法747条に基づく取消しが問題となる。

2　仮装婚

入国査証・滞在許可証・国籍取得のために婚姻を偽装する場合は、婚姻意思を欠き、無効原因となると考えられている。国籍取得等は、婚姻の効果として付随的なものにすぎないからである。

判例には、当事者間で生まれた子に嫡出性を付与することのみを目的とする婚姻は無効としたものがある[※42]。

3　届出を欠く場合

本条2号の届出のない婚姻は、有効無効を争う余地がなく不成立となる。通説は、本条2号はただし書の規定を導くためのものであると捉える。つまり、民法739条の要件を欠く届出、すなわち当事者双方および成年の証人2人以上が署名をしていない不適法な届出でも、受理されれば有効となる。もっとも、当事者の一方が勝手に届出を提出した事例については、判例は、本条1号の意思のない場合として解決している[※43]。

V　婚姻無効の効果

判例・通説は、無効な婚姻は初めからその効力を生じないと解する。これに対し反対説は、判決または審判の確定の時に遡及的にその効力を失うとする。いずれの立場に立っても婚姻に伴う効力は初めから生じなかったことになり、その当事者間に出生していた子は、嫡出でない子ということになる。この点、婚姻無効により善意の当事者や子が過酷な状況に陥ることを回避するために、保護規定を置くべきであるとの立法論も主張されている。

※42　最二小判昭44·10·31民集23巻10号1894頁。これに対して、相続権の発生という婚姻の基本的効果の一部を生じさせるために行った臨終婚は、判例は無効とはしていない。詳しくは、第4編第2章第1節婚姻の成立〔前注〕参照。

※43　大判大9·9·18民録26輯1375頁ほか。

Ⅵ 追認の可否

婚姻が無効となった場合、その婚姻を追認することができるかが問題となる。取消事由のある婚姻については、追認を認める規定が存在するが（民745条2項・747条2項参照）、無効な婚姻の追認に関する規定はない。

また、起草者は、あらためて婚姻届をし直すべきものであり、意思のない無効な婚姻は、民法119条本文との関係からも遡及的に追認することはできないと考えていた。しかし、判例は、無効な婚姻の追認による遡及効を肯定する。事実上の夫婦の一方が他方の意思に基づかないで婚姻届を作成提出した場合、追認により、婚姻届出の意思の欠缺は補完され、また追認の遡及効を認めることが当事者の意思に沿い、さらに実質的生活関係を重視する身分関係の本質に適合するだけでなく、第三者は、その生活関係の存在と戸籍の記載に照らし、婚姻の有効を前提として行動することができるので、追認の遡及効を認めることによって、その利益が害されるおそれが乏しいからである※44。判例は、無効な代諾養子縁組や無効な協議離婚の追認についても肯定していた※45。そして、無効な婚姻についても、民法116条本文の類推適用により追認の効力が遡及すると認められている※46ことに鑑み、無効な婚姻の追認は届出時に遡って有効であるとしている※47。

もっとも、学説には、追認により遡及的に婚姻という重大な効果が生じるため、法律婚をする意思があり、届出時に内縁関係があった場合に限り、追認を認定するべきであるという見解も有力である※48。

（冷水登紀代）

（婚姻の取消し）
第743条 婚姻は、次条から第747条までの規定によらなければ、取り消すことができない。

※44 最三小判昭47・7・25民集26巻6号1263頁。

※45 無効な代諾養子縁組については、最二小判昭27・10・3民集6巻9号753頁、無効な協議離婚については、最二小判昭42・12・8家月20巻3号55頁。

※46 最二小判昭37・8・10民集16巻8号1700頁。

※47 前掲※44・最三小判昭47・7・25民集26巻6号1263頁、札幌高判昭40・11・13高民集18巻7号519頁。

※48 前掲※44・最三小判昭和47・7・25民集26巻6号1263頁の事案では、すでに事実上の夫婦関係が存在した。

Ⅰ　本条の意義

本条は、婚姻の取消しは、民法744条から747条までの場合に限定する。民法総則との関係については、第4編第2章第1節第2款婚姻の無効及び取消し〔前注〕の解説Ⅱ参照。

Ⅱ　婚姻取消しの類型

婚姻の取消しは、反社会的な婚姻であることを理由に民法上不適法なものとして扱われるために認められた①**公益的取消し**と、当事者が婚姻締結に際してその意思に瑕疵があるために認められた②**私益的取消し**に分類される。

1　公益的取消し

公益的取消しとは、婚姻障害に該当する不適齢婚（民731条）、重婚（民732条）、再婚禁止期間の婚姻（民733条）、近親婚（民734条・735条・736条）を原因とする取消しで、その婚姻が不適法な状態にもかかわらず婚姻届が受理された場合に、公益的な理由から取り消されるものである。

2　私益的取消し

私益的取消しとは、詐欺または強迫（民747条）を原因とする取消しである。

Ⅲ　婚姻取消しの訴えの当事者

取消権者は、公益的取消しと私益的取消しにより異なる。公益的取消しの場合には、婚姻当事者、さらに当事者以外の親族や公益を代表する検察官にも取消権が与えられる。私益的取消しは、詐欺または強迫を受けた者を保護するための取消しであるから、取消権者は詐欺または強迫を受けた当事者に限定され、追認も認められる。

取消しの相手方は、婚姻当事者の一方が訴える場合にはその配偶者である（人訴12条1項）。また、第三者が訴える場合は、夫婦双方が被告となり、その一方が死亡していれば他方のみが被告となる。さらに、いずれの場合についても、被告とするべき者が死亡して、被告がいない場合には検察官がその被告となる（人訴12条2項・3項）。

Ⅳ　婚姻取消しの訴えの法的性質

婚姻取消しの訴えは、形成の訴えである。婚姻の取消しは、婚姻の無効と同様に、身分上の重要な事項であり、その効果を対世的・画一的に定める必要があるため、裁判所に対する訴えによらなければならない（民744条1項・747条1項）。これは人事に関する訴訟事件であり、先に調停の申立てをしなければならない（家事手続244条・257条）。ここで当事者間に合意が成立すると、家庭裁判所は、必要な事実調査をした上で、正当と認めれば、「合意に相当する審判」をすることができる（家事手続277条）。これに不服な当事者は、2週間以内に家庭裁判所に対して異議申立てができる（家事手続279条）。この審判は、上記期間内に異議申立てがなければ確定判決と同一の効力を持つが（家事手続281条）、異議があればその効力を失う（家事手続280条4項）。調停が成立しない場合、審判がされない場合、または異議申立てで審判が失効した場合（家事手続280条4項）には、人事訴訟法に従って訴えを提起することになる。

婚姻取消しの訴えについては、婚姻無効の訴えと同様に、弁論主義が制限され（人訴19条）、職権探知主義が採られ（人訴20条）、判決には対世効が認められる（人訴24条）。対世効を認めると、1人の取消権者の1つの取消し原因に基づく訴えが棄却された場合に、他の者にその効力が及ぶことになる。これに対しては、民法744条のように取消権者が多数考えられる場合、他の者の手続保障がされていないなど、学説上批判が強い。

V 婚姻取消し効果（効力）

取消判決（または審判）が確定するまでは婚姻は有効であり、それが確定して初めて将来に向かって効力が失われる（民748条1項）。ただし、死後の取消しについては、死亡時に婚姻取消しにより婚姻関係が消滅すると解されている。そして、婚姻取消しによる財産的効果については不当利得の法理（民703条・704条）に準じた返還義務が生じる（民748条2項・3項）。その他民法749条に従い離婚の規定が準用される。詳細は、民法748条参照。

VI 婚姻の取消権の消滅

公益的取消しの場合、民法745条、746条の例外を除き、追認により取消権が消滅することはない。それに対して、私益的取消しの場合、取消権者が、詐欺を発見したときから3か月が経過した場合や強迫を免れた後3か月が経過した場合、あるいはその期間内であっても追認をすることによって、取消権は消滅する（民747条）。

また、民法総則中の規定である取消権の消滅時効に関する規定（民126条）は、婚姻取消しの場合には適用されない。

（冷水登紀代）

（不適法な婚姻の取消し）
第744条　第731条から第736条までの規定に違反した婚姻は、各当事者、その親族又は検察官から、その取消しを家庭裁判所に請求することができる。ただし、検察官は、当事者の一方が死亡した後は、これを請求することができない。
2　第732条又は第733条の規定に違反した婚姻については、当事者の配偶者又は前配偶者も、その取消しを請求することができる。

本条は、公益的観点から、民法731条から736条までの規定に反する婚姻の取消権者を定めるとともに、婚姻取消しの効果が画一的・対世的に生じることから、取消しの訴えを裁判所に対して求めるものとした規定である。

①不適齢婚（民731条）を原因とする取消権者は、各当事者、その親族、検察官である。

②重婚（民732条）を原因とする取消権者は、各当事者、その親族、前婚の配偶者、検察官である。

③再婚禁止期間（民733条）を原因とする取消権者は、各当事者、その親族、前婚の配偶者、検察官である。再婚禁止期間に関する規定は、女性を対象とした規定であるため、前婚の配偶者は前夫である。

④近親婚（民734条〜736条）を原因とする取消権者は、各当事者、その親族、検察官である。

このように、公益的取消しの場合、その取消権者は婚姻の各当事者とその親族のみならず、公益代表者としての検察官も取消権者となる。ただし、一方配偶者が死亡した場合には、検察官の取消権は消滅する（本条1項ただし書）。

また、重婚の取消しと死亡離婚による婚姻解消の問題点については、民法732条の解説Ⅲ参照。

（冷水登紀代）

（不適齢者の婚姻の取消し）
第745条　第731条の規定に違反した婚姻は、不適齢者が適齢に達したときは、その取消しを請求することができない。
2　不適齢者は、適齢に達した後、なお3箇月間は、その婚姻の取消しを請求することができる。ただし、適齢に達した後に追認をしたときは、この限りでない。

不適齢婚は、公益的観点から、取消しの対象とされている。しかし、不適齢者の婚姻が誤って受理され、その後その者が婚姻適齢に達したときには、もはや不適齢婚の要件には反しておらず、その時点では反社会的な婚姻であるとはいえない。そして、仮に、不適齢者が適齢に達した後に、不適齢者本人以外の者が婚姻を取り消したとしても、その者はあらためて婚姻をすることができるため、不適齢を理由として取り消す実益がないことから、本条は、不適齢者が適齢に達したときには、取消権が消滅すると規定した（本条1項）。

ただし、婚姻適齢に達して3か月間は、不適齢者は、婚姻を取り消すことも追認することもできる（本条2項本文）。なぜなら、不適齢者が婚姻適齢に達っすると同時に完全に取消権が消滅とすれば、不適齢婚をした者がようやく自身が締結した婚姻がその意思に適ったものであるかどうかを判断できる年齢に達したと同時に取消権を有効に行使できなくなるからである。そこで本条2項は、不適齢者に3か月の熟慮期間を与えた。そして、この期間中の取消しは、私益的なものであるため、本条2項ただし書は、追認をすると取消権が消滅するとした。

2022（令和4）年4月以前は、不適齢者が婚姻適齢に達した後に取消しを求める場合、未成年者ではあるが成年擬制を受けるため（民753条）、単独で取消訴訟を行うことができる（なお、2022（令和4）年4月には民753条が削除となる）。

不適齢者が婚姻適齢に達した後に追認をする場合、追認は、要式行為ではなく相手方に対する明示または黙示の意思表示によることになる。

（冷水登紀代）

第4編第2章

（再婚禁止期間内にした婚姻の取消し）

第746条　第733条の規定に違反した婚姻は、前婚の解消若しくは取消しの日から起算して100日を経過し、又は女が再婚後に出産したときは、その取消しを請求することができない。

民法733条は、再婚した女性が出産した子の嫡出推定の重複を避けるために、女性に対し前婚解消・取消しの日から起算して100日の再婚禁止期間（待婚期間）を定めた。そしてこれに違反した婚姻は民法744条の取消しの対象になる。しかしながら、女性が、再婚禁止期間に違反し再婚した場合でも、懐胎することなく100日が経過した場合や、再婚後に懐胎した場合（民733条2項）には、父がだれであるかは明らかで嫡出推定の重複はないため、取り消す必要はなくなる。このような理由から、取消権の消滅が規定されたのが本条である。

（冷水登紀代）

（詐欺又は強迫による婚姻の取消し）
第747条　詐欺又は強迫によって婚姻をした者は、その婚姻の取消しを家庭裁判所に請求することができる。
2　前項の規定による取消権は、当事者が、詐欺を発見し、若しくは強迫を免れた後3箇月を経過し、又は追認をしたときは、消滅する。

本条は、詐欺・強迫により婚姻意思に瑕疵のある当事者を保護するために、本条1項に婚姻の取消しを定め、他方、本条の取消しは私益的取消しに関することから、本条2項に取消権の消滅事由を定め、婚姻の安定を図った。

詐欺による婚姻とは、違法な欺罔行為より、相手方を錯誤に陥れ、それにより婚姻の合意・届出に至らせることをいう。強迫による婚姻とは、違法な強迫行為により、相手方に畏怖を生じさせ、それにより婚姻の合意・届出に至らせることをいう。

詐欺・強迫による婚姻の取消しは、詐欺・強迫を受けた者のみが、相手方に対してすることができる。この点、公益的取消しが問題となる場合とは異なる。民法120条の取消しの場合とは異なり、当事者の承継人も取消権者には、含まれないと解されている。

詐欺・強迫による婚姻の取消しも、対世的・画一的でなければならず、取消しは訴えによることになる（ただし、調停前置主義は妥当する。詳細は、民743条の解説参照）。

もっとも、詐欺に気づき取消しができる時、または強迫を逃れて取消しができる状態になった時から、3か月が経過すると、取消権は消滅する（本条2項）。

（冷水登紀代）

（婚姻の取消しの効力）
第748条　婚姻の取消しは、将来に向かってのみその効力を生ずる。
2　婚姻の時においてその取消しの原因があることを知らなかった当事者が、婚姻によって財産を得たときは、現に利益を受けている限度において、その返還をしなければならない。
3　婚姻の時においてその取消しの原因があることを知っていた当事者は、婚姻によって得た利益の全部を返還しなければならない。この場合において、相手方が善意であったときは、これに対して損害を賠償する責任を負う。

Ⅰ　本条の意義

一般の法律行為の取消しには遡及効がある（民121条）のに対して、本条1項は、婚姻の取消しに遡及効を認めておらず、将来についてのみ婚姻の不存在の効力を与えた。なぜなら、婚姻は事実と密接に結びついているからである。そして、婚姻が取り消された場合には、対世効があり、当事者だけでなくその子や第三者にも効力が及ぶ。そのため、遡って無効とされると、嫡出子であった子は嫡出でない子となり、また日常家事債務についての連帯責任が消滅し、その取引の相手方である第三者にとっても不測の損害が生じかねず、不都合が大きいからである。

もっとも、本条2項・3項において婚姻により取得した財産または利益については、不当利得の法理（民703条・704条）に準じ、実質的には各当事者に遡及的に返還義務を認めている※49。

Ⅱ　婚姻の取消しと身分関係

婚姻の取消しの審判・判決が確定するまでは、婚姻は有効であり、取消しの審判・判決が確定した後に婚姻が解消されるにすぎない。

1　夫婦関係

取消し前に夫婦であったという身分関係は、変動しない。取消し後についてのみ、夫婦関係はなかったということになる。

2　親子関係

取消し前に嫡出子として出生した子は、取消し後もその地位を失わない※50。取消判決前に懐胎した子については、夫の子と推定される（民772条）。

3　親族関係

取消しにより姻族関係は終了する。ところで、直系姻族間では、離婚後も婚姻することができない（民735条・728条）が、離婚後の婚姻障害の効果（民735

※49 なお、2017（平成29）年の民法改正により、給付利得についての原状回復義務は民121条の2に規定されている。婚姻の取消しによる夫婦財産に関する処理は、本条に基づきされることになる。そして、本条2項・3項でカバーできない規律を財産法の規律で補充すると考えた場合、民121条の2が適用されることになる可能性がある。もっとも、学説上は、婚姻の取消しが離婚に近いことを考慮し、財産分与の問題として処理するべきとするものが有力である。

※50 東京地判平9・10・31判タ1008号230頁、名古屋高決昭37・10・3家月15巻3号121頁。

条・728条）が、婚姻の取消しにも妥当するかについては争いがある。多数説は婚姻取消しの場合にも同様に扱うと解している。これに対し、詐欺・強迫を原因とする場合に限りそれを否定する説、このような扱いをする規定が明文にはないこと、また直系姻族間での親子意識が薄れていることからそれを否定する説もある。

Ⅲ　婚姻取消しとそれに伴う財産的効果

本条2項・3項は、不当利得の法理に準じ、婚姻により取得した財産的利益の返還義務について規定する。

1　善意の当事者の返還義務

婚姻取消しの原因があることを知らない善意の当事者は、「現に利益を受ける限度」で返還義務を負う（本条2項）。善意・悪意の基準時は、文言上は「婚姻の時」とされているが、通説は、婚姻当時、善意であっても婚姻後その事実を知った後は悪意として扱う。もっとも、強迫により婚姻した者を善意として扱うか悪意とするかで説が分かれる。悪意とする説であっても、本条3項後段の損害賠償と財産分与で調整するべきであるとするが、被強迫者は自由な意思で婚姻したのではなく、本条の善意と悪意との区別は帰責性も含めた実質的判断をするべきであるという理由から、善意として扱う説が有力である。

2　悪意の当事者の返還義務

婚姻取消しの原因があることを知っている悪意の当事者は、「得た利益の全部」を返還するとともに、相手方が善意であった場合には損害賠償の責任を負う（本条3項）。

3　婚姻によって得た「財産」または「利益」の意味

本条は婚姻によって得たものを本条2項は「財産」とし、本条3項は「利益」とする。多数説は利益は財産よりも広いとして区別するが、とくに区別をしない説も有力である。

また、民法749条により、離婚の際の財産分与の規定である民法768条が準用されていることから本条との関係が問題となり、本条2項・3項を削除すべきであるとする説もある。これに対して、財産の清算については、本条2項・3項が優先的に適用され、解消後の生活保障という観点からの給付については民法749条により財産分与を準用することができ、本条2項・3項と民法749条は矛盾しないと捉える見方もある。

4　相続財産

一方が死亡し相続が開始した後に婚姻が取り消された場合、相続権が遡及的に消滅するかが問題となる。学説上は、配偶者死亡後婚姻の取消しをしても、生存配偶者の相続権は消滅しないとするものもあるが、下級審※51・多数説は、配偶者死亡後の婚姻の取消しにより、死亡時婚姻が取り消されたものとなるため、生存配偶者の相続権は消滅し、本条２項・３項により相続財産も返還するべきであるとする。

（冷水登紀代）

（離婚の規定の準用）

第749条　第728条第１項、第766条から第769条まで、第790条第１項ただし書並びに第819条第２項、第３項、第５項及び第６項の規定は、婚姻の取消しについて準用する。

婚姻の取消しは、なんらかの事情で一度有効に成立した婚姻を解消するという点で、離婚による解消とは異なる。しかし、将来について婚姻関係を解消するという点で類似する。そこで、婚姻取消しの効果について、離婚の効果に関する規定の一部を準用したものが本条である。

本条において準用されるのは、子の監護に関する事項の定め（民766条）、婚姻によって氏を改めた者の復氏（民767条）、財産分与（民768条）、復氏の際の権利承継（民769条）である。また、とくに明文で規定されていないが、姻族関係の終了（民728条）、子の親権者の決定（民819条）、子の氏（民790条）の規定も婚姻の取消しの場面で妥当すると解されている。本条と民法748条２項・３項との関係については、民法748条の解説Ⅲ参照。

また、婚姻による成年擬制（民753条）は、2022（令和４）年４月に成年年齢が引き下げられることに伴い削除されるため、本条による民法753条の準用も削除される。なお、改正前は、婚姻による成年擬制は、離婚によっても維持されると解するのが通説であり、不適齢婚を除いて婚姻取消しの場合にも同様に扱うと解されている。

（冷水登紀代）

※51　東京高判平３・４・16判時1392号85頁。

第４編第２章第２節　婚姻の効力

〔前注〕

婚姻は、それを締結した夫婦間に一定の権利義務を生じさせる。本節は「婚姻の効力」として、夫婦の氏（民750条）、同居・協力・扶助義務（民752条）、婚姻費用分担義務（民760条）といった各人の人格的・財産的権利義務に影響を与える法的効果を規定する。このうち、財産関係にかかわる規律として、本節では、民法752条の扶助義務（人格的義務である協力義務の延長として位置づける説もある）、民法754条の婚姻中の契約取消権が規定されており、夫婦財産制に関する規律は、第４編第２章第３節夫婦財産制に規定されている。このほかにも婚姻の効力そのものというよりは婚姻の解消の効力にあたるが、配偶者の死亡により生じる配偶者相続権もここに含めることができる。

また、婚姻の効果は、夫婦間に一定の権利義務をもたらすだけではない。婚姻した夫婦から子が生まれた場合、その夫婦（父母）双方と子の間に法律上の親子関係が発生し、配偶者の一定の血族との間には姻族関係が発生し、親権や扶養といった権利義務が生じる（親子関係については、第４編第４章親権、姻族関係については、第４編第１章総則の解説を参照）。

婚姻は、民法上一般にこのような効果をもたらすが、第４編第２章第２節は、さらに、生存配偶者の復氏等（民751条）を規定している。なお、婚姻による成年擬制（民753条）は2022（令和４）年に削除される。

民法751条は、婚姻の効果そのものというよりは、婚姻解消に関する規定である。この章に置かれたのは立法上の便宜のためであると説明されている。

（冷水登紀代）

（夫婦の氏）
第750条　夫婦は、婚姻の際に定めるところに従い、夫又は妻の氏を称する。

Ⅰ　本条の趣旨

本条は、夫婦が婚姻に際していずれか一方の氏を選択し、同じ氏を称すべきこと、すなわち**夫婦同氏の原則**を定めている。明治民法下でも、夫婦は同じ氏を称することになっていたが、当時は氏は「家ノ氏」であり（(旧) 民746条)、婚姻によって妻は夫の家に入り（(旧) 民788条)、妻は夫の氏を称するのが原則であった。戦後、家制度が廃止されるに伴い、氏は家の名というよりは、個人の呼称として捉えられている。また、夫婦は氏の選択ができることから、形式的には氏の選択における男女の平等が実現されている。

Ⅱ　婚氏の届出と戸籍

夫婦は、そのいずれか一方の婚姻前の氏を選び、その氏を婚姻届に記載していなければならない（戸籍74条）。同一の氏を記載していなければ、婚姻届は受理されない※52。婚姻届により、原則として夫婦の新戸籍が編製され（戸籍16条1項本文・6条）、氏が選択された者が戸籍筆頭者となる（戸籍14条）。また、その者がすでに戸籍筆頭者である場合には、他方がその戸籍に入籍する（戸籍16条1項ただし書）。夫婦同氏の原則は、婚姻継続中を通じて要求される。

Ⅲ　本条に関する改正提案

本条は婚姻に際して夫婦に同一の氏を求めるものであるから、婚姻する夫婦の一方は、必然的に改氏することになる。夫婦双方が改氏を望まなければ法律婚をすることはできない。そのため、戸籍上の氏を婚姻により改め、日常生活は通称として旧姓を用いる者もいる。このような状況の中、国立大学の教員が旧姓を通称として使用することが認められなかったとして名誉侵害を理由に行われた損害賠償請求権が退けられた事例がある※53。婚姻により氏を改める者のほとんどが女性であり、女性の社会進出が進むにつれて、婚姻により改氏しなければならないことの問題点が、男女平等という観点やさらには個人のアイデンティティの確保という観点から社会的に認識されつつある。その一方で、同氏を望む者も多い。

このような状況・流れをふまえ、立法論として選択的夫婦別氏を承認する議論が学説上高まり、1996（平成8）年の民法改正要綱第3は、「夫婦は、婚姻の際に定めるところに従い、夫若しくは妻の氏を称し、又は各自の婚姻前の氏を称するものとする」とし、選択的夫婦別氏制の採用が提案されていた。

なお、夫婦が別氏を選択した場合、子の氏をどのように扱うかが問題となる。この点、要綱第3の2は、原則として、「夫婦が各自の婚姻前の氏を称する旨の定めをするときは、夫婦は、婚姻の際に、夫又は妻の氏を子が称する氏として定められなければならないものと」し、例外的に要綱第4の3の1は「子が父又は母と氏を異にする場合には、子は、家庭裁判所の許可を得て」その父または母の氏を称することができるとしつつも、「子の父母が氏を異にする夫婦で

※52　岐阜家審平1･6･23家月41巻9号116頁では、不受理とした市長村長の処分に対して、その取消しを求めてした不服申立てが却下された。

※53　東京地判平5･11･19判時1486号21頁。

あって子が未成年であるときは、父母の婚姻中は、特別の事情があるときでなければ」、子は氏を変更することができないとしていた。

さらに、現行戸籍制度は、同一戸籍同氏の原則が採用されているが、夫婦が別氏を採用した場合、別氏別戸籍案や別氏同戸籍案などのさまざまな案が示されていたところ、要綱第11では、「民法改正に伴い、戸籍法に所要の改正を加えるものとする」としているだけであった。これに対し、民事行政審議会は、別氏でも同戸籍とする方式を提案していた。

Ⅳ　本条の憲法適合性

上記のような婚氏に関する改正の提案がある中、本条が夫婦の一方が婚姻を契機として氏の変更を行うことに対して、①氏を変更する者の憲法13条で保障される人格権を侵害しているのではないか、あるいは②氏を変更する者が女性が多いことから憲法14条に違反するのではないか、また③本条1項の規定が憲法24条に違反するのではないかが争われた。平成27年判決[※54]は、原告が、本条が憲法13条、14条1項、24条に違反し、立法措置をとらない国に対し、国家賠償法1条1項に基づき損害賠償を求めた事件において、上記①②③について、以下のような判断をしている。

平成27年判決は、憲法13条に違反するか、すなわち「『氏の変更を強制されない自由』が憲法上の権利として保障される人格権」かどうかについて検討し、氏には、「個人の呼称としての意義」と「名とあいまって社会的に個人を他人から識別し特定する機能」があることから、自らの意思のみで自由に定めたり改めたりする性質にはそわず、「家族の呼称としての意義」があるため、婚姻により変動することも法律上予定されており、憲法13条が権利として保障する人格権の一内容とまではいえないとの判断を示した。もっとも、同判決は、氏は名とあいまって「個人の人格を一体として示すものであるから」婚姻により氏を改めることで、アイデンティティの喪失感を抱くことや個人の信用・評価・名誉感情にも影響するなどの不利益、とくに婚姻前に築いた社会的地位や業績を婚姻に伴い氏を改めることで生じる不利益を考慮し、「氏を含めた婚姻及び家族に関する制度の在り方を検討するに当たって考慮すべき人格的利益である」とも付言している。

その上で、平成27年判決は96％以上の夫婦において夫の氏を選択するという現状から、本条が憲法14条1項に違反するかについて判断するものの、従前の判例[※55]を引用し、夫婦となろうとする者の間の協議に委ねている本条は、文言上条性別に基づく法的な差別的取扱いを定めているわけでないとし、従前の

※54　最大判平27･12･16民集69巻8号2586頁。

※55　最大判昭39･5･27民集18巻4号676頁、最大判昭48･4･4刑集27巻3号265頁ほか。

判例に沿った判断をしている。しかし、同判決は、憲法14条1項の判断についても、夫の氏を選択するものが圧倒的に多い現状が真に自由な選択の結果によるものかについては留意が求められ、仮に、社会に存在する差別的な意識や慣習による影響であるのであれば、そのような影響を排除して実質的な平等が保たれるように図る必要性があるとも指摘をしている。

また、憲法24条違反にあたるかについては、氏は「婚姻及び家族に関する法制度の在り方を検討するに当たって考慮すべき事項の一つ」とするものの、氏の「家族の呼称としての意義」や子の立場からみて「氏を同じくすることの利益」の享受と婚姻により氏を変更することの不利益、近年婚姻前の氏の通称使用が広まっていることなどを考慮して、夫婦同氏原則が、直ちに個人の尊厳や両性の本質的平等の要請に照らし合理性を欠く制度とはいえず、同条にも違反しないと判断する。

最高裁は、上記の通り、本条の定める夫婦同氏原則は憲法13条、14条、24条のいずれにも直ちに違反しないとの判断をしつつも、立法上「婚姻及び家族に関する法制度」をどのように定めるかという観点から見直しの可能性があることを示唆している。

（冷水登紀代）

（生存配偶者の復氏等）

第751条　夫婦の一方が死亡したときは、生存配偶者は、婚姻前の氏に復することができる。

2　第769条の規定は、前項及び第728条第2項の場合について準用する。

本条は、婚姻の効果というよりは、夫婦の一方の死亡により婚姻が解消した後に問題となることについて規定している。夫婦の一方が死亡すれば、婚姻は解消されるが、姻族関係はなお残っている。姻族関係の終了については、民法728条に規定されているが、復氏の問題については、婚姻の氏に関する民法750条を受けて、本条1項に規定され、祭祀財産を承継した生存配偶者が本条1項により復氏した場合に、だれがその財産を承継するかを本条2項に規定している。

本条1項は、婚姻により改氏した生存配偶者に復氏をするかどうかを自由に選択することを認めている。離婚の場合のように、原則として復氏をするのではない（民767条1項）。生存配偶者が復氏をするには、戸籍上の届出をする（戸籍95条）。復氏届は創設的届出であるから、本人の意思による届出によって初めて効力が生じる。復氏届がなされると、生存配偶者は婚姻前の戸籍に入る。その戸籍がすでに除かれている場合や本人の届出がある場合には、新戸籍が編製される（戸籍19条2項）。

祭祀財産を承継していた生存配偶者が、本条1項の復氏をした場合や民法728条2項の姻族関係終了の意思表示をした場合には、離婚による復氏の際の権利承継に関する規定である民法769条が準用される。詳細は、民法769条参照。

（冷水登紀代）

（同居、協力及び扶助の義務）
第752条　夫婦は同居し、互いに協力し扶助しなければならない。

本条は、憲法24条の両性の本質的平等の理念に基づき、夫婦相互に婚姻の本質として同居・協力・扶助義務を要請した。

同居義務は、夫婦が円満な婚姻生活を送るために夫婦に課された義務である。単に同じ家に住んでいるだけで婚姻生活の実態がない、いわゆる家庭内別居の状態であれば、本条の意味での同居をしているとはいえない。また、単身赴任・病気・DV等正当な理由に基づき空間的に離れて生活している場合には、同居義務に反しているとはいえない。

一方が同居を求めた場合、他方にこれを強制することができるかが問題となるが、判例[※56]は、審判により同居義務の具体的内容等を定めることができるとしても（形成処分）、直接強制も間接強制もすることはできないとする。

協力義務について、学説の多くは、次にみる扶助義務が夫婦相互の経済関係を支える扶養義務であると捉えられているのに対して、とくに婚姻共同体を円満に維持するために事実上協力することを求めた義務として捉えている。この義務は、婚姻共同体を支えるその他の夫婦の権利義務関係の基礎となる義務である。そして、この義務に違反することにより夫婦関係を破綻させた者は、離婚に際して、不法行為に基づく損害賠償責任を負うこともある。

扶助義務は、夫婦間の扶養義務と捉えられている。通説は、一般親族間の扶養義務と区別し、親が未成熟子に対して負う扶養義務と並び夫婦間の扶養義務を生活保持義務（自己と同じ生活水準で相手方の生活を保障する義務）として位置づけている（一般親族間の扶養義務については、第4編第7章扶養〔前注〕の解説参照）。

もっとも、夫婦間に経済的紛争が生じる場合には、実務上、婚姻費用分担（民760条）の問題として争われることが多い。また、このような紛争が生じる場面では、夫婦が別居していたり、その関係が破綻していることが多く、このような場合にまで夫婦は相互に生活保持義務を負担するということについては学説において批判も強い（婚姻費用分担義務との関係、婚姻関係が破綻している場合の義務の程度については、民760条の解説Ⅵ参照）。

※56　最大決昭40・6・30民集19巻4号1089頁。

配偶者が認知症に罹患しており加害行為につき責任能力がない場合に、配偶者の他の一方が本条の同居・協力・扶助義務に基づき、監督する法定の義務を負う者として被害者に対して損害賠償責任を負うか（民714条）が問題となる。判例[※57]は、本条は、「夫婦間において相互に相手方に対して負う義務であって、第三者との関係で夫婦の一方に何らかの作為義務を課するものではな」い。すなわち、同居の義務はその性質上履行を強制することができないものであり、協力の義務はそれ自体抽象的なものである。また、扶助の義務については、「相手方の生活を自分自身の生活として保障する義務であると解したとしても、そのことから直ちに第三者との関係で相手方を監督する義務を基礎付けることはできない」とし、民法714条１項の責任を否定する。

（冷水登紀代）

第753条　削除（平成30年法律59号による）

【2022（令和４）年４月１日施行前】

（婚姻による成年擬制）
第753条　未成年者が婚姻をしたときは、これによって成年に達したものとみなす。

本条は、2022（令和４）年４月１日に施行される成年年齢を18歳に引き下げる民法の一部改正（平成30年法律59号）により、削除されることになった。

改正前は、民法が、成年年齢を20歳とし（民４条）、未成年者の行為能力を制限し（民５条）、未成年者は父母の親権に服するとしており（民818条）、他方男18歳、女16歳で婚姻を認めていたため（民731条）、未成年者が婚姻した後に、夫婦の平等に基づく婚姻の自立独立が阻害されることがないよう、また第三者の取引の安全も害されることがないように、本条が、婚姻による成年擬制を定めたものであった。

（冷水登紀代）

（夫婦間の契約の取消権）
第754条　夫婦間でした契約は、婚姻中、いつでも、夫婦の一方からこれを取り消すことができる。ただし、第三者の権利を害することはできない。

※57　最三小判平28・3・1民集70巻３号681頁（JR東海事件）。

本条は、夫婦が婚姻中にした契約を無制限に取り消すことを認めている。このような規定が設けられたのは、婚姻中は、夫婦が自由な意思に基づかずに契約を締結しやすいこと、「法律は家庭に入らず」の法諺にあるように、夫婦間の契約の履行に拘束力を持たせ、裁判上それを強制すると、かえって家庭の平和を害することになるというような理由からであると捉えられてきた。

しかし、実際、本条が問題となる場面は、夫婦関係が破綻した場面であることが多い。そのため、判例は、本条でいう「婚姻中」とは単に形式的に婚姻が継続していることではなく、実質的にもそれを継続していることであり、婚姻が実質的に破綻している場合には本条の適用はないとしている[※58]。このため、学説上、本条は死文化しており、いずれの理由にしても合理性に乏しいとして、削除を求める動きが強かった。そのため、1996（平成8）年の民法改正要綱第5でも、本条の削除が提案されていた。しかし、近時、本条の沿革をたどることで、婚姻後、夫婦それぞれの（血統家族の）財産が、夫婦間で一時的な感情から恣意的に処分され、承継人が不利益を被ることを防ぐために設けられた規定であるとして、その意義があらためて見出されている。

夫婦間の契約取消権の対象となるのは、婚姻中に夫婦間で締結されたすべての契約であり、契約の種類・内容には制限はない。取消権は、婚姻中であれば、取消原因を必要とせず、いつでも取り消すことができる（取消権の消滅時効に関する民126条の適用はない）が、実質的に破綻した後は、取り消すことはできなくなる。

取消しの結果、契約の効力は遡って無効となる（民121条）。そのため、第三者に不測の損害が生じるおそれがある。そこで、本条ただし書は、取消しにより第三者の権利を害することはできないとした。ここでの第三者とは、取消し前に利害関係を生じた第三者と解されている[※59]。

（冷水登紀代）

第4編第2章第3節　夫婦財産制

〔前注〕

婚姻によって夫婦間に、一定の財産的効果が生じる。しかし、第4編第2章

※58　最一小判昭42・2・2民集21巻1号88頁は、夫婦関係が破綻したとはいえないときに契約が交わされた事案である。また夫婦関係が破綻した後に行われた夫婦間の贈与契約についても本条の適用は否定されている（最一小判昭33・3・6民集12巻3号414頁）。

※59　大判大3・12・25民録20輯1178頁では、取消し後の第三者は、本条ただし書の第三者にあたらないとされている。

第2節婚姻の効力に置かれている夫婦の財産関係を定める規定は、民法752条の扶助義務と民法754条の夫婦間の契約取消権に関する規定しかなく、「夫婦財産制」として別途本節に定められている。

夫婦財産制は、大きく夫婦財産共有制と夫婦別産制に大別できるが、実際には、そのいずれかのみを法定夫婦財産制として採用するのではなく、いずれかを基礎として修正したものを用いている国がほとんどである。日本の**法定夫婦財産制**（第4編第2章第3節第2款）もその基礎は、夫婦別産制に置かれている（民762条1項）が、「帰属不明財産」の共有推定を行っているし（民762条2項）、そもそも婚姻費用については、夫婦がその資産、収入その他一切の事情を考慮して、分担することになっており（民760条）、夫婦の一方が日常家事に関して第三者と法律行為をして生じた債務については、夫婦双方が連帯責任を負うことになる（民761条）。このように、日本でも、完全な夫婦別産制が貫かれているわけではない。

夫婦は、婚姻届出前に契約（**夫婦財産契約**）により、法定財産制とは異なる財産制を採用することができる（**約定財産制**。民755条）。しかし、実際に、約定財産制を採用する夫婦は、ほとんどいない。その一因としては、夫婦の財産関係が現実に問題となる場面が、夫婦関係が破綻した後というように限られた例外的な場面であるため、婚姻前に破綻を前提にした契約を行うことは一般に抵抗感が強いこと、また夫婦財産契約の内容が明確でなく、それによって採用される約定財産制のモデルも不十分であることも挙げられる。民法上の夫婦財産制に関する規定はわずか7条であり、諸外国のものと比較しても少ない。

夫婦が、民法755条の規定に従って締結した夫婦財産契約は、民法754条の規定に基づく取消しを免れることになるが、それ以外の契約は民法754条の取消しの対象となる（ただし、夫婦関係が破綻した後に交わした契約について、最高裁は民754条の適用を否定している※60）。また、法定財産制として規定されている民法760条、761条は、夫婦財産契約によって適用を排除することもできるようにみえるが、今日の有力説は、合理的な理由がない限り、夫婦財産契約によりこれらの規定に変更を加えることはできないと解している。これらの規定は、婚姻の本質にかかわる規定であるからである。

（冷水登紀代）

※60　最一小判昭33・3・6民集12巻3号414頁。

第４編第２章第３節第１款　総則

（夫婦の財産関係）
第755条　夫婦が、婚姻の届出前に、その財産について別段の契約をしなかったときは、その財産関係は、次款に定めるところによる。

本条は、婚姻後の夫婦間の財産関係について、婚姻前に自由に定めることができることと婚姻前に婚姻後の夫婦間の財産関係についての定めがなければ第4編第2章第3節第2款で定める法定財産制に従うことになること、つまり婚姻前に交わした夫婦財産契約が法定財産制に優先することを定める。もっとも、実際には、夫婦財産契約はほとんど利用されていない。

婚姻後にした夫婦間の契約については、民法754条の適用を受ける（詳しくは、民754条の解説参照）。

夫婦財産契約の内容については、当事者の自由に委ねられているが、公序良俗に反するものは定めることができず、その他の強行法規（扶養義務、婚姻費用分担、日常家事債務の連帯等）に反するものについても制限されると解されている。

（冷水登紀代）

（夫婦財産契約の対抗要件）
第756条　夫婦が法定財産制と異なる契約をしたときは、婚姻の届出までにその登記をしなければ、これを夫婦の承継人及び第三者に対抗することができない。

本条は、夫婦が夫婦財産契約を交わす場合、その内容を第三者に対抗するためには、婚姻届出前か少なくとも届出と同時に登記をする必要があることを示す。法定財産制とは異なる夫婦財産関係を契約で規律するため、その存在・内容を明らかにし、取引の安全を図る必要があるからである。

夫婦財産契約は、書面による必要はないが、登記の申請の際には、夫婦財産契約をしたことを証する情報等を添付しなければならない（外国法人の登記及び夫婦財産契約の登記に関する法律7条2項）。もっとも、夫婦財産契約の登記と不動産の登記とは、管轄署と登記簿が異なるため、夫婦財産契約による夫婦の権利義務の内容が不動産登記に反映されていないことも生じる。このような場合について多数説は、取引の安全・第三者保護の観点から、不動産登記上の名義人と取引をした第三者に対抗できないと解する（この点、民94条2項類推適用による保護にとどまるとする説もある)。

(冷水登紀代)

第757条　削除（平成元年法律27号による）

(夫婦の財産関係の変更の制限等)

第758条　夫婦の財産関係は、婚姻の届出後は、変更することができない。

2　夫婦の一方が、他の一方の財産を管理する場合において、管理が失当であったことによってその財産を危うくしたときは、他の一方は、自らその管理をすることを家庭裁判所に請求することができる。

3　共有財産については、前項の請求とともに、その分割を請求することができる。

本条は、1項において、一度定められた夫婦財産契約または法定夫婦財産制を婚姻届出後に変更することはできないことを規定する（**夫婦財産制不変更の原則**)。取引の安全を維持することと、夫婦関係においては、夫婦の一方が濫用的に他の一方に変更を強いることを避けることをその目的とする。もっとも、立法論として、変更を認めるべきとの主張も強い。

本条2項・3項は、夫婦財産制不変更の原則の例外を定める。本条2項は、夫婦財産契約において夫婦の一方に他の一方の財産の管理権を付与した場合に、その管理が失当であったためにその財産を危うくした場合には、家庭裁判所に他の一方にその管理権を戻すよう求めることができるとした。

本条3項は、共有財産について管理権を付与された一方の管理が失当である場合には、他の一方が、その持分権を守るために分割請求をすることができるとした。ここでの分割請求の対象は、特定の財産ではなく、夫婦間に存在するすべての共有財産と解されている。夫婦財産制の変更をもたらすからである。

(冷水登紀代)

(財産の管理者の変更及び共有財産の分割の対抗要件)

第759条　前条の規定又は第755条の契約の結果により、財産の管理者を変更し、又は共有財産の分割をしたときは、その登記をしなければ、これを夫婦の承継人及び第三者に対抗することができない。

本条は、民法758条2項・3項と並び夫婦財産制不変更の原則の例外として、夫婦財産契約において管理者変更・共有財産の分割についての特約を定めていた場合に、その結果として管理者の変更・共有財産の分割を行うことを認める。

また、本条は、民法758条および本条において、管理者変更・共有財産の分割が行われた場合に、その変更についての登記をしなければ、夫婦の承継人や第三者に対抗することができない旨を定める。変更の登記申請には、審判の謄本・変更に関する契約をしたことを証する情報を提供することになる（外国法人の登記及び夫婦財産契約の登記に関する法律7条2項）。

（冷水登紀代）

第4編第2章第3節第2款　法定財産制

（婚姻費用の分担）
第760条　夫婦は、その資産、収入その他一切の事情を考慮して、婚姻から生ずる費用を分担する。

Ⅰ　本条の意義

本条は、夫婦の共同生活の費用は、夫婦が衡平に負担するべきことを定める。

明治民法下では、婚姻費用は夫（または女戸主）の単独負担とされ（(旧）民798条)、そのかわりに夫（または女戸主）はその妻（または夫）の財産に対して使用収益権を有していた（(旧）民799条・801条)。そして、その婚姻費用負担者が無資力の場合に、夫婦間の扶養義務（(旧）民790条）が適用された。

これに対し、現行民法は、憲法24条の夫婦平等の原則と法定財産制の別産制原理（民762条）に基づき、婚姻費用は夫婦が平等に共同責任を負うことを明らかにした。

Ⅱ　婚姻費用分担義務と夫婦間の扶助義務（民752条）との関係

本条と夫婦間の扶助義務（民752条）との関係をどのように捉えるかが問題となる。通説は、本条を民法752条の夫婦間の扶助義務を具体化した規定であると捉える。実務では両者の同一性に注目して、夫婦は扶助審判と婚姻費用分担審判のいずれによって生活費を請求しても差し支えないと捉えられている。もっとも、実際には、夫婦間の生活費の請求は婚姻費用分担の調停・審判で処理されている。

Ⅲ　婚姻費用の内容

婚姻費用の内容は、一般に、夫婦間だけでなく未成熟子も含めた婚姻共同生活を営む上で必要な一切の費用であると説明される。これについて、学説には、理論的には、子に対しては親権・監護権（民818条・820条）あるいは扶養義務（民877条）から、子に対する必要な費用の負担の根拠を説明するべきであると批判するものもある。ただし、実務は、夫婦および未成熟子の必要な費用を婚姻費用として捉えている。ここには、衣食住の費用はもとより、衣料費、娯楽費、交際費、老後の準備（預金や保険）、さらには未成熟子の養育費と教育費等が含まれるが、具体的な範囲は夫婦の資産や収入、その他一切の事情を考慮して定まる（後述Ⅴ）。未成年子の大学就学費用は、父母が婚姻中であれば当該家庭の生活水準に照らし、その子が大学教育を受けることが相当であると判断される場合には、婚姻費用に含まれるとの考え方が一般的であった（成年子については、扶養の規定に依拠する説もある）。2022（令和4）年より成年年齢が引き下げられることに伴い、婚姻費用について、子が18歳に達しても直ちに減額事由に該当しないと実務は説明している※61。

審判例・通説によれば、同居中夫婦の一方の連れ子の生活費についても婚姻費用に含まれる。

Ⅳ　婚姻費用分担の方法

婚姻費用をどのように分担するかは、夫婦間での合意により定まる。夫婦はその生活様式に従い婚姻費用の分担を決定すればよく、夫婦各自がその収入から金銭の形で拠出することもできれば、自己所有の家屋等を現物で提供することもでき、また一方が家事労働という形で分担することもできる。

夫婦間で婚姻費用分担に関する合意ができない場合には、家庭裁判所の調停・審判により決定される（家事手続別表第2〈2〉）。

Ⅴ　婚姻費用分担額の算定基準

夫婦間での合意により婚姻費用分担が定まらない場合には、家庭裁判所の審判において決定される。家庭裁判所の実務では、具体的に婚姻費用分担額を算定する場合、その「資産、収入その他一切の事情」を考慮することになるが、その算定の目的として、婚姻費用の支払義務は、養育費と同様に生活保持義務のレベルで履行されるべきであると捉えられている。上記Ⅲのように、実務では、婚姻費用には夫婦とその子の生活費が含まれる。したがって、夫婦とその

※61 https://www.courts.go.jp/vc-files/courts/file4/gaiyou_592KB.pdf。

子が同居していることを仮定して、その生活費を計算するということになる。

実務では、夫婦各自の①基礎収入②最低生活費③職業費④特別経費という概念を用いている。

①基礎収入とは、税込収入から公租公課、職業費および特別経費を控除した金額である。

②最低生活費とは、生活保護法3条が保障する最低限度の生活を維持するための費用である。

③職業費とは、給与所得者についてだけ認められるものとされており、給与所得者として就労するために必要な出費（被服費、交通費、交際費等）である。

④特別経費とは、家計費の中でも弾力性、伸縮性に乏しく、自己の意思で変更することが容易ではなく、生活様式を相当変更しなければならないものとされている。特別経費は養育費や婚姻費用の分担に先立って支出を余儀なくされる費用の総称と位置づけられている。住居費や衣料費等がこれに該当するが、法令上の用語ではなく、何が特別経費に該当するのかは必ずしも明確ではない。また、特別経費は実額認定される。そのため、個別の生活実態に近い精緻な婚姻費用分担額の算定が可能になる。その反面、審判事件においては、特別経費の費目および金額をめぐって主張や資料提出の応酬が繰り広げられ、審理を長期化させるという難点を抱えていた。そのため、婚姻費用請求者の日々の生活を一層困難におとしめることになっていた。このような現状を打開し、婚姻費用分担事件の迅速な解決を実現するために、2003（平成15）年以降家庭裁判所実務では算定表が活用されるようになっている[※62]（詳細は、民766条の解説Ⅴ参照）。

Ⅵ　婚姻関係の破綻と婚姻費用分担義務

円満な夫婦関係においては、婚姻費用分担は問題とならない。婚姻費用分担義務が現実化するのは、夫婦が別居している場面である。通説は、婚姻中にある夫婦については、その夫婦が別居しているかどうか、あるいは婚姻共同体が回復困難なほど破綻しているかどうかにかかわらず、夫婦の一方が他の一方に対して婚姻費用分担請求をすることができるとする。通説の前提には、民法752条が規定する夫婦間の扶助義務（扶養義務）は、**生活保持義務**の程度で保障するべき義務であり、本条は、それに必要な費用の負担者を定めたものとの認識がある。

実務は、別居しているというだけでは婚姻費用分担義務は消滅しないと解し、（子のいる場合も含めて）夫婦間で他方に対して生活費を請求する場合には、

※62　東京高決平15･12･26家月56巻6号149頁、大阪高決平16･1･14家月56巻6号155頁ほか。

婚姻費用分担審判の申立て手続を用いることで統一されている。しかし、その分担の程度については、必ずしも生活保持義務の程度で認められるわけではない。別居に至る事情を考慮し、分担義務者に責任がある場合には、生活保持義務を免れないとし[※63]、別居につき責任のある者が行った婚姻費用分担請求の場合には、扶助の範囲で認められ[※64]、子の養育費は別として、夫婦関係が実質的に破綻している場合には義務の程度を下げている[※65]。また、破綻について双方に責任がある場合についても、分担義務を軽減している[※66]。

これに対して、近時の有力説は、婚姻費用分担義務は、婚姻共同生活の存在が前提であり、別居を継続するなどして婚姻共同生活の存在がなく夫婦関係が回復困難なほど破綻している場合には、婚姻費用分担の問題は生じず、もし夫婦の一方が生活に困窮しているのであれば、夫婦間の扶養の問題として処理するべきであるとする。これによれば、婚姻関係が修復できる場合には婚姻費用分担義務は、生活保持義務の程度で負うことになるが、破綻した場合には、夫婦は相互に生活保持義務の程度で生活を保障する必要はなく、**生活扶助義務**の程度で他の一方を支援すれば足りることになる。この説は、実務のように破綻に至る有責性等は考慮しない。

Ⅶ　過去の婚姻費用分担請求

婚姻費用の分担請求の始期と終期については、扶養義務の問題とともに議論されてきた。いつから婚姻費用分担が認められるのかという始期の問題については、請求時・別居時等議論は多岐にわたり定まっていない。

また、終期について判例・通説は、婚姻費用分担義務は、婚姻が継続する限り存続し、婚姻の終了とともに消滅するとし、過去の婚姻費用の分担請求も許されると解している[※67]。婚姻費用分担請求権は、夫婦の協議、家庭裁判所の審判で形成されるからである。仮に、離婚前に婚姻費用の分担請求をした場合には、婚姻費用の分担額が審判により具体的に定まる前に離婚が成立したとしても、この離婚により婚姻費用分担請求権が消滅するものではなく[※68]、婚姻時までの過去の婚姻費用の具体的な額を形成決定することができる。そして、離婚の際に行われる財産分与請求（民768条）に、過去の婚姻費用分担請求も含めることが可能かが問題となる。この点について判例は、財産分与の決定にお

※63 大阪高決昭42・4・14家月19巻9号47頁。
※64 大阪高決昭33・6・19家月10巻11号53頁。
※65 東京高決昭58・12・16家月37巻3号69頁。
※66 大阪家審昭48・6・30家月26巻3号51頁。
※67 最大判昭40・6・30民集19巻4号1114頁。
※68 最一小決令2・1・23民集74巻1号1頁。

いて未払の婚姻費用がある場合には、過去の婚姻費用の清算も認めている※69。

もっとも、婚姻費用分担請求は、生活費の請求であり、離婚の際に行われるような財産分与請求を求めることはできない。そのため、分担義務者が、婚姻費用分担義務を履行することなく財産を処分する可能性もある。このような場合、婚姻費用分担請求権者は、分担義務者の行為が民法424条以下の要件を満たすならば、婚姻費用分担請求権を被保全債権として詐害行為取消権を行使することも可能となる※70。

（冷水登紀代）

（日常の家事に関する債務の連帯責任）
第761条　夫婦の一方が日常の家事に関して第三者と法律行為をしたときは、他の一方は、これによって生じた債務について、連帯してその責任を負う。ただし、第三者に対し責任を負わない旨を予告した場合は、この限りでない。

Ⅰ　本条の意義

夫婦は、婚姻生活を維持するために、夫または妻が第三者と取引することがある。民法760条が夫婦内部関係について規律した規定であるのに対し、本条は、夫婦と第三者との関係、すなわち対外的関係について規律した規定である。すなわち、それが日常の家事に関する法律行為である場合に、その法律行為から生じた債務（とくに、日常家事債務と称する）について、夫がした行為については妻が、妻がした行為については夫が、連帯して責任を負うと定めたのである。

本来、夫婦が独立した人格であることを貫徹すれば、夫婦間で連帯責任を負うようなことにはならないはずである。しかし、夫または妻が、夫婦双方のために婚姻生活維持を目的として第三者と取引を行う場面において、夫婦の一方のみが責任を負うというのでは、夫婦間に不公平が生じる。また、取引の相手方保護の見地からしても、一定範囲の取引においては、夫婦双方がその取引行為の主体と考えられるのが通常である。しかし、その反面、夫婦の連帯責任を広げすぎると、夫婦各自の財産的独立性が侵害され、法定財産制である別産制を骨抜きにしてしまうことにもなりかねない。そこで、本条は、夫婦各自の独立性と衡平な負担、第三者の保護という視点から、夫婦は、婚姻生活を維持するのに必要となる費用につき連帯責任を負うが、その責任の範囲は日常家事債

※69 最三小判昭53･11･14民集32巻8号1529頁。
※70 最三小判昭46･9･21民集25巻6号823頁。

務に限定すると規定したのである。

もっとも、個別に、第三者に対して責任を負わないということを予告している場合には、連帯責任を排除することができる（本条ただし書）。

Ⅱ　日常家事債務の範囲

日常家事とは、夫婦および未成熟子が日常生活を営む上で必要な事務を指し、その事務を果たすために行った取引から生じた経費の支払義務が日常家事債務である。たとえば、夫婦および未成熟子の食費、衣料費、光熱費、医療費、娯楽費、教育費、保険料、家電製品・家具等の日用品等の購入費がある。なお、住居費用については、その住居が賃貸の場合にはその家賃は日常家事債務にあたるが、住宅ローンの支払を借入人以外の夫婦の一方が責任を負うというのは、後述するように、住居購入は日常家事の範囲を超える可能性があり、それに伴う借入額も高額になることから、日常家事債務にはあたらない。

判例は、日常家事に関する法律行為の判断基準について、「その具体的な範囲は、個々の夫婦の社会的地位、職業、資産、収入等によつて異なり、また、その夫婦の共同生活の存する地域社会の慣習によつても異なる」として、**夫婦の内部事情**を考慮する。他方で、問題になる具体的な法律行為が当該夫婦の日常家事に関する法律行為の範囲内に属するか否かは、夫婦の一方と取引関係に立つ第三者の保護を目的とする規定であるため、「単にその法律行為をした夫婦の共同生活の内部的な事情やその行為の個別的な目的のみを重視して判断すべきではなく、さらに客観的に、その法律行為の種類、性質等をも充分に考慮して判断すべきである」として、夫婦の内部事情だけでなく**客観的要素**も加味して判断する※71。

そして、この判断基準に基づき、日常家事の範囲内に属するか否かが問題となるものが、①金銭消費貸借による借財と②クレジット・カードの使用である。

1　金銭消費貸借による借財

学説上は、資金調達の目的を考慮して日常家事に入るか否かを判断するべきであるとするものが多いのに対し、裁判例は、資金調達の目的よりも、その額が多額か少額かによって決める傾向にある。

2　クレジット・カードの使用

夫婦間では、一方名義の口座でその者名義のカード契約を基に、他方が家族カードによって自由に買い物をするという場面がみられる。このような場合、一方名義の預金はあくまでその者に帰属するため、他方の行為は、日常家事を

第4編第2章

※71　最一小判昭44·12·18民集23巻12号2476頁。

超えた行為であるともとれる。そのため、学説の中には、立替払契約と商品の購入契約を分けて考えるべきであるとするものあるが、裁判例はこのような区別をすることなく、商品の購入が日常家事の範囲内であれば、クレジット・カード使用も日常家事にあたるとするようである。

また、学説の中には、配偶者による家族カードによる買い物については、以下で示すように代理権授与がされていると説明するものもある。

Ⅲ　連帯責任の意味：代理権との関係

明治民法の下では、婚姻により妻は行為無能力者とされ、妻の財産を夫が管理するものとされていた反面、婚姻費用の負担者も、もっぱら夫となっていた。したがって、日常家事債務についても夫の負担とされていた。しかし、実際に家事を担当するのは妻であることが多いため、「日常ノ家事ニ付テハ妻ハ夫ノ代理人ト看做ス」((旧) 民804条) という規定が置かれ、妻は、日常の家事については夫の代理人として行為し、そこから生じた債務につき、夫が責任を負うことになっていた。

現行法は、夫婦平等の原則に基づき、婚姻生活から生じる費用を夫婦の分担とすると同時に、日常家事についての対外的な関係については、夫婦の連帯責任を定めた。しかし、連帯責任の前提として、なお、日常家事に関する法律行為について、夫婦相互に代理権が認められるかが問題となる。

判例は、夫婦相互の代理権の存在を肯定する※72。学説の多数も、代理権を肯定するが、通常の代理権とは異なり、夫婦の一方が他の一方の名で法律行為を行った場合だけでなく、夫婦の一方が自己の名で法律行為を行った場合にも、その者だけでなく他の一方に責任が発生するとする。もっともこの点をどのように理解するかについては、さらに説が分かれている。

これに対し、代理権の存在を否定する説（代理権否定説）も有力である。この説は、夫婦の独立性、本条が規定しているのはあくまで夫婦の連帯責任という効果であることを重視し、本条から夫婦相互の代理権を導くことを否定するべきであるとする。ただし、本条による代理権を否定したとしても、黙示の代理権付与を認めるかどうかについては、さらに争いがある。

Ⅳ　表見代理の成立の可能性

日常家事についての夫婦間での代理権が認められ、その代理権を基礎として、広く一般に表見代理の成立が認められるのかが、判例、学説上問題とされてきた。

※72　前掲※71・最一小判昭44・12・18民集23巻12号2476頁。

本条が夫婦相互の代理権を規定していることを前提として、民法110条の表見代理の規定を適用する説（表見代理適用説）もある。しかし、夫婦の財産的独立を損なうおそれがあるとの理由から、判例・通説はともに、その行為が当該夫婦の日常家事に関する法律行為の範囲内に属すると信じることに正当の理由のあるときに限り、民法110条の趣旨を類推適用して、その第三者の保護を図れば足りるとする[※73]（民110条類推適用説）。つまり、この説は、夫婦間で代理権の範囲外の責任を認める場合には、表見代理の規定を単純に適用するのではなく、問題の債務が日常家事債務に入るかどうかにより判断するが、日常家事債務に入るかどうかの判断に際しては、夫婦の内部事情と客観的要素のみではなく、第三者の信頼を考慮に入れる、というものである。

判例・通説に対しては、近年、上記に示した代理権否定説の立場から、夫婦の一方が他方に任意代理権を与えた場合に限って、その代理権を基礎として表見代理を認めれば足りるとする見解も現れている。

（冷水登紀代）

（夫婦間における財産の帰属）

第762条　夫婦の一方が婚姻前から有する財産及び婚姻中自己の名で得た財産は、その特有財産（夫婦の一方が単独で有する財産をいう。）とする。

2　夫婦のいずれに属するか明らかでない財産は、その共有に属するものと推定する。

本条は、婚姻中の夫婦の財産の帰属について定める。本条1項は、夫婦の一方が婚姻前から有する財産と婚姻中自己の名で得た財産（**特有財産**）はその者に帰属するとし、本条2項は、夫婦のいずれの財産かが明らかにない帰属不明財産については、夫婦の共有と推定すると規定する。

判例[※74]・通説は、本条により、日本の法定夫婦財産制は別産制の原則を採用したものと解する。1947（昭和22）年の民法の改正の中で、明治民法における夫の財産管理権は、夫婦の財産的独立性と平等性が守られるべきであるとの理由から廃止され、夫婦財産制に関する規定は、現行法のように改められた。

とはいえ、別産制を完全に貫くと、いわゆる内助の功等により夫婦の一方が他の一方の財産形成に貢献した場合であっても、共有とはならない。夫婦の財産問題が顕在化する離婚時の財産分与の場面や配偶者の死亡に伴う相続の場面で、その貢献が考慮されるにとどまる。

※73　前掲※71・最一小判昭44・12・18民集23巻12号2476頁。

※74　最大判昭36・9・6民集15巻8号2047頁、最三小判昭34・7・14民集13巻7号1023頁。

このように本条を別産制を採用したものと捉える考え方に対して、学説は多岐に分かれる。すなわち、共有制と捉える説、夫婦間の財産を3種類に分ける説※75等である。そして、下級審レベルでは、婚姻中夫婦が協力して取得したと認められる財産については、一方名義であっても共有財産として考慮するものが多い。

（冷水登紀代）

第4編第2章第4節　離婚

〔前注〕

離婚は、配偶者の死亡とならんで、婚姻の解消原因となる。日本の離婚は、キリスト教の支配を受けたかつての西欧の離婚（「神が2人を分かつまで」婚姻は継続すると考えられており、死亡によってのみ婚姻は解消された）とは異なり、世俗的な性格を色濃く帯びたものともいわれており（ただし、歴史的には、女性が離婚を望む場合に駈け込んだ縁切寺など、宗教的つながりが全くないわけではない）、明治民法の立案過程でも夫婦が望まない婚姻を法が強制することはできないとの理由から、比較法的には特殊な協議離婚を含めた離婚制度が制定されることになった。

民法上離婚は、**協議離婚**（民763条）と**裁判離婚**（民770条）であるが、家事事件手続法上、調停・審判による離婚も可能である（家事手続244条・284条）。従来日本には上記4つの離婚の類型があった。また、2003（平成15）年に制定された人事訴訟法により、新たに「訴訟上の和解」による離婚が新設された（人訴37条。この制度が認められる前は、離婚訴訟では、訴訟上の和解はできないと考えられており、実際には協議離婚をする旨の和解をして訴えを取り下げる方法が採られていた）。人事訴訟法37条には、離婚訴訟中に当事者が離婚に合意し、和解調書が作成され確定判決と同一の効力が認められる和解離婚と、被告が原告の請求を全面的に受け入れることで認諾調書が作成され離婚が成立する認諾離婚が定められた。もっとも、当事者間で協議が調わず、訴訟による離婚を求める場合には、まず家庭裁判所に調停の申立てをしなければならない（家事手続257条。**調停前置主義**と呼ぶ）。調停が不調に終わった場合に、離婚の訴えが提起されることになる（離婚の割合は、従来から、おおよそ、協議離婚90％、調停離婚9％、裁判離婚1％で、審判離婚はほとんど行われていない）。

※75　①婚姻前や婚姻中に無償で取得した夫婦各自の財産、②共有財産、③名義は一方にあっても婚姻中夫婦が協力して得た財産については実質的に共有となる財産に分ける。ただし、③について夫婦間では共有でも、対外的には登記名義による権利推定が働く。

離婚によって生じる効果は、以下の通りである。まず、第1に、婚姻により生じていた効果が将来に向かって消滅する。すなわち、同居・協力・扶助の権利義務（民752条）、夫婦間の契約取消権（民754条）、婚姻費用分担義務（民760条）、日常家事の連帯責任（民761条）が消滅する。婚姻により生じていた姻族関係も、離婚により終了する（民728条1項）。配偶者の死亡による不法行為に基づく慰謝料請求権（民711条）、相続権（民890条）の適用がなくなる。

また、離婚により、当事者は新たに婚姻をすることができるようになる。

2022（令和4）年3月31日までに、婚姻により成年擬制（民753条）を受けた未成年者が、20歳に達するまでに離婚したとしても、成年擬制の効果は影響を受けない。成年年齢引下げに伴う民法改正により、2022（令和4）年4月に民法753条は削除される。

第2に、離婚により本節に定める効果が生じる。本節は離婚した夫婦間での法的効果を規定し、離婚後の親権に関する規定は民法819条に定められている。婚姻により氏を改めた者は、離婚により婚姻前の氏に戻るか、3か月以内の届出により離婚の際に使用していた氏を称することができる（民767条。婚氏続称）。未成年の子がいる場合には、監護者その他その監護について必要な事項を定めることになる（民766条）。さらに離婚によって財産分与請求権が発生する（民768条）。また、婚姻により氏を改めた者が、祭祀主催者となり系譜、祭具および墳墓の所有権を承継した後に離婚した場合は、その権利を承継する者を定めなければならない（民769条）。

（冷水登紀代）

第4編第2章第4節第1款　協議上の離婚

（協議上の離婚）
第763条　夫婦は、その協議で、離婚をすることができる。

本条は、協議離婚を認める規定である。協議離婚をするには、①**離婚意思の合致**と②**届出**が必要である。離婚の届出については、民法764条、765条の解説参照。

日本では、離婚全体の9割がこの方式により行われている。協議離婚は、日本特有の離婚の方式であるが、明治民法において定められたものである。諸外国のように、離婚を裁判による必要はなく、離婚に際して国家の干渉を受けない。そして、家制度の下家に合わない妻を一方的に追い出すために、協議の名の下離婚が利用されていることが問題視されてきたが、戦後の改正においても抜本的な改正は行われずに現行規定に引き継がれている。協議離婚は、当事者の意思と届出のみで成立するため、双方が離婚を望む場合には早期に離婚が成立し当事者の意思が実現されるが、子の監護について必要な事項（養育費や面会交流など）や財産分与について、十分な話し合いをすることなく離婚に至ることも多いことが問題視されている。2016（平成28）年度全国ひとり親世帯等調査報告では、協議離婚により離婚した夫婦が養育費を取り決めた割合は母子世帯では37.8％、その他の離婚の場合は79.6％とされ、離婚後の貧困につながるとの指摘もある。

①の離婚意思を欠く場合、届出がなされても、当該離婚は無効となる。離婚意思については、婚姻意思と同様に実質的意思を要するとする説もあるが、判例※76・通説は、方便のための離婚の届出であっても、法律上の離婚をすることについて、当事者の意思が合致している以上、離婚意思がないとはいえないとする（**形式意思説**）。

離婚届出を作成した者が、死亡した場合には、その届出が提出されたとしても、離婚時に当事者の生存が必要であるため、当該離婚は当然に無効となるが、郵送による届出後、届出受理前に、当事者が死亡した場合には、死亡時に届出があったものとみなされる（戸籍47条）。

また、無断で他の者に離婚意思を欠く届出をされるのを防止するために、**不受理申出**をすることができる。また、不受理申出は、一度離婚届に署名捺印した後に、離婚を翻意した場合にも行うことができる。

（冷水登紀代）

（婚姻の規定の準用）
第764条　第738条、第739条及び第747条の規定は、協議上の離婚について準用する。

本条は、成年被後見人の婚姻に関する規定である民法738条、婚姻の届出の方式に関する規定である民法739条、詐欺または強迫による婚姻に関する規定である民法747条を準用する。

離婚は、身分行為である以上、成年被後見人であっても意思能力がある限り、有効に協議離婚ができる。成年後見人の同意は不要である。

離婚の方式は、戸籍法の定めるところによる届出がなければ、効力は生じない（創設的届出）。離婚意思との関係については、民法763条の解説、方式については、民法739条の解説参照。

詐欺または強迫による離婚の取消しは、家庭裁判所に請求することができる。

（冷水登紀代）

※76　最一小判昭38・11・28民集17巻11号1469頁。

（離婚の届出の受理）
第765条　離婚の届出は、その離婚が前条において準用する第739条第2項の規定及び第819条第1項の規定その他の法令の規定に違反しないことを認めた後でなければ、受理することができない。
2　離婚の届出が前項の規定に違反して受理されたときであっても、離婚は、そのためにその効力を妨げられない。

本条は、離婚の届出の受理要件を1項で定め、2項では1項に違反して受理された離婚の届出の効力を規定する。

まず、本条1項に従い、離婚の届出は、当事者双方および成年の証人2人以上から、口頭または署名した書面により行われること（民739条2項）、また未成年の子がいる場合には親権者を指定していること（民819条1項）、さらにその他の法例に違反しないことを認めた後でなければ受理されない。

もっとも、離婚の届出は、その受理にあたり戸籍事務管掌者が形式的審査を行うにすぎない。本条2項は、本条1項に違反した離婚の届出がなされたとしても、一度受理され、成立した離婚は、その不備にかかわらず、有効であると規定する。

なお、離婚意思を欠く場合については、民法763条の解説、詐欺強迫による離婚については、民法764条の解説参照。

（冷水登紀代）

（離婚後の子の監護に関する事項の定め等）
第766条　父母が協議上の離婚をするときは、子の監護をすべき者、父又は母と子との面会及びその他の交流、子の監護に要する費用の分担その他の子の監護について必要な事項は、その協議で定める。この場合においては、子の利益を最も優先して考慮しなければならない。
2　前項の協議が調わないとき、又は協議をすることができないときは、家庭裁判所が、同項の事項を定める。
3　家庭裁判所は、必要があると認めるときは、前2項の規定による定めを変更し、その他子の監護について相当な処分を命ずることができる。
4　前3項の規定によっては、監護の範囲外では、父母の権利義務に変更を生じない。

I　本条の意義

本条は、父母の離婚後の子の監護に関する事項の定め等を規定する。子の監護は、親権の中心的内容であり（民820条）、父母の婚姻中は共同してこれを行うが（民818条）、離婚後は父母のいずれか一方のみを親権者とする必要がある（民819条）。通常、親権者となる者が監護も行うが、親権者が監護を行えない、あるいは子の監護を行えるとしても財産管理権を行使するのにふさわしくないとの理由から、親権と監護権を父母双方に分属させる必要がある場合もある。また、父母双方が監護を行えないため第三者を監護者として定める必要がある場合もある。本条は、このような場合を想定して、離婚の際に、①監護者の指定・変更、②面会交流等、③監護費用（養育費）の分担と④その他「必要な事項」を定めると規定した（親権・監護権・財産管理権については、民818条～837条の解説参照）。

本条は、2011（平成23）年により改正された（2012（平成24）年4月1日施行）。この改正により、子の監護に関する必要な事項の一環として実務においても認められてきた面会交流（従来は、面接交渉とされていた）と監護費用（養育費）が、監護者の指定とともに明確に本条1項に規定された。

父母は、離婚後の子の監護について事項を、「子の利益を最も優先」して、「協議」で定めることになる（本条1項）。しかし、協議が調わないか不能の場合には、家庭裁判所がこれを定めることになる（本条2項）。これらの処分は審判事項である（家事手続39条・別表第2〈3〉）。審判の申立てがあった場合には、裁判所は当事者の意見を聴いて、いつでも職権により調停に付すことができ（家事手続274条）、調停が不調のときに審判に移行する（家事手続244条・277条）。

審判手続では、子が15歳以上の場合は子の意見を聴取されるが（家事手続152条2項）、裁判所は、「子の利益」、すなわち、監護状況の推移、子に対する愛情や監護意欲、住居や家庭環境、収入等の生活能力、子の年齢・性別・意向等の諸般の事情を総合的に考慮して「子の監護について必要な事項」を決定することになる。

Ⅱ　子に対する監護の指定・変更

離婚後、現行法の下では、親権を父母が共同で行う余地はないが、子に対する監護権についても父母のいずれかが行うことになる（この点、学説上、共同監護の可能性を示唆するものもある）。

監護権が事後的に変更される場合にも、「子の利益」に従い判断されることになる。「子の利益」については、上記のようにさまざまな要素が考慮されることになるが、これまではとくに、現状をできる限り動かさない方がよいという考え（継続性原則）が働いてきた。

また、監護権が親権から分離されており、監護者が死亡した場合には、監護権は再び親権に吸収されると解されている。

Ⅲ 面会交流

離婚後に非監護親と子が直接会ったり、手紙、メール等なんらかの形で交流をしたりすることが子の成長において重要であるとされてきた。判例・学説上このような交流の機会をめぐって、仮に確保されるとしてもそれに権利性を認めるのか、あるいは本条の監護に関する処分にとどまるのかという、いわゆる面会交流の法的性質をめぐり争われてきた。

最高裁は、夫婦関係が破綻し別居した状態であってまだ離婚していない夫婦においても、家庭裁判所は本条を類推適用により面会交流につき相当な処分をすることができるとしているように[※77]、面会交流は本条の処分として実務に定着している。学説上は、本条に根拠を求めるものもあるが、子に対する親権または監護に関する権利であるとか、親の自然権であるとか、また子の権利であるとするものもあり、見解が分かれている。

子が幼少の場合、面会交流をするためには監護親の協力が必要となる。非監護親が子を監護親に面会交流させない場合に、強制執行できるか、仮に強制執行できるのであればどのような場合にどのような方法で実現されるのかが問題となる。判例は、「監護親に対し、非監護親が子と面会交流をすることを許さなければならないと命ずる審判は、少なくとも、監護親が、引渡場所において非監護親に対して子を引渡し、非監護親と子との面会交流の間、これを妨害しないなどの給付を内容とするものが一般であり」、同審判において「面会交流の日時又は頻度、各回の面会交流時間の長さ、子の引渡しの方法等が具体的に定められているなど監護親がすべき給付の特定に欠けるところがないといえる場合」には、監護親に対し間接強制決定をすることができるとする[※78]。この判例に対しては、間接強制では監護者が強制金を支払って面会交流に応じなければ、それ以上の強制手段がないとの指摘がある。

Ⅳ 子の引渡し

夫婦が別居中は共同親権である（民818条3項）。しかし、住居を別にする場合、子の引渡しをめぐって争いとなることがある。この場合には、本条および家事事件手続法別表第2〈3〉の類推適用により、子の監護に関する処分がされる。

離婚後については、民法820条を参照。

第4編第2章

※77 最一小決平12・5・1民集54巻5号1607頁。
※78 最一小決平25・3・28民集67巻3号864頁。

Ⅴ　監護費用（養育費）

監護費用（養育費）は、離婚に際し親権者・監護者となる父母の一方が他の一方に対して、本条に基づき子の監護に関する処分として請求する方法と、民法877条1項に基づき子本人が自ら（15歳未満の場合には法定代理人）扶養請求する方法がある。実務的には、本条による監護費用の請求が多く、改正においても本条に明記された。

ところで、家庭裁判所での養育費の決定に時間を要したことに対して批判が多かった。そのため、2003（平成15）年に東京・大阪養育費等研究会から「簡易迅速な養育費等の算定を目指して――養育費・婚姻費用の算定方式と算定表の提案」が示された※79。それ以降、実務上これを用いることが定着しつつある。2019（令和元）年12月には、従前の算定表の作成から15年以上が経過したことをふまえ、東京および大阪の家庭裁判所所属（当時）の裁判官を研究員とする司法研究が行われその研究報告がされた。この報告では、従来の考え方を踏襲しつつ、基礎となる統計資料を更新するなどした標準算定方式・算定表（令和元年版）の提案がされるとともに、2022（令和4）年より成年年齢が引き下げられることに伴い、養育費の支払義務の終期について、改正法施行前に「成年」と定めている協議書等は基本的に20歳と解するべきこと、「満20歳に達する日」と定めていた場合には18歳に変更するべきでないこと、養育費の支払の終期は未成熟子を脱するときであって個別の事案に応じて認定されてきたが、未成熟子を脱する時期が特定して認定されない事案については20歳となる時点を終期として判断されることが説明されている※80。

父母は離婚に際し養育費について合意することができるが、その額が適正でない場合には、後に子自らが扶養請求することもできると解されている※81。

妻が婚姻中出産した子Aにつき、法律上は夫の子であるが、生物学上は他の男性との間に設けた子である場合に、離婚後妻が夫に監護費用（養育費）の分担請求ができるかが問題となる。判例は、監護費用の分担請求は権利濫用であるとした※82。

※79　東京・大阪養育費等研究会「簡易迅速な養育費等の算定を目指して――養育費・婚姻費用の算定方式と算定表の提案」判例タイムズ1111号（2003年）285-315頁。

※80　https://www.courts.go.jp/vc-files/courts/file4/gaiyou_592KB.pdf。

※81　札幌高決昭43·12·19家月21巻4号139頁。

※82　最二小判平23·3·18家月63巻9号58頁では、婚姻中は妻に通帳を預けその口座から生活費を支出することを許容し、その後も婚姻関係が破綻する前の4年間は、相当高額な生活費を交付し、Aを含む家族の生活費を負担しており、離婚後も妻に対して月額55万円を支払う審判がされているなど、妻が高額な生活費等を得ている事情も考慮した判断といえる。これに対して、学説上は、子が自ら扶養請求をした場合に請求は認められるべきとの指摘もある。

第4編第2章

監護費用（養育費）を履行確保するために、家事調停・審判に際し行われてきた履行の勧告、履行命令（家事手続289条・290条）が、人事訴訟法制定に際し盛り込まれた（人訴38条・39条）。

また、監護費用の履行をより確保するために、2003（平成15）年の担保・執行法の改革に際し、少額定期金債権の執行の特例が盛り込まれた。そして、確定期限の定めのある定期金債権のうち法定されたものであれば、その一部に不履行があれば確定期限未到来のものについても強制執行をすることができるとされた（民執151条の2第1項）。また差押禁止債権の範囲が緩和され、差押えの対象は、確定期限の到来後に弁済期が到来する給料その他の継続的給付に係る債権に限られているが（民執151条の2第2項）、差押えは2分の1まで可能である（民執152条3項）。

（冷水登紀代）

（離婚による復氏等）

第767条　婚姻によって氏を改めた夫又は妻は、協議上の離婚によって婚姻前の氏に復する。

2　前項の規定により婚姻前の氏に復した夫又は妻は、離婚の日から3箇月以内に戸籍法の定めるところにより届け出ることによって、離婚の際に称していた氏を称することができる。

本条は、離婚後の氏について規定している。婚姻により氏を改めなかった者には、復氏の問題は生じない。

婚姻により改められた氏は、原則として婚姻前の氏に復し（本条1項）、戸籍も婚姻前のものに戻る（ただし、戸籍19条1項ただし書により、新戸籍が編製される場合もある）。婚姻中単独で養子となった者は、婚姻中は婚氏からの変更をしないが（民810条ただし書）、離婚後は養父母の氏を称する。

離婚により復氏した者は、離婚の日から3か月以内に戸籍法77条の2に定める届出をすることによって、離婚の際に称していた氏を称することができる（**婚氏続称**）。このとき家庭裁判所の許可は必要ではない（戸籍107条3項）。「離婚の日」とは、協議離婚の場合は届出の日を、調停離婚の場合は調停成立の日を、裁判離婚の場合は裁判が確定した日を指す。

また、本条2項の届出をした者が、あらためて婚姻前の氏への変更を求める場合には、判例・学説ともに、戸籍法107条1項の「やむを得ない事由」が通常の場合より柔軟に解釈されるべきであるとする。死亡による婚姻の解消の場合には、生存配偶者は任意に復氏できること（民751条）とのバランスを考慮するためである。

（冷水登紀代）

（財産分与）
第768条　協議上の離婚をした者の一方は、相手方に対して財産の分与を請求することができる。
２　前項の規定による財産の分与について、当事者間に協議が調わないとき、又は協議をすることができないときは、当事者は、家庭裁判所に対して協議に代わる処分を請求することができる。ただし、離婚の時から2年を経過したときは、この限りでない。
３　前項の場合には、家庭裁判所は、当事者双方がその協力によって得た財産の額その他一切の事情を考慮して、分与をさせるべきかどうか並びに分与の額及び方法を定める。

Ⅰ　本条の意義

本条は、離婚時に夫婦の一方から他方に対してされる財産分与請求に関する規定である。当事者は、協議で財産分与の額・方法等を定めることができるが、それが不調に終わった場合には、家庭裁判所が協議に代わる処分をすることになる（本条1項2項）。このとき家庭裁判所は、「当事者双方がその協力によって得た財産の額その他一切の事情」を基準に、財産分与の額・方法を定めることになる（本条3項）。また、財産分与請求権は、2年で消滅する（本条2項ただし書）。

Ⅱ　法的性質

財産分与の法的性質に関しては、3つの要素、すなわち**清算・扶養・慰謝料**の関係をどのように考えるのかについて議論されてきた。財産分与の基調を清算的要素に置くのか扶養的要素に置くのかという議論もあったが、今日では判例・通説ともに、この2つの要素は財産分与に含めて考えている。さらに財産分与はこの2つの要素からなるとする（限定説）のか、慰謝料を含めた3要素からなるとする（包括説）のかで争いがあるが、この点については後述する。

明治民法には、財産分与に関する規定はなかったが、立法当初から離婚後扶養に関する規定が審議されており、また1925（大正14）年「民法親族編中改正ノ要綱」（大正要綱）第17においても離婚に際して生活に困窮する者の扶養に関する規定を置くことが提案されていた。このように、沿革をたどると、離婚給付の主軸は扶養的要素に置かれていた。しかし、戦後の改正の中で、本条において扶養ではなく「当事者双方がその協力によって得た財産」の「分与」という文言を用いたことにより、扶養的要素よりも清算的要素が前面に出た規定となった。しかし、実際に行われる財産分与が低額であったため、判例・学説は、慰謝料もそれに加味することで、その引上げを目指してきた。

1 清算的要素

財産分与のうち清算的要素については、法定財産制として夫婦別産制を採用している日本法では、夫婦が婚姻中に協力して獲得した財産に対しての潜在的持分の評価をどのようにするのかが問題視されてきた。そして、1996（平成8）年の民法改正要綱では、財産分与における清算的要素を考慮する事項として、「……当事者双方がその協力により財産を取得し、又は維持するについての各当事者の寄与の程度は、その異なることが明らかでないときは、相等しいものとする」（第6の2の3）とされ、いわゆる**2分の1ルール**が採用されている。これによると、将来に支払われるべき退職金は清算の対象となると解されている※83。また、2004（平成16）年に成立した年金制度改革法（国民年金法等の一部を改正する法律。平成16年法律104号）により、2007（平成19）年度から離婚時の厚生年金等の分割制度が導入されることになった。離婚をした当事者は、その合意または家庭裁判所の定めにより、当事者双方の標準報酬の改定等を請求することにより、婚姻期間中の保険料納付記録を分割できる。分割割合は当事者の合意を原則とし、合意ができない場合は家庭裁判所が定めることになる。

2 扶養的要素

扶養的要素については、婚姻中、夫婦は婚姻費用分担義務・扶助義務を負うが、この義務は婚姻が解消されれば同時に消滅する義務であり、離婚後において、なぜ負わなければならないのかということが学説上議論されてきた。この点、伝統的には、国家が社会保障を行う前に元配偶者によって扶養が行われるべきであるという説、離婚後にも扶養義務は残存するという説、無責配偶者は有責配偶者に対して制裁的な意味で扶養を求めることができるとする説等の対立があった。しかし、いずれの説も離婚後、扶養義務が生じる根拠として十分とはいえず、近年では、夫婦の衡平の観点から、離婚による生活条件の不均衡を解消するために扶養が行われるとする説、さらには、離婚後の夫婦の一方が自立できない原因は、婚姻共同生活における分業により夫婦間に所得能力の差が生じたからであり、その損失保障をするための補償であるとする説等が有力となっている。そしてこれらの学説の流れをうけ、1996（平成8）年の民法改正要綱では、「婚姻の時期、婚姻中の生活水準、婚姻中の協力及び扶助の状況、各当事者の年齢、心身の状況、職業及び収入」を考慮し、財産分与において扶養的ないし補償的要素を反映させることとなった（第6の2の3）。

※83 名古屋高判平12·12·20判タ1095号233頁。

3　慰謝料的要素

慰謝料を財産分与に含めるかどうかについて、財産分与は家庭裁判所の審判事件であり慰謝料は通常裁判所の管轄となること、前者は2年の除斥期間にかかるが後者は3年の消滅時効にかかること等両者の本質的性質の違いから、紛争の一回的解決を重視する包括説と紛争の一回的解決を求めることは財産分与の低額化をもたらすとして財産分与に慰謝料を含めない限定説との間で対立がある。

離婚に際して求められる慰謝料には、婚姻を破綻に導いた原因を作った有責配偶者に対する慰謝料（不貞慰謝料、**離婚原因慰謝料**、破綻原因慰謝料などと呼ばれる。以下では離婚原因慰謝料とする）と個別の行為から離婚に至るまでの一連の経過を全体として捉え離婚自体を原因とする慰謝料（離婚慰謝料ないし**破綻慰謝料**と呼ばれる。以下では破綻慰謝料とする）があると解されている。

判例は、「財産分与の請求権は、相手方の有責な行為によつて離婚をやむなくされ精神的苦痛を被つたことに対する慰藉料の請求権とは、その性質を必ずしも同じくするものではない」とし、離婚原因慰謝料について、財産分与との関係を異にするとする。その上で、財産分与がされても離婚原因慰謝料請求をすることは可能であるが、当事者間で定めた財産分与の額が十分である場合には、別途慰謝料を請求することはできず、そうでない場合には、新たに慰謝料を請求することができるとする※84。

学説は、①離婚原因慰謝料とともに破綻慰謝料も認める立場が有力である。これに対し、②財産分与に異なる性質の慰謝料を含めること自体に否定的な説、③離婚原因慰謝料を認めるとしても、婚姻が破綻している場合に離婚に対して責任のない配偶者に対し破綻慰謝料を負わせることについては否定する説もある。

なお、上記判例は、離婚原因慰謝料を認めたものであり、破綻慰謝料について判断したものではない。しかし、調停や審判などの家庭裁判所実務では、破綻慰謝料も含めて財産分与を認めており①の立場に近いとされている。

Ⅲ　財産分与請求権の行使

財産分与の権利義務は、離婚によって発生し、実体的権利義務として存在するが、その内容は、当事者の協議、家庭裁判所の調停・審判をまって具体的に確定される※85。

当事者は、その協議によって財産分与を認めるかどうか、認める場合の額・方法を決定する。そして協議が調わないときには、当事者は、家庭裁判所に対

※84　最二小判昭46・7・23民集25巻5号805頁、最三小判昭31・2・21民集10巻2号124頁。
※85　最三小判昭50・5・27民集29巻5号641頁。

して、協議に代わる処分を請求して決定する（本条1項・2項）。この場合も、家庭裁判所は、当事者の意見を聴いていつでも職権で調停に付すことができ（家事手続274条1項）、調停が成立すると確定審判と同一の効力を有する（家事手続268条1項）。調停が成立しないときは審判によって決定する（家事手続39条・別表第2〈4〉）。財産分与の申立ては、その申立てに際して額や方法を特定して申し立てる必要はない[※86]。

家庭裁判所は、当事者双方がその協力によって得た財産の額その他一切の事情を考慮して分与の可否およびその額を決定する（本条3項）。このとき、過去の婚姻費用の分担の清算のための給付も含めて財産分与を決定できる[※87]。財産分与の審判が確定したときには、執行力のある債務名義と同一の効力を有する（家事手続75条）。

また、紛争を一括して解決するために、2003（平成15）年の人事訴訟法成立に伴い離婚訴訟が家庭裁判所で審理されることになった（人訴2条1号・4条）。これに伴い、離婚訴訟において、申立てにより、財産分与に関する処分についても裁判されなければならなくなった（人訴32条1項）。さらに、離婚請求と当該請求と同じ原因である事実により生じた損害賠償請求を家庭裁判所で併合することも可能となり、すでに離婚訴訟が係属している家庭裁判所に、損害賠償に関する訴えを提起することもできることになった（人訴17条）。

一審において離婚請求につき全部認容判決を受けた当事者も、控訴審において、財産分与の附帯申立てをすることは可能である[※88]。財産分与は離婚訴訟に附帯するものであるから、離婚訴訟が係属しなくなった場合には、財産分与の申立ては不適法として却下される[※89]。

なお、財産分与については、不利益変更禁止の原則は適用されない[※90]。

Ⅳ 他の制度との関係

財産分与は、離婚と密接な関連を持つが、結果的には財産の移転や債務の負担といった財産法上の効果が生じ、さらに第三者に影響を及ぼすため、財産法の規定が適用されるのかが問題となる。

1 錯誤取消し（民95条）

財産分与として不動産譲渡をした場合に分与者に譲渡所得税が課されること

※86 最二小判昭41・7・15民集20巻6号1197頁。
※87 最二小判昭43・9・20民集22巻9号1938頁、最三小判昭53・11・14民集32巻8号1529頁。
※88 最一小判昭58・3・10家月36巻5号63頁。
※89 最一小判昭58・2・3民集37巻1号45頁。
※90 最二小判平2・7・20民集44巻5号975頁。

を知らずに、財産分与協議の結果、自己の特有財産を配偶者に譲渡した事案について、最高裁は、分与者が自身に課税されないことを前提としており、またそのことを黙示に表示していたとして、財産分与の協議についての錯誤の主張を認める[※91]。通説もまた、財産分与の協議について、錯誤や詐欺等の規定の適用を肯定する。ただし、財産分与が錯誤で取り消されたとしても、離婚そのものには影響を及ぼさず、あらためて財産分与の協議を行うにすぎない。

2　詐害行為取消権（民424条）

第三者に対して債務のある夫婦の一方が、財産分与の協議の中で唯一の財産である不動産を配偶者に譲渡した場合、第三者はその行為を詐害行為として取り消すことができるかが問題となる。

判例は、分与者が債務超過の状態にあることや財産を分与すると無資力になるということも、財産分与の額および方法を定める際に考慮するべき事情の1つにほかならず、相手方は相当な財産分与を受けることができるとする。その上で、仮に、分与者がすでに債務超過の状態にあって、当該財産分与によって一般債権者に対する共同担保を減少させる結果になるとしても、それが本条3項の趣旨に反して不相当に過大であり、財産分与に仮託してされた財産処分であると認めるに足りるような特段の事情のない限り、詐害行為として、債権者による取消しの対象となりえないとする[※92]。また、財産分与が不相当に過大であり、財産分与に仮託してされた財産処分であるとして取り消された場合でも、取消しの範囲は、不相当に過大な部分に限られる[※93]。

3　債権者代位権（民423条）

夫婦の一方が、離婚に際して相手方から財産分与を求められることを免れるために、たとえば、第三者に対してその者の名義の不動産を虚偽で譲渡し、登記を移転した場合に、相手方が、その第三者に対して、財産分与請求権を被保全債権として抹消登記請求を代位行使できるかが問題となる。

判例は、協議または協議に代わる処分等によってその内容が具体化する前の財産分与請求権については、その範囲および内容が不確定であり、債権者代位権の被保全債権とはならないとする[※94]。

※91　最一小判平1・9・14家月41巻11号75頁。

※92　最二小判昭58・12・19民集37巻10号1532頁。

※93　最一小判平12・3・9民集54巻3号1013頁。

※94　最二小判昭55・7・11民集34巻4号628頁。

V 不貞相手である第三者に対する慰謝料請求権

Ⅱでみた通り、夫婦間での慰謝料請求は、離婚原因慰謝料も破綻慰謝料も認められると解する立場が有力であったが、夫婦の一方と不貞関係にあった夫婦以外の者（第三者）に対して、いずれの慰謝料請求もできるかが問題となる。学説上は、不貞行為には配偶者の自由な意思が介在しているなどの理由から無条件に第三者に対する慰謝料請求を認めるものは少ない。

判例は、離婚原因慰謝料に関連し、第三者Cは、配偶者AのいるBと不貞関係を持った場合には、Aの「婚姻共同生活の平和の維持という権利又は法的保護に値する利益」を侵害するため不法行為責任を負うとする。そしてBとAとの夫婦関係が破綻していれば、Cは、Aに対し、特段の事情のない限り、不法行為責任を負わないとする。婚姻関係がすでに破綻していた場合には、Aには上記権利や法的保護に値する利益があるとはいえないからである※95。なお、離婚慰謝料を第三者に請求する場合の消滅時効の起算点は、その配偶者が不貞行為の事実を知った時からとされている※96。

破綻慰謝料に関連し、配偶者Bが第三者Cと不貞の関係に至り、これを知ったBの配偶者AはBとしばらく同居したが、別居に至り、A・Bが離婚するに至った場合に、Bの配偶者AがCに対し離婚に伴う慰謝料（破綻慰謝料）を求めた事案では、判例は、このことから直ちに「当該夫婦を離婚させたことを理由とする不法行為責任を負うことはない」と解し、「当該第三者が、単に夫婦の一方との間で不貞行為に及ぶにとどまらず、当該夫婦を離婚させることを意図してその婚姻関係に対する不当な干渉をするなどして当該夫婦を離婚のやむなきに至らしめたものと評価すべき特段の事情があるときに限」り、破綻慰謝料請求が認められるとした（この事件では、Aの請求は認められていない）※97。

（冷水登紀代）

第4編第2章

※95 最三小判平8・3・26民集50巻4号993頁。これに対し子が親の不貞行為の相手に対して行った慰謝料請求は、父子関係は相互の対等な自然の愛情に基づいたものであり、不貞行為の相手が親との肉体的関係、同棲等を強いた者ではないとの理由で、否定されている（最二小判昭54・3・30民集33巻2号303頁）。

※96 最一小判平6・1・20家月47巻1号122頁。

※97 最三小判平31・2・19民集73巻2号187頁。

（離婚による復氏の際の権利の承継）
第769条　婚姻によって氏を改めた夫又は妻が、第897条第1項の権利を承継した後、協議上の離婚をしたときは、当事者その他の関係人の協議で、その権利を承継すべき者を定めなければならない。
2　前項の協議が調わないとき、又は協議をすることができないときは、同項の権利を承継すべき者は、家庭裁判所がこれを定める。

婚姻により氏を改めた者が祭祀財産を承継している場合がある。このような場合において夫婦が離婚すると、祭祀財産を承継した者が復氏をすることになる。そこで、本条は、協議離婚に際しては、当事者とその関係人の協議において、祭祀財産を承継するべき者を定めておくこと（本条1項)、協議が整わないときは家庭裁判所が最終的に定めること（本条2項）を規定する。もっとも、本条については、家制度の影響の強い規定である等批判も多い。

なお、死亡の際の祭祀財産の承継については、民法897条参照。

（冷水登紀代）

第4編第2章第4節第2款　裁判上の離婚

（裁判上の離婚）
第770条　夫婦の一方は、次に掲げる場合に限り、離婚の訴えを提起することができる。
一　配偶者に不貞な行為があったとき。
二　配偶者から悪意で遺棄されたとき。
三　配偶者の生死が3年以上明らかでないとき。
四　配偶者が強度の精神病にかかり、回復の見込みがないとき。
五　その他婚姻を継続し難い重大な事由があるとき。
2　裁判所は、前項第1号から第4号までに掲げる事由がある場合であっても、一切の事情を考慮して婚姻の継続を相当と認めるときは、離婚の請求を棄却することができる。

Ⅰ　本条の意義

本条は、まず1項で、離婚の訴えと、離婚の原因について定めている。1項の離婚原因は、大きく2つのグループに分けられる。1つは、①不貞行為（本条1項1号)、②悪意の遺棄（本条1項2号)、③3年以上の生死不明（本条1項3

号)、④強度で回復見込みのない精神病（本条1項4号）という4つの具体的離婚原因（絶対的離婚原因ともいう）である。もう1つは、「その他婚姻を継続し難い重大な事由」という抽象的離婚原因（相対的離婚原因ともいう。本条1項5号）である。ところで、本条1項1号から4号までと5号との関係をめぐり、本条1項1号から4号までは5号の例示であるとする一元説が通説とされている。しかしこの立場に立つと、離婚が認められるためには、婚姻が継続しがたい状態でなければならなくなり、本条1項1号と2号を規定する意味がなくなる。そこで、本条1項1号から4号までは絶対的離婚事由であり5号により絶対的離婚事由を制限することはできないとする多元説も有力になっている（多元説の中には、本条1項4号の排除を主張するものもある）。

本条2項は、離婚の原因が認定される場合であっても、家庭裁判所が「一切の事情を考慮して婚姻の継続を相当と認めるとき」には、離婚請求を棄却すると規定しており、その結果、本条1項1号から4号に対する抗弁事由として機能することになる。

Ⅱ　離婚の訴え

離婚訴訟も調停前置主義が妥当するため、離婚の訴えが行われる場合にはまず家庭裁判所に調停の申立てをしなければならない（家事手続244条・257条)。そして調停が不成立の場合に、離婚訴訟を提起することになる。なお、2003(平成15）年の人事訴訟法の制定により、人事訴訟事件の管轄が地方裁判所から家庭裁判所に移管されたことにより、家庭裁判所において離婚訴訟が扱われることになった。

また離婚訴訟手続においては、弁論主義が制限され（人訴19条)、職権探知主義が採られている（人訴20条)。この判決は対世効をもつ（人訴24条)。

夫婦に未成年の子がいる場合において、離婚の訴えが提起される際には、親権者指定の申立てをし、離婚の判決をするにあたっては同時に主文で親権者を指定しなければならない（民819条2項、人訴32条)。

Ⅲ　離婚原因

裁判上の離婚請求が認められるためには、本条が掲げる離婚原因を満たす必要がある。離婚原因には、**有責主義**に基づくものと**破綻主義**に基づくものとがある。前者は、不貞行為や遺棄等相手方に責任がある場合に離婚を認めるという考え方であり、後者は別居や生死不明等相手方に婚姻関係の破綻について責任がない場合でも離婚が認められるという考え方である。明治民法下では、重婚・姦通・姦淫・処罰・虐待・遺棄等といった有責事由を規定していたが((旧) 民813条)、現行民法では不貞・遺棄といった有責事由だけでなく、精神病や「その他婚姻を継続し難い重大な事由」といった破綻主義に親和性のある離婚原因も規定されている。

1　不貞な行為

「不貞な行為」は、立法の沿革を辿ると明治民法813条2号の「姦通」よりも広く解されるが、判例は、性的関係を指すと解している。学説も、曖昧さを取り除くためには性的関係に限定し、それ以外は本条1項5号で処理するべきとする。また、その行為が相手方の自由意思のない強制性交であっても不貞行為にあたるとする[※98]。

2　悪意の遺棄

「遺棄」とは、夫婦間の同居・協力・扶助義務（民752条）あるいは婚姻費用分担義務（民760条）に違反する行為であり、このうちの1つでも不履行があれば成立する。ここでの悪意とは、単に知っていることではなく、これらの義務違反により、婚姻関係が破綻するに至るかもしれないことを知り、かつこれを容認することをいう。

もっとも、婚姻が破綻したことについて主たる責任を負う者は、その配偶者に対して扶助請求を主張できず、その配偶者が扶助をしなくても、悪意の遺棄をしたことにはならない[※99]。

3　3年以上の生死不明

最後に生存を確認した時以降、3年以上生死不明であれば、本条1項3号にあたる。所在不明でも、電話等で音信がある場合は、これに該当しない。この場合の離婚の訴えは、公示送達（民訴110条）による。

生死不明の配偶者につき失踪宣告（民30条）が行われると、その者は死亡した者と扱われ、婚姻関係が解消し、相続の問題も生じる（民30条・31条・32条）。

4　回復の見込みのない精神病

「回復の見込みがない」とは、相当期間治療を継続しているが治る見込みがない場合をいう。「強度の精神病」とは、その病気の程度が夫婦が共同生活を行うことを不可能な状態にするほど重症である場合である。病気は、本人の責任において生じるものではないため、本条1項4号は、現行法が有責主義から破綻主義へと移行したことを表すものの1つといえる。

もっとも、精神病による離婚請求については本条2項の適用があるため、回

※98　最一小判昭48·11·15民集27巻10号1323頁は、夫が強姦罪（2017（平成29）年刑法の一部改正により、強制性交等罪）等により服役した事例である。

※99　最一小判昭39·9·17民集18巻7号1461頁。

復の見込みのない強度の精神病に該当する場合であっても、婚姻がなお破綻するに至らず回復の可能性があるときには、離婚請求が棄却されることがある。判例は、夫婦の一方が不治の精神病にかかったことだけで直ちに本条1項4号にはあたらず、仮に不治の精神病にかかっても、「諸般の事情を考慮し、病者の今後の療養、生活についてできるかぎりの具体的方途を講じ、ある程度において、前途に、その方途の見込のついた上でなければ」離婚の請求を認めないとしている[※100]。**具体的方途**という条件を課して離婚を認める判例に対しては、配偶者に過大な負担を課すものであるとして、破綻主義の立場からの批判が強い。

5　婚姻を継続し難い重大な事由

「婚姻を継続し難い重大な事由」とは、婚姻生活の本質ともいえる共同生活関係の回復の見込みがないほど婚姻関係が破綻している状況を指す。この事由は、破綻主義離婚原因の一般条項であり、これにあたるかどうかの判断は、裁判官の裁量に委ねられている。

具体的に裁判で問題となった例として、性格の不一致、愛情の喪失、暴行・虐待、重大な侮辱、性生活の異常・拒否・性交不能、不労・浪費・借財等、犯罪行為、不貞行為にまでは至らない男女関係、同性愛、告訴・告発・訴訟提起、親族との不和、過度の宗教活動、回復の見込みのない強度の精神病に至らない精神病、疾病・身体障害、等が挙げられる。

Ⅲ　有責配偶者からの離婚請求

たとえば、本条1項1号の不貞行為を行う等、自ら「婚姻を継続し難い」状況に導いた者（**有責配偶者**）からの離婚請求が可能かが問題となる。民法が破綻主義を採用しているという理解に立つと、破綻に至る責任の有無は問題にするべきではなく、有責配偶者からの離婚請求も認められることになる。この考え方を**積極的破綻主義**という。

最高裁は、古くは、夫が妻以外の者と同棲し、妻と2年間別居し、離婚の訴えをした事案では、有責配偶者である夫が婚姻を継続し難い事由（本条1項5号）にあたると主張するのは妻にとって「踏んだり蹴たり」であるとし、有責配偶者からの離婚請求を認めておらず[※101]、**消極的破綻主義**の立場を採っていた。

※100 最二小判昭33･7･25民集12巻12号1823頁。最三小判昭45･11･24民集24巻12号1943頁参照。

※101 最三小判昭27･2･19民集6巻2号110号（いわゆる「踏んだり蹴ったり」判決）。

その後も、双方が有責であるような場合※102や婚姻の破綻後に原告が不貞行為を行った場合※103等の例外を除き、有責配偶者からの離婚請求は認められないという考えが維持されていた※104。そしてこのような判例の状況の中、1970年代には諸外国の離婚法が有責主義から破綻主義へと改革され、その影響を受け、学説上、長期にわたり形骸化した婚姻関係を維持させることへの疑問がより強く投げかけられるようになった。

このような流れを受けて、最高裁は、1987（昭和62）年の大法廷判決で、条件付きではあるが有責配偶者からの離婚請求を認め、判例変更をするに至った※105。最高裁は、信義則による制約があるとしつつも、「夫婦の別居が両当事者の年齢及び同居期間との対比において相当の期間に及び、その間に未成熟の子が存在しない場合には、相手方配偶者が離婚により精神的・社会的・経済的に極めて苛酷な状態におかれる等離婚請求を認容することが著しく社会正義に反するといえるような特段の事情の認められない限り」という条件を付して有責配偶者からの離婚請求を認容した。最高裁が、本判決で、①相当長期間の別居（昭和62年判決の事案では36年間）、②未成熟子の不存在、③苛酷な状況がないことという3つの要件を示し、この要件を満たせば有責配偶者からの離婚請求が認められるとしたことから条件付きの積極的破綻主義への流れが強まったといえる。その後の判決においても、別居期間が13年で、まもなく高校を卒業する未成熟子が存在する事案でも、離婚請求が認められており※106、上記の3つの要件が緩和されている（とはいえ、近時この要件に沿うとの形を採りつつ、信義則上、離婚請求を認容しなかった例もある※107）。

Ⅳ　別居による離婚の可能性

1996（平成8）年の民法改正要綱では次のような提案がされている。

第7　裁判上の離婚

1　夫婦の一方は、次に掲げる場合に限り、離婚の訴えを提起することができるものとする。ただし、（ア）又は（イ）に掲げる場合については、婚姻関

※102　最一小判昭30·11·24民集9巻12号1837頁。

※103　最二小判昭46·5·21民集25巻3号408頁。

※104　最一小判昭54·12·13判時956号49頁。

※105　最大判昭62·9·2民集41巻6号1423頁。

※106　最三小判平6·2·8家月46巻9号59頁。

※107　最一小判平16·11·18家月57巻5号40頁では、原審の口頭弁論終結時において同居期間（約6年7か月）に対し別居期間（約2年4か月）が短く、夫婦には7歳の未成熟子が存在し、離婚を求められた者が疾病のため就職して所得を得ることが困難であった。

係が回復の見込みのない破綻に至っていないときは、この限りでないものとする。

（ア）配偶者に不貞な行為があったとき。
（イ）配偶者から悪意で遺棄されたとき。
（ウ）配偶者の生死が3年以上明らかでないとき。
（エ）夫婦が5年以上継続して婚姻の本旨に反する別居をしているとき。
（オ）（ウ）、（エ）のほか、婚姻関係が破綻して回復の見込みがないとき。

2　裁判所は、1の場合であっても、離婚が配偶者又は子に著しい生活の困窮又は耐え難い苦痛をもたらすときは、離婚の請求を棄却することができるものとする。（エ）又は（オ）の場合において、離婚の請求をしている者が配偶者に対する協力及び扶助を著しく怠っていることによりその請求が信義に反すると認められるときも同様とするものとする。

3　第770条第2項を準用する第814条第2項（裁判上の離縁における裁量棄却条項）は、現行第770条第2項の規定に沿って書き下ろすものとする。

このように、この要綱は、破綻主義の傾向を強めている。すなわち、別居を原因とする離婚を新たに認める案が示されている。別居を離婚原因とする理由は、貞操義務を包摂する同居義務を婚姻から導かれる本質的な義務とした場合、別居は客観的にも婚姻の破綻を示すものといえると考えられている。そして、別居という事実から、破綻が証明されるため、有責性を持ち出す必要がなくなり、裁判所が夫婦の具体的な関係に立ち入ることも回避できる。ただし、一方で、別居を離婚原因に据える場合には、離婚という重大な結果を導く可能性があるため、いつから離婚原因となる「別居」があったといえるかについては慎重な判断が必要となるとも指摘されている。

このように破綻主義の傾向が強くなることに対して、要綱第7の2の「配偶者又は子に著しい生活の困窮又は耐え難い苦痛をもたらすとき」という苛酷条項および、「離婚の請求をしている者が配偶者に対する協力及び扶助を著しく怠っていることによりその請求が信義に反すると認められるとき」という信義則条項による制限を設けて、裁判所が離婚の請求を棄却することができるとすることで、離婚を請求された者とその子の保護が図られている。しかし、信義則条項を設けると、結局、離婚が認められるかどうかを裁判官の裁量に委ねることになるという批判や、過酷条項を設けるだけでは離婚を請求された者と子の保護が十分ではないという指摘もある。

（冷水登紀代）

（協議上の離婚の規定の準用）
第771条　第766条から第769条までの規定は、裁判上の離婚について準用する。

本条は、協議上の離婚の効果に関する規定を裁判上の離婚にも準用する旨を定める。協議上の離婚の効果に関する規定とは、離婚後の子の監護に関する事項の定め（民766条）、離婚による復氏（民767条）、財産分与（民768条）、離婚による復氏の際の権利の承継（民769条）である。また、裁判離婚以外の離婚である調停離婚、審判離婚、和解離婚および認諾離婚にも本条が準用されると解されている。

（冷水登紀代）

第４編第３章　親子

〔前注〕

Ⅰ　本章の意義

民法は、親子について実子（民772条～791条）と養子（民792条～817条の11）の２類型を規定する。いずれも、民法の規定に従い「親子」と認められることによって、親族関係やそれに伴う法律上の権利義務が発生する。

Ⅱ　生物学上の親子と法律上の親子

実子については、まず生物学的な血のつながりの存在が、法律上の親子関係成立の基礎となる。それに対して、養子は、本来、生物学的に親子でない者の間に法律上の親子関係を作り出すことを目的とする法技術であるといえる。そこでは、養親子関係成立についての当事者の意思を基礎として、法律の定める実体的・手続的要件を満たすことによって親子関係が発生する。

実子は、法律婚の父母から生まれた子であるか否かによって、嫡出子と嫡出でない子（非嫡出子または婚外子ともいう）に分かれる。ただし、民法は、血のつながりを基礎とするものの、とくに父について、子の真実の親を特定しこれを完全に法律上の親と一致させることは技術的に困難であるとの前提に立つ。そこで、嫡出子については**嫡出推定**（民772条）、嫡出でない子については**認知**（民779条・787条）という方法で、法律上の父子関係を定めるものとしている。そのため、条文適用の結果、真実の父子でない者の間に法律上の実親子関係が成立することもありうる規定となっている※1。民法が、このようなおそれを孕みつつも、嫡出推定や認知という方法で親子関係を成立させる目的は、子に関する身分関係の安定、扶養や相続関係の明確化、未成年子のための養育義務者の確保等にある。

ただし、他方で、民法は、嫡出推定や認知により発生した親子関係を絶対的なものとするのではなく、嫡出子については**嫡出否認の訴え**（民774条以下、人訴２条２号）、嫡出でない子については**認知無効**の主張（民786条、人訴２条２号）によって親子関係を否定することを認める。また、民法の規定しないもの

※1　最三小決平25·12·10民集67巻９号1847頁（性同一性障害者の性別の取扱いの特例に関する法律３条１項に基づき男性への性別取扱いの変更審判を受けた者の妻が婚姻中に懐胎した子は、本条により夫の子と推定され、夫が妻との性的関係の結果もうけた子でありえないことを理由に実質的に本条の推定を受けないということはできない）。

であるが、実体法上の親子関係と戸籍記載との不一致における戸籍訂正の手段として、判例により用いられてきた**親子関係存在・不存在確認訴訟**という訴訟類型が、民法の嫡出推定制度にも拡大され、嫡出否認の訴えができないケースについての救済手段となっている（民772条の解説Ⅲ参照）。なお、かつての人事訴訟手続法は親子関係存否確認訴訟について規定しておらず、従来これは準人事訴訟事件として扱われてきた。しかし、人事訴訟法（2003（平成15）年7月16日成立（平成15年法律109号）、2004（平成16）年4月1日施行）の制定により人事訴訟手続法は廃止され、人事訴訟法の中でこの訴訟類型が明文化されるに至っている（人訴2条2号）。

なお、DNA鑑定等の技術の発達により、血縁上の親子関係の有無が高い精度で判定できるようになったことを受けて、実親子関係確定の手続においてもどこまで生物学的な血縁関係を重視するべきかについて議論が高まっている。学説では、血縁主義に立ち、法律上の親子関係と生物学上の親子関係の不一致の是正に積極的な見解と、鑑定の安易な利用を戒め、真実の発見よりも、子の身分関係の安定や養育義務者の確保という民法の親子関係規定の制度目的を尊重するべきとする見解が対立している。自己の出自を知ることこそが子の権利であるとみるか、あるいは自己の出自を知らされずに安定した養育環境を維持されることもまた子の権利であるとみるかという、親子法の本質にかかわる問題である[※2]。

（常岡史子）

第4編第3章第1節　実子

〔前注〕

法律上の親子関係においては、父子関係と母子関係をそれぞれ独立に捉える[※3]。母子関係は、原則として分娩の事実から当然に発生するとされてきたが[※4]、生殖補助医療の発展を受けて、法律の整備が必要となってきている（第4編第3章第1節〔後注〕生殖補助医療と親子関係参照）。一方、父子関係はもとより分娩のような客観的事実でもって子の父を特定することが難しく、民法は、婚姻を基礎として子の父を定めるという古くから行われてきた方法を採る。すなわち、法律婚主義の下で、婚姻中に妻が懐胎した子は夫の子である蓋然性が高いとの前提に立って、婚姻中に懐胎した子は夫の子であると推定し（民772

※2　最一小判平26･7･17民集68巻6号547頁も参照。

※3　最三小判昭56･6･16民集35巻4号791頁参照。

※4　最二小判昭37･4･27民集16巻7号1247頁。

条1項)、さらに、「婚姻中の懐胎であること」を、医学的な経験則に基づき設定した懐胎期間内における子の出生（婚姻成立より200日経過後または婚姻解消・取消しの日より300日以内）をもって推定する。そして、そのような子を夫の子と**推定される嫡出子**とする（嫡出推定制度)。民法772条は、直接に子自身の嫡出性について言及するものではないが、同条1項や嫡出性の否認に関する民法774条の文言からみて、父性の推定とともに子への嫡出性の付与についても規定したものと解されている。

一方、法律上の婚姻をしていない母から生まれた子には、法律婚という父子間の生物学的なつながりを推定させる拠り所がない。そこで、民法は、婚外子について法律上の父子関係を成立させるために認知を要求する（民779条以下)。認知には、父がその意思に基づいて自分の子であることを認める**任意認知**（民781条）と、血縁上の親子関係の存在を根拠として子の側から裁判によって法律上の親子関係を発生させる**強制認知**（民787条。**裁判認知**ともいう）がある。任意認知は、親子関係の成立に対する当事者の意思を基礎とし（意思主義または主観主義)、強制認知は血のつながりを根拠とする（事実主義・血縁主義または客観主義）といえる。ただし、任意認知も血縁上の親子関係の存在を当然の基礎としており、規定のあり方や解釈の中に事実主義的考え方が現れる場合が少なくない。

なお、認知に加えてその父母の婚姻があるときは、婚外子は嫡出子の身分を取得する（準正。民789条)。

（常岡史子）

（嫡出の推定）
第772条　妻が婚姻中に懐胎した子は、夫の子と推定する。
2　婚姻の成立の日から200日を経過した後又は婚姻の解消若しくは取消しの日から300日以内に生まれた子は、婚姻中に懐胎したものと推定する。

I　本条の意義

本条は、婚姻中妻の懐胎した子は夫によって懐胎した子であるとの推定に立つ。そして、本条に基づき夫の嫡出子との推定を受ける子（**推定される嫡出子**）と夫との間の法律上の父子関係は、夫が、子の出生を知った時から1年以内に、子の嫡出性について訴訟により否認権を行使することによってのみ覆すことができるという強力なもの（法律上の推定）である（民774条・775条・777条)。このような強力な推定の目的は、子の身分関係の早期安定、家庭の平和の維持にある。そのため、結果として真実の父でない者と子の間に法律上の親子関係が確定し、親権、扶養の権利義務、法定相続権等の効果が発生する場合があることをも容認するものとなっているといえる[※5]。

Ⅱ　本条の適用範囲

1　要件

嫡出性の推定を受ける子は、①妻が婚姻中に懐胎した子である（本条1項）。ただし、婚姻中の懐胎かどうかの証明自体が困難であることから、さらに本条2項で、②婚姻成立の日から200日経過後、または婚姻解消もしくは取消しの日から300日以内に出生した子は、婚姻中に懐胎した子と推定する[※6]。これにより、子の側で②の期間に出生した事実を証明すれば、本条2項および1項の二重の推定によって、夫の子であるという嫡出父子関係の推定を受けることになる。なお、早産や過熟によって本条2項の期間に出生しなかった子は、本条2項の推定を受けないのみであり、医学的に婚姻中の懐胎であることが証明されれば、1項によって本条の嫡出推定を受ける子となる。

2　推定されない嫡出子

本条は、母が懐胎時に法律上の婚姻をしていることを子の嫡出推定の要件とする。したがって、婚姻の届出後200日になる前に子が出生した場合、2項によれば婚姻成立前の懐胎となって本条の嫡出推定を受けない。その場合、この子は**準正**（民789条）によって嫡出子の身分を取得する準正嫡出子にとどまる。しかし、明治民法下の判例は、届出に内縁が先行することの多いわが国の実態を考慮して、婚姻前に内縁状態にあった夫婦から生まれた子は、届出後200日にならない間に出生した場合も、出生と同時に嫡出子の身分を有するとした[※7]。ただし、そこで認められた嫡出父子関係は、本条による法律上の推定ではなく、父母の内縁関係の存在による事実上の推定によるものにとどまる。

さらに、このような判例の立場を受けた戸籍実務では、戸籍事務管掌者は婚姻の届出に内縁が先行しているか否かの実質的審査権限を持たないこともあり、婚姻成立から200日になる前に生まれた子についても一律に嫡出子としての届出を認め、戸籍に嫡出子と記載する扱いをするに至っている（昭15・4・8民事甲432号通牒等）。このような子は、本条の嫡出推定規定に該当しないが嫡出子と

※5　近時の判例に、妻と他の男性との間に出生したが夫の嫡出推定の及ぶ子について、離婚後の監護費用の分担を妻が夫に求めることを権利濫用として認めなかったものがある。最二小判平23・3・18家月63巻9号58頁。

※6　婚姻成立の日とは、婚姻届の届出日を指す。最三小判昭41・2・15民集20巻2号202頁。

※7　大連判昭15・1・23民集19巻54頁。当時、民法には死後認知の規定がなく、父が認知前に死亡すると準正（認知準正）が不可能であるという事情もその背景にはあった。

扱われる子であり、**推定されない嫡出子**（拡大生来嫡出子）と呼ばれている。

3 推定の及ばない子

推定される嫡出子についての父子関係の否定は、夫による嫡出否認の訴えによってのみ可能というのが民法の原則である。しかし、判例・学説は、形式的に本条の嫡出推定を受ける子であっても、一定の場合に、嫡出否認の厳格な手続によることなく父子関係を覆し、法律上の親子関係と生物学上の親子関係の齟齬を解消することを認める（親子関係における血縁重視）。このような子を**推定の及ばない子**（表見嫡出子）と呼んでいる。

ただし、推定の及ばない子をどの範囲で認めるかについては、見解が分かれる。①**外観説**は、懐胎時に夫の不在や事実上の離婚状態があったなど妻と夫の間に同棲や実質的な夫婦生活が存在せず、外観上夫による懐胎でないことが明らかな場合に限って、本条の嫡出推定は及ばないとする※8。しかし、学説では、従来から②**血縁説**が有力に主張され、外観上明白な場合に限らず、科学的に父子関係の不存在が証明される場合にも広く本条の嫡出推定を排除するべきであるとする。

また、近年では、②に立って親子関係における血縁を重視しつつ、①の目的とする家庭の平和や子の法的地位の安定にも配慮して、③すでに家庭が破壊している場合には嫡出推定の適用を排除して父子関係否定の可能性を認める家庭破綻説や、④母が子の血縁上の父と同居や再婚をしている等、子の新たな養育義務者が存在する場合に限って嫡出推定を排除するとする新家庭破綻説が登場している。また、身分関係の確定における当事者の意思を重視して、⑤夫、母、子の三者の合意があれば嫡出推定を排除してよいとする合意説も主張されている。

この問題は、後述Ⅳのように、実際には家庭裁判所の合意に相当する審判で処理され、⑤の合意説に沿った扱いがされる場合が少なくない。また、下級審の裁判例では、③ないし④に従った解決も少なからず行われている。ただし、最高裁は外観説を維持し、すでに夫婦が離婚し家庭が崩壊しているという一事のみで子の嫡出推定は排除されないとして、子の身分関係の法的安定を保持する必要性を強調する※9。

※8 判例はこの立場を採る。最一小判昭44・5・29民集23巻6号1064頁（他の男性との婚姻中に母が懐胎したと推定される子から、真実の父に対して認知を求めた事案で、被告である父のした嫡出推定の主張を否定）。近時のものとして最二小判平10・8・31家月51巻4号33頁。

※9 最三小判平12・3・14家月52巻9号85頁（母の夫からされた親子関係不存在の主張を否定）。

Ⅲ　効果

推定される嫡出子については、本条の嫡出推定規定により、出生の事実によって法律上の嫡出親子関係が発生する。これを覆すには、**嫡出否認の訴え**（民775条・777条）によらなければならない。

一方、推定されない嫡出子は戸籍上嫡出子と扱われるものであって、本条の嫡出推定を受けない。したがって、この場合の嫡出子と父の関係は事実上の推定によるものにすぎず、推定される嫡出子のような強固な法律上の親子関係ではない。そこで、判例は、推定されない嫡出子の父子関係を否定するには、嫡出否認ではなく**親子関係不存在確認の訴え**によるとする[※10]。ただし、親子関係不存在確認訴訟では、利害関係のある者はだれでも訴えを提起でき、提訴期間にも制限がないため、嫡出否認の訴えによるよりも容易に父子関係を覆すことが可能となる。そこで、学説では、婚姻後200日内に出生した子であっても、その出生が内縁成立から200日経過後である場合、本条の類推適用により推定される嫡出子として、父子関係を否定するためには嫡出否認の訴えによらなければならないとする見解も有力である。ただし、これに対しては、内縁成立の日をどのように確定するかに困難が伴うとの批判があり、判例も内縁への本条の類推適用を否定する[※11]。

なお、推定の及ばない子にも本条の嫡出推定は働かず、父子関係の否定は、嫡出否認でなく親子関係不存在確認の訴えによるべきものとされている[※12]。ただし、戸籍実務上は夫の嫡出子として出生の届出をさせるほかなく、後に戸籍訂正の方法によって対処することになる。

Ⅳ　手続法との関係

1　嫡出否認の訴えと親子関係不存在確認の訴え

嫡出否認の訴えも親子関係不存在確認の訴えも人事訴訟であるため（第4編第3章親子〔前注〕の解説Ⅲ参照）、調停前置主義が適用される（家事手続244条・257条）。そして、子の嫡出性の否定や親子関係の不存在について当事者が合意し調停が成立すれば、合意に相当する審判が行われ（家事手続277条）、これが確定すると確定判決と同じ効力を持つ（家事手続281条）。すなわち、合意に相当する審判が人事訴訟の代用として機能し、当事者間に真に争いのある事案のみが人事訴訟手続に行く仕組みになっている。

そこで、家庭裁判所の実務では、従来から、嫡出性の否認や父子関係の不存

※10　大判昭15・9・20民集19巻1596頁。

※11　最三小判昭41・2・15民集20巻2号202頁。

※12　最二小判平10・8・31家月51巻4号75頁。

在についての当事者間の合意を根拠に、合意に相当する審判による柔軟な対応がなされている。このことは、たとえば推定の及ばない子に関して判例が外観説を採る一方で、実際には合意説的解決を行うことを可能にしている。

2　300日問題

現行の戸籍制度の下では、嫡出推定を受ける子の出生届は、夫の嫡出子として届出をする（推定されない嫡出子の場合のみ、選択的に母の婚外子としての届出もできる）。これに従えば、妻が前夫と法的に離婚してすぐに後婚の夫の子を懐胎した場合や、離婚前に後婚の夫の子を懐胎していたような場合、子が前婚の解消後300日以内に出生したときには、前夫の子として届出がされることになる。子を後婚の夫の子として戸籍に記載するためには、嫡出否認の訴えや親子関係不存在確認の訴えによって前夫と子との親子関係を否定した上で、後婚の夫による認知や戸籍訂正の手続をしなければならない。

しかし、このような扱いの硬直性に対しては批判も強く、法務省は、2007（平成19）年に、離婚後に妊娠したことを示す医師の証明書を添付すれば再婚した後夫の嫡出子としての届出を認めるとの民事局長通達を出した（平19・5・7民一1007号通達）。ただし、この通達では、法律上の夫（前夫）と別居し事実上離婚状態にあるが、正式に離婚が成立する前に母が懐胎した子は対象とならない。そのため、夫（前夫）の子として子が戸籍に記載されることを回避しようと、母らが出生届を提出せず、無戸籍となる子が生じていることが問題となっている（いわゆる**300日問題**）。

これに対処するため、2014（平成26）年には、無戸籍者に関する情報の把握及び支援に関する法務省民事局長通達（平26・7・31民一817号通達）が出され、また、家庭裁判所の実務では子と夫（前夫）との**親子関係不存在確認調停**や実父との**認知調停**を通じて、無戸籍となっている子の戸籍作成に道を開く扱いがされている。しかし、調停が成立せず訴訟になれば、子に夫（前夫）の嫡出推定が及ばないことが要件として求められ、外観説に立つ判例の下で実父の子としての戸籍の記載を行うことが困難な場合が生じる※13。問題の根本にある本条の推定規定の立法的見直しについて、2019（令和元）年から法制審議会（親子法制）部会で検討が開始されているが、見通しはまだ定かでない。

※13　最一小判平26・7・17民集68巻6号547頁、別冊ジュリスト239「民法判例百選Ⅲ［第2版］」58頁は、母の夫と本条により嫡出推定を受ける子との間に生物学上の父子関係が認められないことが科学的証拠により明らかであり、かつ、子が親権者である母と生物学上の父の元で監護されているという事情がある場合についても、外観説を維持し、子から母の夫に対する親子関係不存在確認の訴えを認めないとする。

3　戸籍の訂正手続

親子関係が嫡出否認の訴えによって否定された場合、戸籍訂正手続は戸籍法116条による。しかし、推定を受けない嫡出子や推定の及ばない子についての親子関係不存在確認は、戸籍法113条によるか戸籍法116条によるかで見解の対立があった。伝統的理論は戸籍法116条1項の確定判決（合意に相当する審判（家事手続277条以下）を含む）によるべきとするが、実務は非訟事件である戸籍法113条の許可審判での訂正に道を開いてきた。ただし、2003（平成15）年の人事訴訟法によって実親子関係存否確認の訴えが人事訴訟として明文化されたことにより、親子関係存否の確認について確定判決を経ずに戸籍訂正許可審判の申立てがされるケースはみられなくなっている※14。

（常岡史子）

（父を定めることを目的とする訴え）
第773条　第733条第1項の規定に違反して再婚をした女が出産した場合において、前条の規定によりその子の父を定めることができないときは、裁判所が、これを定める。

Ⅰ　本条の意義

民法733条1項は、女性の再婚について、前婚の解消または取消しの日から100日を経過した後でなければできないとする。戸籍実務ではこれに違反する再婚届は受理されず、本条の適用は稀であるが、届出が誤って受理された場合等に民法733条違反の婚姻が成立することがある。その場合、前婚の解消後300日以内でかつ後婚成立から200日経過後に女性が子を出産すると、前夫と後夫の両方に嫡出推定が生じる。婚姻取消しの効果は遡及しないため（民748条1項）、子の出生前に後婚が取り消された場合でも、後夫の子としての嫡出推定は残る。本条は、この嫡出推定重複の場合に、裁判所が訴えに基づいて子の父を確定すべきことを定めたものである。したがって、民法733条1項に反する再婚であっても、子が後婚の成立後200日以内に出生したときには嫡出推定は重複せず、本条の適用はない。

Ⅱ　父を定める訴え

父を定める訴えは人事訴訟であり、人事訴訟法2条2号で規定されている。その性質については見解が分かれているが、非訟事件である形式的形成訴訟と

※14　http://www.moj.go.jp/content/001277630.pdf。

解するのが通説である。出訴期間に制限はなく、嫡出否認権を喪失した後であっても（民776条・777条）、訴えを提起できる。家庭裁判所が管轄を有し（人訴4条）、調停前置主義の下で、当事者間に合意が成立すれば合意に相当する審判をすることができる（家事手続244条・257条・277条）。

原告となる者は、子、母、母の配偶者（後夫）、母の前配偶者（前夫）である（人訴43条1項）。子または母、あるいは子および母が原告となる場合、前夫と後夫を共同被告とする。この場合、被告のいずれかが死亡した後は、生存している他の一方を被告として訴訟追行し、両者とも死亡したときは検察官を被告とする（人訴43条2項）。後夫が原告のときは前夫を被告、前夫が原告のときは後夫を被告とし、被告となるべき者が死亡した後は検察官を被告とする（人訴43条2項）。なお、家庭裁判所での調停について検察官を相手方とすることはできないとされているため、検察官を被告とするべき場合は調停申立てによらず、訴訟を提起する。

Ⅲ　本条の適用範囲

1　重婚への類推適用

前婚の夫の失踪宣告や認定死亡後、後婚の夫と再婚したが、前婚の夫の生存が判明して失踪宣告または認定死亡が取り消された場合や、前婚の夫との協議離婚について無効や取消しの裁判が確定したことにより、重婚状態が生じた場合などにおいては、嫡出推定の重複が起こりうる。このように重婚中に女性が子を懐胎した場合について、通説は本条の類推適用を認める（昭26・1・23民事甲51号回答参照）。

2　内縁と本条の関係

戦前の判例には、法律婚破綻後に妻が他の男性との内縁関係において子を出産したという重婚的内縁の事案について、傍論で父を定める訴えの類推適用を認めたものがあった[※15]。しかし、これには学説の反対が強く、現在では母と前夫、後夫との関係の一方または双方が内縁である場合、本条を類推適用して父を定める訴えにより処理することはできないというのが有力説である。最高裁も、内縁中に懐胎した子は、母の内縁の夫の子であるという事実上の父性推定は受けるが、嫡出推定は受けないとの立場を採っており[※16]、内縁については民法772条の嫡出推定の重複は起こらず、本条の対象とならない。

なお、法律婚と内縁の併存では、前夫と別居した後、後夫と同棲中に懐胎したというケースが多い。この場合には、法律婚の前夫との父子関係について**推**

※15　大判昭11・7・28民集15巻1539頁。

※16　最一小判昭29・1・21民集8巻1号87頁、最三小判昭41・2・15民集20巻2号202頁参照。

定の及ばない子とする解釈を用いることにより、親子関係不存在確認の訴えや認知という方法での解決が可能である※17。

Ⅳ　戸籍との関係

嫡出推定の重複する子の出生届は、母が父未定である事由を記載して届け出なければならない（戸籍54条1項）。父未定の子に該当する場合に、前夫または後夫の嫡出子として提出された出生届は、受理するべきでない（大7・5・16民事1030号回答）。ただし、前夫の3年以上の生死不明を理由とする離婚判決による婚姻解消のように、民法733条の再婚禁止の免除がある場合はこの限りでない（昭2・10・11民事7271号回答、昭28・7・20民事甲1238号回答）。

なお、法律婚と内縁が併存している場合、嫡出推定の重複は起こらない。内縁関係にある男性との子が出生したときでも、現在の戸籍実務では法律婚の夫の子としての出生届のみ可能である。親子関係不存在確認の訴え等によって法律婚の夫との父子関係が否定されたような場合には（上述Ⅲ2）、戸籍訂正（戸籍116条）をすることになる。

（常岡史子）

（嫡出の否認）
第774条　第772条の場合において、夫は、子が嫡出であることを否認することができる。

Ⅰ　本条の意義

民法772条による嫡出推定を受ける子について、夫は、この推定を覆して嫡出父子関係を否定する権利（**嫡出否認権**）を有する。嫡出否認権を行使できる者の範囲については、さらに議論がある。

Ⅱ　否認権を行使できる者の範囲

民法は、本条で、**推定される嫡出子**が懐胎された時の母の夫にのみ否認権の行使を認める。ただし、①夫が成年被後見人である場合と②死亡した場合について、人事訴訟法に特則がある。

①では、成年後見人が否認の訴えを提起できる（人訴14条1条）。ただし、妻が夫の成年後見人である場合には、訴訟の相手方となるため、嫡出否認の訴え

※17　最一小判昭44・5・29民集23巻6号1064頁。

を提起することはできない。この場合には、成年後見監督人が訴えを提起できる（人訴14条2項）。成年被後見人も意思能力を有する限り、自ら嫡出否認の訴えを提起できる（人訴13条1項。必要に応じて弁護士を訴訟代理人に選任する等の措置がとられる。人訴13条2項〜4項参照）。

②では、夫が子の出生前に死亡したか、出生後出訴期間内（民777条）に否認の訴えを提起しないで死亡した場合、その子のために相続権を害される者その他夫の三親等内の血族は、夫死亡の日から1年以内に嫡出否認の訴えを提起することができる（人訴41条1項）。この場合の提訴権者に妻が含まれるかについて、人事訴訟法の下では肯定説が有力とされている。夫が自ら否認の訴えを提起した後に死亡したときは、上掲の者が、夫死亡の日から6か月以内において訴訟手続を受け継ぐことができる（人訴41条2項）。

本条は、①と②の例外を除いて夫にのみ嫡出否認権を認める。しかし、これに対しては、外国の立法例にも鑑みて母や子、真実の父等にも提訴権を認めるべきであるとの批判があり、子の利益と父子関係における真実の追求を考慮して、少なくとも子からの提訴を認めるべきとする見解が有力である。提訴権者の拡大については、2019（令和元）年に設置された法制審議会（親子法制）部会でも検討課題となっている[※18]。

なお、**推定されない嫡出子**、**推定の及ばない子**に本条の適用はなく、親子関係不存在確認の訴えによる。また、そのような子から真実の父に対して認知訴訟をすることも許される[※19]。

（常岡史子）

（嫡出否認の訴え）
第775条　前条の規定による否認権は、子又は親権を行う母に対する嫡出否認の訴えによって行う。親権を行う母がないときは、家庭裁判所は、特別代理人を選任しなければならない。

Ⅰ　本条の意義

本条は、①嫡出否認権の行使は訴えによらなければならないこと（**嫡出否認の訴え**）、②その相手方は、子または親権を行う母であることを定める。

※18 http://www.moj.go.jp/shingi1/shingi04900400.html。
※19 最一小判昭44・5・29民集23巻6号1064頁。

Ⅱ　被告適格

嫡出否認の訴えの相手方となる子は、意思能力を有する限り、未成年者であっても法定代理人の同意を得ることなく独立して応訴できる（人訴13条1項）。ただし、嫡出否認の訴えは夫が子の出生を知った時から1年以内に提起する必要があるため（民777条）、通常は子に意思能力が認められず、親権を行う母を相手方とする。親権を行う母がない場合は、家庭裁判所によって選任された特別代理人を相手方とする（家事手続別表第1〈59〉・159条）。

嫡出否認の対象となる子は、民法772条の推定を受ける子である。胎児に対する夫の嫡出否認の訴えを認めない（夫死亡の場合の近親者（人訴41条）も同様）。また、子が死亡すると、もはや嫡出否認の訴えは提起できない。

Ⅲ　嫡出否認の訴えの性質

嫡出否認判決は、対世的効力を持つ（人訴24条1項）。判決が確定するまで、第三者が先決問題として夫の子でないことを主張することはできず、また、真実の父が子を認知することもできないと解されている。嫡出否認の訴えの性質については、確認訴訟説（父子関係不存在という事実の確認）と形成訴訟説（訴訟物は嫡出否認権であり、嫡出否認判決の確定によって遡及的に嫡出子の身分を失わせる）が対立し、近年は後者が有力である。いずれにしても、法律が対世的効力を認めていることもあり、現実には両者の差はほとんどない。

Ⅳ　嫡出否認の効果

嫡出否認を認める判決が確定すると、子は婚外子（非嫡出子）となる。なお、嫡出否認の訴えは人事訴訟であり（人訴2条2号）、調停前置主義に服する（家事手続257条）。そして、調停で子の嫡出性の否定に関し当事者間に合意が成立すれば、家庭裁判所は、これを正当と認めるとき合意に相当する審判をすることができる。2週間内に異議の申立てがなければ、この審判は確定判決と同一の効力を持つ（家事手続277条・281条）。家庭裁判所の実務では、嫡出否認の訴えを提起するまでもなく、大半が調停と合意に相当する審判によって決せられている。そのため、現実には、嫡出否認権者（民774条の解説Ⅱ参照）についても、民法や人事訴訟法の厳格な要件にもかかわらず、より柔軟な対応が可能となっている。家庭裁判所の扱いでは、子の申立てによる嫡出否認調停について合意に相当する審判を行ったものもみられる。

なお、近年の親子関係鑑定技術の進歩に伴い、嫡出否認において鑑定をどの程度活用するべきかが問題となっている。現行法には鑑定を強制する根拠がなく、母子が鑑定に協力しないことを理由として、立証上その者に不利益な判断をすることは許されないとされる[※20]。親子関係における真実主義重視から、立法論として鑑定強制を支持する見解も有力であるが、当事者の身分関係に関する重要事項にかかわり、要件の明確化を含めて慎重な議論が必要であろう。

（常岡史子）

（嫡出の承認）
第776条　夫は、子の出生後において、その嫡出であることを承認したときは、その否認権を失う。

本条は、夫による嫡出の承認を嫡出否認権の消滅事由とする。承認される子は、民法772条の嫡出推定を受ける子である（通説）。夫死亡の場合に嫡出否認の訴えを提起できる三親等内の血族ら（民774条の解説Ⅱ参照）も本条の嫡出承認権を有するかについて、多数説は、条文上の明文を欠くことおよび身分秩序の安定という規定趣旨を理由に否定する。

具体的な承認の方法は、明示・黙示のいずれでもよい。ただし、夫がとくに自己の子と認めたことが明確になるものでなければならず、子の出生の他者への通知や命名のみでは承認があったとはいえないとされる。先例は、子の出生届の提出も本条の承認とはならないとする（明32・1・10民刑2289号回答）。ただし当時は、嫡出子について、原則として夫のみが出生の届出の義務を負うとされており、これは夫が嫡出否認の訴えを提起した場合も同様であった。一方、現行戸籍法では母も出生の届出義務を負うため、現在では、夫による出生届の提出を本条の承認と解することができるとする見解もある（戸籍52条・53条）。

夫による承認があると嫡出否認権は消滅する。認知における民法786条に相当する規定は嫡出否認にはなく、法定の近親者（民774条の解説Ⅱ参照）の否認権も消滅すると考えられており、嫡出父子関係はこれにより確定する。また、承認の撤回もできず、後に父子関係の不存在が判明しても、親子関係不存在の確認を求めることはできないと解される。

学説において、親子関係の真実を重視する立場からは、本条の削除も提案されているが、他方で、推定の及ばない子の範囲につき（民772条の解説Ⅱ3参照）、本条を目的的に解釈して意義を見出し、生活関係全体から夫による嫡出承認があったとみられない場合にのみ、親子関係不存在確認の訴えを許すと解するものもある。

（常岡史子）

[※20] 推定の及ばない子に関して、最二小判平10・8・31家月51巻4号33頁の原審である東京高判平7・1・30判時1551号73頁（家庭破綻説に立つ）参照。

（嫡出否認の訴えの出訴期間）
第777条　嫡出否認の訴えは、夫が子の出生を知った時から1年以内に提起しなければならない。

Ⅰ　本条の意義

夫の嫡出否認権は本条の定める期間の徒過によって消滅し、嫡出父子関係が確定する。本条の規定する1年の期間は、時効ではなく**除斥期間**である。したがって、時効のような完成猶予はなく、受訴裁判所は出訴期間内か否かを職権で調査する（調停前置主義の下での訴え提起時期につき、家事手続280条5項）。

本条の期間は、「夫が子の出生を知った時」を起算点とする※21。1年が経過すると夫はもはや嫡出否認をすることができないため、短期間すぎるとの批判があり、夫が「子の出生日からみて嫡出推定を受ける関係にあることを知った時」、または妻の不貞行為や血液型の背馳等「子が自分の子でないこと（あるいは自分の子ではないとする原因となる事実）を知った時」を起算点とするべきであるとする裁判例や学説もある。もっとも、本条による厳格な出訴期間の制限は、推定されない嫡出子や推定の及ばない子を認める判例や、合意に相当する審判の運用によって事実上緩和されている。

Ⅱ　嫡出否認と抗弁権の永久性

嫡出否認の訴えを提起するには、戸籍上、子が夫の嫡出子として出生届がされていることを要しない。戸籍実務では、出生届未済の間に前夫の嫡出否認の裁判が確定した場合、母の再婚による後夫からの嫡出子出生届を受理する（昭48・10・17民事甲7884号回答）等の扱いがされている。

判例には、離婚直後に出生した子を他人夫婦の嫡出子として届け出て、さらに別の他人の養子とした事案で、子が母の夫に対して28年後に提起した親子関係存在確認の訴えについて、抗弁として主張する場合には本条の期間の制限を受けないとする夫からの嫡出否認の主張を斥け、父子関係の存在を認めたものがある※22。ただし、学説には、父による嫡出否認の訴えは、子が父の戸籍に嫡出子として記載されているときに、それを否定するために必要となるものであると述べて同判決を批判し、子の側から訴訟提起した場合においては、抗弁

※21　最一小判昭55・3・27家月32巻8号66頁は、民法の定める嫡出否認の厳格な要件は、身分関係の法的安定性を保持する上から合理的な制度であって、憲13条・14条に違反しないとする。

※22　大判昭13・12・24民集17巻2533頁。

権の永久性により父は自分の子でないとの主張ができるとするものもある。

（常岡史子）

第778条 夫が成年被後見人であるときは、前条の期間は、後見開始の審判の取消しがあった後夫が子の出生を知った時から起算する。

本条は、夫が成年被後見人である場合の民法777条の特則である。すなわち、後見開始審判の取消しがあった後、子の出生を知った時から1年以内に、夫は嫡出否認の訴えを提起しなければならない。なお、後見開始審判の取消し前であっても、夫に意思能力があるときは、単独で嫡出否認の訴えを起こすことができる（人訴13条)。この場合も提訴期間については本条が適用されるため、後見開始審判が取り消されるまでは、夫は期間の制限なく嫡出否認権を行使できる。

本条は、夫の成年後見人や成年後見監督人による嫡出否認の訴えの提起を排除するものではない（人訴14条)。その場合の提訴期間は民法777条に従い、成年後見人らが子の出生を知った時から1年以内に訴えを提起しなければならない。なお、期間経過による成年後見人らの嫡出否認権の消滅は、夫の嫡出否認権行使に影響を与えない。したがって、後見開始審判取消し後、夫は本条の期間において嫡出否認の訴えを提起することができる。夫死亡の場合の近親者による嫡出否認の訴えの提訴期間に関しては、人事訴訟法41条、民法774条の解説Ⅱ参照。

（常岡史子）

（認知）
第779条 嫡出でない子は、その父又は母がこれを認知することができる。

Ⅰ 認知制度の意義

嫡出でない子の法律上の親子関係は、父または母の認知によって成立する（**任意認知**)。ここでは、生物学的な親子関係の存在を前提として、自らの子であると認める親の意思が婚姻外の親子関係発生の基礎となっている（意思主義)。一方、認知には、本条の任意認知のほかに民法787条の定める**裁判認知**（**強制認知**）がある。これは、任意認知がない場合でも、子の請求に基づいて、血縁上の親子関係の存在を基礎に裁判で法律上の親子関係を発生させる方法である（事実主義)。ただし、任意認知でも強制認知でも、意思主義、事実（血縁）主義がそれぞれ貫徹されているわけではなく、認知の効力や認知請求の認容などの場面において両者は相互に絡み合っている。

Ⅱ　任意認知の法的性質

任意認知は、認知者による**単独行為**と解されている（なお、認知における事実主義重視の傾向に鑑みて、単独行為という法律行為ではなく観念の通知と解する説もある）。ただし、子が成年者であるときは子自身の承諾が必要であり（民782条。死亡した子に直系卑属がいる場合につき民783条2項）、また、胎児については母の承諾を要する（民783条1項）。

任意認知に関する戸籍手続については、戸籍法60条、61条参照。

Ⅲ　母の認知

本条は、母の認知についても規定する。かつての判例は、本条の文言通り母子関係成立にも母の認知を要するとしていた※23。しかし、学説では、母子関係は認知を要せず、分娩により発生するとする見解が多数説であった（これはさらに、棄児等の例外においてのみ認知を要求する説と、そのような例外を挙げない説に分かれる）。さらに、判例でも、母による私生子出生届に認知の効力を認め※24、また、分娩の事実により当然に母は子に扶養義務を負う※25とするものが出ていた。

その後、昭和37年判決※26が、母と婚外子との親子関係は、原則として、母の認知をまたず分娩の事実により当然発生するとして、認知不要説に立つことを明らかにした。これに従えば、母子関係については本条によらずに、訴えの利益を有する者が親子関係存在確認訴訟を提起することができることになる※27。なお、上述昭和37年判決は、母の認知を要する例外があることを示唆するが、その具体的内容については言及していない。学説では、上述のように棄児等がこの場合に該当するとするものもあるが、婚外母子関係の成立について認知を要しない場合と要する場合があるとすることには批判も強く、棄児についても親子関係は分娩の事実によって発生し、母の認知はその後の事情によって不明となった母子関係の確認であると解する説も有力である。

※23　大判大10・12・9民録27輯2100頁。

※24　大判大12・3・9民集2巻143頁。

※25　大判昭3・1・30民集7巻12頁。

※26　最二小判昭37・4・27民集16巻7号1247頁。

※27　最二小判昭49・3・29家月26巻8号47頁（母死亡後に子が検察官を相手として訴えを提起した事例）。

なお、認知の遡及効を第三者に対して制限する民法784条ただし書や遺産分割後の認知に関する民法910条は、確認訴訟で母子関係の存在が認められた場合には、類推適用されないと解されている※28。

【コラム】　婚外子（非嫡出子）と差別の解消

明治民法では、婚姻関係にない男女間に生まれた子を私生子、そのうち父の認知を受けた子を庶子としていたが、現行法は、これらの用語を廃し、婚姻外の子を嫡出でない子と呼ぶ（一般には非嫡出子、婚外子ともいう）。ただし、婚外子については、父母の共同親権の否定（民818条・819条4項）や嫡出子の2分の1の法定相続分（（旧）民900条4号ただし書前段）等、法律上嫡出子と区別した扱いが残り、婚外子の差別解消が進む諸外国との比較から批判がされていた。そのような中、1996（平成8）年の「民法の一部を改正する法律案要綱」では、民法旧900条4号ただし書を改正して婚外子の相続分を嫡出子と同等とすることが提案されたが、長らく実現に至っていなかった。しかし、2013（平成25）年9月4日に民法旧900条4号ただし書前段の規定を違憲とする大法廷決定が下された※29。それを受けて民法旧900条4号ただし書前段は削除され（民法の一部を改正する法律（平成25年法律94号）、2013（平成25）年12月5日成立、同月11日施行）、現在では婚外子の相続分は嫡出子と同等となっている。

第4編第3章

（常岡史子）

（認知能力）
第780条　認知をするには、父又は母が未成年者又は成年被後見人であるときであっても、その法定代理人の同意を要しない。

本条は、認知能力に関する特則である。認知には意思能力があれば足り、未成年者または成年被後見人であっても、法定代理人の同意なくして認知することができる。意思能力を欠く者のした認知は無効となる。また、代理人による任意認知はできないと解されている。したがって、認知者が意思能力を欠く者である場合、婚外子との親子関係は、子の側からの認知の訴え（民787条）によ

※28 最二小判昭54・3・23民集33巻2号294頁。
※29 最大決平25・9・4民集67巻6号1320頁。

るしかない。

（常岡史子）

（認知の方式）
第781条　認知は、戸籍法の定めるところにより届け出ることによってする。
２　認知は、遺言によっても、することができる。

Ⅰ　本条の意義

本条は、任意認知が要式行為であることを規定する。その方式については、①認知者による戸籍への届出（本条１項。**生前認知**）もしくは②遺言（本条２項。**遺言認知**）による。

Ⅱ　認知の方式

生前認知の届出は、**創設的届出**と解されている。したがって、届出がなければ、父が認知の意思を表明し婚外子を自分の子として養育する事実があったとしても、法律上の親子関係は発生しない[※30]。一方、**遺言認知**では、遺言者の死亡によって遺言の効力が発生すると同時に、認知の効力も生じる（民985条１項参照）。したがって、遺言執行者による認知の届出（戸籍64条）は、**報告的届出**である。

認知者には、当然のこととして認知意思がなければならない。認知意思を欠く生前認知の届出がされたときは、認知者と被認知者の間に生物学上の親子関係がある場合でも無効となる[※31]。

戸籍上、子が他人の子として記載されている場合は、戸籍を訂正しなければ認知届は受理されない。したがって、他の男性の嫡出推定を受ける子については、嫡出否認の判決が確定し戸籍が訂正されれば、認知届が受理される（ただし、推定の及ばない子はこの限りでない。民772条の解説Ⅱ３参照）。また、虚偽の嫡出子出生届により他人の嫡出子となっている子の認知は親子関係不存在確認判決の確定、他の男性がすでに認知している子の認知は、当該認知の無効または取消判決の確定による戸籍の訂正を要する。

※30　最三小判昭44・10・21民集23巻10号1834頁。
※31　最二小判昭52・2・14家月29巻９号78頁。

Ⅲ 他の届出と認知の認定

戸籍法は、民法789条2項の**認知準正**によって嫡出子の身分を取得する子について、父が嫡出子の出生届出をすることで認知の届出の効力を認める（戸籍62条）。さらに判例は、父が子について嫡出でない子としての出生届をした場合に、戸籍法52条3項の「同居者」の届出と解し、その届出に認知の効力を認める※32。また、夫が、妻以外の女性との間に生まれた子を妻と自分の嫡出子として出生届出をした場合、この虚偽の嫡出子出生届は認知届の効力を有すると解されている※33。ただし、生物学上の父でない者のした虚偽の嫡出子出生届には、認知の効力は認められない※34。

（常岡史子）

（成年の子の認知）
第782条 成年の子は、その承諾がなければ、これを認知することができない。

Ⅰ 本条の意義

本条の趣旨は、子が未成年者の間は認知をせず扶養を懈怠していた父が、子の成人後に一方的に認知をして、自らに対する扶養の権利等を子に対して主張することを防ぐことにある。承諾を要するのは、子が成年に達している場合である。したがって、未成年子を認知する場合は、承諾を要しないが、婚姻により成年擬制を受ける未成年子（民753条）には本条の適用がある（ただし、成年擬制を規定する民753条は、成年年齢の引下げ（平成30年法律59号。2022（令和4）年4月1日施行）に伴い削除される）。

なお、母子関係は原則として分娩の事実により当然に発生する。したがって、母は、成年の子であっても、その承諾を要せず、親子関係存在確認の訴えをもって法律上の親子関係を確定できる※35。

Ⅱ 承諾の手続

本条に該当する場合、認知届に承諾を証する書面を添付するか、または承諾

※32 最二小判昭53・2・24民集32巻1号110頁。
※33 前掲※32・最二小判昭53・2・24民集32巻1号110頁。
※34 最三小判昭50・9・30家月28巻4号81頁。
※35 最二小判昭37・4・27民集16巻7号1247頁参照。

者が承諾の旨を付記して署名押印することを要し（戸籍38条1項)、これを欠けば届出は受理されない。ただし、民法自体には、承諾の方式について定めがないため、戸籍法の方式を欠くにもかかわらず誤って受理された場合でも、承諾の事実が証明されれば、認知は有効と解される。一方、そもそも成年の子の承諾がないにもかかわらず、誤って届出が受理された場合については見解が分かれている。多数説は、承諾権者の保護を理由として、承諾権者に認知の取消しを認めるが、事実主義の立場から取消しを認めず、親子の血縁関係がある以上この場合も認知は有効とする見解も有力である（民785条の解説参照)。

子が成年被後見人である場合、意思能力を有していれば成年後見人の同意なくして承諾することができる。子が意思能力を欠くときは、成年後見人が代わりに承諾することができると解されている。したがって、意思能力を欠く子に後見が開始しておらず成年後見人が付されていないときは、承諾する者がなく、父は認知できないことになる。

（常岡史子）

（胎児又は死亡した子の認知）

第783条　父は、胎内に在る子でも、認知することができる。この場合においては、母の承諾を得なければならない。

2　父又は母は、死亡した子でも、その直系卑属があるときに限り、認知することができる。この場合において、その直系卑属が成年者であるときは、その承諾を得なければならない。

Ⅰ　胎児の認知

本条1項は、子の出生前に父が胎児を任意認知することを認める。しかし、恣意的な認知によって母の名誉が傷つけられ不利益を被ることを防ぐために、母の承諾を必要とする。父が婚外子を胎児である間に認知することにより、父の相続における胎児の権利能力（民886条・965条参照）等の効果が認められる。

戸籍実務では、胎児認知届の受理後、出生をまって戸籍に記載する。死産の場合には死産届出をする（戸籍61条・65条)。

なお、本条は母を認知者に加えない。母と懐胎中の胎児との母子関係が明らかであることがその理由とされる。今後生殖補助医療技術の発達により、代理懐胎のケースにおける卵子提供者との関係が問題となろう。

Ⅱ　死亡した子の認知

本条2項は、死亡した子に対する父の任意認知を、子に直系卑属がある場合に限って認める（戸籍60条2号参照）。子が死亡した場合、直系卑属がいるときは、父は認知しても子の相続人となることはないため、父が子の相続財産目当てで認知することを回避できる。同時に、父による子の認知が直系卑属の利益となりうることを考慮して、本条が置かれた。

本条2項後段は、民法782条と同様の趣旨である。直系卑属が複数いる場合、未成年の直系卑属との関係では、承諾を要せずに認知の効力が生じるとされる。成年の直系卑属については、承諾した者との間では認知が有効であるが、承諾のない者に関しては、承諾を欠く認知届がされた場合の問題として処理されることになる。

本条1項・2項の承諾のない認知届が受理された場合の効力について、民法782条の解説参照。

（常岡史子）

（認知の効力）
第784条　認知は、出生の時にさかのぼってその効力を生ずる。ただし、第三者が既に取得した権利を害することはできない。

Ⅰ　本条の意義

父と婚外子との法律上の親子関係は、認知によって成立する。しかし、生物学上の親子関係はすでに存在しているのであるから、認知による法的効果も子の出生時から認めるのが妥当であるとの考えにより、本条は、認知の遡及効を定めている（胎児認知については遡及効は問題とならない。民783条の解説参照）。なお、本条は、任意認知のみならず、裁判認知にも適用がある。

認知された子は出生時から父の子として法定相続人となり、また、父は、出生時から子に対する扶養義務を負う※36。

Ⅱ　認知の効力

認知の遡及効によって、第三者がすでに取得した権利を害することはできな

※36　父の分も子の扶養を負担してきた母は、父に対して過去の養育費を求償することができる。養育費について父母の協議が調わないときは、家庭裁判所の調停・審判による。民879条、家事手続182条・別表第2〈10〉。最二小判昭42・2・17民集21巻1号133頁参照。ただし、未認知であっても子に対する父の扶養義務を認めた裁判例もある（認知請求訴訟が係属中だが判決確定前の事例として、福岡家審昭40・8・6家月18巻1号82頁、東京家審昭50・7・15家月28巻8号62頁）。

い（本条ただし書）。現行法上、これが問題となるのは相続の場面である。ただし、子が認知されたことによって、他の共同相続人の相続分が減少しあるいは後順位相続人が相続権を失うことは、期待権の喪失にすぎず、本条ただし書の対象とならない。また、共同相続人がすでに遺産分割や相続財産の処分をしていた場合は、民法910条の価額支払請求権によって対処され、本条ただし書の適用はない。また、後順位相続人がすでに相続していた場合について、有力説は、認知された子の保護に鑑み、当該子は相続回復請求権（民884条）によって相続財産を回復することができるとする。したがって、本条ただし書の適用があるのは、認知前に、後順位相続人が相続財産を第三者に処分した場合などに限られることになる。

認知された子の親権・監護権については民法819条４項、788条、氏については民法791条参照。

（常岡史子）

（認知の取消しの禁止）
第785条　認知をした父又は母は、その認知を取り消すことができない。

Ⅰ　本条の意義

本条の規定する「取消し」については、①「撤回」を指すとする見解と、②「撤回」のみならず文字通り「取消し」（詐欺・強迫による法律行為の取消し）を含めて、それらを禁止するものであるとする見解が対立してきた。

①は、任意認知が法律行為であることから、認知者の意思を重視して、詐欺・強迫等がある場合には認知者による取消しを認めるとの考え方に立つ。この立場はさらに、意思主義的理解に基づき、認知者と子の間に真実の親子関係が存しない場合にも認知者は自らがした認知を撤回できず、民法786条による「反対事実の主張」（認知無効の主張）もできないとする見解（①－１）と、真実の親子関係が存在しないときは、認知者は民法786条の利害関係人として認知無効の主張をすることができるとする見解（①－２）に分かれる。

一方、②は、詐欺・強迫を理由に、いったんされた任意認知を取り消したとしても、血縁上の親子関係があるならば、子の側からの裁判認知によっていずれにせよ法律上の親子関係が発生するため、取消しを認める実益に乏しいことや、婚外子（非嫡出子）の保護を理由として、詐欺・強迫等を理由とする取消しもできないとする。この立場には、さらに、人事訴訟法２条２号（(旧) 人事訴訟手続法27条）が認知取消しの訴えを定めていることに鑑み、認知に必要とされる承諾権者の承諾（民782条・783条）を欠く届出が受理された場合には、承諾権者による認知取消しを認めてよい（人訴２条２号はこの場合を対象とする規定である）とする見解（②－１）と、真実の親子関係が存在する場合は②－１のようなケースを含めて認知の取消しをいっさい認めず、詐欺・強迫等による認知が真実に反するときは、認知無効として民法786条の問題となるとする見解（②－２）がある。

Ⅱ　本条の効果

かつての通説と判例※37は①－１説によっていた。しかし、事実主義重視の傾向の下で、現在は②－１が有力となっている。この説を採るときは、人事訴訟法２条２号の認知取消しの訴えは民法782条、783条の承諾権者による取消しに関する規定となる。ただし、この取消権の内容について民法に規定はない。そこで、学説には、この取消権の行使期間につき養子縁組の取消しに関する民法808条１項を類推適用するものがある。認知取消しの訴えの被告適格については、人事訴訟法12条参照。

（常岡史子）

（認知に対する反対の事実の主張）
第786条　子その他の利害関係人は、認知に対して反対の事実を主張することができる。

Ⅰ　本条の意義

本条は、生物学上の子でない者に対し、真実に反して任意認知がなされたときに、認知された子その他の利害関係人が、反対の事実を主張することができることを定める。血縁上の真実に反する任意認知の効力に関して、かつては意思主義的理解の下で、反対の事実を主張する者が取り消すことができる（取消しがされるまで認知は有効）とする説が有力であった。しかし、現在では、事実主義の観点から、真実に反することを知ってされたものか否かを問わず、そのような認知は無効と解されている。それによれば、本条にいう「反対の事実の主張」とは、認知無効の主張ということになる。

この認知無効の性質に関しては、形成無効説と当然無効説に分かれている。形成無効説では、認知無効の訴えを提起して、これを認める確定判決（または合意に相当する審判）があって初めて認知は無効となる（訴訟法学者の支持が多い。ただし、この説でも、認知無効の判決・審判が確定すると、認知は初めから無効であったとされる）。一方、当然無効説では、認知無効の訴え（認知無

※37　大判大11・3・27民集1巻137頁。

効の調停申立て。家事手続244条・257条・277条）によって無効の確認を求めることができるとともに、他の訴訟の先決問題として認知の無効を主張することもできる（民法学者の支持が多い）。古い判例には、形成無効説を採ったものがあるが[※38]、現行法下の下級審裁判例は、当然無効説に与する。

なお、本条に基づく認知無効の主張は任意認知に関するものであり、裁判認知の無効・取消しは、判決の変更や上訴等、裁判手続の方法による[※39]。

Ⅱ　利害関係人の範囲

本条の規定する「子その他の利害関係人」に認知者自身が含まれるかについては、見解が分かれてきた（民785条の解説参照）。古い判例は、否定的に解するが[※40]、現在の通説は、真実に反する認知はだれによっても無効を主張できるとして、認知者自身を含めることを肯定する。近時の判例もこれに与し、血縁上の父子関係がないことを知りながら認知した父による認知無効の訴えを認めている[※41]。その他の利害関係人としては、認知者の妻[※42]や子[※43]等がある。

なお、被告適格について、人事訴訟手続法では認知無効の訴えの相手方に関する定めがなく、認知者死亡後の訴え提起について判例[※44]は旧人事訴訟手続法2条3項を類推適用するとしていた。しかし、改正で人事訴訟法12条が設けられ、この点については立法的に解決された。

（常岡史子）

（認知の訴え）
第787条　子、その直系卑属又はこれらの者の法定代理人は、認知の訴えを提起することができる。ただし、父又は母の死亡の日から3年を経過したときは、この限りでない。

Ⅰ　本条の意義

子の側から訴えによって認知を求める**強制認知**は、認知における事実主義に

※38　大判大11・3・27民集1巻137頁。
※39　最二小判昭28・6・26民集7巻6号787頁。
※40　前掲※38・大判大11・3・27民集1巻137頁。
※41　最三小判平26・1・14民集68巻1号1頁。
※42　前掲※39・最二小判昭28・6・26民集7巻7号787頁。
※43　大判昭9・7・11民集13巻1361頁。
※44　最一小判平1・4・6民集43巻4号193頁参照。

よるものといえる。民法779条が父母双方に任意認知を認めていることに対応して、本条は、父のみでなく母に対する認知の訴えもあることをふまえている（本条ただし書）。ただし、母子関係は、原則として分娩の事実から当然に発生すると解されるため（民779条の解説Ⅲ参照）、母に対する認知の訴えは例外的場合に限られよう。そこで、以下では、主として父に対する認知の訴えについて解説する。

Ⅱ　認知の訴えの法的性質

明治民法制定当時、子の側からの認知請求については、「父又ハ母ニ対シテ認知ヲ求ムルコトヲ得」とのみ規定されており、また、死後認知も認められていなかった。認知の訴えの法的性質も、当初、裁判所は、父による認知を求める給付の訴えと解していた※45。しかし、その後、禁治産者（現在の成年被後見人に相当）である親に対する認知の訴えを認め※46、さらに、1942（昭和17）年の民法改正で、本文の文言が「認知ノ訴ヲ提起スルコトヲ得」に変更されるとともに、ただし書が付け加えられて**死後認知**が認められ、給付訴訟説によることはできないこととなった。そして、昭和29年判決※47が、認知の訴えを**形成の訴え**とするに至った。そこでは、①1942（昭和17）年の改正、②認知判決が対世的効力を有すること（(旧）人事訴訟手続法32条・18条、人訴24条1項参照)、③認知は、嫡出でない子とその父母との間の法律上の親子関係を創設する効力を有することが理由となっている。

通説も、本条による認知訴訟を形成訴訟と解する。これに対して、事実主義によって、認知の訴えは血縁に基づく親子関係を確定する確認の訴えであるとする確認訴訟説も主張されているが、これには、血縁上の親子関係の存在が確認されることにより法律上の親子関係という法律効果が発生することに関する明文規定がないなどの批判がある。形成訴訟説によれば、認知判決の確定によって初めて親子関係を主張することができる※48。一方、確認訴訟説では、他の訴訟における先決問題として親子関係の存在を主張することも可能となる。

なお、認知請求権を放棄できるかにつき、判例・通説は婚外子の保護を理由に否定する※49。したがって、母が父から扶養料等として金銭を受け取り、認知の訴えをしないことを約しても、これは無効であり、後に子が自ら認知の訴

※45　大判大10・6・11民録27輯1144頁。

※46　大判昭10・10・31民集14巻1805頁。

※47　最二小判昭29・4・30民集8巻4号861頁参照。

※48　前掲※47・最二小判昭29・4・30民集8巻4号861頁、最一小判昭54・6・21家月31巻11号84頁。

※49　大判昭6・11・13民集10巻1022頁、最三小判昭37・4・10民集16巻4号693頁。

えを提起することを妨げられない。ただし、学説では、放棄後になされた認知請求を権利濫用とする、あるいは、子の成長のために十分な金銭的対価を得る場合には放棄できるとする見解も有力である。

Ⅲ　訴えの手続

1　原告適格

原告適格を有するのは、子、子の直系卑属、これらの者の法定代理人である。子は、意思能力を有していれば、法定代理人の同意を要せずに、認知の訴えを提起できる（人訴13条1項。職権による弁護士の選任について、人訴13条2項・3項）。子が胎児である場合には原告となることはできず、母も胎児を代理して認知の訴えを提起することはできない[※50]。

民法772条により他の男性の嫡出子として推定を受ける子は、嫡出否認の訴え（民774条以下）によって嫡出父子関係が否定されて初めて、真実の父に対して認知の訴えを提起できる。民法772条の推定の及ばない子や同条により推定されない嫡出子は、嫡出否認や戸籍上の父に対する親子関係不存在確認の訴えを経ることなしに、真実の父に対して認知の訴えを提起することができる[※51]。

子の直系卑属は、民法783条2項に鑑み、子の死亡後においてのみ認知の訴えを提起できると解される。子が認知訴訟係属中に死亡したときについて、人事訴訟法27条1項、42条3項参照。

法定代理人による認知の訴えについては、子あるいは子の直系卑属の代理人として訴えを提起する法定代理説と、法定代理人に法が認めた固有の地位に基づいて、法定代理人自身が原告として訴えを提起する訴訟代位説に分かれる。判例・通説は法定代理説を採る[※52]が、両説は説明の仕方の違いであって、結論に大きな差はないといわれている。また、子や直系卑属が意思無能力である場合に限らず、意思能力を有するときにも、法定代理人は子を代理して認知の訴えを提起することができるかについて、判例はこれを肯定し[※53]、学説も概ねこれを支持する。ただし、認知の訴えの提起が明らかに子の意思や利益に反する場合には、代理権の濫用等によって対処するべきであるとする見解もある。

2　被告適格

認知の訴えの被告は、父（または母に対する認知では母）である（民787条、人訴42条1項前段）。制限行為能力者であっても、意思能力があれば被告とな

※50　大判明32・1・12民録5輯1号7頁。

※51　大判昭7・12・14民集11巻2323頁、最一小判昭44・5・29民集23巻6号1064頁。

※52　最三小判昭43・8・27民集22巻8号1733頁。

※53　前掲※52・最三小判昭43・8・27民集22巻8号1733頁。

ることができる（人訴13条1項。弁護士の選任について、人訴13条2項・3項・4項）。とくに、被告とするべき者が成年被後見人であるときは、成年被後見人のために訴えられることができる（人訴14条1項。子が成年後見人である場合は人訴14条2項参照）。この場合における成年後見人の地位については、法定代理説と訴訟担当説が対立しており、見解は定まっていない。父が死亡した場合は、検察官を被告とする※54。認知の訴えは人事訴訟であり、手続上、調停前置主義に服する（家事手続257条・277条）が、検察官を被告とするときは、調停前置主義は適用されない。

3 出訴期間

父の生存中は、認知の訴えについて期間制限はなく、いつまでも訴えを提起できる※55。父の死亡後は、死亡の日から3年に限って訴えを提起できる（本条ただし書）。

本条の出訴期間の制限については、父の生存中には出訴期間を制限しないこと、嫡出親子関係の存否確認訴訟ならば父死亡後期間制限なく訴え提起できることとのバランスを欠くとの批判があり※56、学説では立法論として本条ただし書の削除も提案されている。判例は、身分関係に伴う法的安定性の保持と、すべての権利者につき一律平等に権利の存続期間を制限していることを理由に、本条の期間制限は、憲法13条、14条に反しないとする※57。

解釈論としては、内縁中の懐胎子に民法772条が類推適用され、内縁の夫の子との父性推定が働くことから※58、この場合の父に対する認知の訴えについては本条ただし書の適用を排除するべきであるとする有力説がある。しかし判例は、これについても、身分関係の早期安定を理由として、内縁中の懐胎子についての例外を認めない※59。

出訴期間の起算点について、判例には、内縁の夫の行方不明後に子が出生し

※54 人訴42条1項後段。訴訟係属中に死亡したときにつき人訴42条2項参照。なお、死後認知によって対世的効力を受ける第三者の訴訟法上の地位について、最二小判平1・11・10民集43巻10号1085頁参照。

※55 前掲※49・最三小判昭37・4・10民集16巻4号693頁。最二小判昭32・6・21民集11巻6号1125頁は、子の出生後長年月経過している事案について、訴え提起を権利濫用としない。

※56 判例は、婚外父子関係は認知によって発生するものであることを理由に、本条の期間経過後に提起された親子関係存在確認の訴えを認めない。最一小判平2・7・19家月43巻4号33頁参照。

※57 最大判昭30・7・20民集9巻9号1122頁。

※58 最一小判昭29・1・21民集8巻1号87頁。

※59 最一小判昭44・11・27民集23巻11号2290頁。特別立法による出訴期間制限の排除については「認知の訴の特例に関する法律」参照。

たという特殊な事案について、死亡の日から３年以内に認知の訴えを提起しなかったのはやむをえないとし、「死亡が客観的に明らかになつたとき」から起算するとするものがある※60。ただし、その後の判例では、父死亡の事実の知・不知にかかわらず、出訴期間を父死亡の日から３年以内としたものが出ている※61。

４　親子関係の証明

認知の訴えでは、父子間の血縁上の親子関係の存在が証明されなければならず、その立証責任は原告側にある。内縁中の懐胎子については民法772条が類推適用されるので、立証責任が転換され、父であるとの推定を受ける被告が、父性推定を覆すに足りる反証を挙げなければならない※62。

民法は、そもそも婚外親子関係について、血縁上の親子関係の存在に関し証明するべき事実に関する規定を置いておらず、親子関係の認定は、裁判官の自由心証に委ねられている。そこで、従来は、父子関係の存在を直接に一定の事実から証明することが困難であったため、内縁中の懐胎でない子については、母が子の懐胎時期に被告との間に性的関係を有したという事実を始めとする間接事実を証明することにより、経験則に基づいて、父子関係の存在が認定されてきた。

しかしながら、被告から、子の母は懐胎当時被告以外の男性とも性的交渉を持ったという抗弁（**不貞の抗弁**）が出されると、原告側が、母について被告以外と性的関係はなかったという事実を証明しなければならないというのがかつての判例であり※63、結局、そのような事実の「不存在」の証明は困難であることから、認知の訴えが認められないという結果につながっていた。

そこで、最高裁は、子の母が他の男性と性的交渉を持っていたとはいえない※64、あるいは他の男性と性的交渉があったとしても、それは子の出生に結びつくものではなかった※65としつつ、子の母と被告の性的関係とともに、血液型・人類学的検査の一致、被告による子の命名や生活費の送金など父としての言動等の間接事実を総合的に考慮して、父子関係の推認を妨げる特段の事情が存在しない限り、血縁上の親子関係の事実が証明されたとすることは経験則に反しないとするに至っている。さらに、鑑定技術が飛躍的に発展した昨今では、親子鑑定が、総合的判断のための間接事実の１つでありつつ、積極的補強

※60　最二小判昭57・３・19民集36巻３号432頁。
※61　最三小判昭57・11・16家月35巻11号56頁。
※62　前掲※58・最一小判昭29・１・21民集８巻１号87頁。
※63　大判明45・４・５民録18輯343頁。
※64　前掲※55・最二小判昭32・６・21民集11巻６号1125頁。
※65　最一小判昭31・９・13民集10巻９号1135頁。

事実として用いられるようにもなっている。しかし、DNA鑑定を始めとする高度な鑑定技術は、当事者の身体の不可侵やプライバシーの保護と密接に関わり、これをどのように取り入れるのかは今後の課題である。

（常岡史子）

（認知後の子の監護に関する事項の定め等）
第788条　第766条の規定は、父が認知する場合について準用する。

婚外子が未成年者である場合、父が認知しても、親権は原則として母が単独で行う。父は、父母の協議または家庭裁判所の審判によって父を親権者と定めたときに限り、認知した子に対する親権を行うことができる（民819条4項・5項）。しかし、この場合も父のみが母に代わって親権者となるのであり、いずれにしても婚外子については父または母の単独親権である。

そこで、本条は、親権者である父母の一方のみによる子の監護・養育が適切でない場合のため、離婚に関する民法766条を準用して、親権者とは別に監護者の指定その他子の監護について必要な事項を定めることができると規定する（民766条の解説参照）。

（常岡史子）

（準正）
第789条　父が認知した子は、その父母の婚姻によって嫡出子の身分を取得する。
2　婚姻中父母が認知した子は、その認知の時から、嫡出子の身分を取得する。
3　前2項の規定は、子が既に死亡していた場合について準用する。

I　本条の意義

父の認知と父母の婚姻が備わることによって、婚外子（非嫡出子）は嫡出子の身分を取得する（**準正**）。準正は法律行為ではなく、本条の要件を満たすことによって当然に効果が生じる。これは、嫡出子と婚外子の間に法律上区別があることを前提として、父母の法律婚により子の嫡出化をもたらすものであり、婚外子保護と法律婚の尊重の調和を意図する。かつては諸外国でも多く準正制度が採用されていたが、子について嫡出・非嫡出の区別を廃したスウェーデンやドイツ等では、現在この制度は存在しない。

Ⅱ　婚姻準正と認知準正

父による認知と父母の婚姻という準正の要件の具備の先後で、**婚姻準正**（本条1項）と**認知準正**（本条2項）に分かれる。

1　婚姻準正

父がすでに認知した子は、その父母の婚姻によって嫡出子の身分を取得する（**婚姻準正**）。本条1項は、「父が認知した子」とするが、これは明治民法の庶子準正制度がそのまま現行法の婚姻準正に移されたことに由来する。現行法でも、法律上の母子関係が確定していることは当然の前提となるが、通常は分娩の事実で母子関係は成立する。

婚姻準正の効果は父母の婚姻の時から生じる（多数説）。認知の効果が出生時まで遡及する（民784条）ことを理由に、準正の効果も出生時に遡及するとする説もあるが、父母の婚姻以前に準正の効果を認めることになり、現在ではこの説の支持は少ない。

2　認知準正

婚外子を父が認知していなければ、法律上の父子関係は発生していないため、父母の婚姻のみでは準正されない。この場合、婚姻後、父が認知することによって、子は嫡出子の身分を取得する（**認知準正**。本条2項は母の認知も挙げるが、通常は分娩の事実で母子関係は成立している）。

認知の方式は、任意認知と強制認知のいずれでもよい。本条2項は、父母が婚姻中に認知することとしているが、父死亡後に裁判認知がなされる場合等に鑑み、父母の婚姻解消後に認知された場合にも準正が生じると解される。

認知準正の効果発生時期について、本条2項の文言に従い「認知の時から」とすると、死後認知による準正の場合、父の相続について嫡出子としての相続分を認められないという不都合が生じる。そこで、認知に遡及効があること（民784条）にも鑑みて、多数説は、「婚姻の時から」準正の効果が生じると解する。なお、婚姻準正の場合と同様に、準正の効果は出生時に遡るとする少数説もある。

3　死亡した子の認知

婚姻準正、認知準正ともに、子がすでに死亡した後にも認められる（本条3項）。婚姻準正では、死亡した婚外子に直系卑属がいれば、父母の婚姻により当然にその嫡出子の直系卑属としての身分を取得する。この場合、当該直系卑属が成年者であっても準正についてその承諾を得る必要はない。

一方、認知準正では、父母の婚姻後、認知による法律上の親子関係成立によって準正が起こるから、認知に際して、死亡した婚外子に直系卑属があることを必要とする（民783条2項）。直系卑属が成年者であるときは、その承諾を得なければならない。死亡した子の準正によって、その直系卑属は嫡出子の直系卑属となる。

Ⅲ　準正の効果と戸籍

準正によって、婚外子は嫡出子の身分を取得する。なお、婚姻前懐胎で婚姻成立後200日以内に出生した子は、推定されない嫡出子として、現在の戸籍実務において生来の嫡出子として扱われている。したがって、準正の対象となるのは、父母の婚姻前に生まれた子である（昭23・1・29民事甲136号通達）。

なお、戸籍法62条は、戸籍の手続上、父母の婚姻の届出前に生まれた子についても、婚姻成立後に出生届をするにあたって嫡出子出生届をすることを認める。この嫡出子出生届は、同条により認知の届出の効力を有するから、届出と同時に、**認知準正**によって当該子は嫡出子の身分を取得する。戸籍法62条による嫡出子出生届がされる場合以外についての戸籍手続は、戸籍法18条2項、16条、98条参照。

（常岡史子）

（子の氏）
第790条　嫡出である子は、父母の氏を称する。ただし、子の出生前に父母が離婚したときは、離婚の際における父母の氏を称する。
2　嫡出でない子は、母の氏を称する。

Ⅰ　本条の意義

本条は、出生による子の氏の取得について嫡出子と婚外子を分けて規定する。

Ⅱ　嫡出子の氏

嫡出子は、出生時における父母の氏を称する（本条1項本文）。これには、民法772条で**推定される嫡出子**とともに、婚姻成立後200日以内に出生した**推定されない嫡出子**も含まれる。したがって、父母の婚姻中に出生した子はその父母の氏を称するとともに、父母の戸籍に入る（戸籍6条・18条1項）。ただし、推定されない嫡出子は、母が非嫡出子として出生届をすれば受理され（昭26・6・27民事甲1332号回答）、この場合には母の氏を称する。

父母の離婚後に出生した子も、民法772条の嫡出推定を受ける場合には、父母の嫡出子として離婚の際における父母の氏を称し（本条1項ただし書）、子は離婚の際の父母の戸籍に入る（昭23·8·9民事甲2076号回答）。たとえば、夫が戸籍筆頭者であったときは、子は、離婚によって妻が除籍された夫の戸籍に入るのであって、仮に妻が婚氏続称の届出をしていたとしても（戸籍77条の2）、婚姻時とは別の新戸籍が編製されているのであるから（戸籍19条3項）、子が妻の戸籍に入るためには民法791条1項の許可審判を要する（昭51·5·31民二3233号通達）。なお、父の死亡後に出生した子、婚姻取消し後に出生した子について、民法は規定を置かないが、本条1項ただし書の離婚に準じた扱いがされている（昭23·5·22民事甲1087号回答、昭38·10·29民事甲3058号通達）。

準正嫡出子については、当然に父母の氏を称するものではなく、戸籍法98条の入籍の届出による（昭62·10·1民二5000号通達）。

Ⅲ　婚外子の氏

婚外子は、出生時の母の氏を称し（本条2項）、母の戸籍に入る（戸籍18条2項・17条）。婚外子が父から認知された場合も、氏は当然には変更されない。民法791条により子が父の氏に変更すれば、子は父の戸籍に入る（戸籍98条）。

棄児など父母ともに不明な子の氏については、戸籍法22条、57条、59条参照。

（常岡史子）

（子の氏の変更）

第791条　子が父又は母と氏を異にする場合には、子は、家庭裁判所の許可を得て、戸籍法の定めるところにより届け出ることによって、その父又は母の氏を称することができる。

2　父又は母が氏を改めたことにより子が父母と氏を異にする場合には、子は、父母の婚姻中に限り、前項の許可を得ないで、戸籍法の定めるところにより届け出ることによって、その父母の氏を称することができる。

3　子が15歳未満であるときは、その法定代理人が、これに代わって、前2項の行為をすることができる。

4　前3項の規定により氏を改めた未成年の子は、成年に達した時から1年以内に戸籍法の定めるところにより届け出ることによって、従前の氏に復することができる。

Ⅰ　本条の意義

子の氏が父または母の氏と異なる場合、家庭裁判所の許可審判を得て、その親の氏に変更することができる（本条1項）。ただし、父または母が氏を改めたことで子との氏が異なるに至った場合は、父母の婚姻中に限り、家庭裁判所の許可を得ずに届出のみで父母の氏を称することができる（本条２項）。

本条の趣旨は、民法が**親子同氏**を原則とし（民790条・810条）、また、戸籍の編製も**同一戸籍同一氏の原則**を採っている（戸籍６条・18条）ことから、子が親と生来的あるいは後発的に氏を異にする場合に、子の氏を異なる親の氏と同一にし、同一戸籍に入籍することを可能にすることにある。ただし、子の氏の恣意的な変更や利害関係人らの感情的対立から子の利益を守ることを目的として、子の氏の変更は原則として家庭裁判所の許可を要件とする[※66]。なお、1987（昭和62）年の民法の一部改正で本条２項が追加され、子の福祉を害するおそれのない同項の場合には、家庭裁判所の許可は不要となった。

Ⅱ　氏の変更の手続

子が15歳未満の場合は、法定代理人が子を代理して改氏の手続をすることができる（本条３項）。父母の離婚後や婚外子について親権者と別に監護者がいる場合、監護者が同項の法定代理人として単独で申立てをできるかについては、肯定する審判例もあるが、一般に家庭裁判所の実務は消極的とされている。

子が15歳以上のときは、未成年者であっても単独で改氏の手続ができる。ただし、未成年の子が氏を変更したときは、本人による場合と法定代理人による場合とを問わず、成年に達した時から１年以内に届出をすることで、従前の氏に復することができる（本条４項、戸籍99条）。

父母の死亡後、死亡した親の氏への変更ができるかについては、否定するのが従来の多数説であった（裁判例は肯定説・否定説に分かれる）。しかし、近年、そのような氏の変更が必ずしも子の利益を害するとはいえず、本条も改氏の申立てを父母の生存中に限っていないとして、一概に否定せず、具体的事情に応じて家庭裁判所の許可に委ねるべきとの見解が有力になってきている。

（常岡史子）

第４編第３章第１節　〔後注〕　生殖補助医療と親子関係

民法は、実親子関係につき、子が１組の男女の生殖行為から生まれることを前提として規定を置く。しかし、人工授精や体外受精等生殖補助医療技術の発達は、男女の性交渉によらずに子が生まれる可能性をひらいた。養子という方法によるのでもなく、性交渉による懐胎から生じた生物学上の親子という概念にもあてはまらないこのような子についての親子関係は、現行法の下で明確ではない。諸外国の例をみてもこの問題には立法的な解決が必要である。厚生労

※66　氏変更を許可した例として、大阪高決平９・４・25家月49巻９号116頁参照。

働省は2003（平成15）年４月28日に「精子・卵子・胚の提供等による生殖補助医療制度の整備に関する報告書」を公表して、ドナーによる精子、卵子や胚の提供に関するルールを提案した。さらに、同年７月15日には、法務省が「精子・卵子・胚の提供等による生殖補助医療により出生した子の親子関係に関する民法の特例に関する要綱中間試案」を発表している。その一方では、冷凍精子による体外受精子や代理出産に関する判例が相次いでおり、今後の立法の動向が注目される。

Ⅰ　AID（Artificial Insemination by Donor）

現行法下で生殖補助医療によって誕生した子については、法解釈により親子関係を決定する必要がある。AID（夫以外の男性の精子による人工授精）では、それへの同意に示された子の親となるという夫の意思が、嫡出親子関係成立についての判断の基礎とされる。裁判例でも、AIDへの夫の同意がある場合に、生まれた人工授精子を民法772条の嫡出推定の及ぶ嫡出子と判断したものがある※67。学説の多くもこれを支持した上で、さらに、信義則ないし禁反言の見地から、または、夫の同意を嫡出性の承認として民法776条を類推適用することにより、夫からの嫡出否認の訴え（民775条）も認めるべきでないとする。

他方で、AIDに夫の同意があったといえない場合には、夫の嫡出否認の訴えを認め、人工授精子との父子関係を否定した裁判例がある※68。その場合、夫の嫡出子であることを否定された子は、精子提供者に対して認知を求めることができるかがさらに問題となる。提供者が通常は事前に知ることのできない夫の同意の有無によって、認知請求を受けるか否かが左右されることは妥当といえず、また、提供者に子の父としての養育責任等を負わせることが子の利益にかなうかについても慎重な配慮が求められる。提供者の意思や精子提供の具体的態様に応じて、認知請求の可否が判断されるべきであろう。上述の法務省要綱中間試案は、「第３　生殖補助医療のため精子が用いられた男性の法的地位」に関し、精子を提供した者による人工授精子の認知および人工授精子側からこの男性に対する認知の訴えを認めず（第３の１⑴⑵）、意思に反して精子が用いられた男性についても同様としている（第３の２）。

なお、性同一性障害により男性へ性別変更した夫と婚姻した妻が、夫の同意を得てAIDにより懐胎した子については、民法772条によって夫の子との嫡出推定を受けるとした判例が出ている※69。

※67　東京高決平10･9･16家月51巻３号165頁。
※68　大阪地判平10･12･18家月51巻９号71頁。
※69　最三小決平25･12･10民集67巻９号1847頁。

Ⅱ　AIH（Artificial Insemination by Husband）

AIH（夫の精子による人工授精）では、妻が、夫の死亡後に夫の冷凍精子によって体外受精で出産した子を夫の嫡出子として届け出た出生届が受理されず、それに対する不服申立ても却下されたため、妻が子の代理人として検察官を相手に死後認知を求めたケースがある。一審は、認知の前提となる「血縁上の父」であることについて、純粋に生物学的・遺伝的見地から決定されるものではなく、社会通念に照らし「法律上の父」とは何かということから判断されるとした上で、子の福祉や親族法・相続法秩序との調和、用いられた生殖補助医療と自然的生殖との類似性、社会における当該生殖補助医療の受容度等から総合的に判断すると、結論として、死者の精子による人工授精子の法律上の父をこの死者と認めることはできないとした※70。

これに対して、この事件の控訴審は、人工授精による懐妊において認知請求が認められるためには、これを認めることを不相当とする特段の事情が存しない限り、子と事実上の父との間に自然血縁的親子関係があることに加えて、当該懐胎に対する事実上の父の同意が必要であり、かつそれで十分であるとして、一審判決を取り消し、認知請求を認めた※71。この場合死後認知を認めることにより父の婚外子としてその親族に対する身分関係は確立するが、父自身はすでに死亡しているため子の養育義務者となることができないのみならず、父の死亡時に子は胎児としてすら存在しなかったため、現行法の下では、相続における同時存在の原則から、死亡した父の相続権や代襲相続権も認められないことになる。

本件については、2006（平成18）年9月4日に最高裁判決が出された。そこでは、現行民法の実親子関係に関する法制が死後懐胎子と死亡した父との親子関係を想定していないこと、死後懐胎子と死亡した父との関係は、親子関係における基本的な法律関係を生じる余地のないものであること、この問題は立法的に解決されるべきものであることを理由として、高裁判決を破棄し、認知を否定している※72。

なお、上述の厚生労働省報告書は、提供者が死亡したときには、精子、卵子、胚は廃棄するものとしている（同報告書Ⅲ3(6)）。

Ⅲ　代理懐胎

子の母がだれであるかについて、従来は、分娩者が生物学的に母であること

※70　松山地判平15·11·12家月56巻7号140頁。

※71　高松高判平16·7·16家月56巻11号41頁。

※72　最二小判平18·9·4民集60巻7号2563頁参照。

に疑いはないとの前提から、母子関係は分娩の事実によって発生するとされていた[※73]。したがって、婚外子については、民法779条の文言にもかかわらず、原則として母の認知なくして当然に法律上の親子関係が成立する。嫡出子の場合、民法はそもそも妻による懐胎・分娩であることを前提とし、嫡出母子関係成立に関する規定をとくに置かない。

しかし、今日では、代理懐胎（**代理母・借り腹**）における母子関係をいかに規律するかが、重要な問題となってきている。上述の厚生労働省報告書は、代理懐胎（代理母・借り腹）を禁止するとしている（同報告書Ⅲ1⑵6）。日本産科婦人科学会の2018（平成30）年の会告も参照）。いまだ日本には強制力をもった明確な規制がなく、現実には代理懐胎による子の出生が報告されている。

判例には、日本人夫婦が、アメリカのカリフォルニア州で代理出産の斡旋会社と契約して、アジア系アメリカ人女性から提供された卵子と夫の精子による受精卵を他のアメリカ人女性に懐胎・出産委託したケースにおいて、生殖補助医療によって出生した子についても、法制度が整備されていない段階では、母子関係は分娩の事実によって決するべきであるとして、生まれた子を同夫婦の嫡出子とする日本での出生届の受理を認めなかったものがある（妻が55歳であったため代理出産がわかった。昭36･9･5民事甲2008号通達参照）[※74]。また、アメリカのネバダ州で日本人夫婦が夫の精子と妻の卵子による体外受精胚をアメリカ人女性に代理懐胎・出産委託したケースでも、最高裁は、現行民法の解釈上、懐胎・出産した女性を子の母と解さざるをえないとして、同夫婦の嫡出子としての出生届を受理しないとの決定をした[※75]。

諸外国では、代理懐胎を容認する国もまた禁ずる国も、母子関係については出産した女性を母とすることを法律で定めているものが多い。上述の法務省中間試案も同様の提案をしていた（同試案第1）。立法による早急な解決が要請される問題といえ、2007（平成19）年1月日本学術会議に代理懐胎・出産を中心とした生殖補助医療のあり方に関する検討委員会も設けられている。

ところで、分娩した者を法律上の母とすると、たとえば、代理懐胎の禁止に違反して、夫の精子でもって妻以外の女性が人工授精して子を出産した場合、出産した女性が子の母となる。そして、この女性が既婚者であるとき、父子関係について問題が生じる。すなわち、民法772条によれば、子は出産した女性

※73　最二小判昭37･4･27民集16巻7号1247頁参照。

※74　大阪高決平17･5･20判時1919号107頁。同事件につき、最高裁も2005（平成17）年11月24日に特別抗告棄却。

※75　最二小決平19･3･23民集61巻2号619頁参照。必要性が指摘されていた代理出産に関する立法による速やかな対応の必要性にも言及している。なお、同事件の原審である東京高決平18･9･29家月59巻7号89頁は、ネバダ州地裁判決に基づき同夫婦の嫡出子としての出生届を受理するべきとしていた。

の夫の嫡出子という推定を受けるため、精子を提供して代理懐胎を依頼した男性が子の父であることを主張し認知するためには、まず女性の夫による嫡出否認手続が必要になると考えられるからである。これは、いわゆる推定の及ばない子（民772条の解説Ⅱ３参照）に関する外観説、血縁説等の議論ともかかわり、代理懐胎子が、人工授精による出産であることにより代理懐胎者である女性の夫の子でないことが明白であるとき、推定の及ばない子と扱うことができるかという点とも関係してこよう。

（常岡史子）

第４編第３章第２節　養子

〔前注〕

養子は、生物学上の親子関係にない者についても、法律上の嫡出親子関係を発生させることを目的とする法制度である（民809条）。養子になると、養親の血族との関係においても法律上、血縁関係を擬制される（民727条参照）。現行民法は、養子について**普通養子**（民792条以下）と**特別養子**（民817条の２以下）の２種類を規定する。

普通養子は、養親となるべき者と養子となるべき者の縁組の合意に基づき、届出をすることによって成立する（民799条による民739条の準用。ただし、未成年養子には原則として家庭裁判所の許可を要する。民798条）。普通養子においては、成年者であれば既婚・未婚を問わず養親となることができ（民792条）、養子となる者についても、養親の尊属や年長者を除いて（民793条）、原則として制限はない。

一方、特別養子は、要保護児童の福祉を目的として1987（昭和62）年の民法の一部改正で新たに導入された制度である。そのため、養親となるべき者や養子となるべき者の年齢（民817条の４・817条の５）、資格（民817条の３）等について、普通養子よりも厳格な要件が定められている。さらに、特別養子では養子縁組が家庭裁判所の審判によって成立する（すなわち、制度として国家によって養親子関係が創設される）点で、特徴を有する。

わが国で実際に行われている養子縁組のほとんどは普通養子であり、しかもその大半は、養子が成年者であるか、配偶者の子ないし自己の直系卑属を養子とするものである。これは、要保護児童の福祉よりも、親の扶養や後継ぎの確保、配偶者の連れ子との親子関係の確立といった目的が中心であることをうかがわせる。この点で、要保護児童に養育の場を提供することを旨とし、行政機関や裁判所が養子縁組の成立に積極的に介入するのを原則的な態様とする現在の欧米諸国の養子制度とは、法律のあり方や運用に差があるといえよう。1987

(昭和62) 年の民法の一部改正では、主眼である特別養子制度の新設とあわせて、普通養子の改革も行われており、たとえば15歳未満の者の代諾縁組における監護者の同意（民797条２項）等、子の福祉に配慮する内容が加えられている。さらに、2018（平成30）年に、養子縁組のあっせん業を許可制とする民間あっせん機関による養子縁組のあっせんに係る児童の保護等に関する法律（平成29年厚生労働省令125号）が施行され、また、2019（令和元）年６月には、特別養子制度の利用の促進を目的に、養子となる者の年齢制限を15歳（場合によって18歳）へ引き上げ（民817条の５）、審判手続を**特別養子縁組の成立の審判**と**特別養子適格の確認の審判**の２段階とする改正（家事手続164条）が行われている（令和元年法律34号）。

なお、他に、要保護児童を他者が養育する制度である里親（そこでは法律上の親子関係は形成されない）について、児童福祉法６条の４参照。

（常岡史子）

第４編第３章第２節第１款　縁組の要件

（養親となる者の年齢）
第792条　20歳に達した者は、養子をすることができる。

【2022（令和４）年４月１日施行前】

（養親となる者の年齢）
第792条　成年に達した者は、養子をすることができる。

普通養子では、成年者であれば養親となることができる。満20歳に達した者（民４条）のみならず、婚姻による成年擬制で成年に達したものとみなされる者（民753条）も本条の成年者にあたる（昭23･10･23民事甲1994号回答）。ただし、民法793条により、成年擬制者が実年齢において自己より年長の者を養子とすることはできない。いったん成年擬制を受けた未成年者が婚姻を解消しても、擬制中にされた縁組の効果には影響なく、また、婚姻解消後にも養子をすることができると解されている。

なお、2022（令和４）年の成年年齢の引下げに伴い（平成30年法律59号）、民法753条の成年擬制の規定は削除されるが、普通養子の養親となる者の年齢については、「20歳に達した者は、養子をすることができる。」(2022（令和４）年４月１日施行後の本条）とされ、20歳という改正前の年齢制限が維持される。したがって、成年擬制規定の削除の前後を問わず、20歳に達していれば、未婚者であっても養親となることができる。

本条に違反する縁組届は受理されない（民800条）。誤って受理された場合、養親またはその法定代理人が、取消しを家庭裁判所に請求できる（民804条参照）。

（常岡史子）

（尊属又は年長者を養子とすることの禁止）
第793条　尊属又は年長者は、これを養子とすることができない。

Ⅰ　本条の意義

普通養子において、養親となる者の尊属または年長者を養子とすることはできない。ただし、養親と養子の間の年齢差や養子となる者の年齢等については制約がない。兄姉が弟妹を養子にすること、いとこを養子にすること（ただし、いとこが年長者であってはならない）は差し支えなく、離婚後に元配偶者を養子にすることも認められる（昭24・9・9民事甲2034号回答）。しかし、叔父叔母は、甥姪より年下であっても、尊属であるので甥姪の養子とすることはできない。なお、民法の規定上、尊属・卑属の区別は血族にのみあるので、姻族には本条の尊属養子禁止は該当しないと解されている（したがって、年長者か否かのみが問題となる）。

Ⅱ　要件

自己の直系卑属を養子とすることもできる（民798条ただし書参照）。自己の婚外子を養子とすることも、嫡出の身分を与えるという実益があるとして認められている（大3・7・17民事甲1199号回答等）。ただし、自己の嫡出子をさらに養子とすることはできない（昭23・1・13民事甲17号通達等）。学説も、否定説に与するものが多いが、子にとって利益があり縁組を認める実益があれば肯定するべきとする見解も有力である。

年長者でなければ、成年者を養子とすることもできる。同年者については、1日でも早く生まれた者は、1日遅く生まれた者を養子にすることができる。なお、同日生まれの者については学説が分かれる。

Ⅲ　本条に違反する縁組

本条に違反する縁組は受理されない（民800条）。誤って受理されたときは、各当事者または親族が、縁組の取消しを家庭裁判所に請求できる（民805条）。

なお、夫婦が養親または養子となっている共同縁組の場合、かつての判例は、本条違反について養子縁組全体を取り消しうるとしていた※76。しかし、学説では要件違反の縁組のみ取消しを認めるべきであるとする説が有力であり、判例も、昭和53年判決※77でこの見解を採るに至っている。

（常岡史子）

（後見人が被後見人を養子とする縁組）
第794条　後見人が被後見人（未成年被後見人及び成年被後見人をいう。以下同じ。）を養子とするには、家庭裁判所の許可を得なければならない。後見人の任務が終了した後、まだその管理の計算が終わらない間も、同様とする。

Ⅰ　本条の意義

本条は、被後見人の財産を管理し、その財産に関する法律行為を代理することのできる後見人（民859条）が、被後見人を養子とすることによって、被後見人の財産に不正を働き、またすでにした不正を隠蔽するのを防ぐことを目的として、家庭裁判所の許可を縁組の要件としたものである。後見人の任務が終了した後も、管理の計算が終わらない間は後見中の不正隠蔽を図るおそれがあるから、同様に家庭裁判所の許可が必要となる。

Ⅱ　要件

未成年後見の場合に当該未成年者を養子とするには、本条の許可とともに未成年養子の許可（民798条）を要する。この2つの許可は、立法趣旨と目的を異にすることがその理由である。ただし、許可は必ずしも別個にされる必要はなく、許可の申立てがされれば2件として受理されるが、1通の審判書で許可をすることを妨げないとされている（昭25·10·10民事甲2633号回答）。

15歳未満の被後見人については、本来、法定代理人が代わって養子縁組の承諾をするが（民797条）、後見人が養親となるときは利益相反行為となる（民860条）。そこで、後見監督人がいるときはこの者が縁組の代諾をし、後見監督人がいないときは特別代理人を選任してこの者が代諾する（昭23·12·22民事甲3914号回答）。

※76　大連判大12·7·7民集2巻438頁。
※77　最二小判昭53·7·17民集32巻5号980頁（年長養子の事例）。

Ⅲ　本条に違反する縁組

本条に違反した縁組は受理されない（民800条）。誤って受理されたときは、養子またはその実方の親族が取消しを家庭裁判所に請求できる（民806条参照）。

（常岡史子）

（配偶者のある者が未成年者を養子とする縁組）
第795条　配偶者のある者が未成年者を養子とするには、配偶者とともにしなければならない。ただし、配偶者の嫡出である子を養子とする場合又は配偶者がその意思を表示することができない場合は、この限りでない。

Ⅰ　本条の意義

配偶者のある者が未成年者を養子にするには、原則として**夫婦共同縁組**を要する。1987（昭和62）年の民法の一部改正前には、本条は、「配偶者のある者は、その配偶者とともにしなければ、縁組をすることができない」として成年養子を含めて夫婦共同縁組を原則としていた。例外として、同条ただし書が「夫婦の一方が他の一方の子を養子とする場合は、この限りでない」と規定した上で、民法796条において「夫婦の一方がその意思を表示することができないときは、他の一方は、双方の名義で、縁組をすることができる」として、共同縁組の原則を貫こうとしていた。これに対して、改正後の現行規定は、①未成年養子には**夫婦共同縁組の原則**を維持しつつ（本条本文）、成年養子は、配偶者の同意を得れば単独縁組も可能とした（民796条）。また、②未成年養子の場合も、例外として、夫婦の一方が他方の嫡出子を養子とする場合（したがって、改正前の旧規定と異なり、他方配偶者の婚外子を養子とするときは、この他方配偶者とともに共同縁組しなければならない）、または他方配偶者が縁組の意思を表示できない場合は、夫婦の一方のみで縁組できることを認めた。したがって、現行の本条ただし書には、民法旧796条が合体されているといえる。

未成年者を養子とする場合、養親について夫婦共同縁組を原則としたのは、縁組により相続や扶養、氏等について変更を生じることに対する当事者の意思の尊重とともに、夫婦が養親として共同親権者となることによる養子の適切で円滑な監護・教育の実現を目的とする。

なお、縁組は個人間の法律行為であり、夫婦共同縁組でも夫婦各自と養子の間に2個の縁組が成立する。ただし、この2個の縁組の成立と効力発生は一体的であり[※78]、戸籍の届出も1通の届書で行われている。

Ⅱ　必要的共同縁組の例外

一方の配偶者が他方の配偶者の嫡出子を養子とする場合、他方配偶者はその嫡出子との間にすでに嫡出親子関係が存在しているので、さらにこの子と養子縁組することは認められない（民793条の解説参照）。そこで、一方配偶者のみがこの嫡出子と単独縁組する（本条ただし書）。この場合でも、民法796条により、縁組について他方配偶者の同意が必要である。他方配偶者の嫡出子が15歳未満のときには、民法797条1項の他方配偶者の代諾の意思の中にこの同意が含まれると解される。これらの場合、未成年養子についての家庭裁判所の許可は不要である（民798条ただし書）。

他方の配偶者が心神喪失や行方不明により意思表示できない場合も、一方の配偶者は未成年者と単独縁組することができる（本条ただし書）。この場合、他方配偶者は意思表示できないのであるから、単独縁組に対する同意も必要ない（民796条ただし書）。

Ⅲ　本条に違反する縁組

本条に違反する縁組は受理されない（民800条）。しかし、①夫婦の一方が他方の名を冒用して勝手に夫婦共同縁組をしたり、②夫婦共同縁組をするべき場合に単独縁組届が受理されたという場合、その縁組は全体が無効となるのか、あるいは縁組意思を有していた配偶者の縁組については有効であるかが問題となる。

判例は、1987（昭和62）年の民法改正前のものであるが、①について、原則として縁組意思のある配偶者についても縁組は無効であるとしつつ、この配偶者と縁組の相手方との間に単独でも親子関係を成立させる意思があり、そのような単独の親子関係を成立させることが、他方配偶者の意思に反しその利益を害するものでもなく、養親の家庭の平和を乱さず、養子の福祉を害するおそれがないなど本規定（改正前の旧本条文）の趣旨にもとるものでないと認められる特段の事情が存する場合には、縁組意思を欠く当事者の縁組のみを無効とし、縁組意思を有する一方配偶者と相手方との縁組は有効に成立したものとするとしている[※79]。この判例の立場は、改正後の現行規定にもあてはまると解される。

※78　最一小判昭48・4・12民集27巻3号500頁。

※79　前掲※78・最一小判昭48・4・12民集27巻3号500頁。

また、②については、①に関する昭和48年判決※80の判断基準に基づいて、（ア）単独縁組は原則としてそれを行った配偶者についても無効であるが、この配偶者が縁組の相手方との間に単独でも親子関係を成立させる意思があり、そのような親子関係の成立が養子の福祉を害するおそれがないなど本条の趣旨にもとるものでないと認められる特段の事情が存する場合には、縁組は成立するとしつつ、単独縁組について他方配偶者の同意が欠けているので、民法806条の2により他方配偶者は取り消すことができるとする説、（イ）養子の福祉とともに他方配偶者の利益や家庭の平和の維持も考慮して、本条の趣旨にもとるものでないと認められる特段の事情が存する場合は、縁組は有効に成立し、民法806条の2の適用もなく、もはや他方配偶者は取消しを請求できないとする説に分かれている。

なお、上述①でも、単独縁組が有効に成立したと解される場合、他方配偶者の同意を欠く状況にあるため同様の問題が生じる。この点に関する学説は、②と同じく民806条の2の取消し肯定説と否定説に分かれる。

（常岡史子）

（配偶者のある者の縁組）
第796条　配偶者のある者が縁組をするには、その配偶者の同意を得なければならない。ただし、配偶者とともに縁組をする場合又は配偶者がその意思を表示することができない場合は、この限りでない。

Ⅰ　本条の意義

本条は、成年養子について夫婦共同縁組を不要とし、他方配偶者の同意があれば、一方配偶者が単独縁組できることを定めるものである。これにより、配偶者のある者が養子縁組をする際には、養親となる場合も養子となる場合も原則として他方配偶者の同意を必要とする。したがって、一方配偶者が、他方配偶者の成年の嫡出子を自己の養子とする場合や、一方配偶者が、他方配偶者の父母の養子となる場合も、他方配偶者の同意が必要である。

ただし、夫婦が共同縁組をすることは妨げられず、そのときは夫婦ともに縁組意思があるため、本条の配偶者の同意は不要である。また、他方配偶者が、心神喪失や行方不明等により縁組の同意について意思を表示することができない場合も、同意は不要である（本条ただし書）。

※80　前掲※78・最一小判昭48・4・12民集27巻3号500頁。

Ⅱ　本条に違反する縁組

本条による配偶者の同意を欠く養子縁組が、誤ってあるいは同意書の偽造等により受理された場合、同意をしていない配偶者は、縁組の取消しを家庭裁判所に請求することができる（民806条の2）。民法806条の2はこのような縁組を当然に無効とするのではなく、配偶者に取消権を与えたものである（民806条の2の解説参照）。

（常岡史子）

（15歳未満の者を養子とする縁組）
第797条　養子となる者が15歳未満であるときは、その法定代理人が、これに代わって、縁組の承諾をすることができる。
2　法定代理人が前項の承諾をするには、養子となる者の父母でその監護をすべき者であるものが他にあるときは、その同意を得なければならない。養子となる者の父母で親権を停止されているものがあるときも、同様とする。

Ⅰ　本条の意義

養子となる者が15歳未満のときは、法定代理人が代諾して縁組することができる。これは、15歳未満の者の縁組は必ず法定代理人の代諾によらねばならないことを意味する[※81]。したがって、15歳未満の者は、意思能力の有無を問わず自分で縁組することはできない。一方、未成年者であっても15歳に達した者は、意思能力を有する限り単独で他者の養子となる縁組をすることができる。この場合、婚姻のように父母の同意（民737条。成年年齢の引下げに伴う婚姻適齢規定の改正（平成30年法律59号）とともに2022（令和4）年4月に削除）は必要としない。ただし、いずれの場合も、民法798条により家庭裁判所の許可が必要である。

本条の代諾の性質については、①当該縁組の当事者は、養親となる者と養子となる者であり、法定代理人は、養子となる子が15歳未満のときにその子を代理して縁組の契約を締結するとする代理説、②代諾者自身を縁組の当事者とみる当事者説、③法定代理人による代理と代諾者の固有の身分行為（子に対する代諾者の監護養育等の権利義務が養親に移るという結果をもたらす行為）をあわせもつとする複合行為説が対立してきた。通説・判例[※82]は、普通養子縁組

※81　大判大11・7・29民集1巻443頁。
※82　最二小判昭27・10・3民集6巻9号753頁。

について縁組当事者の契約的構成をとる民法の下で、条文の文言に従い①の代理説の立場に立つ。

Ⅱ 代諾権者（本条1項）・監護者等（本条2項）

本条1項の代諾権者は、未成年者の法定代理人である親権者や未成年後見人である。子が父母の共同親権に服する場合、父母が共同して代諾する（民818条3項）。子が入所中の児童福祉施設の長による代諾については、児童福祉法47条1項参照。

本条1項の法定代理人が代諾する場合、他に子の父母で監護者となっている者があるときは、その同意を必要とする（本条2項）。本条2項は父母の離婚等で親権者と監護者が父母間で分属した場合（民766条・771条・749条・788条等）に、親権者の代諾のみで子を養子とすることによって、子の監護に関する父母の合意を一方的に変更するのを防ぐこと、監護者から子を取り戻す目的で代諾縁組が濫用されるのを防ぐこと、監護者にも縁組が子の利益となるか判断させるのが望ましいことに鑑みたものである。なお、父母以外の第三者が監護者である場合は、本条2項は適用されない。

さらに2011（平成23）年の民法の一部改正（平成23年法律61号）において、親権停止制度（民834条の2）が創設されたことを受けて、本条2項に後段が追加された。15歳未満の子を養子とする縁組について法定代理人が代諾をする場合、養子となる子の父母で親権を停止されている者があるときは、その者の同意を得なければならないとすることで、親権を停止された親に無断で法定代理人が子の代諾縁組をすることを防ぐことを目的とする。

監護者や親権を停止された親の同意を欠く縁組届は受理されない（民800条）。誤って受理された場合には、同意をしていない監護者や親権を停止された親は、縁組の取消しを家庭裁判所に請求することができる（民806条の3の解説参照）。

Ⅲ 適法な代諾を欠いた縁組の効力

1 代諾権者の代諾を欠いた縁組

代諾養子縁組では、代諾権者が養子となる子に代わって縁組を承諾し、また当該代諾者が縁組の届出をしなければならない（戸籍68条）。代諾権者の代諾のないまま、この者の代諾があったとして縁組届がなされた場合、縁組は無効となる[※83]。夫婦が共同して代諾するべき場合（民818条3項本文）に、一方の親が他方の不知の間に双方名義で代諾縁組の届出をした場合も同様と解される。ただし、この場合満15歳に達した養子または代諾意思を欠いていた代諾権者か

※83 大判大13・2・13新聞2243号19頁。

らの追認を認めてよいとする学説もある。また、共同代諾するべき場合に、一方の親のみが単独名義で代諾縁組の届出をしたときも、縁組は無効となる※84。

2　表見代諾権者の代諾による縁組

とくに婚外子について、従来から、生まれてすぐに他人夫婦の嫡出子として出生届をし、その後、この戸籍上の親の代諾によって当該子の養子縁組をするという例が、わが国では少なくなかった。この場合、代諾をした戸籍上の親は、真実は子の法定代理人（親権者）ではなく代諾権を有していない。この場合、虚偽の嫡出子出生届を、それを行った戸籍上の親と子との養子縁組届に転換して養親子関係を認めてよいか（いわゆる「**藁の上からの養子**」）につき、判例は一貫して否定している（民799条の解説参照）。したがって、戸籍上の親が養親として子の親権者となることもない。そして、このような**表見代諾権者**の代諾による縁組について、明治民法下の判例は絶対的に無効と解していた※85等。

しかし、真実の父母に代諾の意思があることや養子による追認によってこのような縁組を有効とすることを一切認めない判例の立場に対しては、養子の身分関係の保護の観点から学説の批判が強く、最高裁はその後判例を変更して、表見代諾縁組に無権代理の追認に関する規定（民113条・116条）および養子縁組の追認に関する規定（民804条・806条・807条）の趣旨を類推適用し、養子は、満15歳に達すれば父母でない者が自己のために代諾した縁組を有効に追認でき、適法に追認されれば縁組は遡及的に有効となると判示した※86。同判決は、養子が満15歳に達した後は、この養子のみが代理権を欠いた無効な縁組を追認するか、あるいは追認しないで無効の主張をできるとする。また、追認の事実の認定にあたっては、単なる意思表示のみでは十分でなく、養親子としての生活事実の継続を伴うことを要することを示唆する判例とされている。さらに、そこで言及される表見代諾縁組の追認の遡及効に関しては、代諾縁組の追認は養親の実子の相続上の地位を害するものであり、民法116条ただし書により許されないとするこの実子からの主張について、同判決の差戻し判決※87の再上告審※88が、民法116条ただし書は取引の安全のためのもので、事実関係を重視する身分関係には類推適用されないと判示した。一方、戸籍実務も、その間、15歳に達した養子本人の縁組追認による戸籍の追完届出を認めるに至っている（昭34・4・8民事甲624号通達）。

※84　大判昭11・11・18新聞4079号14頁。ただし、家庭裁判所の許可を受けたものは、届出が誤って受理されれば一方の親のみによる代諾縁組であっても有効と解する学説もある。

※85　大判大7・7・5新聞1474号18頁ほか。

※86　前掲※82・最二小判昭27・10・3民集6巻9号753頁。

※87　福岡高判昭38・10・18民集18巻7号1427頁。

※88　最三小判昭39・9・8民集18巻7号1423頁参照。

なお、表見代諾縁組において、養子となる者の真実の法定代理人（真実の父母等）が子の縁組を承諾していたという場合は、無効な縁組の追認ではなく、むしろ縁組届上に記されていない代諾権者の代諾によって縁組が有効に成立するかという問題となる。多数説は代諾縁組の有効な成立を認め、戸籍実務もこれをふまえて、代諾の追完届出を可能とする（昭30・8・1民事甲1602号通達）。

（常岡史子）

（未成年者を養子とする縁組）
第798条　未成年者を養子とするには、家庭裁判所の許可を得なければならない。ただし、自己又は配偶者の直系卑属を養子とする場合は、この限りでない。

Ⅰ　本条の意義

本条は未成年者の利益を害するような養子縁組がされることを防ぎ、子の福祉を図ることを目的とする。したがって、本条は、「子のための養子」を実現する機能を持つものと位置づけられ、家庭裁判所は、許可に際して子の福祉を最も重視する。

Ⅱ　家庭裁判所による許可

1　許可の意義

本条の許可は、家庭裁判所の審判事項である（家事手続161条・別表第1〈61〉）。本条の文言により、養親となるべき者が申立権者であることに異論はないが、裁判例には実親による申立てを認めるものがあり、さらに学説では、これらに加えて養子からの申立ても認めるべきとする見解が有力である。

本条の家庭裁判所の許可によって縁組が成立するのではなく、許可を得た後に、縁組当事者が許可書の謄本を添付して縁組の届出をしなければならない（戸籍38条2項・66条）。したがって、この許可は、縁組成立のための実質的要件の1つである。許可を欠いた届出は受理されないが（民800条）、誤って受理された場合は、養子、その実方の親族または代諾者が取消しを家庭裁判所に請求できる（民807条の解説参照）。なお、家庭裁判所の許可があっても、他の成立要件を欠く場合には、縁組届は受理されない（民800条参照）。

養子縁組についての許可申立てを却下する審判がされた場合、申立人は即時抗告することができる（家事手続161条4項）。これに対して、養子縁組を許可する審判については、即時抗告できないとされている。

2　許可の基準

許可に際しては、当該養子縁組が養子となる未成年者の福祉に合致するかが判断基準となる。そこでは、縁組当事者（とくに養親）の縁組の動機、実親・養親の家庭状況、養親による監護養育の適格性等、一切の事情を考慮した客観的判断が必要とされる。審判で縁組を不許可とした例としては、子を芸妓とすることを目的とした養子、家名の承継や墓地の管理を主な目的とした養子、養親の老後の世話や慰めのみを目的とした養子、寺の後継者とすることを目的とした養子[※89]等がある。

また、夫と不倫関係にある女性との間に生まれた子、あるいはそのような女性が他の男性との間に産んでいた子を夫と妻の養子とする縁組について、これらは子への嫡出身分の付与や氏の変更を目的とし、現実の養育が念頭に置かれておらず、親子の実体を備えないもので子の福祉に合致しないとして、不許可とした審判例もみられる[※90]。しかし、この種の申立てについて、縁組当事者が一致して縁組を希望するときは、養親による監護教育の実体を欠いても、未成年者に実質的に害を及ぼさず、子に財産上の利益等が認められる限り、許可するのが相当であるというのが実務での支配的見解ともいわれている。

なお、許可審判において、家庭裁判所が、未成年者の福祉以外に縁組の実質的成立要件の具備の有無を審査するべきかについては、積極説と消極説に分かれる。家庭裁判所の実務では、民法の定めるこれらの要件を備えない縁組は養子となる子の福祉にも合致するとはいえないとして、積極説が支配的とされる。

Ⅲ　家庭裁判所の許可を要しない場合

自己または配偶者の直系卑属を養子とするときは、家庭裁判所の許可を要しない。このような場合には子の福祉を害するおそれがないとの考慮によると説明されるが、そのようにいいきれるか立法論的な批判がある。とくに、節税目的で祖父母が孫を養子とする事例[※91]については、実際に養育するのは父母であるとしても、法律上の親権者は祖父母であること等未成年者である孫の福祉の観点から、節税養子縁組の安易な利用に対する批判も根強い。

本条ただし書の「自己の直系卑属」に、自分の嫡出子は含まれない（民793条参照）。配偶者の未成年の嫡出子を養子とする場合、本条の許可は不要であるが、配偶者の同意を要する（民795条ただし書・796条）。死亡配偶者の直系卑属を養子とする場合は、本条ただし書の例外にあたらない（昭24・2・4民事甲3876

※89　新潟家審昭57・8・10家月35巻10号79頁参照。

※90　松山家審昭34・9・3家月11巻11号130頁、長崎家佐世保支審昭41・2・2家月18巻9号57頁ほか。

※91　最三小判平29・1・31民集71巻1号48頁参照。

号回答)。

（常岡史子）

（婚姻の規定の準用）
第799条 第738条及び第739条の規定は、縁組について準用する。

Ⅰ 本条の意義

本条は、縁組に関する成年被後見人の能力について婚姻の能力に関する民法738条を、縁組の届出について婚姻の届出に関する民法739条（届出主義）を準用する。

1 成年被後見人の縁組

成年被後見人であっても意思能力を回復している限り、単独で縁組をすることができる。成年被後見人が縁組能力を有していたが、その後、届出時点で再び心身喪失の常況に陥っていたという場合は、届出の受理前に翻意した等特段の事情のない限りそのような縁組も有効に成立すると解される[※92]。

養子縁組の無効・取消し等に関する人事訴訟手続についても、成年被後見人は、意思能力があれば訴訟行為能力を有する（人訴13条)。人事訴訟法14条は、成年後見人ないし成年後見監督人が成年被後見人のために原告または被告になることも認める。

2 縁組の届出

民法739条の準用により、縁組は、婚姻と同じく、戸籍法の定めるところに従い届け出ることによって効力を生ずる（戸籍66条・68条。特別養子の特則について民817条の2、戸籍68条の2)。これに対して、通説は民法739条の解釈と同様に、縁組についても、届出によって、「効力を生ずる」のではなく縁組が「成立する」と解する。

Ⅱ 事実上の養子

養子縁組について届出主義が採られていることから、縁組当事者（15歳未満の子を養子とする場合には代諾者）の間に縁組意思の合致があっても届出がなければ、法律上、養親子関係は発生しない。この場合、通説は、婚姻における内縁と同様、養親となる者と養子となる者の間に社会通念上親子と認められる

※92 最三小判昭45･11･24民集24巻12号1931頁参照。

ような事実上の関係があるときは、事実上の養子として準養親子関係と扱う。ただし、事実上の養子として法的保護を与える上で、縁組の実質的要件をいかなる程度満たしているべきか、法定の要件を満たすことは一切要しないかについては、見解が分かれる。

法的効果について、親権、扶養等親子間の養育や生活関係に関するものは事実上の養子に認めてよいが、法律上の親族としての身分にかかわるもの（嫡出子の身分、法定の親族関係の発生、氏、相続権等）は認められないとされる[※93]。なお、遺族年金や建物賃借権における事実上の養子の扱いについては特則がある（厚年63条1項3号、借地借家36条等参照）。

Ⅲ　藁の上からの養子

わが国では、①夫と他の女性との間の子を夫と妻の嫡出子とし、あるいは②未婚の女性が生んだ子を他人夫婦が嫡出子として引き取る目的で、虚偽の嫡出子出生届出がしばしば行われてきた。しかし、このような嫡出子出生届は虚偽のものであるから、本来、無効であって、そこから法律上の親子関係が発生するものではない。そこで、後に不和が生じて戸籍上の父母との関係が争われたときに、当事者間にどのような法的効力を認めるかが問題となる。

この点につき、①のケースでは、虚偽の嫡出子出生届に子の父である夫による認知としての効力は認めてよいと解されており（昭57･4･30民二2972号通達）、判例・通説もこれを支持する[※94]。一方、②のように本来、養子縁組届をすべきでありながら嫡出子として届け出られたいわゆる**藁の上からの養子**については、虚偽の嫡出子出生届出を縁組に転換できるかが問題となる。下級審の裁判例には転換を肯定したものもあるが、最高裁は、養子縁組の要式性・強行規定性を理由に一貫して転換を否定する[※95]。

学説は、転換を認める肯定説と否定説に分かれるが、否定説の中でも、親子としての生活関係が長期間継続してきた事実と子の保護を重視して、親子関係不存在確認の訴えがされた場合には権利濫用や信義則で対処するべきとするものもある[※96]。最高裁は、従来、権利濫用の認定について消極的な姿勢を示していたが、近時、戸籍上の父母の死亡後に、この父母の子が、戸籍に父母の嫡出子として記載されている者と父母との実親子関係不存在確認請求をしたケー

※93　最三小判昭37･12･25民集16巻12号2455頁参照。

※94　最二小判昭53･2･24民集32巻1号110頁。

※95　最二小判昭25･12･28民集4巻13号701頁、最三小判昭50･4･8民集29巻4号401頁ほか参照。

※96　裁判例にもこれらの法理により解決を導くものがある。最三小判平9･3･11家月49巻10号55頁。

スで、権利の濫用にあたりうることを認め、その基準に関し判示したものが出ている※97。

なお、判例は、認知の届出が真実に反するため認知無効である場合の養子縁組への転換についても認めていない※98。

虚偽の嫡出子出生届によって他人夫婦の嫡出子として届け出られた子を、当該夫婦がさらに他人の養子とする場合があるが、これは未成年者の養子の表見代諾の問題となる（民797条の解説Ⅲ2参照）。

（常岡史子）

（縁組の届出の受理）
第800条　縁組の届出は、その縁組が第792条から前条までの規定その他の法令の規定に違反しないことを認めた後でなければ、受理することができない。

本条は、婚姻の届出に関する民法740条と同様の趣旨である。届出の受理に際して戸籍事務管掌者によって審査されるのは、民法の定める縁組の実質的要件（民792条～798条）、届出の方式（民799条）、戸籍法等その他の法令の定める事項である。しかし、戸籍事務管掌者は、形式的審査権のみを有し、実質的審査権を持たない。したがって、本条の定めに違反する縁組届出が受理されることも起こりうる。その場合の縁組の効力については、第4編第3章第2節第2款縁組の無効及び取消しで、個々の要件違反ごとに規定されている。

（常岡史子）

（外国に在る日本人間の縁組の方式）
第801条　外国に在る日本人間で縁組をしようとするときは、その国に駐在する日本の大使、公使又は領事にその届出をすることができる。この場合においては、第799条において準用する第739条の規定及び前条の規定を準用する。

※97 最二小判平18・7・7民集60巻6号2307頁参照。そこでは、当事者間に実の親子と同様の生活実体があった期間の長さ、実親子関係の不存在を確定することにより養子および関係者の受ける精神的苦痛と経済的不利益、実親子関係不存在確認請求がされるに至った経緯と動機、目的、他に著しい不利益を受ける者の有無等を考慮事由として、実親子関係の不存在を確定することが著しく不当な結果をもたらす場合は、権利の濫用にあたるとしている。

※98 最二小判昭54・11・2判時955号56頁参照。

本条は、婚姻に関する民法741条と同趣旨であり、外国にいる日本人間の縁組について、その国の大使等に届け出ることができること、民法739条、800条が準用されることを定める。

（常岡史子）

第4編第3章第2節第2款　縁組の無効及び取消し

（縁組の無効）
第802条　縁組は、次に掲げる場合に限り、無効とする。
一　人違いその他の事由によって当事者間に縁組をする意思がないとき。
二　当事者が縁組の届出をしないとき。ただし、その届出が第799条において準用する第739条第２項に定める方式を欠くだけであるときは、縁組は、そのためにその効力を妨げられない。

Ⅰ　本条の意義

本条から民法808条までは、普通養子縁組の無効および取消しについて定める。これに対して、特別養子は家庭裁判所の審判によって成立するため、縁組成立上の瑕疵は、本款の規定ではなく審判の効力の問題として扱われる（民817条の２の解説参照）。本条は、婚姻に関する民法742条と同趣旨であり、縁組の無効原因として、①縁組意思の不存在、②届出を欠くことの２つを挙げる。ただし、②については、無効ではなく不成立と解する（民742条の解説参照）。

Ⅱ　縁組意思

本条１号における**縁組意思**とは何かについて、身分行為一般の問題として、かつては実質的意思説（社会の習俗的標準に照らして親子として認められるような関係を創設しようとする意思）と形式的意思説（縁組の届出をする意思）が対立していた。しかし、通説である実質的意思説についてすべての身分行為に実質的意思を要求することの妥当性が問われ、婚姻・縁組という創設的身分行為と離婚・離縁という解消的身分行為を区別する、あるいは個々の行為ごとに実質的意思を修正して捉える等の見解が主張されてきた。そして、近年は、身分行為意思を民法上の定型的な法律効果に向けられた意思とみる説（法律的定型説、法的意思説）が有力となっており、それによれば、縁組意思とは「民法上の養親子関係の定型に向けられた効果意思」ということになる。また、とくに成年養子と未成年養子で目的が異なることを指摘し、成年養子については扶養・相続に関する効果意思があれば縁組を有効としてよいとする見解もある。

判例は、身分行為について実質的意思説を採り、縁組意思についても同様である[※99]。具体的には、芸娼妓として身分を拘束すること、兵役免除、家格の引上げ、越境入学等を目的とした縁組について、縁組意思がないとして無効としたものがある。しかし、他方で、養親の相続を意図する縁組において、「親子としての精神的つながり」を認めて縁組意思を肯定し[※100]、また、養子となる女性との過去の一時的な情交関係は、あるべき縁組意思を欠くものとして縁組の有効な成立を妨げるものではない[※101]とする。さらに、近時の判例では、節税を目的とする養子縁組（節税養子）について、もっぱら相続税の節税のために養子縁組をする場合であっても、直ちに当該養子縁組について本条1号にいう「当事者間に縁組をする意思がないとき」にあたるとすることはできないとの判断が示されている[※102]。このような判例の動向からは、縁組における「実質的意思」について明確な定義を見い出すことが必ずしも容易でない状況がうかがえる。

婚姻と同様、縁組意思は、届出時において存在していることまで要しない。受理当時意識不明であったとしてもその前に翻意したなど特段の事情のない限り、縁組は有効に成立する[※103]。

第4編第3章

Ⅲ　縁組無効の訴え

縁組無効の訴えは、人事訴訟事件として家庭裁判所の手続による（人訴2条3号、家事手続244条・257条・277条）。縁組無効の訴えの法的性質については、形成の訴えとする形成的無効説と確認の訴えとする当然無効説が対立する。両説の差異は、後者では、他の訴訟の前提問題として縁組無効の主張・判断ができる点にあるといえる。判例は、当然無効説を採る[※104]。

縁組無効の訴えの当事者適格については、人事訴訟法12条、13条、14条、26条、27条1項参照。養親と養子以外の第三者の原告適格について、昭和63年判決[※105]は、その縁組が無効であることにより、自己の身分関係に関する地位に

※99 最一小判昭23·12·23民集2巻14号493頁（家督相続人である女性の婚姻を可能とする目的で他から養子をした事案）。

※100 最二小判昭38·12·20家月16巻4号117頁。

※101 最二小判昭46·10·22民集25巻7号985頁。

※102 最三小判平29·1·31民集71巻1号48頁参照。

※103 最三小判昭45·11·24民集24巻12号1931頁。

※104 大判昭15·12·6民集19巻2182号、最三小判昭38·12·24刑集17巻12号2537頁、最二小判昭56·11·13判時1026号89頁。

※105 最三小判昭63·3·1民集42巻3号157頁。

直接影響を受けないときは、訴えの利益はないとする。

（常岡史子）

（縁組の取消し）
第803条　縁組は、次条から第808条までの規定によらなければ、取り消すことができない。

縁組の取消しは、民法804条以下の規定による。本条は、婚姻に関する民法743条に相当する。したがって、民法総則における取消しに関する規定は、縁組の取消しには適用されない。縁組の取消しは、家庭裁判所への請求によって行われ（民804条・805条・806条・806条の2・806条の3・807条・808条）、人事訴訟としてその手続に従う。縁組取消しの訴えは形成の訴えと解されている（人訴2条3号、家事手続244条・257条・277条）。取消権者は、条文ごとに規定されている。訴えの相手方や訴訟手続の受継等について、人事訴訟法12条、13条、14条、26条、27条1項参照。

（常岡史子）

（養親が20歳未満の者である場合の縁組の取消し）
第804条　第792条の規定に違反した縁組は、養親又はその法定代理人から、その取消しを家庭裁判所に請求することができる。ただし、養親が、20歳に達した後6箇月を経過し、又は追認をしたときは、この限りでない。

【2022（令和４）年４月１日施行前】

（養親が未成年者である場合の縁組の取消し）
第804条　第792条の規定に違反した縁組は、養親又はその法定代理人から、その取消しを家庭裁判所に請求することができる。ただし、養親が、成年に達した後6箇月を経過し、又は追認をしたときは、この限りでない。

養親となる者は成年者であることを要する（民792条）。これに違反した縁組が受理された場合、養親またはその法定代理人が、縁組の取消しを家庭裁判所に請求できる。養親は未成年者であっても、意思能力を有している限り、縁組取消しの訴えに関する訴訟行為を行うことができる（人訴13条）。ただし、この取消権は養親が成年に達した後6か月を経過したとき、または6か月経過前であっても成年に達した養親が縁組を追認したときは、消滅する。

なお、2022（令和4）年の成年年齢の引下げと婚姻適齢規定（民731条）の改正によって民法753条は削除され、また、養親の最低年齢は20歳と規定される（民792条の解説）。それに合わせて本条ただし書も「ただし、養親が、20歳に達した後6箇月を経過し、又は追認をしたときは、この限りでない。」と改められる（平成30年法律59号）。

追認の相手方は養子である。養子が15歳未満の場合は代諾した者を相手方とすると解されている。

（常岡史子）

（養子が尊属又は年長者である場合の縁組の取消し）
第805条　第793条の規定に違反した縁組は、各当事者又はその親族から、その取消しを家庭裁判所に請求することができる。

自分の尊属または年長者を養子とする縁組届（民793条）が誤って受理された場合、各当事者またはその親族は、縁組の取消しを家庭裁判所に請求することができる。縁組取消しに関する本款の他の規定が、主として私益的見地からのものであるのに対し、本条は、公益的見地によるものである（ただし、婚姻の公益的取消し（民744条1項）と異なり検察官は取消権者となっていない）。そこから、本条の取消権は消滅時効や除斥期間にかからず、追認の余地もないとされている（学説には、権利濫用ないし信義則による取消権行使の制限の可能性を認めるものもある）。

夫婦共同縁組の場合に夫婦の一方のみに本条の取消し原因があるとき、かつての判例は、縁組全部が取り消されるとしていた。しかし、昭和53年判決※106で、民法793条に違反する縁組のみを取り消すことでよいとするに至っている。

（常岡史子）

（後見人と被後見人との間の無許可縁組の取消し）
第806条　第794条の規定に違反した縁組は、養子又はその実方の親族から、その取消しを家庭裁判所に請求することができる。ただし、管理の計算が終わった後、養子が追認をし、又は六箇月を経過したときは、この限りでない。
2　前項ただし書の追認は、養子が、成年に達し、又は行為能力を回復した後にしなければ、その効力を生じない。
3　養子が、成年に達せず、又は行為能力を回復しない間に、管理の計算が終わった場合には、第1項ただし書の期間は、養子が、成年に達し、

第4編第3章

※106　最二小判昭53・7・17民集32巻5号980頁。

又は行為能力を回復した時から起算する。

Ⅰ　本条の意義

後見人が被後見人を養子とする縁組の届出が、民法794条の定める家庭裁判所の許可なくして受理された場合、養子または実方の親族は、縁組の取消しを家庭裁判所に請求することができる。養子が未成年者である場合も、意思能力がある限り単独で取消しを請求できる（人訴13条1項）。なお、本条が養親の取消権を認めていないことから、養親である後見人が養子の実方の親族であっても、取消権はないと解されている。

Ⅱ　本条の効果

本条は、民法794条に違反する縁組について私益的見地から取消しを認めたものである。したがって、管理の計算が終わった後において、養子が縁組を維持する意思を有し、縁組を追認するかまたは計算終了後6か月経過すれば、取消権は消滅する（本条1項ただし書）。ただし、追認は、養子が成年に達するか行為能力を回復した後にしたのでなければ効力がない（本条2項）。管理の計算が養子の成年到達または行為能力回復前に終了したときは、6か月の期間は、成年到達または行為能力回復の時から起算される（本条3項）。

（常岡史子）

（配偶者の同意のない縁組等の取消し）

第806条の2　第796条の規定に違反した縁組は、縁組の同意をしていない者から、その取消しを家庭裁判所に請求することができる。ただし、その者が、縁組を知った後6箇月を経過し、又は追認をしたときは、この限りでない。

2　詐欺又は強迫によって第796条の同意をした者は、その縁組の取消しを家庭裁判所に請求することができる。ただし、その者が、詐欺を発見し、若しくは強迫を免れた後6箇月を経過し、又は追認をしたときは、この限りでない。

本条は、民法796条の定める配偶者の同意権の確保を目的として、必要な同意を得ていない縁組、または詐欺もしくは強迫によって同意した縁組が受理されたときは、配偶者は取消しを家庭裁判所に請求できると規定する。ただし、本条の取消しは私益的取消しの性格を有し、配偶者が事後的に当該縁組に同意している場合は取消しを認めるに及ばない。そこで、本条1項ただし書・2項ただし書の場合、取消権は消滅するとする。

（常岡史子）

（子の監護をすべき者の同意のない縁組等の取消し）
第806条の3　第797条第2項の規定に違反した縁組は、縁組の同意をしていない者から、その取消しを家庭裁判所に請求することができる。ただし、その者が追認をしたとき、又は養子が15歳に達した後6箇月を経過し、若しくは追認をしたときは、この限りでない。
2　前条第2項の規定は、詐欺又は強迫によって第797条第2項の同意をした者について準用する。

本条は、民法797条2項の監護者や親権を停止された父母の同意権の確保を目的として、同意のない縁組、または詐欺もしくは強迫によって同意がされた縁組が受理された場合、当該の親は取消しを家庭裁判所に請求できると規定する。

ただし、同意のない縁組も、当該親が追認するか、または15歳に達した養子が縁組を維持する意思を有する場合（6か月の経過もしくは養子による追認）には、取消権は消滅する。なお、民法806条の2第1項ただし書と異なり、監護者や親権を停止された親についての6か月の経過は取消権の消滅事由ではない。

監護者や親権を停止された父母が詐欺または強迫により同意をした縁組の取消権も、民法806条の2第2項ただし書に準じて消滅する。

（常岡史子）

（養子が未成年者である場合の無許可縁組の取消し）
第807条　第798条の規定に違反した縁組は、養子、その実方の親族又は養子に代わって縁組の承諾をした者から、その取消しを家庭裁判所に請求することができる。ただし、養子が、成年に達した後6箇月を経過し、又は追認をしたときは、この限りでない。

民法798条は、未成年者の福祉を目的として、未成年者を養子とする縁組に家庭裁判所の許可を必要とする。許可のない縁組が受理されたときは、本条に定める者が縁組を取り消すことができる（ただし、多数説は、代諾者の取消権は、養子が15歳に達すると消滅すると解する）。養子は、意思能力があれば、未成年者であっても本条の取消しを家庭裁判所に請求できる（人訴13条1項）。なお、養子となる未成年者の保護という民法798条および本条の目的から、未成年者自身が成年に達した後に縁組を維持する意思を有するとき（6か月の経過または追認）は、本条の取消権は消滅する。

（常岡史子）

（婚姻の取消し等の規定の準用）
第808条　第747条及び第748条の規定は、縁組について準用する。この場合において、第747条第2項中「3箇月」とあるのは、「6箇月」と読み替えるものとする。
2　第769条及び第816条の規定は、縁組の取消しについて準用する。

本条1項は、養子縁組が詐欺または強迫によってされた場合、婚姻に関する民法747条に準じて、家庭裁判所に取消しを請求できることを定める。取消権者は、詐欺・強迫によって縁組をした者である。15歳未満の者の養子縁組における代諾者（民797条）が詐欺または強迫を受けた場合には、この代諾者も取消権を有すると解される。

民法747条の取消しと同じく、縁組の取消しも私益的取消しである。したがって、詐欺・強迫を受けた者が詐欺を発見し、もしくは強迫を免れた後6か月を経過し、または追認したときは、取消権は消滅する。詐欺または強迫により縁組した当事者が未成年者である場合もこれに含まれ、成年到達後6か月ではないと解される。

さらに、本条は、1項で民法748条（婚姻取消しの効果の不遡及）、2項で民法769条（離婚による復氏の際の祭祀に関する権利の承継）、民法816条（離縁による復氏等）を縁組の取消しに準用する。当該諸条文の解説参照。

（常岡史子）

第4編第3章第2節第3款　縁組の効力

（嫡出子の身分の取得）
第809条　養子は、縁組の日から、養親の嫡出子の身分を取得する。

養親子間には、縁組の日から嫡出親子関係が発生する。縁組の日とは、縁組届の受理された日を指す。また、養子は養親の血族との間においても、縁組の日から法定血族として親族関係が生じる（民727条。ただし、近親婚等の禁止に関して、自然血族と異なる定めがある。民734条1項ただし書・736条）。しかし、反対に養親と養子の血族の間には、親族関係は発生しないと解される※107。

縁組前（養子が養親の嫡出子の身分を取得する前）にできた養子の直系卑属は、養子と養親の縁組によっても養親との間に親族関係を生じない。一方、縁組後にできた養子の直系卑属と養親の間には、養親の嫡出子である養子の卑属として親族関係が発生する※108。

養子が未成年者であるときは、養親が親権者となる（民818条2項）。また、養子と養親および養方の親族との間には互いに扶養の権利義務が生じ、相続権が発生する。なお、普通養子では養子縁組によって実方との関係は断絶しない。したがって、養子に行った子と実親および実方の親族との間の扶養の権利義務や相続権は、養方のそれとともに併存する。ただし、未成年である養子の扶養義務は第一次的に養親が負うと解される。また、上述のように親権は実親から養親に移る。

（常岡史子）

（養子の氏）

第810条　養子は、養親の氏を称する。ただし、婚姻によって氏を改めた者については、婚姻の際に定めた氏を称すべき間は、この限りでない。

本条は、縁組という身分関係の変動に伴う養子の氏の変更について規定する。ただし、縁組当時すでにいる養子の直系卑属には本条は適用されない（民809条の解説参照）。この場合、たとえば養子の子の氏をその親である養子と同一にするには、民法791条による氏の変更手続が必要である（昭23･5･18民事甲934号回答）。一方、縁組後に生まれた養子の子は、本条および民法790条により、養親の氏を称する。

本条ただし書は、養子となった配偶者が婚姻によって氏を改めた者であった場合、養親の氏ではなく夫婦の氏を称することを明文で定める。なお、婚姻の際に氏を改めなかった配偶者が養子になった場合には、本条ただし書の適用はなく、この者は養親の氏を称するとともに、夫婦同氏の原則によって他方配偶者も養親の氏を称する。

養子の戸籍については、戸籍17条、18条3項、20条、23条参照。

（常岡史子）

※107　大判昭7･5･11民集11巻1062頁。

※108　大判昭19･6･22民集23巻371頁。

第4編第3章第2節第4款　離縁

（協議上の離縁等）
第811条　縁組の当事者は、その協議で、離縁をすることができる。
2　養子が15歳未満であるときは、その離縁は、養親と養子の離縁後にその法定代理人となるべき者との協議でこれをする。
3　前項の場合において、養子の父母が離婚しているときは、その協議で、その一方を養子の離縁後にその親権者となるべき者と定めなければならない。
4　前項の協議が調わないとき、又は協議をすることができないときは、家庭裁判所は、同項の父若しくは母又は養親の請求によって、協議に代わる審判をすることができる。
5　第2項の法定代理人となるべき者がないときは、家庭裁判所は、養子の親族その他の利害関係人の請求によって、養子の離縁後にその未成年後見人となるべき者を選任する。
6　縁組の当事者の一方が死亡した後に生存当事者が離縁をしようとするときは、家庭裁判所の許可を得て、これをすることができる。

Ⅰ　本条の意義

当事者は、協議によって普通養子縁組を離縁することができる（**協議離縁**）。本条は、このことを定めるとともに（本条1項）、養子が15歳未満であるときの特則（本条2項～5項）および**死後離縁**（本条6項）について規定する。協議離縁のほかに、普通養子縁組の離縁の方法として裁判離縁（民814条、人訴2条3号）、調停離縁（家事手続244条・257条・268条）、審判離縁（家事手続284条）、和解離縁・認諾離縁（人訴44条）がある。特別養子縁組の離縁は、民法817条の10による。

Ⅱ　協議離縁の要件

協議離縁は、当事者の離縁の合意（実質的要件）と届出（形式的要件）によって効力を生じる。縁組成立の場合と同様、婚姻の規定を準用する（民812条参照）。当事者の離縁意思の内容およびその存在時期については、身分行為意思一般に共通の問題として、実質的意思か届出をする意思でよいか、あるいは定型的法律効果に向けられた意思とするかを始め、婚姻、離婚、縁組の場合と同様の議論がある。

Ⅲ　養子が15歳未満の場合の協議離縁

養子が15歳未満のときは、縁組締結の場合の民法797条1項に対応して、離縁後に養子の法定代理人となるべき者が、代諾権者として養親と離縁の合意をする（本条2項）。この者が、離縁について子の福祉を判断する上で最も適しているというのがその理由である。

具体的にだれが代諾権者となるかについて、さらに本条3項から5項が規定する。すなわち、①実父母が離婚していなければ、離縁によって実父母の共同親権（実父母の一方が死亡していれば、他方の単独親権）が回復するから、この実父母が代諾権者となる（本条2項）。②実父母が離婚しているときは、子の離縁に際して親権者を定めなければならず、実父母の協議で親権者を決めることができないときは、家庭裁判所の審判による（本条3項・4項。家事手続167条・別表第2〈7〉）。③実父母がともに死亡しているか行方不明であるときは、家庭裁判所が、離縁後に養子の未成年後見人となる者を選任する（本条5項、家事手続176条・別表第1〈70〉）。なお、④養子との離縁前に養父母が離婚しているとき、親権者とならなかった養親と離縁する際は、実父母ではなく親権者である養親が代諾権者となる（昭23・6・24民事甲1899号回答）。親権者となった養親と離縁する場合には、他方の養親や実父母の親権は復活せず、未成年後見人を選任しなければならない（昭37・7・14民事甲1989号回答）。⑤養親の一方が死亡している場合、そのままでは死亡した養親との縁組が存続しているため、生存している養親と離縁するときも、実父母の親権は復活せず、未成年後見人を選任しなければならない（前掲昭37・7・14回答）。ただし、生存している養親とともに死亡した養親とも離縁するときは、便宜的に実父母が代諾権者になることができる（昭37・11・29民事甲3439号回答）。なお、死亡した養親との離縁については、後述Ⅳ参照。

養子が15歳に達していれば、自ら単独で協議離縁することができる。なお、離縁には、未成年者の縁組成立に関する民法798条のように、家庭裁判所の許可を要求する規定はない。夫婦が共同縁組をした未成年の養子との離縁については、民法811条の2の解説参照。

Ⅳ　死後離縁

縁組は、縁組当事者の一方（養親または養子）の死亡によって当然には解消されず、生存当事者と死亡当事者の親族との間の法定血族関係は存続している。本条6項は、家庭裁判所の許可を得て、この血族関係を終了させることを目的とする。したがって、本条6項の離縁は死後離縁と呼ばれるが、その本質は婚姻の死亡解消における姻族関係の終了（民728条2項）に相当する。ただしここでは、法定血族関係の終了という、より重大な効果が生じるため、生存当事者の意思表示のみならず家庭裁判所の許可審判（家事手続別表第1〈62〉）が要件とされる。

死後離縁を申し立てることができるのは、生存している養親ないし養子である。養子が15歳未満のときは、代諾権者が死後離縁の意思表示と許可の申立てをするが、だれが代諾権者となるかについて、現在の法定代理人とする説と死後離縁後に法定代理人となるべき者とする説等が対立する。

死後離縁の届出については、戸籍法70条、72条参照。

（常岡史子）

（夫婦である養親と未成年者との離縁）
第811条の2　養親が夫婦である場合において未成年者と離縁をするには、夫婦が共にしなければならない。ただし、夫婦の一方がその意思を表示することができないときは、この限りでない。

本条は、民法795条が、配偶者のある者が未成年者を養子とする場合には夫婦共同縁組をしなければならないとしたのに応じて、養親が夫婦である場合に未成年の養子と離縁するときは、原則として共同離縁しなければならないと定める。夫婦による養子の適切な養育という民法795条の夫婦共同縁組の趣旨が、縁組後の単独離縁によって潜脱されるのを防ぐことをねらいとする。なお、養父と養母が同時ではなく順次に養子と縁組をした異時縁組に対しても、離縁の時に養父母が夫婦であれば本条が適用される。夫婦の一方が心神喪失の常況にある、あるいは行方不明である等の理由により意思を表示できないときは、他の一方との単独離縁ができる（本条ただし書）。

（常岡史子）

（婚姻の規定の準用）
第812条　第738条、第739条及び第747条の規定は、協議上の離縁について準用する。この場合において、同条第2項中「3箇月」とあるのは、「6箇月」と読み替えるものとする。

本条は、成年被後見人の離縁、協議離縁の届出の方式、詐欺・強迫によってされた離縁の取消しについて、婚姻の各規定の準用を定めるものである。

成年被後見人は、成年後見人の同意なくして協議離縁をすることができる（民738条の準用）。また、協議離縁は、戸籍の届出をすることによって効力を生じる（民739条の準用）。これは創設的届出である。なお、調停離縁、審判離縁、裁判離縁、和解離縁、認諾離縁も届出を要するが、これらは報告的届出である。婚姻の場合と同様に、通説は協議離縁の届出を成立要件と解する（民739条の解説参照）。本条の準用する民法739条2項の趣旨も、婚姻の場合と同様である（民739条の解説参照）。

詐欺または強迫によって協議離縁した者は、離縁の取消しを家庭裁判所に請求できる（民747条の準用。ただし同条2項の期間は「6箇月」となる。人訴2条3号）。なお、離縁意思を欠くときは、協議離縁の届出がされても離縁は無効である（民742条・802条の類推適用。人訴2条3号）。

（常岡史子）

（離縁の届出の受理）

第813条　離縁の届出は、その離縁が前条において準用する第739条第2項の規定並びに第811条及び第811条の2の規定その他の法令の規定に違反しないことを認めた後でなければ、受理することができない。

2　離縁の届出が前項の規定に違反して受理されたときであっても、離縁は、そのためにその効力を妨げられない。

本条は、離縁の届出の受理要件とそれを欠く離縁届が受理された場合の効力について規定する。離縁意思を欠く届出がされても離縁は無効である。したがって、本条1項の規定する要件は、民法811条については、①届出において縁組当事者が離縁当事者となっていること（民811条1項）、②養子が15歳未満の場合、適法な代諾権者が離縁の届出をしていること（民811条2項～5項）、③死後離縁について家庭裁判所の許可があること（民811条6項）、民法811条の2については、養親が夫婦で養子が未成年者の場合、夫婦が共同で離縁の届出をしていること等を指す。

本条1項の定める要件を欠いた届出であっても、受理されると離縁は有効に成立する（無効や取消しにはならない）。さらに、家庭裁判所の許可を欠く死後離縁が誤って受理された場合について、戸籍実務はこれを有効とする（昭28・11・5民事甲2045号回答）が、学説は分かれる。

（常岡史子）

（裁判上の離縁）
第814条　縁組の当事者の一方は、次に掲げる場合に限り、離縁の訴えを提起することができる。
一　他の一方から悪意で遺棄されたとき。
二　他の一方の生死が3年以上明らかでないとき。
三　その他縁組を継続し難い重大な事由があるとき。
2　第770条第2項の規定は、前項第1号及び第2号に掲げる場合について準用する。

Ⅰ　本条の意義

本条は、裁判離縁につき、**具体的離縁原因**として「悪意の遺棄」と「3年以上の生死不明」、**抽象的離縁原因**として「その他縁組を継続し難い重大な事由」を定める。そして、前者の2個の具体的離縁原因は、後者の抽象的離縁原因の例示と解されている。したがって、裁判離縁では縁組関係の破綻が重視され、たとえば「悪意の遺棄」のみでは不十分で、それが縁組の回復不能な破綻をもたらしているときに離縁原因となるとされる。破綻の認定において、未成年養子では養子の養育・監護、成年養子では縁組によって達成しようとした目的の実現可能性が考慮事由となる。

Ⅱ　離縁原因

本条1項1号の「悪意の遺棄」について、同居義務違反を念頭に置く離婚原因の場合とは異なるものであり、扶養義務の不履行であると解する見解と、より広義に捉えて、扶養義務違反か同居義務違反かにとらわれず、物質的・精神的な親子としての共同生活関係を正当な事由なく廃棄することと解する見解に分かれる。親子関係は、夫婦の関係よりも多様であり、法律上の義務違反という観点から一律に捉えることは難しいことから、後者が、判例[※109]・学説の大勢となっている。

本条1項3号の抽象的離縁原因につき、判例は、主観的および客観的事情を総合的に判断して、養親子関係が回復し難い程度に冷却・破綻している場合に、「縁組を継続し難い重大な事由」があるとする[※110]。判例で扱われた具体的なケースとして、家業の承継を目的とする縁組における養子と養親の不和・対立、当事者間の暴力行為や虐待・重大な侮辱、性格・価値観の不一致、金銭的トラ

※109　大判昭13·3·24民集17巻499頁ほか。
※110　最二小判昭60·12·20家月38巻5号53頁ほか。

ブルなどがある。なお、離婚原因に関する民法770条と異なり、本条は当事者の精神病を具体的離縁原因に挙げていないが、これは本条1項3号の「縁組を継続し難い重大な事由」の判断に際して考慮の対象となりうる。

Ⅲ　有責当事者の離縁請求

有責な縁組当事者からの離縁請求が認められるかにつき、判例はこれを否定して消極的破綻主義を採っており※111、現在まで離婚の場合のような判例※112変更はされていない。ただし、離婚に関し積極的破綻主義に転じた昭和62年判決後の下級審の裁判例には、10年を超える破綻期間のケースで有責当事者からの離縁請求を認めたものがある※113。学説では、客観的に養親子関係が破綻している場合、縁組当事者は有責・無責を問わず離縁請求できるとする説、縁組の目的を重視し、これを達成することができないような事由があるときは離縁できるとする説等が主張されている。

本条2項は、本条1項1号・2号の場合について離縁の裁量棄却事由を定めたものである。民法770条2項の解説参照。

（常岡史子）

（養子が15歳未満である場合の離縁の訴えの当事者）
第815条　養子が15歳に達しない間は、第811条の規定により養親と離縁の協議をすることができる者から、又はこれに対して、離縁の訴えを提起することができる。

本条は、協議離縁に関する民法811条2項から5項に応じ、養子が15歳未満の場合は、離縁後養子の法定代理人となるべき者が、訴訟代行者として離縁の訴えの原告または被告となることを定める。訴訟代行者の法的地位は、自ら訴訟の当事者となる**訴訟代位**と解されている。

養子が15歳に達しているときは、未成年者であっても、意思能力を有する限

※111　最三小判昭39・8・4民集18巻7号1309頁ほか。

※112　最大判昭62・9・2民集41巻6号1423頁（有責配偶者からの離婚請求を一定の条件の下で認める）参照。最二小判昭40・5・21家月17巻6号247頁は、養親子間の関係が実質的に破壊されているときは、その原因が全面的にまたは主として離縁を求める者にある等、その者からの離縁請求が著しく正義に反するような特段の事情のない限り、この離縁請求は認められるとする。

※113　東京高判平5・8・25家月48巻6号51頁。

り単独で離縁の訴えを提起することができる（人訴13条）。

（常岡史子）

（離縁による復氏等）
第816条　養子は、離縁によって縁組前の氏に復する。ただし、配偶者とともに養子をした養親の一方のみと離縁をした場合は、この限りでない。
2　縁組の日から7年を経過した後に前項の規定により縁組前の氏に復した者は、離縁の日から3箇月以内に戸籍法の定めるところにより届け出ることによって、離縁の際に称していた氏を称することができる。

本条1項は、**親子同氏の原則**（民810条）の下で改氏した養子につき、離縁によって縁組が解消されたときは、原則として復氏することを定める。ただし、養親が夫婦共同縁組の場合において、養子がその一方とのみ離縁するときは復氏しない（本条1項ただし書）。

本条2項は、長年、養親の氏を称してきた養子の利益の保護を目的として、離縁に際しての**縁氏続称**を認める（戸籍73条の2参照）。同項は、離婚の際の婚氏続称に関する民法767条と同趣旨であるが、縁氏の場合、とくに7年の期間の経過が要件とされる。その理由として、氏変更を目的とした縁組の濫用の防止と縁組が短期間の場合の縁氏続称の必要性の低さが挙げられている。

（常岡史子）

（離縁による復氏の際の権利の承継）
第817条　第769条の規定は、離縁について準用する。

本条は、祭祀財産の承継に関する国民感情に配慮し、離婚の場合と同じく、養子が祭祀に関する権利を承継した後に離縁し復氏したときは、当事者その他の関係人が協議で新たに祭祀財産を承継する者を定め、協議が調わないときは家庭裁判所がこれを定める（家事手続163条・別表第2〈6〉）とする。なお、離縁による復氏がないとき（民816条1項ただし書）等は、本条の対象とならない。

（常岡史子）

第4編第3章第2節第5款　特別養子

（特別養子縁組の成立）

第817条の2　家庭裁判所は、次条から第817条の7までに定める要件があるときは、養親となる者の請求により、実方の血族との親族関係が終了する縁組（以下この款において「特別養子縁組」という。）を成立させることができる。

2　前項に規定する請求をするには、第794条又は第798条の許可を得ることを要しない。

I　特別養子制度の意義

本款の定める特別養子制度は、1987（昭和62）年の民法の一部改正によって新設されたものである。それまでの民法の養子制度（普通養子。民792条～817条）に対する特別養子の大きな特徴は、①家庭裁判所の審判によって縁組が成立すること（本条）と、②実方の血族との親族関係が終了すること（本条・民817条の9）にある。

わが国では、従来から、家の後継ぎの確保や親の扶養、再婚の場合の親子関係安定のための方法として養子縁組がしばしば用いられてきた。それに対して、特別養子は、養子となる者について、制度の導入時に原則として6歳未満という年齢制限を設けていた（(旧) 民817条の5）ことからもうかがえるように、保護を要する乳幼児に養親を確保し、法律上の親子関係を創設することを目的とする制度である。わが国に、このような特別養子制度が導入された直接的なきっかけは、菊田医師事件（産婦人科医である菊田昇医師が、中絶を希望する女性を説得して、生まれた子を虚偽の出生証明書により他人夫婦の子として届け出る斡旋をしていたことを公表し、普通養子制度の問題点を明らかにして、実子特例法の制定を求めた）である。しかし、それのみならず、古くから行われていた藁の上からの養子の慣行にみられる国民感情や、子のための養子を旨とする諸外国の断絶型養子制度の影響が、特別養子制度導入の背景にはある。

しかし、このような特別養子制度は、その目的に反して必ずしも十分に利用されておらず、たとえば2018(平成30)年度の普通養子縁組の成立件数が113,824件であるのに対して、同年度の特別養子縁組の成立の審判の認容件数は624件であった。そこで、2019（令和元）年6月に民法が改正され（令和元年法律34号。2020（令和2）年4月1日施行)、対象となる養子の年齢の原則15歳未満への引上げや家庭裁判所の審判手続の2段階化等が行われている。そこでは、特別養子縁組に関する審判は、**特別養子適格の確認の審判**と**特別養子縁組の成立の審**

判からなり、前者の審判が確定すると、養子の父母は後者の審判には関与しないものとされる（家事手続164条）。

なお、本款の規定は特別養子に関する縁組の特則であり、その趣旨に反しないものについては、普通養子その他の規定（民793条・809条・810条等）の適用がある。

Ⅱ　家庭裁判所の審判

普通養子縁組が縁組当事者の合意と届出（**創設的届出**）によって成立するのに対し、特別養子は、養親となる者の請求に基づき、家庭裁判所の審判で成立する（家事手続3条の5・164条・別表第1〈63〉。この場合の特別養子縁組に関する戸籍の届出は**報告的届出**である。戸籍68条の2）。これは、特別養子が子の福祉を目的とすることに鑑み、家庭裁判所にその調査と判断を委ね、国家による養親子関係の形成を認めたものである。その際、民法817条の3、817条の4、817条の5、817条の6、817条の7までの要件が具備されていなければならない（本条1項）。

ただし、これらの要件を欠くにもかかわらず特別養子縁組成立の審判がされ確定したときは、原則としてその審判は形成力を生じ、縁組が有効に成立すると解されている。したがって、たとえば民法817条の6に反して実父母の同意を得ていなかった場合も、それを看過して縁組認容の確定審判がなされたときは、縁組は有効に成立するとするのが判例である[※114]。

なお、2019（令和元）年の特別養子制度の改正により、特別養子縁組の審判は成立の審判と許可の審判からなるとされるに至っている（家事手続3条の5。特別養子縁組をすることについての許可の審判では、実親の同意の有無や実親の監護の不適当性等が審理される。民817条の6・817条の7の解説参照）。

特別縁組の審判の申立権者は養親となる者であり、この者の請求が縁組成立の要件でもある。したがって、第三者による請求も、家庭裁判所の職権による縁組成立も認められない。

なお、特別養子は家庭裁判所の審判によって成立するものであるから、普通養子において家庭裁判所の許可を要件とする民法794条、798条の適用はない（本条2項）。

（常岡史子）

※114 ただし、準再審の申立ては可能とされる。（旧）家審7条、（旧）非訟25条、民訴349条、（旧）民訴429条。最二小判平7・7・14民集49巻7号2674頁、最三小判平10・7・14家月51巻2号83頁（最二小判平7・7・14民集49巻7号2674頁の第2次上告審）参照。

（養親の夫婦共同縁組）
第817条の3　養親となる者は、配偶者のある者でなければならない。
2　夫婦の一方は、他の一方が養親とならないときは、養親となることができない。ただし、夫婦の一方が他の一方の嫡出である子（特別養子縁組以外の縁組による養子を除く。）の養親となる場合は、この限りでない。

保護を要する子の監護を目的とする特別養子制度の趣旨から、本条は、縁組に際して養親が夫婦でなければならないこと、そして**夫婦共同縁組**をすべきことを定める。夫婦の一方が、他方の嫡出子の養親となる場合は、一方のみの単独縁組であっても子にとって両親が夫婦ともに嫡出の親子関係となるのであるから、夫婦共同縁組の必要はない。ただし、当該嫡出子が他方配偶者の普通養子であるときは、特別養子と普通養子の効果の相違、親子関係安定の要請に鑑み、原則通り夫婦共同で特別養子縁組をするべきものとされている（本条2項ただし書。なお、同項には、配偶者が意思を表示できない場合に単独縁組を認める民795条ただし書の例外はない）。また、夫婦の一方が他方配偶者の婚外子を特別養子とするときは、夫婦ともに子と嫡出親子関係を形成するという本条の趣旨により、夫婦共同縁組を要する。

（常岡史子）

第4編第3章

（養親となる者の年齢）
第817条の4　25歳に達しない者は、養親となることができない。ただし、養親となる夫婦の一方が25歳に達していない場合においても、その者が20歳に達しているときは、この限りでない。

本条は、民法792条に対する特別養子の特則である。養親と養子の間に実親子に相当する関係を作るという制度趣旨に基づき両者の間に相応の年齢差を設け、また、一定程度成熟した養親による確かな養育をねらいとするものである。なお、養親となる夫婦のいずれかが25歳に達しているときは、他の一方は20歳以上であればよい（本条ただし書）。養親の年齢の上限については、民法817条の7における子の利益のための特別の必要性の判断の中で考慮される。

（常岡史子）

（養子となる者の年齢）
第817条の5　第817条の2に規定する請求の時に15歳に達している者は、養子となることができない。特別養子縁組が成立するまでに18歳に達した者についても、同様とする。
2　前項前段の規定は、養子となる者が15歳に達する前から引き続き養親となる者に監護されている場合において、15歳に達するまでに第817条の2に規定する請求がされなかったことについてやむを得ない事由があるときは、適用しない。
3　養子となる者が15歳に達している場合においては、特別養子縁組の成立には、その者の同意がなければならない。

本条は、養子の年齢の上限に関する特則であり、実親子に相当する関係を養親子間に作るという特別養子制度の趣旨を実効性あるものとするために設けられた。2019（令和元）年6月の民法改正（令和元年法律34号）前の規定は、6歳を養子の年齢の原則的上限としていた。しかし、児童福祉の現場からは、より年長の子についても特別養子制度の利用を可能とするべきであるとの声が高く、年齢引上げの改正が行われた。

現行規定によれば、養子となる者は特別養子縁組の成立の審判の申立て時に15歳未満であることを原則とする。ただし、15歳に達する前から養親となる者が当該子を養育しており、かつ15歳に達するまでに特別養子縁組の成立の審判の申立てがされなかったことについてやむをえない事情があるときは、15歳以上の子についても特別養子縁組を行うことができる。その場合でも、特別養子縁組成立の時点で養子が18歳未満であることを要する。なお、15歳が基準とされているのは、普通養子縁組について15歳以上であれば自ら縁組ができる（民797条）ことを考慮したものとされる。

養子となる者が15歳に達しているときは、特別養子縁組を成立させるには当該子の同意を要する。

（常岡史子）

（父母の同意）
第817条の6　特別養子縁組の成立には、養子となる者の父母の同意がなければならない。ただし、父母がその意思を表示することができない場合又は父母による虐待、悪意の遺棄その他養子となる者の利益を著しく害する事由がある場合は、この限りでない。

I　本条の意義

子が特別養子となると、養子とその実方の血族との親族関係が終了するという効果（民817条の9）が生じる。そこで、本条は、養子となる者の父母の同意を特別養子縁組成立のための要件としたものである。

2019（令和元）年6月の民法改正（令和元年法律34号）で、特別養子縁組は、**特別養子適格の確認の審判**と**特別養子縁組の成立の審判**の2段階の手続で行われることとなった（家事手続164条の2）。特別養子適格の確認の審判では、本条の父母の同意の有無と民法817条の7の父母による子の養育状況について判断する。この審判の確定後、養親となる者は養子となる者の試験的な監護（民817条の8）を行うことができる。

Ⅱ　父母の同意

父母の同意は、特別養子適格の確認の審判がされる時にあればよい。父母全員の同意を要するため、特別養子となる者に実父母、養父母がいるときは、これらの者すべての同意が必要であり、当該父母が親権者か否かを問わない。なお、父母でない者（親権の代行者（民833条）、未成年後見人）の同意は不要と解されている。ただし、これらの者を含む関係人の陳述の聴取はしなければならない（家事手続164条の2第6項）。認知されていない婚外子については、事実上の父の同意を要せず、実母の同意で足りる。ただし、2019（令和元）年の改正前のものであるが、事実上の父と主張する者が、戸籍上の父と子の親子関係の存在を争っている場合、この事実上の父を子の特別養子縁組の審判に関与させず、成立の審判をしたことは、確定した縁組認容審判の準再審事由になりうるとした判例がある※115。

例外として、父母の同意を要求することが養子となる者の利益に反する場合には、同意は不要である。父母が意思を表示できないとき、子の虐待、悪意の遺棄等があるときがそれにあたる（本条ただし書）※116。なお、父母がした同意は、それが養子の出生の日から2か月経過後にされたものであり、かつ特別養子適格の確認の審判の審問の期日等においてされた場合、同意から2週間を経過すると撤回することができない（家事手続164条の2第5項）。

（常岡史子）

第4編第3章

※115　最二小判平7・7・14民集49巻7号2674頁、最三小判平10・7・14家月51巻2号83頁（民817条の2の解説Ⅱ）参照。

※116　実親が子の安定した監護環境を用意せず、明確な将来計画を示せないまま、将来の子の引取りを求めることは、民817条の6ただし書・817条の7等の要件を満たしているとはいえないとする裁判例（東京高決平14・12・16家月55巻6号112頁）がある。

（子の利益のための特別の必要性）

第817条の7　特別養子縁組は、父母による養子となる者の監護が著しく困難又は不適当であることその他特別の事情がある場合において、子の利益のため特に必要があると認めるときに、これを成立させるものとする。

本条は、特別養子縁組の成立には、子の利益のためにそれを必要とする特別の事情があることを判断基準として規定する。

民法817条の3、817条の4、817条の5、817条の6の要件を満たす場合において、特別養子縁組成立のためには、さらに父母による監護の著しい困難または不適当その他特別の事情があること、そして子の現在の養育関係を終了させて、養父母が親権者として子の監護・教育を行うことに鑑み、子の利益のため特別の必要性があることを判断基準とするべきことを、本条は明文で定める。本条の要件の有無は、特別養子適格の確認の審判において判断される。

父母による著しい監護困難または不適当とは、特別養子を成立させることが妥当と考えられる特別の事情の例示であるとされる。監護の困難や不適当がなくても、縁組成立を相当とする「その他特別の事情」が認められる場合がある（たとえば、連れ子養子の場合。民817条の3第2項ただし書参照）。

（常岡史子）

（監護の状況）

第817条の8　特別養子縁組を成立させるには、養親となる者が養子となる者を6箇月以上の期間監護した状況を考慮しなければならない。

2　前項の期間は、第817条の2に規定する請求の時から起算する。ただし、その請求前の監護の状況が明らかであるときは、この限りでない。

家庭裁判所が特別養子縁組の成立の審判をするにあたって、養親が養子を監護養育する適格性を備えているか、また、養親と養子の間に円滑で安定した生活を営むための適合性があるかを判断する手がかりとするため、本条は、養親となる者による6か月以上の試験養育期間の状況を考慮すべきことを定める。したがって、縁組成立の審判をするには、手続上、この期間を置くことが要件となる。

試験養育期間の起算点は、家庭裁判所に対する縁組成立の請求の時である。ただし、それ以前から養親となる者による監護が行われていて、児童相談所の資料等によりその状況が家庭裁判所に明らかとなるときは、請求前の監護期間を含めて試験養育期間を算定してよい（本条2項ただし書）。

（常岡史子）

（実方との親族関係の終了）

第817条の9　養子と実方の父母及びその血族との親族関係は、特別養子縁組によって終了する。ただし、第817条の3第2項ただし書に規定する他の一方及びその血族との親族関係については、この限りでない。

I　本条の意義

養親子間に実親子と同様の関係を作り出し、子のために安定した養育環境を与えるという目的の下、特別養子縁組は、養子の実方の父母および血族との親族関係の終了という効果をもたらす。この効果は、特別養子縁組の成立の審判が確定した時から将来に向かって生じる。ただし、親族関係の終了は、相続や扶養等法律上の関係に関するものであり、生物学的な血縁関係が存在することまで否定するものではない。したがって、特別養子縁組成立後も近親婚の禁止の婚姻障碍は残る（民734条2項・735条）。

II　本条の効果

本条にいう「実方の父母」には、養子の実父母とともに、転縁組の場合の前の養父母も含まれる。なお、未認知の子が特別養子となった後に、子の実父が認知できるかについては、本条の趣旨から否定されている※117。

夫婦の一方が他方配偶者の嫡出子の養親となるときは、単独縁組で足りる（民817条の3第2項ただし書）。そして、この場合は、一方配偶者と子との特別養親子関係と、他方配偶者と子との従来からの嫡出親子関係を併存させ、夫婦が共同して子の養育を行うことが特別養子制度の趣旨にかなう。そこで、この場合は、本条本文の例外として養親の配偶者である実方の親側との親族関係は終了しない（本条ただし書）。

特別養子縁組によるその他の効果について、民法809条、810条、818条2項、727条等参照。戸籍の届出について、戸籍法68条の2、20条の3、18条3項等参照。

（常岡史子）

※117　最二小判平7・7・14民集49巻7号2674頁参照。

（特別養子縁組の離縁）
第817条の10　次の各号のいずれにも該当する場合において、養子の利益のため特に必要があると認めるときは、家庭裁判所は、養子、実父母又は検察官の請求により、特別養子縁組の当事者を離縁させることができる。
　一　養親による虐待、悪意の遺棄その他養子の利益を著しく害する事由があること。
　二　実父母が相当の監護をすることができること。
2　離縁は、前項の規定による場合のほか、これをすることができない。

Ⅰ　本条の意義

実親子関係を終了させ、養親子間にこれと同様の嫡出親子関係を作り出すことを目的とする特別養子縁組は、原則として離縁できない。しかしながら、養親による虐待や悪意の遺棄等により養親子関係を存続させておくことが子の福祉に著しく反する場合、**転縁組**という方法（いったんある夫婦の特別養子となった子をさらに他の夫婦の養子にして、前の養親子関係を終了させる）のほかに、実親が養親に代わって子の監護をすることができるときは、特別養子縁組を離縁によって解消し、実親との間に法律上の親子関係を復活させることが考えられる。本条は、このような趣旨から、一定の場合に家庭裁判所が、養子、実父母または検察官の請求によって特別養子と養親を離縁させることができるとする。協議離縁（民811条）や裁判離縁（民814条）は、特別養子ではすることができない（本条2項）。

Ⅱ　離縁の要件および手続

特別養子縁組の離縁は、本条1項1号・2号をいずれも満たし、かつ養子の利益のためとくに必要があると認められることを要件とする。

「養親による虐待、悪意の遺棄その他養子の利益を著しく害する事由があること」という要件は、特別養子縁組成立に父母の同意を要しない場合に関する民法817条の6ただし書と同趣旨と解されている。また、夫婦共同縁組の原則（民817条の3）から、特別養子では、離縁も、連れ子養子の場合を除いて養父母の一方とのみ行うことはできず、養親双方について離縁の申立てをすることを要する。この場合、本条1項1号の要件との関係では、一方の養親に虐待等の事由があるときは、他方の親についても、養子を保護できなかったという点でこの要件を満たすと考えられる。なお、養父母の一方がすでに死亡しているときは、生存している養親についてこの要件が判断される。

本条1項柱書および2号の「実父母」とは、特別養子縁組が成立する前に子と実親子関係にあった者をいう。したがって、転縁組の場合の前縁組の養父母は含まれない。

なお、本条の離縁は、養子が未成年者であるときにその適切な監護の確保を目的とするものである。したがって、養子が成年に達したときは対象とならない（養子の成年到達後、特別養子縁組を離縁する方法は法律上置かれていない）。

離縁の申立権を有するのは、本条に定める者のみである。養子は、15歳未満であっても意思能力を有していれば単独で離縁を請求できる。養子が意思能力を有していない場合、法定代理人が離縁の請求をすることはできない（民815条の適用はない）。

特別養子縁組の離縁の審判手続について、家事手続165条、別表第1〈64〉、戸籍法73条等参照。

（常岡史子）

（離縁による実方との親族関係の回復）

第817条の11　養子と実父母及びその血族との間においては、離縁の日から、特別養子縁組によって終了した親族関係と同一の親族関係を生ずる。

特別養子縁組の離縁によって、養子と養親およびその血族との親族関係が終了する（民729条参照）のに伴い、養子と実父母およびその血族との間には、特別養子縁組によって終了したのと同一の親族関係が再び生じる。「実父母」に養父母は含まれないため、たとえば、特別養子縁組が転縁組であった場合の前縁組における養父母やその親族との関係は、後の特別養子縁組の離縁によっても復活しない。また、特別養子縁組によって終了したのと同一の親族関係が生じるのであるから、特別養子縁組成立前に婚外子であった子は、離縁によって再び婚外子（非嫡出子）となる。したがって、実父による任意認知や子の側からの裁判認知の訴えが可能となる。

離縁によるその他の効果については、民法818条1項、戸籍法19条等参照。

（常岡史子）

第４編第４章　親権

〔前注〕

Ⅰ　親権概念とその意味

親権という概念は、歴史的にはローマ法の家長権（patria potestas）に由来する父の権利（**父権**）として生成した。この父権の内容は、その後、ローマ法的な絶対的支配権的性格のものとゲルマン的な支配的・保護的性格を併せ持つものとの２つの系統に分かれていたが、近代に至って後者の要素がより強く意識されるようになっていった。同時に18世紀から19世紀に至って、子を父親の所有物とするローマ法以来の考え方にも変化がみられ、子のための親権という思想の下で、親権は子を監護する親の権利のみならず義務でもあると捉えられるようになった。そこでは依然として親による支配権という性格は残り、親の権利の側面に軸が置かれていたものの、たとえば、父権に代えて親権（elterliche Gewalt）という概念を採用したドイツ民法典（1900年施行。ただし、父を第一次的な親権者とし、母に第二次的にのみ親権を認めた）では、子に対する後見に親権の重要な意味があることが認識されていた。

19世紀後半以降、産業革命の進展に伴い、未成年労働者の保護や要保護児童の福祉が社会的課題となるに及んで、国家が親に代わって子の利益のために一定の役割を果たすべきであるとする考え方が広まった。そこでは、**リーガル・パターナリズム**という思想の下、国家が、法によって子に対する親の権利に制約を課し、子の保護を親の義務とするという方向性が示されることとなった。

20世紀に入ると、各国で親権法の改革が行われ、父母に同等に親権を認めて両者による共同行使を原則とするとともに、親権行使における子の利益が強調されるようになる。また、「親権」という用語に関しても、次第にこれを廃して、子のための権限であることを示す文言が導入されていった。その結果、たとえば、イギリスではparental responsibility（親の責任）、ドイツではelterliche Sorge（親による配慮）という語が用いられるに至っている。

Ⅱ　日本における親権概念

日本では、明治民法制定に際してフランス法、ドイツ法の親権法に範がとられたこともあって、子のための親権という発想を全く知らないものではなかった（(旧）民879条は、親権が父母の権利であるとともに義務であることを謳う）。しかし、家父長制的伝統の下で家制度が親族法・相続法の根幹とされたことにより、親権も、家制度の規律維持を旨とし、家や親のために行われる子に対する権利という性格を色濃く有していた。

第二次世界大戦後、1947（昭和22）年の民法改正で家制度が廃止されたことに伴い、親権法も、民主的で平等な家族における制度へと一気に転換され、子のための親権がそこでの理念とされるに至った。ただし、条文の文言中には、明治民法の親権規定の残滓がままみられ（たとえば、（旧）民822条に「懲戒場」に関する規定が置かれていたが、これは2011（平成23）年の民法の一部改正で改められた）、また、「親権」という言葉もそのまま用いられている。

そこで、上述Ⅰの諸外国での親権概念の扱い、および日本の状況に鑑み、現行親権法の理解にあたっては、以下の点に留意が必要である。まず、日本の民法はなお「親権」という表現を用いているが、そこでの解釈においては、子の利益、子の福祉が根幹となっている。具体的な条文としては、従来から、親権者変更について「子の利益のため必要がある」ことを要件とする民法819条６項等があったが、2011（平成23）年の民法の一部改正で民法820条に親権行使が子の利益のためのものであることが明記され、子の利益は広く家庭裁判所の実務や判例・学説における判断基準として重視されることが明らかとなった。また、親権行使において念頭に置かれる「子の利益」の実現は、親の子に対する責任にとどまらず、社会・国家に対する責務の側面を持ち、親権は後見的・社会的な性格を有するものであることも指摘されている。たとえば、親権喪失制度（民834条）は、親による虐待等がある場合、民法の一制度というにとどまらず、児童相談所等諸機関との連携における運用が要請され、家庭裁判所を通じて国家による後見的な見地からの対応がされることになる。

さらに、利益や福祉について配慮されるべき子自体について、近年、「保護の客体としての子ども」から「権利の主体としての子ども」へとその位置づけに変化がみられる。そして、後者の考え方に立つものとして日本を始め各国の法制に影響を与えているのが、1989（平成元）年に国連総会で採択された児童の権利に関する条約（子どもの権利条約）である。日本も1994（平成６）年に批准したこの条約は、子どもを単なる保護の対象ではなく、自立し、自律・自己決定できる存在と捉え、大人と同様の市民的自由を享受する主体としてその権利に関する条項を置く（自由権的権利について児童約12条～16条、社会的権利について児童約24条・26条～28条等）。そこでは、子の最善の利益の考慮（児童約３条）や意見表明権（児童約12条）が一般原則として掲げられる。また、親と国家それぞれの位置づけについて、父母ないし法定保護者が子の保護について第一義的責任を負い（児童約５条・18条１項）、このことは子の権利でもあること（児童約７条）、国家は、子の監護を監視・援助し、親らによる保護が与えられないときに二次的にそれを自ら担うこと（児童約19条～21条）とされている。

日本でも、親権者や監護者の指定等に際して子が満15歳以上であるときは、家庭裁判所は子の陳述を聴かなければならないとして（家事手続169条）、子に意見表明の機会を確保する等、子の自律を尊重する姿勢を示す。また、親権における親の法的地位について、親を第一義的な責任者とし、親が子の養育・保護の義務を遂行するにあたって他人の妨害を受けない権利という意味において、親権が捉えられるようになってきている。子を単なる保護の対象にとどめず、主体的な権利の享受者と位置づける世界的傾向の下、日本でも、今後、そのような理解が親権法全般にどのように影響してくるかが注視されよう。

（常岡史子）

第４編第４章第１節　総則

〔前注〕

明治民法では、家制度の下で親権は戸主権と密接に結びついていた。子は、第一次的に「家ニ在ル父」の親権に服するものとされ、父が知れないとき、死亡したとき、家を去ったときまたは親権を行うことができないときに、「家ニ在ル母」が第二次的に親権者となると規定して（(旧）民877条)、母に対する父の優位を認めた。そして、母が重要な財産行為に関して親権を行使する際には親族会の同意を要するものとし（(旧）民886条・887条)、また、母に子の財産管理の辞退を許していた（(旧）民899条)。ただし、親権自体については父母ともに辞退は認められず（父には財産管理のみの辞退も認められない)、親権は親に強制的に帰属するものとされていた。一方、親権に服する者も、未成年の子のみならず、独立の生計を立てない成年者も含むとされた（(旧）民877条1項)。

それに対して、現行法は、未成年子のみを親権の対象とし、父母に同等に親権を認めて、父母の婚姻中はその共同行使を原則とする（民818条)。また、やむを得ない事由がある場合、父母はいずれも、家庭裁判所の許可を得て財産管理権のみならず親権も辞退することができるとしており（民837条)、明治民法下の親権から、むしろ子の後見的なものへとその性質を大きく変化させている。

【コラム】　親権・後見統一論

第二次世界大戦後、親権の主眼が子の保護と監護にあるとするならばそれはむしろ後見というべきものであって、親権という用語および制度を廃止し、後見人と同列に規定するべきであるとの提案が中川善之助教授によってされた※1。これを受けて、1959（昭和34）年に公表された「法制審議会民法部会小委員会における仮決定・留保事項（その二）」では、「第三十九　親権という概念ないし制度の存廃について、左の諸案あり、なお検討する。（一）親権を存続させる案　　甲案　現行法どおりとする案　　乙案　現行第七百六十六条の監護権を強化する案　　丙案　親権は身上監護権を本質的内容とするものとし、必要ある場合には財産管理権を親権者以外の者に行わせることができるものとする案　　（二）親権という概念ないし制度を廃止する案　　丁案　親権という統一的概念を廃止し、身上監護権と財産管理権とに分ける案　　戊案　親権という制度を廃止し、後見制度に統一する案」が、今後の検討課題として示された。その後、親権廃止・後見統一論に賛成する見解がいくつかみられたものの、具体的改正への大きなうねりとなることはなく現在に至っている。

ただし、親権・後見統一論が、戦後における個人の尊厳と両性の本質的平等を旨とした民法の出発点において、親権から親の権威という色彩を払拭し、子のための制度であることを体現しようする1つの主張と位置づけられていることは注目に値しよう。また、親権の後見性・社会性が強調される昨今において、親権に対する国家の後見的監督の可能性や監護権・財産管理権の理解に関し、この提案が現在なお示唆深いものであることも指摘されている。

（常岡史子）

（親権者）
第818条　成年に達しない子は、父母の親権に服する。
2　子が養子であるときは、養親の親権に服する。
3　親権は、父母の婚姻中は、父母が共同して行う。ただし、父母の一方が親権を行うことができないときは、他の一方が行う。

I　本条の意義

本条は、親権に服する者は未成年の子であること、父母が対等に親権者となること（本条1項）、養子については養親の親権に服すること（本条2項）、父母

※1　中川善之助「親権廃止論――附・親権後見統一法私案」法律時報31巻10号（1959年）4頁。

の婚姻中は**親権の共同行使**が原則であること（本条3項）を規定する。親権の対象から成年子をはずし未成年子に限ることで、親権の支配的性格を排して、子のためのものであることを示す。また、父母を親権者として同等のものと扱い、現行法における両性の本質的平等を反映する。なお、父母の共同親権の例外として単独親権となる場合について、本条3項ただし書（父母の一方が親権を行うことができないとき）と民法819条（父母の離婚や非嫡出子の場合）が規定する。

Ⅱ　親権に服する子

親権に服するのは、成年に達しない未成年子である。出生後20年目の誕生日の前日までが、未成年者とされている（民4条、年齢計算1条)。なお、民法の一部改正（平成30年法律59号）により、2022（令和4）年4月1日から成年年齢は18歳となる。

2022（令和4）年施行前の民法では、婚姻により民法753条の成年擬制を受ける子は、成年に達したとみなされるため、父母の親権が終了した。擬制を受ける子が成年になる前に婚姻解消した場合にも、原則として成年擬制の効果は消滅せず、再び父母の親権に服することはないと解されていた（多数説)。ただし、例外的に、婚姻適齢（民731条）に達しないために婚姻が取り消された場合には、成年擬制の効果が消滅した（婚姻適齢に達していない当事者についてのみ消滅）※2。

成年年齢の引下げとともに婚姻適齢も男女とも18歳へと改正され、成年擬制に関する規定は削除された。

未成年者が事理弁識能力を欠く常況にあることにより成年後見開始の審判を受けたとき後見人が付されるか、その場合、親権者の親権は消滅するかについて、学説は分かれている。後見人と親権者の職責の相違に鑑み、両者の併存を認める見解が有力である。

Ⅲ　親権者

1　親権者という概念

親権者となる者は子の父母である。ここにいう「父母」とは、法律上の親子関係が存在する者を指す。したがって、戸籍に父母と記載されていても、虚偽の嫡出子出生届に基づく藁の上からの養子などの場合には、戸籍上の父母は法律上の親ではなく、親権者となりえない※3。

※2　昭30･5･28民二発201号回答、昭31･2･18民二発60号回答。

※3　大判昭15･5･11新聞4572号10頁、最二小判昭27･10･3民集6巻9号753頁。

なお、民法では「親権者」(民819条等）と「親権を行う者」(民820条以下）という2つの語が用いられている。そこで、有力説は、前者は親権者たりうる資格（権利能力に相当する）を持つ者を指し、後者は親権を行使しうる資格（行為能力に相当する）を持つ者をいうと捉えて、両者を区別する。この説では、本条1項により父母は常に親権者であって、子が普通養子である場合の実親や、父母の離婚または婚外子の場合において親権を行わない父母の一方も、親権者たる資格は失うことなく保有しており、特別な事情によって親権を行使する能力が制限・停止されているにすぎないと説く。この説は、単独親権者である父母の一方の死亡による他方の親への親権者変更や、親権に関する養親・実親間の関係を説明する上で有用な考え方といえる。これに対して、通説は、この説に従うと、親権者ないし親権を行使する者と定められた親が親権を行使できなくなった場合に、他の親の潜在化された親権の当然のあるいは審判等を条件とした顕在化ということが起こるが、そのような場合事情は事案ごと異なり、それぞれに応じた解決を要するのであって、一律的な解決になじむものではないと批判する。そして、通説は、結論として、現行法下では両者を区別すべきでないとして、「親権を行使する者」がすなわち「親権者」であると解している。

2　実子の親権者

実子が嫡出子である場合、父母の婚姻中は、父母の**共同親権**が原則である(本条1項・3項)。父母のいずれかが死亡ないし失踪宣告を受けた場合、他の一方が単独親権者となる。父母双方が死亡しまたは失踪宣告を受けたときには、未成年後見が開始する（民838条1号)。

準正嫡出子は、婚姻準正、認知準正ともに父母の婚姻の時から（認知準正では父母の婚姻時に遡って)、婚姻関係にある父母の親権に服するとされている(昭和23·5·6民事甲322号回答)。

実子が婚外子（非嫡出子）の場合は、原則として母が単独親権者となる。ただし、父が認知したときは、父が単独親権者となることができる（民819条4項)。

3　養子の親権者

養子については、養親が親権者となり、養父母が婚姻中はその共同親権に服する（本条2項・3項)。上述Ⅲ1のように「親権者」と「親権を行使する者」を区別しない通説の立場によれば、養親が親権者であることにより、実親や転縁組における前養親の親権は消滅すると解される。一方、両者を区別する説に従えば、実親や転縁組の前養親の親権はなくならず、その行使が停止されるにとどまる。ただし、この説でも、特別養子については実父母との親族関係が終了するから（民817条の9)、実親の親権も消滅することになる。

普通養子であっても特別養子であっても、養父母が共同親権者である場合に、そのいずれか一方が死亡しあるいは失踪宣告を受けたときは、他の一方が単独親権者となる。養父母が離婚した場合には、その一方を単独親権者と定めなければならない（民819条1項・2項）。それに対して、養父母双方が死亡しまたは失踪宣告を受けた場合、特別養子では後見が開始する（民838条1号）のに対して、普通養子については見解が分かれている。通説は、養親の死亡により縁組は当然には解消されず、死後離縁がされない限り実親の親権は復活せず、特別養子の場合と同じく民法838条1号の未成年後見が開始するとする（後見開始説）※4。一方、普通養子縁組によって実親の親権は消滅せず、停止されるにとどまるとする説では、養父母双方の死亡・失踪宣告によって実親の親権が当然に復活すると解する（親権復活説）。家庭裁判所の審判例にも両説それぞれがみられるが、近年、実務では第3の方法として民法819条6項を類推適用して、死後離縁の許可（民811条6項）前であっても、実親への親権者変更手続をすることができるとする説（親権者変更説）が支持を集めつつある※5。

未成年の普通養子が夫婦である養父母と離縁する際は、夫婦共同で離縁をすることが原則である（民811条の2）。離縁がされると、養子の実父母の親権が復活する（通説）。離縁のときに実父母が婚姻中であれば、この者らが離縁した子の共同親権者となるが、実父母が離婚しているときは、その一方を単独親権者と定めなければならない（民811条3項）。特別養子が離縁した場合は、民法817条の11の下で、実親の親権が復活することになる。

なお、父母の一方が子の実親、他方が養親（普通養子縁組・特別養子縁組を問わない）である場合、実親と養親が共同親権者となる（通説・判例）※6。すなわち、このような場合、本条2項により養親の親権を実親の親権よりも優先させるべきものではなく、本条3項の父母の共同親権の原則が働くと解される。実親・養親のいずれか一方が死亡するか失踪宣告を受けたときは、他方が単独親権者となる。それに対して、実親・養親の双方が死亡しあるいは失踪宣告を受けた場合には、父母ともに養親であった場合と同様、後見開始説、親権復活説、親権者変更説に分かれる。また、養親と実親の婚姻中に、子が養親と離縁した場合は、実親が単独親権者となるとされている※7。

※4　昭23·11·12民事甲3585号通達。

※5　札幌家審昭56・6・9家月34巻11号45頁。

※6　夫婦の一方が他方の未成年の嫡出子と縁組した場合につき、昭23·3·16民事甲149号回答、養親が養子の実親と後に婚姻した場合につき、昭25·9·22民事甲2573号通達等。なお、実親と養親が共同親権者となることにつき、縁組前に実親の親権に服していたか否か、子が実親の嫡出子か婚外子（非嫡出子）かで差異はないと解されている。とくに、後者については民795条・817条の3第2項参照。

※7　昭26·6·22民事甲1231号回答。

Ⅳ　共同親権の原則

未成年子の父母が婚姻中の場合、民法は父母による親権の共同行使を原則とする（本条3項本文）。共同行使とは、子の監護・教育、財産管理、法律行為の代理や子の財産行為への同意等、親権の行使が父母の共同の意思決定によって行われることをいう。そこでは、父母の共同名義による場合のみならず、双方の合意があれば父母の一方が単独名義で行ってもよく、この合意は黙示によるものでもよいと解されている※8。

親権の行使について父母が合意に達しない場合の対応につき、民法には規定が置かれていない。子の身上監護のうち軽微なものについては、父母がそれぞれ単独で行うことができるとする見解がある。ただし、身上監護でも重大な事項に関しては、父母の一方による単独親権行使は親権の濫用となるおそれがある。家庭裁判所の決定に委ねる可能性を含めて、立法的解決が待たれる。子の財産管理に関して、民法824条の解説参照。

父母の一方が親権を行うことができないときは、他の一方がこれを行う（本条3項ただし書）。親権を行うことができないときとは、父母の一方の行方不明※9、重病、心身喪失※10、受刑等の事実上のものと、親権の喪失・停止ないし辞任（民834条・834条の2・837条）、後見開始の審判（民7条）があったとき等の法律上のものとがある※11。

なお、父母の婚姻関係が破綻し別居している場合も、離婚までは法律上の夫婦関係が存在している。そこで、別居の事実から直ちに親権の共同行使ができない場合にあたるとするべきではなく、個々の事情に応じて判断するべきであるとされている。

（常岡史子）

（離婚又は認知の場合の親権者）

第819条　父母が協議上の離婚をするときは、その協議で、その一方を親権者と定めなければならない。

2　裁判上の離婚の場合には、裁判所は、父母の一方を親権者と定める。

3　子の出生前に父母が離婚した場合には、親権は、母が行う。ただし、子の出生後に、父母の協議で、父を親権者と定めることができる。

4　父が認知した子に対する親権は、父母の協議で父を親権者と定めた

※8　最二小判昭32·7·5裁判集民27号27頁。

※9　昭6·10·8民事甲710号回答。

※10　明39·4·17民刑298号回答。

※11　父母の一方が保佐開始の審判を受けたときも、親権を行うことができない場合にあたるかについては、見解が分かれる。多数説は、親権行使を認めるべきでないとする。

ときに限り、父が行う。
5　第1項、第3項又は前項の協議が調わないとき、又は協議をすることができないときは、家庭裁判所は、父又は母の請求によって、協議に代わる審判をすることができる。
6　子の利益のため必要があると認めるときは、家庭裁判所は、子の親族の請求によって、親権者を他の一方に変更することができる。

Ⅰ　本条の意義

民法818条3項が、婚姻関係にある父母について共同親権行使を原則とするのに対して、本条は、父または母が単独親権者となる場合を規定する。本条が単独親権と定めるのは、父母の離婚ないし婚外子の場合であり、父母が婚姻関係にないこれらの場合には、共同での親権行使が難しいと考えられたことによる。ただし、ドイツ、フランス、アメリカ等の諸外国では、父母の離婚後や婚外子（非嫡出子）の場合にも父母の共同親権（共同監護）が認められており、日本でもこれを可能とするべきであるとの立法論も強く主張されている。

Ⅱ　父母が離婚した場合

明治民法では、父が第一次的親権者とされたため、父母の離婚後も原則として父が子の親権者であった（(旧）民877条1項)。母は、入夫婚姻または婿養子であったことによって父が家を去った場合に、親権者とされるにとどまっていた（(旧）民877条2項)。

現行法は、両性の本質的平等という理念の下、父母が同順位で親権者となるとし（民818条1項)、父母の婚姻が離婚によって解消したときも、原則として父母間に差異を設けず、父母の一方を単独親権者と定めると規定する（民819条1項・2項。婚姻の取消しの場合も同様。民749条)。なお、子の出生前に父母が離婚したときは、母を一応の単独親権者とする。ただし、この場合も、子の出生後に父を単独親権者とすることが可能である（民819条3項)。

1　子の出生後の父母の離婚の場合

子の出生後に父母が離婚する場合には、本条1項・2項に従い、子の親権者を指定しなければならない（必要的親権者指定)。

(1)　父母がともに実父母または養父母である場合

父母がともに実父母、あるいは養父母である場合、父母が協議離婚するときは、父母の協議で一方を子の親権者と定めなければならない（本条1項)。この協議が調わないか協議をすることができないときは、父または母の請求によって、家庭裁判所が親権者を定めることができる（本条5項）。親権者の指定は家庭裁判所の審判事項であり（家事手続167条・別表第2〈8〉）、審判によるのみならず調停でも可能である。現実には協議離婚前に親権者指定のみを家庭裁判所の審判・調停に委ねることは稀であろうし、そのような場合には、むしろ離婚そのものが協議離婚ではなく調停、判決等による場合が多いと考えられる。

親権者の指定は協議離婚届の記載事項であり、親権者の指定がなければ離婚届は受理されない（民765条1項、戸籍76条）。すなわち、離婚と親権者指定の同時的解決が旨とされている。これは、父母の離婚によって未成年子の親権者が未定のままであるという状態を回避することを目的としたものであるが、仮に親権者指定のない離婚届が誤って受理された場合には、離婚は有効に成立する（民765条2項）。親権者の未記入が、単なる記載漏れであって親権者指定はすでにされていたという場合は、追完届を提出することで足り、指定された親権者が、追完届前にも単独親権を行使する。一方、親権者指定自体がされていなかったときは、協議ないし調停・審判で一方を単独親権者と定める届出をし、この届出前は、離婚した父母が暫定的に共同親権者となる※12。父母の一方が、他方の同意なく自らを親権者と記載した協議離婚届が受理された場合について、離婚は有効であるが、親権者指定はされていないものと扱う裁判例がある※13。なお、親権者指定に条件や期限をつけることは許されないと解されている※14。

父母が裁判上の離婚をする場合、裁判所が父母の一方を親権者と定めなければならない（本条2項、戸籍77条・63条）。この場合の親権者指定は、裁判所の職権によるものである。審判離婚（家事手続284条）の場合にも、本条2項に従い、家庭裁判所が親権者の指定をしなければならないとされている（通説）。それに対し、調停離婚において離婚の合意はあるが親権者指定について合意が成立しない場合の扱いについては、調停不成立とするというもの、家事事件手続法284条の審判として扱うというもの等見解が分かれている。ただし、家庭裁判所の実務では、場合によっては、調停離婚と親権者指定を分離させ、離婚の成立を認めた上で親権者は別途審判によって指定する旨の調停を行う方法も採られている（この場合には、親権者指定がされるまで離婚した父母の共同親権となる）※15。

第4編第4章

(2) 父母の一方が実親、他方が養親の場合

※12 昭25・6・10民事甲1653号回答。

※13 したがって、離婚した父母の共同親権状態にある。名古屋高判昭46・11・29高民集24巻4号438頁。

※14 昭31・11・13民事甲2394号回答。

※15 戸籍先例は、離婚後の親権者指定を、審判ではなく「後日に子の意向を尊重した上で当事者間で協議して決定する」という調停調書でも、調停離婚を有効とする。昭34・10・31民事甲2426号回答。

父母の一方が実親で、他方が養親というケースには、①夫婦の一方の子どもを他方が養子とする（いわゆる連れ子養子）の場合と、②養親が、養子と縁組した後に養子の実親と婚姻した場合が考えられる。いずれの場合も、実親と養親の婚姻中は、両者が共同で親権を行うのが原則である（民818条3項）。

養親と実親が離婚したときは、親権者の地位について両者に優劣をつけるべきではなく、本条1項・2項・5項によりいずれかを親権者と定めるとする協議説が通説である[※16]。ただし、学説では、この場合、民法818条2項の原則によって養親が単独親権者となるとする養親親権説や、婚姻先行（上述①）の場合には本条に従い、養子縁組先行（上述②）の場合には、養親を単独親権者とする折衷説も主張されている。

2　子の出生前の父母の離婚の場合

子の出生前に父母が離婚したときは、本条3項本文により母が親権を行う。ただし、子の出生後に父母の協議で父を単独親権者と定めることができる（任意的親権者指定。本条3項ただし書）。この指定は、届出によって効力を生じる（戸籍78条）。協議が調わないときまたは協議をすることができないときは、父または母の請求により家庭裁判所の調停・審判で定めることができる（本条5項、家事手続167条・別表第2〈8〉）。なお、子が胎児である間にされた、子の出生とともに父を親権者とするという父母の協議は認めないとするのが先例である[※17]。

Ⅲ　子が婚外子（非嫡出子）である場合

婚外子は、原則として母が単独で親権を行う。ただし、父の認知後、父母の協議によって父を親権者と定めることができる（任意的親権者指定）。この場合、父が単独親権者となる（本条4項）。父が胎児認知した場合でも、この協議は子の出生後に行われなければならないとされている[※18]。協議が調わないときまたは協議をすることができないときは、父または母の請求により家庭裁判所の調停・審判で定めることができる（本条5項、家事手続167条・別表第2〈8〉）。

なお、先例は、父が認知届をしたときは、子の親権者を父と定める旨の和解調書に基づいて、父が認知後にした親権者指定届は受理するべきではない[※19]

※16　昭25・9・22民事甲2573号通達。

※17　昭25・9・1民事甲2329号回答。ただし、これに反対し、このような協議を有効とする学説もある。

※18　昭26・7・7民事甲1394号回答。ただし、このように限定する必要はないとする学説も有力である。

※19　昭26・4・28民事甲902号回答。

とする。また、認知ならびに子の親権者を父と定める旨の調停が成立（認知については合意に相当する審判がされないまま終結）し、父から任意認知の届出とともにこの調停調書の謄本を添えて親権者指定の届出がされても、親権者指定届出は受理できない※20とされている。これらは、認知前の父は法律上の親ではなく、親権者指定の協議・調停について当事者適格を有しないことに由来し、このような協議や調停は無効と解される。

Ⅳ　親権者の指定・変更

親権者の指定について父母の協議が調わないとき、または協議をすることができないときは、家庭裁判所の調停・審判で定めることができる（本条5項、家事手続167条・別表第2〈8〉）。子が15歳以上の場合は、審判に際して子の陳述を聴かなければならない（家事手続169条）。

単独親権者が指定された後、子の利益のため必要があると認められるときは、家庭裁判所は、子の親族の請求によって、親権者を他の一方に変更することができる（本条6項、家事手続167条・別表第2〈8〉）。この親権者の変更は、必ず家庭裁判所の調停または審判によらなければならない。

親権者の指定・変更はともに無条件、無期限のものでなければならないとされている。たとえば、「子が小学校に入学するまでの親権者は母とし、入学後の親権者は父とする」という調停が成立しても、後に、子の小学校入学後に親権者を父とするには、本条6項の変更手続を要する※21。

親権者変更の審判は単独親権の場合にのみ許され、親権者である実親が再婚し、再婚配偶者と子が縁組した場合のように、子が実親と養親の共同親権に服するときは（民818条の解説Ⅲ3参照）、他方の実親が本条6項の親権者変更の申立てをすることは認められないとされている※22。

親権者の指定・変更に際しては、子の利益や福祉が判断の基準となる。家庭裁判所の実務では、父母の監護能力、子の年齢・性別、心身の状況、環境への適応性、子の意思等が総合的に考慮される。その中で、近年は、従来からいわれてきた乳幼児における母性優先、監護の継続性、兄弟姉妹不分離等の諸原則

※20　昭36・9・26民事甲2424号回答。

※21　前掲※14・昭31・11・13民事甲2394号回答。

※22　最一小決平26・4・14民集68巻4号279頁（ただし、同判決は結論として、このような場合にされた親権者変更の確定審判に基づく戸籍の届出について、戸籍事務管掌者は、当該審判が無効であるためその判断内容に係る効力が生じない場合を除き、当該審判の法令違反を理由に親権者変更の届出を不受理とする処分をすることはできないとする）。盛岡家審昭38・10・25家月16巻2号81頁、金沢家審昭44・6・3家月22巻3号84頁、大阪高決昭48・3・20家月25巻10号61頁、東京高決昭48・10・26判時724号43頁、東京家審昭52・11・11家月30巻5号133頁ほかも参照。

についてより柔軟な判断がされる一方で、他方の親と子との交流に関する寛容性も一方の親を親権者として指定する基準として注目されてきている。なお、親権者変更はすでに親権者が指定されている状況で行われるものであって、子の利益のための必要性についても明文で規定されており、親権者指定の場合よりも厳格な衡量が求められるとの指摘があるが、実務における運用では大きな差はないとされている。

Ｖ　単独親権において親権者が死亡した場合

子に単独親権を行う親権者が死亡した場合の扱いについては、見解が分かれている。婚外子について、母が死亡し、認知した父が生存している場合に、本条５項で父を親権者と指定できるかにつき、①親権を行う者がないときにあたるとして、民法838条１号の未成年後見が開始するとする後見開始説、②後見開始後、後見人がまだ就職していない間は、父を親権者に指定できるとする制限回復説（裁判例は概ねこれに与する）、③後見人の就職の前後を問わずに、父を親権者に指定できるとする無制限回復説、④当然に父が親権を行使する資格を得るとする親権当然復活説の各説が主張されている。

一方、離婚によって単独親権者となった親が死亡した場合、他方の親を本条６項の手続により親権者に変更できるかについても、同様に上述①〜④の説がある。裁判例も分かれるが、近時は③の無制限回復説に立ち、後見人の指定の有無に関わりなく、生存親が適任であるときにはこの者を親権者とすることに支障ないとして、家庭裁判所の審判によりこの親を親権者に変更できるとするのが多数説となっている。なお、子が養子であり、養父母の一方が離婚に際して単独親権者に指定されていた場合に、この養親の死亡により、生存している実親を親権者とすることができるかについても同様の問題がある。家庭裁判所の実務では、上述の③説に沿って、実親は、本条６項の類推適用により親権者変更の申立てをすることができるとする説（民819条６項類推適用説）が有力視されている。

（常岡史子）

第４編第４章第２節　親権の効力

〔前注〕

Ｉ　親権の内容

家父長制的性格を反映していた明治民法の親権規定においても、親権は親の権利であるとともに義務であること（(旧）民879条)、また、親権濫用や管理失当の場合に親権・管理権を喪失する場合があることを定めて（(旧）民896条・897条)、親権が子の福祉を旨とするものであることが示されていた。現行民法の親権は、子の福祉に資するという親権のこのような性格を受け継ぐと同時に、旧規定にあった父母の不平等を改め、また、成年子を親権の対象からはずして、未成年の子のための親権という性格をいっそう明らかにしている。

親権の内容は、一般に、子の**身上監護**と**財産管理**に大別される。民法は、親権の効力として、子の身上監護に関する親の権利義務（民820条～823条）と、子の財産の管理に関する親の権限（財産管理権・代表権（民824条～832条)）について規定しており、これらがそれぞれ身上監護と財産管理の内容を定めるものとなっている。また、「親権の効力」として規定されている以外にも、民法は、子の身分関係に関する一定の行為について親権者による代理を認めている（認知の訴えの原告適格（民787条)、嫡出否認の訴えの被告適格（民775条)、15歳未満の子の氏の変更（民791条)、代諾養子縁組と離縁の代諾（民797条・811条)、離縁の訴えの原告・被告適格（民815条)、縁組の取消しの申立て（民804条)、親権の代行（民833条）等)。

Ⅱ　児童虐待と親権

1　児童虐待の防止のための法的規制

児童の虐待とその防止の必要性が社会の関心を集めて久しく、また、児童相談所等が対応する虐待の相談件数も近年増加の一途を辿っている※23。親による親権行使に問題がある場合、民法では親権喪失制度（民834条）や親権停止制度（民834条の２）によって親権を剥奪・停止することが可能である。また、親による虐待行為が刑法上の暴行罪（刑208条）や保護責任者遺棄罪（刑218条）等に該当するときは親に刑事制裁を科することができる。しかし、これらの方法では養育監護を必要とする被虐待児童の救済に十分でなく、児童相談所（児福12条）を始めとする公的機関による子の保護や親自身を含めた問題解決が不可欠である。このような実態を受けて、2000（平成12）年に児童虐待の防止等に関する法律（平成12年法律82号）が制定され、児童に対する虐待の禁止、児童虐待の防止に関する国および地方公共団体の責務、虐待を受けた児童の保護

※23　厚生労働省子ども家庭局による「平成30年度児童相談所での児童虐待相談対応件数〈速報値〉」参照（https://www.mhlw.go.jp/content/11901000/000533886.pdf)。そこでは、全国の児童相談所が受け付けた児童虐待相談対応件数が公表されており、2018(平成30)年度の速報値は対応件数159,850件で、この10年の間に急激な増加を示していることがわかる。

のための措置等を定めて、児童虐待防止のための施策推進が図られている※24。また、児童福祉法も改正を重ね、公的機関の積極的な介在による児童虐待問題への対応の必要性が打ち出されている※25。

２　児童福祉法と児童虐待防止法

児童福祉法は、要保護児童を発見した者は、これを市町村・都道府県の設置する福祉事務所または児童相談所に通告しなければならないとするが（児福25条）、児童虐待防止法では、より具体的に、学校の教職員、児童福祉施設の職員、医師、保健師、弁護士等児童の福祉に職務上関係のある者に対して児童虐待の早期発見に努めるべきことを規定する（児童虐待５条）。また、広く一般に、虐待を受けたと思われる児童を発見した者に対して、市町村・都道府県の設置する福祉事務所または児童相談所への通告を義務づける（その際、刑法の秘密漏示罪等の適用は受けない。児童虐待６条）。

児童虐待の相談や通告を受けると、児童相談所は、通告を受けた児童や相談に応じた児童について、必要に応じ児童またはその保護者への指導や他の施設への指導委託等を行う（児福26条）。児童相談所は、必要な措置が採られるまで、児童の一時保護を行うこともできる（期間は原則として２か月以内だが、必要があるときは延長可能。児福33条、児童虐待８条２項）。また、都道府県知事は、児童虐待が行われているおそれがあると認めるときは、児童委員らに児童の住居等への立入り調査を行わせることができる（児童虐待９条。児福29条も参照。警察署長に対する援助要請につき、児童虐待10条）。

一時保護ではなく、児童を親と離して里親に委託しあるいは乳児院や児童養護施設等に入所させるには、原則として親権者ないし未成年後見人の同意が必要となる（児福27条１項３号・４項）。ただし、保護者がその児童を虐待し、著しくその監護を怠る等、保護者に監護させることが著しく当該児童の福祉を害する場合に、入所措置を採ることに親権者または未成年後見人が反対しているときは、都道府県が家庭裁判所の承認を得てこれを行うことができるとして、子の保護を図っている（児福28条１項）。家庭裁判所は、入所措置に関する承認の申立てがあった場合、都道府県に対して、期限を定めて保護者に対する指導

※24　2004（平成16）年の児童虐待の防止等に関する法律の改正では、虐待の予防と早期発見、被虐待児童の自立支援のための国や地方公共団体の役割を強調し（児童虐待１条・13条の２等）、虐待の定義（児童虐待２条）についても、当初規定していた保護者自身による児童への虐待に加えて、保護者以外の同居人による虐待行為の放置（児童虐待２条３号）、ドメスティック・バイオレンス（児童虐待２条４号）を新たに入れた。

※25　2004（平成16）年12月の児童福祉法改正は、児童相談体制の充実を旨として、市町村、都道府県および児童相談所の業務に関する規定の整備と地方公共団体による要保護児童対策地域協議会の設置（児福25条の２等）、保護者への指導措置に関する家庭裁判所を通じた司法関与の導入（児福28条）等を定めた。

措置に関し報告および意見を求め、または申立てに係る児童およびその保護者に対する必要な資料の提出を求めることができる（児福28条4項）。そして、承認審判をする際に、当該措置終了後の家庭その他の環境の調整を行うため、保護者に対し指導措置を採ることが相当であると認めるときは、この指導措置をとるべき旨を都道府県に勧告することもできる（児福28条4項）。これにより、要保護児童とその保護者との関係改善について家庭裁判所が関与する仕組みが取り入れられている。

さらに、2019（令和元）年6月に児童虐待防止法、児童福祉法等が改正され（令和元年法律46号）、親や児童福祉施設長等による子に対する体罰が禁止された。そこでは、併せて児童相談所の機能の強化等も行われている。

3　親子関係への支援の必要性

被虐待児童の保護については、このように公的機関の介入による早期解決と自立支援のための制度が法律によって整備されてきている。ただし、そこで念頭に置かれた児童相談所や児童福祉施設等による子の保護は、永久的なものであることを前提とするのではない。むしろこれらの機関の役割は、虐待を受けた児童のために良好な家庭環境を整え、親子の再統合を可能とするための親子関係への支援にあることに注意が必要であろう。

（常岡史子）

（監護及び教育の権利義務）
第820条　親権を行う者は、子の利益のために子の監護及び教育をする権利を有し、義務を負う。

I　本条の意義

本条は、親権者は子の利益のために（この文言は、2011（平成23）年の民法の一部改正で挿入された）子の監護教育を行う権利を有し、義務を負うと定める。本条は、子の身上監護に関する総括的原則的規定と解される。したがって、民法821条以下（民821条～823条）の定める居所指定権、懲戒権、職業許可権は、本条の監護教育権の中に含まれるか、あるいは監護教育の内容の具体化であるとされている。

本条にいう「監護」と「教育」の意味について、①「監護」は身体の保全育成を図る行為であり、「教育」は精神の発達を図る行為であるとする見解や、②「監護」は身体・精神の発達を監督し、これに危害または不利益の生じるときにそれを防衛・保護する消極的行為であり、「教育」は身体および精神の発育完成を図る積極的行為であるとする見解がある。しかし、現実には両者の内容を明確に区別することは難しく、監護と教育は不可分一体のものとして、子の育成を行うことであるということができよう。

もっとも、法律上の権利義務とみたときに監護と教育の関係をどのように捉えるかということは、とくに、親権者と別に監護者が定められた場合（民749条・766条・771条・788条）や、親権者が契約によって第三者に子の監護を委託した場合において問題となる。そこでは、法律上の権利義務として子の監護と教育をそれぞれ別個独立の権利義務と捉えるか、また、そもそもこのような場合の監護権の内容はいかなるものであるかが論じられている。学説では、父母の離婚や父による認知に際して、父母の一方を子の親権者とするとともに他の一方を監護者としたという場合、監護と教育を不可分のものと捉え、民法766条の監護は教育を含むのみならず、さらに居所指定、懲戒、職業許可等を加えた身上監護すべてを包摂するとする見解が有力である。ただし、これに対しては、監護権の内容は子の年齢や具体的事情に応じて決せられるべきであり、画一的に教育その他の身上監護を含むと解することはできないとの批判もある。親権者が委託契約によって第三者に子の監護を委ねた場合を含め、この問題については後述Ⅱ参照。

なお、本条は、子の監護・教育を事実上行うことについての親権者の権利義務を定めたにとどまり、監護教育に伴う費用の負担義務まで含むものではないと解されている[※26]。子の監護・教育のための費用の支出については、子自身に財産があればその収益によって支弁し（民828条ただし書）、収益がないか不十分なときは、親が、未成熟子に対して負う扶養義務に基づいて費用を負担すべきであるが、親が困窮状態にある場合は、子の監護・教育費用のために子の財産の元本の処分ができるとする見解が有力である。

Ⅱ　監護教育を行う者

「親権を行う者」が、子の監護・教育を行う。「親権を行う者」は、通説によれば「親権者」と同一と解されており（民818条の解説Ⅲ参照）、民法818条、819条によって定まる。法律は、父母以外に親権を行う代行者として、未成年の父母の親権者（民833条）、児童福祉施設の長（児福47条）等を定める。

民法の規定する監護者（民749条・766条・771条・788条）が定められた場合、監護者は子の監護とともに教育を行う。このときの親権者の権限との関係については、親権者の監護・教育権が停止するとする説と、親権者の権利義務は停止せず、監護者が親権者に優先して監護・教育権を行使し、親権者は監護者に

※26　親の未成熟子に対する扶養義務は生活保持義務と解され、親に親権があるか否かを問わないとされている。通説は、民877条にその根拠を求める。第4編第7章扶養〔前注〕の解説参照。

よる監護を妨げない限度でのみ監護・教育権を行使できるとする説に分かれている。これは、子の引渡請求との関係でさらに問題となる（後述Ⅴ）。

親権者が第三者に監護・教育を委託した場合、当該監護者ないし受託者は、「親権を行う者」ではないが、子の監護を行う。委託者は子の親権者ないし後見人であり、父母の婚姻中は、共同親権の原則により委託に父母双方の同意が必要となる。離婚や認知の場合に、親権者の他に監護者が定められたときは、監護者のみが単独で委託をすることができ、親権者は直接それに関与できないとする説、監護者が定められても親権者の監護権は喪失・停止するものではなく、監護者そのものの変更をきたすような権限は親権者に留保されているとする説に分かれる※27。

監護の内容は、公序良俗に反しない限度で当事者間の合意によって定めることができる。したがって、その内容は一律ではなく、具体的な事情に応じて定まる。ただし、第三者に子の監護を委託したことにより、親権者は監護・教育権を譲渡や放棄したものではなく、親権者の監護・教育権が消滅・停止することはないとされている。すなわち、受託者たる第三者は、契約の本旨に従って優先的に子の監護・教育を行うにとどまり、親権者はその限度で自らの監護・教育権の行使を抑えられるが、受託者に対して監護・教育に関する指図を行うことができると解される※28。

委託者たる親権者はいつでも監護委託契約を解除できる（民651条参照）とするのが通説である※29。その中でも、解除による監護の変更が子の福祉に反するときは、親権者による解除権行使が濫用となる場合があることを認める見解が有力である※30。これに対して、監護の委託については、正当の理由のある場合を除いて、解除権の行使を認めるべきではないとする反対説もある。また、

※27 このような委託契約の効力について、学説は、子の福祉に反しない限り公序良俗に違反しないとし、判例も有効と解している（大判大10·10·29民録27輯1847頁、大判昭5·5·15新聞3127号13頁、最三小判昭35·3·15民集14巻3号430頁）。

※28 監護の委託は準委任契約と解される。受託者は、善管注意義務を負い、その他、監護という事柄の性質に反しない範囲で委任の法理があてはまるとされる。

※29 委託契約の他の終了原因として、約定期間の満了や委託された子の死亡がある。委託者ないし受託者死亡の場合について、当事者が民653条と異なる特約をしていた場合はそれに従う。学説には、別段の事情の存しない限りこのような特約の存在を認めて、いずれの死亡の場合でも、受託家庭で養育可能であれば委託関係の存続を認めるべきであるとする説、委託関係の存続を原則的に認めることには消極的であるが、委託者死亡のときは、未成年後見人が選任されて子がその監護に服するに至る等まで、受託者の監護権が社会法上の職務監護権（児福47条1項の拡張解釈による）として残存し、また、受託者が死亡したときは、他に受託者の立場にあったとみられる死亡受託者の家族がいる場合を除いて、委託契約は受託者死亡と同時に解消するとする説がある。

※30 神戸地判昭30·4·18下民集6巻4号747頁。

学説には、そもそも子の監護の委託を準委任ではなく子を受益者とする他益信託に準じる契約と捉え、親権者が随時に契約解除できるものではなく、子の返還請求は、子の福祉に鑑みてこの準信託をやめるのがよいと判断される場合に限るとするものもある。

Ⅲ　監護・教育の程度と方法

親権者は、監護・教育を行うにあたって善良な管理者の注意をもってしなければならないとされる※31。子の監護や教育の程度・方法は、個々の家庭環境や具体的状況に応じて一様ではない。親権者は、子の福祉に反し、親権の濫用となるようなものでなければ、子の監護・教育の程度や方法、またそれに要する費用等について自由に決定することができる。ただし、それは全く無制約ではなく、社会的、公共的見地から公法上一定の規制が置かれており、国による後見的、補完的見地からの監督的関与を受ける。たとえば、教育について、親権者は、満6歳に達した子に9年間の普通教育を受けさせる義務を負う（憲26条2項、教基5条、学教16条）。また、親権者が経済的理由等によって児童をその元において養育しがたいときは、市町村、福祉事務所、児童相談所等に相談しなければならない（児福30条3項）。さらに、子の監護・教育に関する経済的側面についても、親の個人責任を補うものとしての各種の公的援助制度が存在しており、親権者はそれらを活用して子の監護・教育に努めるべきものと解されている。

Ⅳ　面会交流権

親権ないし監護権を有しない親が、自ら監護していない子と面会し交流する機会を持つ権利を有するかについて、当初、民法は規定を置いていなかったが、判例・通説は、「**面接交渉権**」という法的権利としてこれを肯定してきた。これに対して、学説や裁判例には、親子の交流は自然的な愛情に基づくものであり、法律上の権利義務ではないとして、面接交渉について権利性を否定するものもあった※32。その後、2011（平成23）年の民法の一部改正で、「父又は母と子との面会及びその他の交流」という子の監護に関する権利（面会交流権）として民法に明記されるに至った（民766条1項）。

ただし、**面会交流権**の法的性質について必ずしも見解は一致しておらず、①

※31　財産管理（民827条）は自己のためにすると同一の注意で足りるとされ、監護・教育についても同様に解する見解もある。

※32　1996（平成8）年の法制審議会民法部会「民法の一部を改正する法律案要綱」では、父または母と子との面会および交流について明文規定を置くことが提案されていた。

親子関係から当然に発生する自然権的権利とする説、②監護そのものではなく監護に関連する権利とする説、③親権の一権能としての監護権の一部とする説等に分かれる。さらに、学説には、④面会交流が子に対して持つ意義を重視し、これを子の権利と捉える説、⑤親の権利義務であるとともに子の権利でもあるとする説もある。なお、親の権利とする立場を採る場合（①〜③、⑤）でも、面会交流権が子の利益や福祉によって制約を受けることについては理解が共通している※33。

なお、父母が離婚に至っておらず別居中であるときにも、自ら現実に監護していない親が子との面会交流を望む場合がある。この場合、別居中の父母も共同親権行使が原則であり（民818条）、一方の親の単独親権となる離婚後とは父母の権利関係に相違があるが、判例は、「父母の婚姻中は、父母が共同して親権を行い、親権者は、子の監護及び教育をする権利を有し、義務を負うものであり（民法818条3項、820条）、婚姻関係が破綻して父母が別居状態にある場合であっても、子と同居していない親が子と面接交渉することは、子の監護の一内容である」とする※34。それによれば、別居状態にある父母の間で協議が調わないときまたは協議をすることができないときは、民法766条を類推適用して、家庭裁判所は、家事事件手続法150条、別表第2〈3〉により面会交流について相当な処分を命ずることができる。

V　子の引渡請求

別居や離婚によって父母の一方が子を監護する場合や子の祖父母等父母以外の第三者が子を監護している場合に、監護をしていない親から監護をしている者に対して子の引渡請求がされることがある。

1　子の引渡請求権の性質

子を権限なく不法に手元にとどめている第三者に対して、親権者である親は、監護・教育の権利義務の行使を妨げられていることを理由に、子の引渡請求をすることができる※35。この引渡請求権の性質について、古くは物の返還請求権に準じるものとされていたが、現在では、親による監護・教育権の行使を妨

※33　最二小決昭59・7・6家月37巻5号35頁参照。面会交流の間接強制を認めたものとして最一小決平25・3・28民集67巻3号864頁がある。

※34　最一小決平12・5・1民集54巻5号1607頁参照。

※35　大判明34・9・21民録7巻8号25頁。

げないことを求める妨害排除請求権であると解されている[※36]。なお、子が第三者の元に抑留されているのが子の自由意思によらないことを子の引渡請求の要件とするかについて、当初の判例は、幼児の意思能力の有無を問わず、またその居住が幼児の自由意思によると否とにかかわらず、親権行使の妨害を排除する手段として子の引渡請求ができるとしていた[※37]。しかし、後にこれを改め、子がその意思に基づいて第三者の元にいるときは、第三者は親権の行使を妨害しているとはいえないと判示するに至っている[※38]。

別居中の父母の間で子の引渡請求がされる場合、父母は未だ共同親権者である（民818条3項）。しかし、この場合も、一方の親権者による子の監護・教育が独断的なものであって失当であるというときは、他方の親権者は共同親権に基づく監護の差止め請求とともに、失当な監護・教育の妨害排除のために子の引渡しを請求できると解されている。

父母の離婚等により一方が親権者となり、他方が監護者と定められた場合（民749条・766条・771条・788条）や、第三者に契約によって監護を委託した場合、親権者は、監護者の監護権限が適法に存する限り、監護者に対して子の引渡しを請求できない。しかし、この場合にも子が第三者によって不法に抑留されたときは、親権者は、第三者に対して監護者へ子を引き渡すよう請求できるとされている。

2　引渡請求の方法

子の引渡請求について採りうる方法として、民事訴訟による請求（親権ないし監護権に基づく妨害排除請求）、家庭裁判所の調停・審判ないしこれに付随する保全処分、人身保護請求がある。

(1)　第三者に対する引渡請求

親権者ないし監護者が親以外の第三者に対して子の引渡しを求める場合、通常の民事訴訟手続によることになる。他にも家事事件手続法244条により調停に付される場合があり、また、養子にすることを前提として監護・教育を委託した第三者に対し、親権者が子の引渡しを求めた事件で民法766条を類推適用

※36　最三小判昭38・9・17民集17巻8号968頁参照。ただし、意思能力のない子の引渡請求については、妨害排除請求ではなく端的に引渡請求と解するべきとの学説や、当事者の請求の趣旨にしたがって引渡請求・妨害排除請求のいずれを認めてもよいとする学説があった。

※37　前掲※27・大判大10・10・29民録27輯1847頁、大判大12・1・20民集2巻19頁。

※38　大判大12・11・29民集2巻642頁、最三小判昭35・3・15民集14巻3号430頁。学説には、子の自由意思による滞在か否かの判断が困難であるという批判があり、親権者は親権に基づき原則として子の意思を問わず引渡請求できるが、親権濫用である場合にこの請求は制限されるとの見解もある。

する裁判例がある[※39]。

⑵ 父母間の請求

父母の離婚（民766条・771条）や婚姻取消し（民749条）、子の認知（民788条）の場合における子の監護に関する処分には、子の引渡しも含まれる（家事手続150条・別表第2〈3〉）。親権者の指定・変更に関する審判事件においても、同様である（民819条、家事手続167条・別表第2〈8〉）。また、離婚訴訟・婚姻取消し訴訟において、裁判所は附帯処分として子の引渡しを命じることができる（人訴32条1項・2項）。

父母の離婚後等において、非親権者あるいは非監護者である親が子を手元にとどめているとき、親権者ないし監護者である親が子の引渡請求をする際の手続について、通説および家庭裁判所の実務は、民法766条の子の監護に関する処分として審判事項に属するとしているが、第三者に対する場合と同様に民事訴訟事項と解する見解もある。

父母が別居中であるが離婚に至っていない場合、両者は共同親権者である。この場合、子を現実に監護している親に対する監護していない親からの子の引渡請求について、民法766条1項、家事事件手続法150条、別表第2〈3〉を類推適用して、審判事項として処理するという見解と、父母が婚姻中であることに注目して、民法766条ではなく民法752条の夫婦の協力義務に関する処分（家事手続150条、別表第2〈1〉）とするべきであるとする見解がある。いずれによっても、家庭裁判所の審判事項として扱われることになる。

⑶ 引渡しの強制執行

判決や家事審判・調停により子の引渡しが認容された場合の強制執行に関し、通説・判例は、間接強制を認める[※40]。一方、直接強制については、とくに、意思能力のない幼児の引渡しに関して、従来、民事訴訟法学者を中心に肯定する見解が有力であり、それによれば、物の引渡しに準じて執行官が子を取り上げて親権者・監護者に引き渡すことができるとする[※41]。この問題については、2019（令和元）年5月に民事執行法及び国際的な子の奪取の民事上の側面に関する条約の実施に関する法律の一部を改正する法律（令和元年法律2号）が制定され、立法的に解決された。すなわち、同法は、国内の子の引渡しおよび国際的な子の奪取の民事上の側面に関する条約による国際的な子の返還の強制執行について条文を整備し、とくに国内の子の引渡しの強制執行に関する要件を明確化した（民執174条～176条）。

なお、子の引渡しを求めて家庭裁判所に審判が申し立てられている場合、家庭裁判所は、必要に応じて審判前の保全処分として子の引渡しの仮処分を命じ

※39 東京家審昭47·11·6家月25巻10号73頁。

※40 大判大1·12·19民録18輯1087頁。

※41 広島高松江支判昭28·7·3高民集6巻6号356頁参照。

第4編第4章

ることができる（家事手続105条）。この保全処分は、これを受ける者に告知することによって効力を生じ、執行力を有する（家事手続109条）※42。

3　人身保護請求による子の引渡し

民事訴訟手続ないし家事審判手続によると、往々にして子の引渡しの実現まで日数がかかり、日々成長する子を適法な監護者の元へ引き渡す上で、迅速性や実効性の点において不十分であることが問題視されてきた。そこで、**人身保護法**によって引渡しの迅速な実現を図ることが行われており、判例も子の引渡しに同法を用いることを肯定する※43。ただし、人身保護法は、本来、法律上正当な手続によらないで身体の自由を拘束されている者のため、何人であっても被拘束者の救済を請求できることを旨とするもので（人保2条）、緊急の場合の暫定的なものである。また、管轄も通常裁判所にあることから（人保4条）、本来、子の福祉の考慮の下、いずれの者に監護させるのが妥当かについて注意深い判断を要すべき子の引渡請求に、一律に人身保護手続を用いることには慎重さが求められる。

人身保護請求による子の引渡しを認めるには、①拘束があること、②拘束が違法であること、③他に適切な方法がないことが要件とされる※44。①について、意思能力を有する子がその意思で拘束者の元にとどまる場合、拘束はないと解されている※45。意思能力の有無については10歳前後が目安とされる。②の拘束の違法性に関し、離婚に至らない別居中の夫婦について、当初、判例は、父母双方の監護条件を比較して、いずれに監護させるのが子の幸福に適するかを考慮して子の拘束状態の当不当を判断するべきであるとした※46。近年に

※42　子の引渡し事件が家庭裁判所の調停にかかっている場合（家事手続244条）にも、審判事件として申し立てられていれば審判前の保全処分が可能である。子の引渡しに関する調停が申し立てられているときは、調停のために必要と認められる処分(家事手続266条）による仮の措置として子の引渡しを求めることができるが、この処分に執行力はない。

※43　最二小判昭24·1·18民集3巻1号10頁（別居中の父母間の争い)、最三小判昭47·7·25家月25巻4号40頁（離婚後の父母間の争い)。最一小判昭59·3·29家月37巻2号141頁は、審判前の保全処分制度（家事手続105条）があるとしても、人身保護手続による子の引渡請求ができるとする。

※44　最高裁判所事務総局民事局は、1948（昭和23）年に人身保護請求の要件として、「拘束又は拘束に関する裁判若しくは処分がその権限なしにされ又は法令の定める方式若しくは手続に著しく違反していることが顕著である場合」（人保規4条）であること要するとの見解を示している。

※45　子の自由意思によるものではなく、拘束にあたるとした判例として、最二小判昭61·7·18民集40巻5号991頁。

※46　最一小判昭43·7·4民集22巻7号1441頁。

至って、このように父母ともに共同親権者であるケースにつき、拘束者による幼児に対する監護・拘束が権限なしにされていることが顕著であるというためには、幼児が拘束者の監護の下に置かれるよりも、請求者の下に置かれることが子の幸福に適することが明白であること、換言すれば、拘束者が幼児を監護することが、請求者による監護に比して子の幸福に反することが明白であることを要すると判示している※47。さらに、この明白性の要件を具体的に満たす場合として、請求者、拘束者いずれによる監護も、親権に基づくものとして特段の事情のない限り適法であるときは、「拘束者に対し、家事審判規則52条の2又は53条（現家事手続154条3項）に基づく幼児引渡しを命ずる仮処分又は審判が出され、その親権行使が実質上制限されているのに拘束者が右仮処分等に従わない場合がこれに当たると考えられ」、さらにまた、「幼児にとって、請求者の監護の下では安定した生活を送ることができるのに、拘束者の監護の下においては著しくその健康が損なわれたり、満足な義務教育を受けることができないなど、拘束者の幼児に対する処遇が親権行使という観点からみてもこれを容認することができないような例外的な場合がこれに当たるというべきである」とされている※48。

一方、親権・監護権を有しない親に対する親権者（監護者）たる親からの子の引渡しについては、子が親権者（監護者）の元で生活することが子の幸福の観点からみて著しく不当でない限り、親権者（監護者）からの引渡請求を容認するべきとするのが判例である※49。

（常岡史子）

（居所の指定）
第821条　子は、親権を行う者が指定した場所に、その居所を定めなければならない。

第4編第4章

親権者が子の監護・教育を実現する上で、子が現実に居住する場所（居所）を定めることができることが必要となってくる。本条は、それを子の義務という形で規定したものである。父母の婚姻中は、父母が共同して居所を指定する。父母の意見が合わず、共同で指定することができないときは、夫婦間の協力義

※47　最三小判平5·10·19民集47巻8号5099頁。

※48　最三小判平6·4·26民集48巻3号992頁参照。最一小判平11·4·26家月51巻10号109頁は、離婚調停中に調停委員関与の下で夫婦の合意により定めた面接交渉の約束に反し、夫婦の一方が子を自宅に連れ帰って拘束したケースについて、顕著な違法性があるとしている。

※49　最三小判平6·11·8民集48巻7号1337頁、最三小平11·5·25家月51巻10号118頁。

務（家事手続150条・別表第2〈3〉）の問題として家庭裁判所の決定によると解される。

本条は、子に意思能力がある場合に適用される。子が意思能力を欠くか、または意思に反して第三者の手元に抑留されているときは、子の引渡請求や妨害排除請求によって対処される。ただし、意思能力を有する子が、本条に反して、自由意思で他所に居所を定めている場合には、親権者が子を相手方として居所指定に従うことを求める訴えを提起したとしても、直接強制はもちろん間接強制もできないとするのが通説である。

（常岡史子）

（懲戒）
第822条　親権を行う者は、第820条の規定による監護及び教育に必要な範囲内でその子を懲戒することができる。

本条は、子の監護・教育の目的を達成するため必要な範囲において、親権者に懲戒権を認める。親権者がこの範囲を超えて過度な懲戒を行ったときは、親権喪失や停止の原因となり（民834条・834条の2）、また、子に対する不法行為を構成する。懲戒権の濫用等による児童の虐待の問題については、第4編第4章第2節親権の効力〔前注〕の解説Ⅱ参照。

本条旧2項は、親権者が自ら子を懲戒するのみならず、子を懲戒場に入れることができるとの規定を置いていた。しかし、2011（平成23）年の民法の一部改正によって本条旧2項は削除された。また、本条の懲戒権自体についても、2019（令和元）年6月の児童虐待防止対策の強化を図るための児童福祉法等の一部を改正する法律（令和元年法律46号）に同法施行後2年をめどに見直しをするべきことが明記されている。

（常岡史子）

（職業の許可）
第823条　子は、親権を行う者の許可を得なければ、職業を営むことができない。
2　親権を行う者は、第6条第2項の場合には、前項の許可を取り消し、又はこれを制限することができる。

Ⅰ　本条の意義

本条は、子が職業を営むことについて親権者の許可を要すると規定する。親権者の**職業許可権**の性質について、従来の通説は、子の監護・教育と財産管理の両面に関する権能であるとしていたが、近年は、主として子の監護・教育に関する親権機能と解する説が有力である。

本条にいう「職業」とは継続的な業務を行うものを指し、必ずしも営利を目的とすることを要せず、また、他人に雇用されて労務を提供する場合も含む。これに対し、未成年者の行為能力に関する民法6条で規定する「営業」は、営利を目的とする事業をいうと解されている。すなわち、民法6条は、未成年者が営業に関してした取引行為の効力の問題である。したがって、親権者が本条の許可を与えても、それが当然に民法6条の営業を許したことにはならない。

本条の許可を得れば、子は適法にその職業を行うことができる。その場合、許可された「職業」が民法6条の「営業」であるときには、当該営業に関する行為について民法6条が適用されることになる。

Ⅱ 効果

子が、親権者の許可なく労働契約を締結したとき、親権者は当該契約を取り消すことができる。また、その職業に関して子が行った法律行為も取り消すことができる（民5条・120条）。

未成年者がその営業に堪えることができない事由等がある場合、本条2項により、親権者は、いったん与えた許可を取り消し、あるいはそれを制限することができる。許可の取消しとは撤回を意味し、取り消されると将来に向かって許可がなかったことになる。また、制限とは、数種の営業を許可したときに、その一部について許可を撤回し、残りについて許可を続けることをいうとされる。

未成年者の労働契約については、労働基準法56条、58条、59条等参照。

（常岡史子）

（財産の管理及び代表）

第824条 親権を行う者は、子の財産を管理し、かつ、その財産に関する法律行為についてその子を代表する。ただし、その子の行為を目的とする債務を生ずべき場合には、本人の同意を得なければならない。

Ⅰ 本条の趣旨

本条は、親権者が子の財産を管理し、また、その財産について法律行為を行う権限、すなわち代理権（**法定代理権**）があることを定めたものである。未成年の子には財産管理能力・行為能力が十分備わっていないことに鑑みて、親権者がこれを補い、子の財産を保護することを目的とする。親権者による財産管理には、事実行為による管理と、法律行為による管理があり、後者には本条の規定する親権者の法定代理権とともに、民法5条の定める未成年子自身の行う法律行為への親権者の同意権が属する（民5条の同意権も、親権者による子の財産管理権から発生するものと解されている）。

Ⅱ　財産管理行為

子の財産の管理は、親権者の権利であると同時に義務であると解される。親権者による財産管理が不当である場合には、親権・管理権の喪失原因（民834条・835条）や親権停止原因（民834条の2）となりえ、また、子に対して損害賠償義務を負う場合がある。

財産管理行為には、建物の雨漏りの修理等、財産の維持・保全（**保存行為**）、賃料取得を目的とする建物の賃貸等、財産の性質を変えない範囲での利用（**利用行為**）、建物のリフォーム等、財産の価値の増加（**改良行為**）を目的とする事実上の行為と法律上の行為（財産管理のためにする親権者による契約締結等）があり、また、この目的の範囲内における処分行為も財産管理に含まれる[※50]。

財産管理の対象は、原則として、未成年の子の有する全財産である。ただし、親権者が処分を許した財産（民5条）、営業を許可された未成年子の営業に関する財産（民6条）、第三者が親権者に管理させない意思を表示して子に無償で与えた財産（民830条）、未成年子の労働契約による賃金および賃金請求権（労基59条）等は除かれる。

Ⅲ　代理行為（「財産に関する法律行為の代表」）

1　本条の代理の性質

本条の「代表」については、子と親の「人格の全面的同一化」を表すものであるとの説もあるが、通説は実質的に代理と同じものであると解している。この代理権（法定代理権）は、財産管理権から派生した権利であり、財産管理権を有しない親権者は代理権も有しないとされている。

親権者は、原則として、子の財産に法的変動を与える一切の法律行為について代理権を有する[※51]。ただし、財産管理権の及ばないものには代理権も及ばないため、民法5条の財産等の例外がある（上述Ⅱ参照）。なお、親権者の代理権は未成年子の財産に関するものであり、身分行為には、認知等法律で認めら

※50　大判明34・2・4民録7輯2巻18頁。腐敗や変質のおそれのある物の売却や値下がりしている株の売却がこれにあたるとされる。

※51　したがって、親権者は子の不動産の売却、贈与、抵当権設定等を行うことができる。

れている場合を除いて代理権は及ばない※52。

2　代理権の濫用

親権者の代理権行使が不当であり、子に不利益が及んだ場合、子の利益を保護する方法として、管理義務違反（民827条）による親権・管理権の喪失（民834条・835条）、親権停止（民834条の２）のほか、利益相反行為（民826条）について特別代理人を選任せずに行われた親権者による行為を無権代理とすることが考えられる。さらに、学説では、民法826条に該当しない行為（判例は、利益相反行為か否かについて形式的判断説に立つ。民826条の解説参照）についても、親権者が代理権を濫用して実質的に子に不利益な代理行為をしたときは、行為の相手方が濫用の事実を知り、または知ることができない場合には、2017（平成29）年改正前の民法旧93条ただし書の類推適用によって、当該行為の効果は子に及ばないと解する見解が有力であり、判例もこれに与している※53。なお、2017（平成29）年の債権法改正（平成29年法律44号）によって、民法107条に代理権の濫用に関する規定が新設されている。民法826条の解説Ⅱ１参照。

3　未成年子の行為を目的とする債務

未成年の子の行為を目的とする債務を生じる法律行為についても、親権者は代理権を持つが、この場合には子の同意が必要である（本条ただし書）。同意の相手方は親権者でも、代理行為の相手方でもよいと解されている。これは、未成年子の行為の自由を守る目的で、親権者の代理権に課された制約である。したがって、「子の行為」とは労務の提供等、事実上の行為（作為、不作為、受忍）をいい、法律行為は含まないと解されている。そこで、未成年子の事実行為に対して賃金等反対給付を受けるかどうか、未成年子の事実行為に関連して生じる義務（労務の不提供による違約金の支払等）を負うかどうかについて親権者が代理権を行使するに際しては、子の同意は不要とされる※54。労働基準法の特則について、労働基準法58条１項、116条２項等参照。

（常岡史子）

※52　最三小判昭43・8・27民集22巻８号1733頁ほか。

※53　最一小判平４・12・10民集46巻９号2727頁参照。親権者が子を代理して子の不動産を第三者の債務の担保に供したケースである。同判決は、このような行為は利益相反行為にはあたらないのであるから、「それが子の利益を無視して自己又は第三者の利益を図ることのみを目的としてされるなど、親権者に子を代理する権限を授与した法の趣旨に著しく反すると認められる特段の事情が存しない限り、親権者による代理権の濫用に当たると解することはできない」とする。

※54　違約の場合の支払義務に関し、大判大８・３・１民録25輯352頁。

（父母の一方が共同の名義でした行為の効力）
第825条　父母が共同して親権を行う場合において、父母の一方が、共同の名義で、子に代わって法律行為をし又は子がこれをすることに同意したときは、その行為は、他の一方の意思に反したときであっても、そのためにその効力を妨げられない。ただし、相手方が悪意であったときは、この限りでない。

Ⅰ　本条の趣旨

父母が共同親権者である場合において（民818条3項）、子の財産に関する法律行為について子を代理し（民824条）、あるいは子の法律行為に同意を与える（民5条）には、本来、父母が共同で行わなければならない。しかし、このような場合に、親権者の一方が、他の一方に無断で、共同名義で、子に代わって法律行為をし（**表見的共同代理**）、あるいは子の行う法律行為に同意を与えたとき（**表見的共同同意**）、相手方が親権者である父母によって共同で行われたものと考えることが起こりうる。そこで、親権者による代理行為または未成年子のした法律行為を有効と信頼したそのような相手方を保護するため、本条は、相手方が善意であるときは、一方の親権者による行為が他の一方の意思に反したものであっても有効となると規定した。本来ならば、無効ないし取り消すことのできる行為であるものを、相手方善意の場合に本条で有効とすることによって、相手方の信頼の保護（取引の安全）と親権の共同行使の原則との調和を図るものといえる。

Ⅱ　表見的共同代理・表見的共同同意の要件

本条の適用には、親権者の一方が、父母の共同名義で代理ないし子の法律行為への同意をしたことが要件となる。親権者の一方が、自己の単独名義でこれらの行為をした場合の問題については、後述Ⅳ参照。

親権者の一方による代理または子の法律行為への同意が、「他の一方の意思に反したとき」とは、他方の親権者の許諾が得られなかったときのみならず、そもそも許諾を得ようとしなかった場合も含み、「許諾がないとき」という意味と解するべきとされている。そのため、親権者の一方が他方の許諾なしに共同名義でした行為が、結果的に他の一方の意思に反しなかったという場合でも、本条の「他の一方の意思に反したとき」にあたることになる。

本条の対象となる行為は、相手方のある法律行為であるとされており、相手方のない単独行為（相続放棄等）には本条は適用されない。訴訟行為にも本条の適用はない（判例※55。ただし、訴訟行為につき、学説は否定説と肯定説に分かれる）。

相手方の善意とは、親権者の一方が他の一方の許諾なしに共同名義で代理行為ないし子の法律行為への同意をしたことを、相手方が知らないことをいう。法律行為の無効や取消しを主張する側が、相手方の悪意の証明責任を負うとされる。本条は、相手方の無過失を要求していないが、学説には、許諾を与えなかった親権者の意思や子の保護を重視し、相手方が過失によって知らなかった場合も悪意と同様に解する（相手方の善意無過失を要求する）見解もある。

Ⅲ　他の一方の許諾なくしてされた行為の効力

共同親権者の一方が、他の一方の許諾なしに共同名義でした代理行為は、本来、無効であると考えられるが、本条により相手方が善意の場合には有効となる。したがって、親権者の一方が、他の一方に無断で子の法律行為について共同名義で同意を与えたときも、相手方が善意ならば、親権者の一方による同意は有効であり、そのような同意の下で子が行った法律行為は取り消すことができない。

なお、他方の親権者の許諾がないことについて相手方が悪意であっても、この親権者が追認すれば、代理行為や子の行った法律行為は有効となると解されている。その意味で、他方の親権者の許諾なしにされた一方の親権者による代理や子の行為への同意は、一種の無権代理のように考えられている。

Ⅳ　単独名義でされた代理・同意

親権者の一方が、単独名義で代理行為をし、または子の法律行為に同意を与えた場合でも、他の一方がそれを許諾していれば、これらの行為は有効となる※56。共同名義ですることについての許諾、または一方の親権者が単独名義ですることについての許諾のいずれでもよいとされる。

これに対して、他方の親権者の許諾がないにもかかわらず、一方の親権者が単独名義で代理をしたときは、無権代理となる※57。その場合、他方の親権者が追認すれば、当該行為は有効となる（民113条・116条）。相手方が、単独名義で子の代理をした親権者に権限があると信ずべき正当な理由があるときは、民法110条の表見代理となる場合がある。

※55 最二小判昭57·11·26民集36巻11号2296頁。

※56 このような場合は、実質的に親権の共同行使があったとみることができる。最二小判昭32·7·5裁判集民27号27頁。

※57 最二小判昭42·9·29家月20巻2号29頁は、そのような行為を単に無効と述べる。

一方の親権者が、他方の親権者の許諾なく、単独名義で子の法律行為に同意を与えたときは、法定代理人の同意のないものとして当該法律行為は取消し（民5条）や追認（民122条）の対象となる。取消権・追認権は親権者たる父母が共同行使する必要はなく、同意を与えなかった親権者のみですることができると解されている。

（常岡史子）

（利益相反行為）
第826条　親権を行う父又は母とその子との利益が相反する行為については、親権を行う者は、その子のために特別代理人を選任することを家庭裁判所に請求しなければならない。
2　親権を行う者が数人の子に対して親権を行う場合において、その1人と他の子との利益が相反する行為については、親権を行う者は、その一方のために特別代理人を選任することを家庭裁判所に請求しなければならない。

Ⅰ　本条の意義

親権者と親権に服する子、あるいは親権者の親権に服する複数の子の間で、互いに利益が衝突する場合には、親権者による親権の公正妥当な行使を期待することが困難である。そこで、本条は、そのような場合に親権者が未成年の子について有する代理権と同意権を制限して[※58]、家庭裁判所の選任による特別代理人にこれらの権利を行使させ、子の利益を保護しようとするものである。これは、民法108条の自己契約および双方代理の禁止とその趣旨を同じくするものであるが、本条は、単独行為や第三者と子との契約に関する代理や、子が行う行為に対する親権者の同意の付与も対象とする[※59]点で、民法108条よりも適用範囲が広い。また、親権者には不利益だが子には利益となる行為は対象としない点で（後述Ⅱ1参照）、民法108条よりも適用範囲が狭い。

Ⅱ　利益相反行為とは何か

1　利益相反行為の判断基準

利益相反行為とは、親権者にとって利益であるが、親権に服している未成年子にとっては不利益な行為、または、同一の親権に服する子の一方にとって利

※58　大判昭9・5・22民集13巻1131頁。
※59　大判昭6・3・9民集10巻108頁、大判昭10・2・25民集14巻226頁ほか。

益であるが、他方の子にとっては不利益である行為をいう。したがって、親権者と子の利益が相反する場合であっても、子に利益で親権者に不利益な行為（たとえば、親権者の財産の子へ単純贈与※60）には、本条の適用はない。

ある行為が利益相反行為になるかどうかの判断基準について、従来からの通説は**形式的判断説**（利益相反行為か否かを行為自体または行為の外形によってのみ判断する）に立ち、判例※61もこれによっている。それに対して、近時の有力説は、実質的な子の利益の保護を念頭に、**実質的判断説**（行為の動機・目的や結果等を総合的に考慮して、利益相反行為であるか否かを実質的に判断すべきとする）を唱える。ただし、親権者が子を代理して子と第三者との契約を締結する場合（たとえば、親権者と未成年子が共同で債務を負担するケース※62）等において、実質的判断説を採ると、このような契約が利益相反行為となって第三者に不測の損害を与え、取引の安全を害するおそれがあるとの指摘がされている（実質的判断説からは、このような場合、表見代理（民110条）によって第三者の保護が可能であるとする）。親権に服する子の利益の保護と第三者の取引の安全の調和をいかに図るかの問題となるが、形式的判断説からは、2017（平成29）年改正前の民法旧93条ただし書の類推適用によって子の利益を保護するという見解が主張され、最高裁も形式的判断説に立ちつつ、同条ただし書の類推適用による対処を判示していた※63。なお、代理権の濫用について、判例・学説は従来このように2017（平成29）年の民法改正前は民法93条ただし書の類推適用による対応を図ってきたが、2017（平成29）年の債権法改正（平成29年法律44号）で、代理権の濫用に関する規定が民法107条として新設されたため、改正法の施行後は民法107条の適用の問題となる。

2　本条の適用される行為

本条が適用される行為は、契約に限らない。相手方のある単独行為に本条が適用されることには異論ない。相手方のない単独行為（相続の承認・放棄等）

※60 大判昭6・11・24民集10巻1103頁。

※61 最三小判昭37・10・2民集16巻10号2059頁、最三小判昭42・4・18民集21巻3号671頁ほか。

※62 前掲※61・最三小判昭37・10・2民集16巻10号2059頁は、形式的判断説の下で、このような行為は利益相反行為ではないとする。

※63 最一小判昭42・4・20民集21巻3号697頁。最一小判平4・12・10民集46巻9号2727頁ほかは、親権者が子の代理権を濫用して法律行為をした場合、その行為の相手方が権限濫用の事実を知りまたは知ることができないときは、民93条ただし書（当時。現在の民93条1項ただし書）の類推適用により、その行為の効果は子には及ばないと述べた上で、親権者が子を代理して子の所有する不動産を第三者の債務の担保に供する行為は、親権者に子の代理権を授与した法の趣旨に著しく反すると認められる特段の事情が存しない限り、代理権の濫用にはあたらないとする。

について、古い判例には利益相反行為にあたらないとしたものがあるが※64、最高裁は、これを変更し、「相続の放棄をする者とこれによつて相続分が増加する者とは利益が相反する関係にあることが明らか」であるとして、「相続の放棄が相手方のない単独行為であるということから直ちに民法826条にいう利益相反行為にあたる余地がない」ことを認めている※65。

身分上の行為についても、明治民法の下で判例は本条の適用を肯定しており※66、現行法下でも多数説は本条の適用を認める。戸籍実務は、親権者が自ら15歳未満の婚外子（非嫡出子）を養子とする場合、利益相反行為にあたるとしていたが※67、現在では、民法795条ただし書（1987（昭和62）年改正）に鑑みて、親権者が配偶者とともに自己の15歳未満の婚外子を養子とするときは、特別代理人の選任を要しないとしている※68。

3　利益相反行為の例

判例で、利益相反行為とされたものとして、①親権者による未成年子の所有する不動産の購入※69や、②未成年子から親権者に対する債権の譲渡※70、③親権者による未成年子の財産の用益※71、④親権者が第三者から借金するに際して、子を連帯債務者ないし保証人とし、または子の所有不動産に抵当権を設定する行為※72、⑤第三者の債務について、親権者が自ら連帯保証人となるとともに、子についても、代理人として連帯保証契約や子の所有不動産に対する抵当権設定をする行為※73、⑥相続権を有しない親権者が、共同相続人である数

※64 大判明44·7·10民録17輯468頁。

※65 最二小判昭53·2·24民集32巻1号98頁参照（未成年後見人の利益相反行為に関する事例。民860条による本条の準用）。同判決は、結論として、後見人がまず自らの相続の放棄をした後に被後見人全員を代理してその相続を放棄したときはもとより、後見人自らの相続の放棄と被後見人全員を代理してする相続の放棄が同時にされたと認められるときも、行為の客観的性質からみて、後見人・被後見人間でも、被後見人相互間でも利益相反行為にはならないとする。

※66 大判大2·10·15民録19輯899頁、大判大7·9·13民録24輯1684頁。

※67 昭23·11·30民事甲3186号回答。

※68 昭63·9·17民二5165号通達。

※69 大判昭10·9·20法学5巻492頁。

※70 大判昭6·3·9民集10巻108頁。

※71 大判昭12·10·18法学7巻130頁。

※72 大判大3·9·28民録20輯690頁、大判昭11·8·7民集15巻1630頁、最三小判昭37·2·6民集16巻2号223頁、前掲※61・最三小判昭37·10·2民集16巻10号2059頁。

※73 最三小判昭43·10·8民集22巻10号2172頁参照。

人の子を代理して行った遺産分割協議※74等がある。その他、相続の承認・放棄に関する判例については、上述Ⅱ2参照。

一方、利益相反行為にあたらないとされたものに、①未成年の子に債務を負担させる行為※75、②親権者が代理して子の名義で借金をし、子所有の不動産をその担保とする行為※76、③親権者が未成年の子とともに共同して競売を申し立てる行為※77、④親権者が子と共同してする合名会社の設立※78や、⑤親権者が共同所持人の関係にある子の手形を他に譲渡する行為※79、⑥親権者が第三者の債務のため、子を代理して子の所有する不動産に抵当権を設定する行為※80等がある。

Ⅲ　特別代理人の選任

特別代理人は、特定の行為について個別に選任される（家事手続別表第1〈65〉）。その権限は、家庭裁判所の選任審判の趣旨に従って定まるとされる※81。ただし、特別代理人の権限が広範に及びすぎることに対する懸念から、選任の審判で特別代理人の権限内容を詳細に特定するべきであるとする見解もある。

特別代理人選任の申立権者は、子の福祉の観点から、本条の定める親権者に限られず、民法840条の類推適用によるとするのが多数説である。父母が共同親権者である場合も、一方が単独で特別代理人の選任を申請することができる※82。選任された特別代理人と未成年子の間に利益相反の関係があるときは、本条が類推適用される※83。

父母が共同親権を行使する場合において、その一方との間でのみ子との利益

※74 最三小判昭48・4・24家月25巻9号80頁、最一小判昭49・7・22家月27巻2号69頁参照。親権者が未成年子と共同相続人である場合につき、東京高判昭55・10・29判時987号49頁。

※75 大判昭8・1・28法学2巻1120頁。借り入れた金銭を親権者が自己のために費消しようという動機があったとしても、消費貸借契約の締結自体は利益相反行為でないとする。

※76 大判昭9・12・21新聞3800号8頁。親権者に借入金を自己のために使用しようとする底意があった場合でも、利益相反行為にならないとする。

※77 大判昭9・11・27法学4巻497頁。

※78 大判大6・2・2民録23輯186頁。

※79 最一小判昭33・12・11民集12巻16号3313頁。

※80 最二小判昭35・7・15家月12巻10号88頁。前掲※63・最一小判平4・12・10民集46巻9号2727頁参照。

※81 前掲※72・最三小判昭37・2・6民集16巻2号223頁は、子の不動産への抵当権設定のために選任された特別代理人に、根抵当権設定の権限をも認めた。他方で、権限内容を厳格に解するものに、最三小判昭44・11・18家月22巻5号54頁。

※82 最二小判昭57・11・26民集36巻11号2296頁。

※83 最一小判昭57・11・18民集36巻11号2274頁参照。

相反があるときの代理の方法に関しては見解が分かれる。判例・通説は、利益が相反する一方の親権者について特別代理人を選任し、この特別代理人と他方の親権者が共同で子を代理するべきとする[※84]。

Ⅳ　本条に違反した行為の効果

本条に違反して、特別代理人を選任することなく、親権者が代理行為を行った場合、当該行為は無権代理になると解されている[※85]。したがって、本人である子が成年に達した後に追認すれば、当該代理行為は有効となる。

親権者と利益の相反する行為を未成年の子が行うにあたって、本条に違反して当該親権者が同意を与えたときは、子の行った行為は、法定代理人の同意を得なかった場合と同様、取り消すことができるものと解される。

（常岡史子）

（財産の管理における注意義務）
第827条　親権を行う者は、自己のためにするのと同一の注意をもって、その管理権を行わなければならない。

本条は、親権者が未成年子の財産の管理を行う場合における注意義務を定める。一般に、他人の財産を管理する場合には、善良な管理者の注意義務（善管注意義務）を負うとされるが（民644条・852条・869条・1012条等）、親子間の密接な情誼的関係に鑑みて、親権者の注意義務を「自己のためにするのと同一の注意」に軽減したものである。本条の注意義務違反によって親権者が子に損害を与えたときは、損害賠償義務が発生する。注意義務を尽くしたか否かについては、親権者が立証責任を負う[※86]。また、本条の義務違反は、管理権の行使が不適当として管理権喪失の原因（民835条）となりうる。

（常岡史子）

（財産の管理の計算）
第828条　子が成年に達したときは、親権を行った者は、遅滞なくその管理の計算をしなければならない。ただし、その子の養育及び財産の管理の費用は、その子の財産の収益と相殺したものとみなす。

※84　最一小判昭35・2・25民集14巻2号279頁参照。
※85　大判昭11・8・7民集15巻1630頁、最三小判昭46・4・20家月24巻2号106頁。
※86　大判大10・3・24民録27輯595頁。

本条は、親権者が子の財産に関して行った管理の計算義務を定める。これは、管理計算の期限等につき後見人の計算義務よりも軽減されている（民870条・871条等参照)。管理の計算とは、財産管理をしている間に子のために取得した収入と支出した費用の計算を明らかにして、子の所有に属する財産を確定し、その結果を子に報告することをいう。なお、本条の掲げる「子が成年に達したとき」以外の事由で親権が終了したときも（親権の喪失・辞任、親権者の変更、子の養子縁組等)、本条の類推適用により管理の計算をしなければならない。

本条ただし書は、子の養育および財産の管理の費用は、子の財産の収益と相殺したものとみなすと規定する。この相殺の意味について、かつては、民法505条の規定する相殺よりも広義のものと捉え、親権者の費用償還請求権と未成年子の収益返還請求権は、現実に発生したかどうかを問わず、また、それぞれの債権が同種の債権であることも同価値であることも要せず、相殺されると解されていた。そこでは、本条ただし書の規定により、親権者には子の財産について一般的収益権があるとする。これに対して、近時では、子のための親権という考え方の下、あるいは、「相殺」ということばから親権者の収益権を直ちに導き出すことには無理があるとして、子の財産に対する親の一般的収益権を認めることには批判が強い。そこで有力説は、本条ただし書は、親権終了時の管理計算義務の軽減を意図したものと考え、子の財産からの収益と養育・管理費用の差が顕著でない限り、両者を等しいものとみなす。

（常岡史子）

第829条 前条ただし書の規定は、無償で子に財産を与える第三者が反対の意思を表示したときは、その財産については、これを適用しない。

本条は、子に無償で財産を与える第三者が、親権者による管理計算に懸念を持つ場合等において、この第三者の意思を尊重し、民法828条ただし書の適用を排除することを認めて、親権者による子の財産管理に制約を課す。無償の財産授与者である第三者による「反対の意思表示」は、財産授与行為においてすることを要し、贈与によるときは贈与の意思表示中で、遺贈によるときは遺言中で表示しなければならないとされている。第三者による「反対の意思表示」がされると、親権者は、子の養育費や財産管理費用と子の財産からの収益に関する計算を省略せずに行わなければならない※87。

（常岡史子）

（第三者が無償で子に与えた財産の管理）

第830条　無償で子に財産を与える第三者が、親権を行う父又は母にこれを管理させない意思を表示したときは、その財産は、父又は母の管理に属しないものとする。

2　前項の財産につき父母が共に管理権を有しない場合において、第三者が管理者を指定しなかったときは、家庭裁判所は、子、その親族又は検察官の請求によって、その管理者を選任する。

3　第三者が管理者を指定したときであっても、その管理者の権限が消滅し、又はこれを改任する必要がある場合において、第三者が更に管理者を指定しないときも、前項と同様とする。

4　第27条から第29条までの規定は、前2項の場合について準用する。

本条は、無償で子に財産を与える第三者の意思を尊重して、授与財産の管理権を親権者から奪うことを認めたものである。第三者が親権者による管理に不安を持つために、子が、この第三者から財産を無償で得る機会を逃すことを避けるねらいがある。

第三者が、共同親権者である父母の一方についてのみ財産管理を禁じたときは、他方の親権者が単独で財産管理を行う。本条の「管理させない意思表示」は、民法829条と同様、財産授与行為において行うことを要する。

無償で財産を授与した第三者により親権者の財産管理が禁じられ、父母ともに管理権を有しないときは、まず第三者の指定により管理者を定める。第三者による指定がないときは、家庭裁判所が、子、その親族または検察官の請求によって管理者を選任する（本条2項、家事手続167条・別表第1〈66〉）。また、第三者による指定管理者がいる場合に、管理者の権限が消滅し、あるいは改任する必要があるときは、第三者がさらに管理者を指定することができる。この指定がないときは、本条2項と同様の手続によって家庭裁判所が選任する。管理者の職務や権利義務については、不在者の財産管理人に関する規定が準用さ

※87　この理解は、民828条ただし書を、親権者による子の財産の一般的収益権を認めるものではないと解する近時の有力説による。これに対して、親の一般的収益権を肯定する学説に立てば、本条は、親権者からこの収益権を奪うことを認めた規定とされる。それによれば、養育費・管理費用と子の財産の収益との相殺自体が認められない。民828条の解説参照。

れる。

（常岡史子）

（委任の規定の準用）
第831条 第654条及び第655条の規定は、親権を行う者が子の財産を管理する場合及び前条の場合について準用する。

本条は、親権者または民法830条による管理者が子の財産を管理する場合、委任に関する民法654条および655条を準用することを定める。すなわち、親権者または民法830条の管理者による財産管理が終了した場合において、急迫の事情があるときは、親権者・管理者、あるいはこれらの者の相続人もしくは法定代理人は、子またはその相続人もしくは法定代理人が財産管理をなすことができるようになるまで、必要な処分をしなければならない。

また、財産管理が終了したときは、終了事由が親権者または民法830条の管理者にあるときも、子の側にあるときも、相手方（財産管理の法律関係の相手方をいい、親権者・管理者に対しては子、子に対しては親権者・管理者を指すと解される）に通知するか、または相手方がこれを知っていたときでなければ、管理権の消滅を相手方に対抗することができない。

（常岡史子）

（財産の管理について生じた親子間の債権の消滅時効）
第832条 親権を行った者とその子との間に財産の管理について生じた債権は、その管理権が消滅した時から５年間これを行使しないときは、時効によって消滅する。
２ 子がまだ成年に達しない間に管理権が消滅した場合において子に法定代理人がないときは、前項の期間は、その子が成年に達し、又は後任の法定代理人が就職した時から起算する。

本条は、親権者とその子との間で財産管理に関して生じた債権がある場合、財産管理中はとくに子の側からの債権行使が事実上困難であることに鑑みて、親権者の管理権消滅まで当該債権の消滅時効は進行しないことを定める。その一方で、親権者の管理終了後は、法律関係の速やかな解決を目的として、そのような債権は５年の短期消滅時効にかかることを規定したものである。本条が適用されるのは、親権者とその親権に服する子の間で発生した債権であり、民法826条の特別代理人、民法830条の財産管理者と子との間で生じた債権に適用はない。また、親権者とその子の間の債権であっても、財産管理に関するものでない債権には、本条は適用されない。

本条の消滅時効の起算点は、原則として、親権者の管理権が消滅した時（子の成年到達、子の死亡、子についての破産手続開始等）である。ただし、子が成年に達する前に管理権が消滅し（親権者の死亡、親権・管理権の喪失（民834条・835条）、親権の停止（民834条の2）、親権・管理権の辞任（民837条））、子に法定代理人がいないときは、子が成年に達するか、後任の法定代理人が就職した時から、本条1項の消滅時効期間が起算される。

（常岡史子）

（子に代わる親権の行使）
第833条　親権を行う者は、その親権に服する子に代わって親権を行う。

未成年子の親が未成年者である場合、その親自身もまた親権に服する者であり、子の身上監護や財産管理といった親権者の職務を果たすには能力が不十分であると考えられる。そこで、本条は、親権者となることができる地位とこれを行使する能力とを区別し、後者については、未成年者である親に対して親権を行う者（子からみれば祖父母）が、子に対する親権を代行することとした※88。未成年者である親に親権者がいないときは、この親の未成年後見人が親権を代行する（民867条）。

婚姻により成年擬制（民753条）を受ける親に本条の適用はなく、自ら親権を行使することができる。したがって、本条は、未成年子を有する未成年の親が婚姻していないことを要件とする※89。ただし、成年擬制を規定する民753条は、成年年齢の引下げ（平成30年法律59号。2022（令和4）年4月1日施行）に伴い削除される。

親権代行者には、親権・管理権喪失（民834条・835条）、親権停止（民834条の2）の規定が類推適用される。

本条については、立法論として、親権を身上監護と財産管理に分け、身上監

※88 親が未成年者ではなく、成年被後見人等であるときは、「親権を行う者がないとき」（民838条1号）として子のために後見が開始する。

※89 親権代行者による親権行使の範囲は、財産管理のみならず身分行為についての代理にも及ぶ（大判大8·12·8民録25輯2213頁）。したがって、未成年者である母が、非嫡出の未成年子に代わって父に対する認知の請求をすることはできないと解される。

護については未成年の親が行うことを認めるべきであるとの見解もある※90。

（常岡史子）

第４編第４章第３節　親権の喪失

〔前注〕

親権が子の福祉のためのものであることに鑑み、民法は、親権者による親権や財産管理権の行使が困難ないし不適当である場合について、親権喪失の審判（民834条）、管理権喪失の審判（民835条）および親権停止の審判（民834条の2）に関する規定を置く。また、同様に子の福祉を考慮して、親権者自身の意思による親権や管理権の辞任も認めている（民837条）。

親権濫用の深刻なケースでは児童虐待との関係も問題になるが、児童虐待防止法15条は、民法に規定する親権の喪失の制度は、児童虐待の防止および児童虐待を受けた児童の保護の観点からも、適切に運用されなければならないとの定めを置いている。

（常岡史子）

（親権喪失の審判）

第834条　父又は母による虐待又は悪意の遺棄があるときその他父又は母による親権の行使が著しく困難又は不適当であることにより子の利益を著しく害するときは、家庭裁判所は、子、その親族、未成年後見人、未成年後見監督人又は検察官の請求により、その父又は母について、親権喪失の審判をすることができる。ただし、２年以内にその原因が消滅する見込みがあるときは、この限りでない。

Ⅰ　本条の意義

本条は、2011（平成23）年の民法の一部改正によって改められたものである。旧条文は、「父又は母が、親権を濫用し、又は著しく不行跡であるときは、家庭裁判所は、子の親族又は検察官の請求によって、その親権の喪失を宣告する

※90 1959（昭和34）年の「法制審議会民法部会小委員会における仮決定及び留保事項第48」でも、「第833条については、身上の監護に関する権利義務は未成年の親権者に行わせることとするが、財産の管理に関する権利義務をいかにすべきかにつき、なお検討する」とされていた。

ことができる。」と規定し、父または母が親権を濫用するか、著しく不行跡である場合に、親権喪失宣告によって親権の全部が剥奪されるとしていた。

旧条文において、親権の濫用とは、親権者が、親権が認められている社会的な目的から逸脱して、身上監護や財産管理の権限を不当に行使し、あるいは行使しないことによって、子の福祉を著しく害することをいうとされていた。子の身上監護の側面における親権濫用として、監護・教育権の濫用（親権者がそれを正当な理由なくして怠っているという消極的濫用※91や性的虐待※92等の例が多い）、幼い女子を芸娼妓として風俗営業を営む場所に住まわせる等の居所指定権・職業許可権の濫用※93、一般的な社会通念に基づき「必要な範囲」を超えて、懲戒を課す懲戒権の濫用等が挙げられていた※94。また、子の財産の管理権の濫用も、親権の濫用として親権喪失宣告の原因となった。子の財産の不当な処分、子に不当に債務を負わせること、利益相反行為に関する制限（民826条）を無視した行為を行うこと等の積極的濫用とともに、子の財産管理を放置し懈怠して子の福祉を害するといった消極的濫用もこれにあたると解されていた。ただし、親権者による子の財産管理が濫用といえるかどうかは、単なる経済的損失の有無ではなく、処分の目的や財産の性質等を総合的に考慮し、子の福祉という視点に立って判断するものとされた※95。

親権者の著しい不行跡は、親権者自身に対する懲罰的な制裁という意味ではなく（かつてはこのような趣旨も含んでいた）、そのような者による親権行使は結局子の福祉を害することになるという観点から、親権喪失の原因とされていた。裁判例では、親権者たる母が他の男性と情交関係を持ったことが不行跡にあたるかがしばしば問題となってきたが、裁判所は、親権を有する寡婦が妻子のある他の男性と同棲することは、その者の社会上の地位、身分、資力その他特殊の事情のいかんによっては、著しい不行跡といえない場合があるとし

※91 ただし、監護・教育権の消極的濫用にあたるというためには、親権者による監護・教育の不履行がこの者の責に帰すべき事由によることを必要とすると解される（多数説）。大阪高決昭31・3・3家月8巻4号39頁ほか同旨。

※92 東京家八王子支審昭54・5・16家月32巻1号166頁、長崎家佐世保支審平12・2・23家月52巻8号55頁ほか。

※93 長崎控判大11・2・6新聞1954号9頁。

※94 懲戒権の濫用により親権喪失宣告をした公表判例はないとされているが、親権者に刑法上の制裁を認めたものとして、水戸地判昭34・5・25下刑集1巻5号1278頁（逮捕監禁罪）等がある。

※95 濫用にあたらないとしたものに、大判昭9・12・21新聞3800号8頁（子の財産の処分が、子の債務の弁済や親権者の病気療養費の支弁を目的とする場合）、仙台高決昭25・7・24家月5巻4号63頁（子の財産の処分が子の生活に必要な費用のためにされた場合）等がある。また、不動産を売却して金銭に換えることは、それだけで直ちに失当な財産管理ということはできない（東京高決昭35・2・9家月12巻11号125頁）。

て[※96]、親権者の性的不品行が子の福祉に反するといえないとき、それだけで直ちに「著しい不行跡」とはならないとの判断を示していた。

このような旧条文に対して、現行条文は、親の虐待や悪意の遺棄等によって子の利益が著しく害されている場合に、親権喪失の審判がされることを明記する。そこでは、旧条文が「親権の濫用」としていた点につき虐待や悪意の遺棄という具体的内容を明らかにし、また「父母の不行跡」については、これを親権喪失の直接の事由としないことを示した。

Ⅱ 親権喪失審判の手続と効果

親権喪失審判は、子、その親族、未成年後見人、未成年後見監督人又は検察官の請求により、家庭裁判所が行う（旧条文が、子の親族又は検察官の請求によるとしていたのに対し、申立権者が拡大されている。家事手続167条・別表第1〈67〉）。なお、児童相談所長も、親権喪失審判の申立権を有する（児福33条の7）[※97]。

喪失審判の請求の相手方は、親権喪失事由がある親権者であり、父母が共同親権者である場合において、双方について喪失審判を求めるときは父母を相手方とし、一方のみについて喪失審判を求めるときは、その者のみを相手方とする。親権喪失審判の申立てがされた場合、家庭裁判所は親権全部ではなく管理権のみの喪失（民835条）の審判をすることもできる（多数説）[※98]。なお、2年以内に親権喪失の原因が消滅する見込みがあるときは、家庭裁判所は親権喪失審判をすることができない（本条ただし書）。

親権喪失審判の確定により、当該親権者の親権は将来に向かって消滅する。この親権消滅の効力は、何人に対する関係においても認められる。父母が共同親権者であった場合に、一方が親権喪失審判を受けたときは、他の一方が単独親権者となる。父母ともに親権喪失審判を受けたときは、子について未成年後見が開始する（民838条1号）。なお普通養子の場合には、養父母が親権喪失審判を受けたとき、民法819条6項の類推適用によって実親に親権者を変更できるかという問題が生じうる（民818条の解説Ⅲ参照）。

（常岡史子）

（親権停止の審判）

第834条の2 父又は母による親権の行使が困難又は不適当であることにより子の利益を害するときは、家庭裁判所は、子、その親族、未成年

※96 大判昭4・2・13新聞2954号5頁。ほかに、仙台高決昭23・12・17家月2巻1号10頁。

※97 前掲※92・東京家八王子支審昭54・5・16家月32巻1号166頁参照。

※98 長崎家佐世保支審昭59・3・30家月37巻1号124頁。

後見人、未成年後見監督人又は検察官の請求により、その父又は母について、親権停止の審判をすることができる。
2　家庭裁判所は、親権停止の審判をするときは、その原因が消滅するまでに要すると見込まれる期間、子の心身の状態及び生活の状況その他一切の事情を考慮して、2年を超えない範囲内で、親権を停止する期間を定める。

I　本条の趣旨

本条は、2011（平成23）年の民法の一部改正で新設された。従来の民法では、親による子の虐待等がある場合に旧834条の親権喪失制度で対応するほかなく、その効果が親権剥奪という強力なものであったために、当事者にとって利用しにくい状況にあった。この点に対する批判に答える形で、親権を段階的に制限する手段として本条の親権停止制度が創設された。これにより、父または母の親権の行使が困難又は不適当であることによって子の利益を害するときは、親権停止の審判の対象となる。

II　親権停止審判の手続と効果

親権停止審判は、子、その親族、未成年後見人、未成年後見監督人または検察官の請求により、家庭裁判所が行う（家事手続167条・別表第1〈67〉）。なお、児童相談所長も、親権停止審判の申立権を有する（児福33条の7）。申立てがあったときは、家庭裁判所は、2年を超えない範囲内で親権を停止する期間を定めて、親権停止の審判をすることができる。

父母が共同親権者であった場合に、一方が親権停止審判を受けたときは、他の一方が単独親権者となる。父母ともに親権停止審判を受けたときは、子について未成年後見が開始する（民838条1号）。子が普通養子の場合について、民834条の解説II参照。

（常岡史子）

（管理権喪失の審判）
第835条　父又は母による管理権の行使が困難又は不適当であることにより子の利益を害するときは、家庭裁判所は、子、その親族、未成年後見人、未成年後見監督人又は検察官の請求により、その父又は母について、管理権喪失の審判をすることができる。

Ⅰ 本条の意義

本条は、2011（平成23）年の民法の一部改正によって改められたものである。旧条文は、「親権を行う父又は母が、管理が失当であったことによってその子の財産を危うくしたときは、家庭裁判所は、子の親族又は検察官の請求によって、その管理権の喪失を宣告することができる。」と規定していたが、改正によって、管理権行使の困難や不適当が子の利益を害することが管理権喪失事由となることが明記された。

本条は、親権全部を剥奪するには及ばないが、財産管理を当該親権者に委ねるのは妥当でないという場合を念頭に置いた規定である。なお、親権のうち身上監護のみを剥奪する制度は、設けられていない。

旧条文において、管理の失当は、社会通念上一般に親権者が行う注意力を基準として判断すると解されており、民法834条における親権喪失の場合の財産管理権の濫用との違いは、財産管理の不当性の程度の差にすぎないとされていた[※99]。また、財産を危うくしたときとは、財産を喪失するか、または財産の経済的価値を減少させる危険を現実に惹起したことをいうとされ、単に将来被害が発生する可能性があるという程度では不十分と考えられていた。

現行規定は、「管理権の行使が困難又は不適当であることにより子の利益を害するとき」を管理権喪失事由とする。ただし、実際にどのような場合がこれにあたるかは、個々の事例ごとに判断せざるをえないと考えられる。

Ⅱ 管理権喪失審判の手続と効果

管理権喪失も、親権喪失と同じく家庭裁判所の審判による（家事手続167条・別表第1〈67〉）。旧条文は、子の親族又は検察官を申立権者としていたが、現行規定は、子、その親族、未成年後見人、未成年後見監督人又は検察官にこれを拡大している。

管理権喪失審判が確定すると、当該親権者は財産管理権を失うにとどまり、子の身上監護についてはなおも行うことができる。単独親権者である親が財産管理権を喪失したときや共同親権者である親の双方が財産管理権を喪失したときは、財産管理についてのみ未成年後見人が選任される（民838条1号・868条）。

（常岡史子）

※99 東京高決昭35・2・9家月12巻11号125頁は、親権者が子の不動産を売却したケースについて、それのみで管理権喪失の原因となるのではなく、売却の目的やそれが子の財産の維持運営および子の生活全般に関する諸般の事情からみて失当かどうかを判断するべきとする。

（親権喪失、親権停止又は管理権喪失の審判の取消し）
第836条　第834条本文、第834条の2第1項又は前条に規定する原因が消滅したときは、家庭裁判所は、本人又はその親族の請求によって、それぞれ親権喪失、親権停止又は管理権喪失の審判を取り消すことができる。

本条は、2011（平成23）年の民法の一部改正による親権停止制度の新設（民834条の2）にあわせて文言を改めたものである。ただし、旧条文は、「前2条に規定する原因が消滅したときは、家庭裁判所は、本人又はその親族の請求によって、前2条の規定による親権又は管理権の喪失の宣告を取り消すことができる。」としており、現行規定との間に実質的な内容の変更はない。

本条は、民法834条、834条の2、835条によって親権者が親権もしくは管理権を喪失した場合または親権が停止された場合において、原因が消滅したときは、家庭裁判所が喪失審判や停止審判を取り消すことができることを規定する。喪失審判または停止審判の取消しは、本人またはその親族の請求により家庭裁判所の審判によって行う（家事手続167条・別表第1〈68〉）。この取消しについて、検察官に申立権はない。取消しの審判が確定すると、親権を喪失・停止または管理権を喪失していた親は、将来に向かってそれらを回復する。

（常岡史子）

（親権又は管理権の辞任及び回復）
第837条　親権を行う父又は母は、やむを得ない事由があるときは、家庭裁判所の許可を得て、親権又は管理権を辞することができる。
2　前項の事由が消滅したときは、父又は母は、家庭裁判所の許可を得て、親権又は管理権を回復することができる。

I　本条の意義

親権は親の権利という側面以上に義務であることに鑑みれば、安易な親権の放棄は許されない。しかし、親権を辞することを全く認めないと、反対に子の福祉に反する場合もある。そこで、本条は、やむを得ない事由がある場合、家庭裁判所の許可を要件として親権・管理権の辞任を認めた。明治民法は、母による管理権の辞任のみ認めていたが、現行法では、父母いずれも親権または管理権の辞任が可能である。

身上監護のみの辞任や、財産管理権のうちの一部のみの辞任はできないと解されている。「やむを得ない事由」は、具体的事情に応じて子の福祉に基づき判断されるが、疾病、刑事施設への収容、海外滞在、再婚等が親権辞任の、健康や知識・経験についての不安等が管理権辞任の事由として挙げられる。

Ⅱ 辞任の手続と効果

辞任の許可は、家庭裁判所の審判手続で行われる（家事手続167条・別表第1〈69〉）。辞任の効力は、許可の審判によって当然に発生するのではなく、親権・管理権を辞任しようとする親権者が、許可審判書の謄本を添付して戸籍の届出を行わなければならないとされている（戸籍80条・38条2項）。すなわち、これは届出の受理によって効力を生じる創設的届出である。

Ⅲ 親権・管理権の回復

やむを得ない事由が消滅したときは、当該父または母は、辞任した親権や管理権を回復し、再び親権・管理権を行使することができる。この回復も、家庭裁判所の許可を得て、届け出ることによって効力を生じる（戸籍80条・38条2項）。

（常岡史子）

第4編第5章　後見

〔前注〕

民法第4編第5章は、第1節に後見の開始、第2節に後見の機関、第3節に後見の事務および第4節に後見の終了、また第6章は、第1節に保佐、第2節に補助の制度を規定している。

I　禁治産制度から成年後見制度へ

後見制度は、未成年者や精神上の障害により事理弁識能力がない者・不十分な者を支援する制度である。民法第4編第5章に規定されている法定後見制度は、成人に対する成年後見制度と未成年者に対する未成年後見制度に分かれる。さらに成年後見制度は、1999(平成11)年の民法改正により、成年後見・保佐・補助の3類型が整備され、さらにそれに並び、契約により行われる任意後見制度が新設されている（任意後見契約に関する法律。平成11年法律150号)。この改革により、①民法の一部を改正する法律、②任意後見契約に関する法律、③民法の一部を改正する法律の施行に伴う関係法律の整備等に関する法律、④後見登記等に関する法律の4つの法律が1999（平成11）年12月8日に公布され、2000（平成12）年4月1日に施行された。

1999（平成11）年民法改正以前の成年後見にあたる制度として、成年後見類型にあたる禁治産、保佐類型にあたる準禁治産制度が設けられていた。

禁治産制度は、心神喪失の常況にある者（本人）に対して家庭裁判所が禁治産の宣告をし、後見人を付し、後見人が本人が意思決定した法律行為を取り消したり、代理することで、本人の権利を擁護する制度であった。準禁治産制度は、心神耗弱者または浪費者(本人)に対し、家庭裁判所が準禁治産の宣告をし、保佐人が付されると、本人は法律行為をするにあたり、保佐人の同意を得なければならなくなり、同意がなければその行為は本人が取り消すことができるという制度であった。

しかしながら、禁治産・準禁治産制度は、①軽度の認知症高齢者や知的障害者・精神障害者にとってはそれを利用することによる取引上の制限が大きくなりすぎる、②保佐人には取消権も代理権もなく準禁治産者の保護に実効性を欠いている、③夫婦間では配偶者が後見人・保佐人になるものとされているが、後見人・保佐人が必要となる場面ではその配偶者も高齢で、その役割を十分に果たせない、④後見人・保佐人を1人とすると財産管理や療養看護等多様なニーズを持つ者に適切な対応をとることができない場合もある、⑤その用語が持つ問題（「治産を禁ずる」）や広範な資格制限があり、社会的な偏見が強い、

⑥宣告の公示が戸籍へ記載されるためこれを利用する者の抵抗が強い等、実際には利用しにくい制度となっているとの指摘を受けていた。さらには、欧米諸国でも成年後見立法の流れがあり、このような内外の状況をふまえ、自己決定の尊重、残存能力の活用、ノーマライゼーション等の新しい理念と従来の本人保護の理念を調和することを旨として、法改正が行われた。これにより、従前の禁治産宣告・準禁治産宣告は廃止され、単に「後見の開始」「保佐の開始」と改められ、禁治産者・準禁治産者という用語もなくなり、「無能力者」という用語も2004（平成16）年の民法改正により「制限行為能力者」に改められた。さらに補助制度も設けられ、保護措置の選択幅が拡大された。そして、後見、保佐、補助は、家庭裁判所の審判により開始するが、それは戸籍に記載されずに、後見登記等に関する法律により新たな登記制度が設けられ、成年後見に関する情報は、法定後見・任意後見ともに、後見登記ファイルに記録されることになった（後見登４条）。

Ⅱ　成年後見制度を取り巻く近年の状況

成年後見は2000（平成12）年に制度の運用が始まったが、当初、成年後見人に選任される者は全体の約90％が親族であった。しかし、2012（平成24）年には専門職が多くを占める第三者が選任される数が親族の数を上回るようになり、近年では、第三者後見人が約80％近くになっている（2019（令和元）年約78.2％、2018（平成30）年約76.8％）。このように第三者が後見人となる背景には、一般的に成年後見制度は利用しにくい制度であり親族が選任されることを敬遠することが考えられるが、成年後見人による不正行為、とりわけ親族後見人による財産の横領の問題などが指摘され、成年後見人には専門職後見人が選任されるケースが増加してきたこともある。未成年後見にも同様の問題は生じている。また、本人や親族の期待と異なり、専門職後見人が選任されるため、そもそも後見人の選任の申立てが低調になっているということも指摘されていた。

このような状況の中、2012（平成24）年に後見制度支援信託が整備され、家庭裁判所の指示を受けて弁護士などの専門職後見人が信託銀行と信託契約を締結することで本人の財産を管理することが可能となった。この制度は成年後見と未成年後見に限り利用することが可能であり、保佐・補助類型では利用することはできない。後見制度支援信託を利用した場合、信託財産を払い戻したり、契約を解約したりするためには、家庭裁判所が発行する指示書が必要となる。家庭裁判所は、後見制度支援信託の利用が必要な場合には、その手続をするために専門職後見人を選任する。本人のニーズに応じ、専門職後見人とともに親族後見人を選任し役割分担をさせることもできる。また、専門職後見人の関与の必要性がなくなれば専門職後見人が後見人を辞任し（民845条）、同時に親族後見人が選任されることで本人の意思に沿った後見人に業務を引き継ぐなど、柔軟な制度の運用が目指されている。

また、成年後見人の利用のしにくさを解消し、より社会にこの制度を浸透させるため、2016（平成28）年には、成年後見制度利用促進法（平成28年法律29号）が制定された。同法の成立により、家庭裁判所、公的機関、地方公共団体、民間団体の役割分担を図り成年後見制度を利用する本人のみならず後見人に対する支援体制（中核機関を事務局とした協議会）を地方公共団体に整備することが要請されている。この地域における成年後見制度のサポート体制が実施されることで、利用者本人の意思を尊重した成年後見人等の選任、さらに専門職でない親族等が成年後見人等に就任した場合にはニーズにあった専門職等から後見業務のサポートが円滑に行われることが目指されており、より多くの者の利用の促進が企図されている。

さらに、民法上も2016（平成28）年に成年後見人の一部の権限を拡張するための見直しがされた。成年後見の事務の円滑化を図るための民法及び家事事件手続法の一部を改正する法律（平成28年法律27号。以下、成年後見事務円滑化法）により、成年後見人に郵便物の管理（民860条の２）、開封・確認（民860条の３）する権限や成年被後見人のために一定の死後事務（民873条の２）の権限が認められた。

（冷水登紀代）

第４編第５章第１節　後見の開始

〔前注〕

後見には、未成年後見と成年後見がある。未成年後見は、親権の延長または補充として、親権に服することのない未成年者のために監護教育し財産管理をする制度であり、他方、財産管理権がない親権者の元で養育されている未成年者のために財産管理をする制度である。また、成年後見は、「精神上の障害により事理を弁識する能力を欠く常況にある者」（民７条）のために財産管理と身上監護をする制度である。

民法は、後見開始の原因を限定的に規定しており、本節は、後見開始の原因について、民法838条に定めている。同条で掲げられた以外の理由で、後見が開始することはない。

（冷水登紀代）

第838条　後見は、次に掲げる場合に開始する。
一　未成年者に対して親権を行う者がないとき、又は親権を行う者が管理権を有しないとき。
二　後見開始の審判があったとき。

Ⅰ　本条の意義

本条は、後見開始の原因を定める規定である。ここでの「後見の開始」とは、後見人を選任するべき一定の状態が発生したことである。本条2号の成年後見の開始は後見人の就任時期と一致するが、本条1号の未成年後見の開始はそれに一致するとは限らない。未成年後見の開始原因が生じた後に、未成年後見人が選任されたり、現実に未成年後見人が選任されないこともあるからである。

Ⅱ　後見開始原因

民法は、未成年後見の開始原因を本条1号に、成年後見の開始原因を本条2号に限定的に規定しており、本条で掲げられた理由以外では後見は開始しない。

1　未成年後見

(1)　未成年者に対して親権を行う者がないとき（本条1号前段）

親権者が死亡した場合である。父母が親権を行使していた場合であれば、双方が死亡したときに、後見が開始する。父母の一方のみの死亡の場合には、他の一方の単独親権となるからである。親権者が、失踪宣告（民30条）、親権喪失宣告を受けた場合（民834条）、また自ら親権者の地位を辞任した場合（民837条1項）も同様である。

さらに、親権者が後見開始もしくは保佐開始の審判を受けた、行方不明である、受刑者として服役中である、海外居住中である等の理由で、事実上親権を行使することができない場合も後見開始の原因となると解されている。

(2)　親権者が管理権を有しないとき（本条1号後段）

父母が管理権喪失宣告を受けた場合（民835条）や自ら管理権者の地位を辞任する場合（民837条1項）にも、後見開始の原因となる。この場合は、財産管理のみの後見が開始する。

2　父母の離婚と後見

父母が離婚し、一方が親権者となった後に、その者が死亡その他の理由で、親権を行使することができなくなった場合に、後見が開始するのか、他の一方の親権が復活するのか等、裁判例・審判例、学説上争いがある（詳細は、民819

条の解説Ⅴ参照)。

3　成年後見

後見開始の審判（民7条）があったときに、成年後見が開始する（本条2号)。未成年者に対しても、成年に達するまでに成年後見開始の審判をし、成年後見を開始することができる。後見人不在の期間が生じることを回避でき、成年に達してからあらためて成年後見人を選任するよりも、その者の保護に資するからである。この場合、親権者を後見人として選任することもできる。家庭裁判所は、成年後見人を職権で選任し（民843条1項、家事手続39条・別表第1〈3〉)、審判が確定すると裁判所書記官が遅滞なく登記所に対して登記の嘱託を行い（家事手続116条)、後見登記ファイルに記録されることになる（後見登4条)。ただし、この登記は、後見開始審判の効力要件でも、対抗要件でもない。

4　未成年者・成年被後見人と時効の完成猶予

未成年者・成年被後見人に法定代理人・財産を管理する者がいない場合、時効の完成を妨げる法的措置を講じることができないことが想定される。そこで、民法158条は、時効の期間満了6か月前に法定代理人がいないときには、未成年者・成年被後見人が行為能力者となった時または法定代理人・財産を管理する者が就任した時から6か月を経過するまでの間は時効の完成を猶予することを認めた。さらに判例は、事理弁識能力を欠く常況にある者に法定代理人がいない場合でも、成年被後見人と同様の保護をする必要性があるため、時効期間の満了前6か月以内に申立てに基づき成年後見開始の審判がされたときは、民法158条を類推適用し、時効は完成しないとする※1。

（冷水登紀代）

第4編第5章第2節　後見の機関

〔前注〕

後見の機関には、後見人（第4編第5章第2節第1款）と後見監督人（第4編第5章第2節第2款）がある。1999（平成11）年の改正により、本節第1款において、未成年後見人と成年後見人とが明確に分けて規定された。未成年後見人については、指定未成年後見人（民839条)、選任未成年後見人（民840条)、未成年後見人選任の請求（民841条）が、成年後見人については、成年後見人の選任・選任の請求（民843条）が、さらに両者に共通する規定としては、後見人の

※1　最二小判平26・3・14民集68巻3号229頁。

辞任（民844条）、後見人の辞任による新後見人の選任（民846条）、後見人の欠格事由（民847条）が規定されている。

本節第1款をうけ、本節第2款は、「後見監督人」に関する規定が置かれており、指定未成年後見監督人（民848条）、選定後見監督人（民849条）、後見監督人の欠格事由（民850条）、後見監督人の職務（民851条）、後見人等の規定の準用に関する規定（民852条）からなっている。

ところで、明治民法においては、禁治産者の後見人は、指定後見人を認めていなかった。また子が禁治産宣告を受けたときには、「親権ヲ行フ父又ハ母」が、既婚者が禁治産宣告を受けたときにはその配偶者が（（旧）民902条）、いずれもがいないときは戸主が後見人となった（（旧）民903条）。そして、以上のすべての者がいなければ親族会が後見人を選任するものとされていた（（旧）民904条）。しかし、戦後の戸主や親族会の廃止の結果、既婚者については配偶者が後見になるということは維持されたが（1999（平成11）年の改正前の（旧）民804条に定められていたが、改正により廃止されている）、法定後見人がいないときは、未成年後見人と同様に、家庭裁判所が一定の者の請求により後見人を選任するものとされた（民841条）。

後見監督機関の1つである後見監督人を常設の機関とするか、必要と認めるときにのみに設置する任意設置機関とするかは、1890（明治23）年の旧民法人事編の審議以来争われてきた問題である。その後、1925（大正14）年の「民法親族編中改正ノ要綱」には、後見監督について、後見監督人・親族会による私的監督から裁判所による公的監督へと転換する兆しがみられた。この流れをうけて、戦後の民法改正において、後見人を任意設置機関とし、親族会の廃止に伴い、その最高監督機関を家庭裁判所とし、現在に至っている。

（冷水登紀代）

第4編第5章第2節第1款　後見人

（未成年後見人の指定）

第839条　未成年者に対して最後に親権を行う者は、遺言で、未成年後見人を指定することができる。ただし、管理権を有しない者は、この限りでない。

2　親権を行う父母の一方が管理権を有しないときは、他の一方は、前項の規定により未成年後見人の指定をすることができる。

Ⅰ　本条の意義

本条は、最後に親権を行う者は、遺言によって後見人を指定することができるとし、第一次的に未成年後見人になるのは、遺言により指定された者であることを定めた。本条による指定をする際には、未成年後見人に指定する者の承諾は不要である。そして、指定された者は、正当な理由がある限りにおいて、家庭裁判所の許可を得て辞任することが許される。

遺言による指定がない場合には、一定の者の請求により、家庭裁判所が後見人を選任することになる（民840条）。遺言により指定された後見人を**指定未成年後見人**、家庭裁判所が選任した後見人を**選任未成年後見人**と呼ぶ。

Ⅱ　後見人の指定権者

本条が定める未成年後見人の指定権者は、①「最後に親権を行う者」でかつ管理権を有する者（本条1項）、②共同で親権を行う父母の一方が管理権を有しない場合に管理権を有する者（本条2項）のいずれかで、管理権を有しない親権者は、後見人を指定することができない（本条1項ただし書）。本条が、最後に親権を行う者に未成年後見人を指定することを認めるのは、未成年後見は親権の延長線上にあると捉えられ、親権者は、未成年後見人の人選を最も適切に行うことができる者として考えられているからである。しかしながら、遺言により未成年後見人の指定がされる場合、後見監督権を有しているはずの裁判所のコントロールは遺言による後見人の指定時には及ばないため、実際には不適切な者が後見人に指定される可能性が残るとの問題点が指摘されている。指定された後見人が不適任な場合にとることができる手段は、解任だけである。

なお、遺言により指定された者が、未成年後見人に就職する意思がない場合であっても、その意思に反して、未成年後見人に就職せざるをえないと考えられている。しかし、この場合でも、意思に反して就職を受け入れる義務を負うのではなく、就職後に「正当な事由」があるときは、家庭裁判所の許可を得て辞職をすることを認めるべきと解されている（民844条）。

①については、父母の一方が死亡したかもしくは親権喪失を受けた場合に単独で親権を行使している他の一方、そして未認知の嫡出でない子の母（民819条）が該当する。また、認知された嫡出でない子の場合であっても、とくに父を親権者に定めない限り、母が①に該当する者となる。

なお、嫡出でない子Aの母Bが未成年者である場合、Bの親権者CがBの親権を代行することになる（民833条）。この場合、Cは、Bの後見人を遺言で指定することができるが、Aとの関係ではBの親権を代行しているにすぎないので、Aの後見人を指定することはできない。

離婚後に単独で親権を行使している者の死亡に際し、後見が開始するのか親権が復活するのかについては、上述（民838条の解説Ⅱ2）の通り争いがあるところであり、離婚時に親権者となった者に遺言による後見人指定権があるかどうかについても同様に問題として残されている。この点、遺言の持つ意義を重視し、亡親権者の意思を尊重して、遺言による指定未成年後見人のあるときは、実親への親権者変更は問題とならないと解する説がある。これに対し、審判例には、離婚後に子の親権者となった父母の一方母が、自身の母を未成年後見人に指定し遺言を残して死亡していても、特段の事情がない限り、父への親権者変更を認めるべきとし、親権者の変更を肯定するものがある。その理由として、「離婚の際に一方の親を親権者と定めることを要するのは、離婚した両親にとって親権を共同して行使することは事実上困難であるためであるから、親権者と定められた一方の親が死亡して親権を行う者が欠けた場合に、他方の親が生存しており、未成年者の親権者となることを望み、それが未成年者の福祉に沿う場合においては、親権者変更の可能性を認めることが相当と解され」、「親権者による未成年後見人の指定がされているときでも、未成年後見制度が元来親権の補完の意味合いを持つにすぎないことに照らすと、親権者変更の規定に基づいて親権者を生存親に変更することが妨げられるべき理由はない」との説明がされている※2。

②の共同親権を行う父母の一方が管理権喪失の宣告を受けている場合（民835条）、また、やむを得ない事由があるときに家庭裁判所の許可を得て管理権を辞している場合（民837条）には、財産管理を行っている他の一方が後見人を指定することができる。この場合、管理権は有していないが親権者である一方が子の養育監護にあたるため、管理権を有する他の一方により指定された後見人は、子の財産管理のみを行うことになる。

Ⅲ　指定の方式

未成年後見人を指定する方式は、遺言のみである。

遺言については、民法が定める方式を満たしていなければならない（民960条以下）。

※2　大阪家審平26・1・10判時2248号63頁、同審判の抗告審である大阪高決平26・4・28判時2248号65頁も原審を支持する。同決定は、母が、自身の母Aを未成年後見人としたのは、父（元夫）が再婚しており、その再婚相手Bが初婚であるため未成年者らの監護養育を依頼することがBの負担になると考え、未成年者らの監護養育を依頼することを遠慮した事情を考慮すると、当該遺言において父が未成年者らの親権者になることに強く反対した事情はなく、離婚後、父と子らの面会交流の状況からみて父が信用できないとして遺言を行ったとは認められないとの説示をしており、遺言に記載している内容を絶対的なものとして画一的な判断をしていない。

Ⅳ　未成年後見開始の届出

本条1項に基づく後見の開始の届出は、指定された未成年後見人が、その就任の日から10日以内に行わなければならない（戸籍81条1項）。この届出は、報告的届出と解され、届出をする前であっても遺言の効力が生じたことを知ったときから、指定された者は未成年後見人に就職しなければならないと解されている（上述Ⅱ）。

（冷水登紀代）

（未成年後見人の選任）
第840条　前条の規定により未成年後見人となるべき者がないときは、家庭裁判所は、未成年被後見人又はその親族その他の利害関係人の請求によって、未成年後見人を選任する。未成年後見人が欠けたときも、同様とする。
2　未成年後見人がある場合においても、家庭裁判所は、必要があると認めるときは、前項に規定する者若しくは未成年後見人の請求により又は職権で、更に未成年後見人を選任することができる。
3　未成年後見人を選任するには、未成年被後見人の年齢、心身の状態並びに生活及び財産の状況、未成年後見人となる者の職業及び経歴並びに未成年被後見人との利害関係の有無（未成年後見人となる者が法人であるときは、その事業の種類及び内容並びにその法人及びその代表者と未成年被後見人との利害関係の有無）、未成年被後見人の意見その他一切の事情を考慮しなければならない。

Ⅰ　本条の意義

本条1項は、未成年後見開始の原因が存在するが、最後に親権を行う者が後見人を指定していない場合や一度後見人が存する場合であっても、死亡、辞任（民844条）、解任（民846条）、欠格（民847条）により未成年後見人が欠ける場合に、一定の者の請求により、家庭裁判所が未成年後見人を選任する**選任未成年後見人**に関する規定である（本条1項）。本条1項は、1999（平成11）年の民法改正により、未成年後見人と成年後見人との区別に伴う条文の整理がされ（改正前に規定されていた従来の禁治産者に対する配偶者法定後見制度は廃止された）、未成年後見の選任に関する規定として整備された。

また、2011（平成23）年の民法改正では、新たに複数人の未成年後見人の選任に関する規定が本条2項に（これに伴い、未成年後見人は1人でなければならないとする（旧）民842条は廃止された）、成年後見人と同じく未成年後見人の選任の基準に関する規定が本条３項に設けられた。また、本条３項において、未成年後見人に法人も選任できることが明確に規定された。

Ⅱ 選任請求権者

家庭裁判所の職権による未成年者後見人の選任は認められていない。未成年被後見人、その親族、その他の利害関係人は、家庭裁判所に未成年後見人を請求することはできるが、請求することを義務づけているわけではない。

第１に、未成年被後見人本人に関しては、従来から実務上、満15歳以上の者は、意思能力さえあれば選任請求権が認められていたが、1999（平成11）年の民法改正において、未成年被後見人本人の選任請求権が明記された。成年被後見人本人の自己決定権の尊重の理念から成年被後見人自身に選任請求権を認めたこと（民843条２項）との均衡と従来の実務の明確化の要請を考慮してのことである。そして、本条が未成年者について年齢を限定していないことから、学説上、意思能力さえあれば未成年被後見人は選任請求権があると解されている。

第２に、親族とは、民法725条に定める者である。

第３に、利害関係人とは、未成年後見人を選任することに法律上または事実上利害関係を有する者である。学説上、未成年被後見人保護のためには、後見人不在の状況を解消・回避することが望まれるため、狭く解する必要はないと考えられている。具体的には、未成年被後見人を事実上養育してきた里親・施設長、少年院長や保護観察長、未成年被後見人の債権者や債務者、訴訟の相手方等である。

また、「未成年後見人が欠けた」場合にも、未成年被後見人、その親族、その他の利害関係人は選任請求をすることができる。

Ⅲ 特別法上の選任請求義務者

親権者や未成年被後見人がいない場合には、児童相談所長（児福33条の８第１項）、保護の実施機関（生保81条）には、選任請求義務がある。

また、未成年後見人が欠ける事態が生じた場合には、辞任した未成年後見人（民845条）、未成年後見監督人（民851条）、児童相談所長（児福33条の８第１項）、保護の実施機関（生保81条）は、未成年後見人の選任請求義務を負う。

Ⅳ 選任の方法と手続

選任は家庭裁判所の甲類審判事項であり（家事手続39条・別表第１〈71〉）、未成年被後見人の住所地の家庭裁判所の管轄に属する。

申立てに際し、申立書に、後見開始の原因、未成年後見開始の日、未成年後見人の資産・収入の管理状況、未成年後見人の候補者等を記載する。

家庭裁判所は、申立書に記載された候補者に拘束されることなく、成年被後見人となるべき者、成年後見人になるべき者の意見を聴き（家事手続178条）、審判により選任する（家事手続39条・別表第1〈71〉）。また、家庭裁判所は、後見事務の監督権があり（民863条）、いつでも被後見人の監護、その財産の管理その他の後見事務に関して相当と認める事項を指示することができる（家事手続規97条・81条1項）ため、未成年後見の選任にあたって、未成年後見人にも必要な事項を指示することができる※3。

未成年後見人選任の審判は、その審判の告知を受ける者に告知したときに効力が生じる（家事手続74条）。

未成年後見人選任、あるいは却下の審判について即時抗告に関する規定がない。審判例は、即時抗告を否定するものと、未成年後見人の不在の状況を放置するのは好ましくないとの理由から、即時抗告を認めるものとに分かれている※4。なお、養子の離縁後に未成年後見人となるべき者の選任の申立てを却下する審判においては、申立人による即時抗告は認められている（家事手続179条）。

Ⅴ　複数の未成年後見人の選任

2011（平成23）年の改正前の民法旧842条は、未成年後見人は1人でなければならないと規定されていた。この規定の趣旨は、未成年者に対する後見は、成年後見とは異なり、複数の後見人が選任されるとその意見の齟齬が生じた場合に本人の利益が害される可能性があるとの理由であった。もっともこの規定に対しては、実際未成年後見人が選任される場面では、本人は親族や児童福祉施設で養育され、未成年後見人は基本的に財産管理を行うことが多いため、親権者のように監護権と財産管理権を帰属させる必要性はなく、むしろ財産管理権は法律の専門家等に、監護等にかかわる部分は親族に分担させるといった複数の後見人を選任する方がより適切な場面もあるとの指摘がされてきた。

このような指摘をうけて、2011（平成23）年の民法改正により、未成年後見人についても、「必要があると認めるとき」は、家庭裁判所が、一定の者の請求または職権で、「複数」の未成年後見人を選任することができる旨の規定が、本条2項に新たに盛り込まれた。また、当初は親族が後見人に選任されていて

※3　青森家八戸支審昭43･12･28家月21巻6号64頁、秋田家審昭34･7･23家月11巻11号132頁。

※4　未成年後見人選任申立却下の審判に対する即時抗告を否定したものとして、仙台高決昭63･12･9家月41巻8号184頁ほか。即時抗告を認めた例として、東京高決平3･4･26家月43巻9号20頁、東京高決平11･9･30家月52巻9号97頁。

も、被後見人が相続などで多額の財産を取得し、それを専門職の後見人が管理した方がよいと判断されるような場合など、その後の事情の変更を考慮して、「追加」して後見人を選任することもできるようになった。

Ⅵ　未成年後見人の選任の判断基準

家庭裁判所は、未成年後見人を選任する際、「未成年被後見人の年齢、心身の状態並びに生活及び財産の状況、未成年後見人となる者の職業及び経歴並びに未成年被後見人との利害関係の有無（未成年後見人となる者が法人であるときは、その事業の種類及び内容並びにその法人及びその代表者と未成年被後見人との利害関係の有無）、未成年被後見人の意見その他一切の事情」を考慮しなければならない（本条3項）。

未成年後見においても法人を選任することも可能である（なお、明文で未成年後見人に法人も含むとされていない理由は、成年後見人と同様、民法上の他の規定の解釈に影響を与えることを考慮してのことである）。かつては未成年後見が必要な場面で後見人に選任されるのは、自然人に限られるとされてきた。しかし、未成年被後見人を引き取り監護する者（親族や施設）と財産を管理する専門職の後見人が選任されるような場合には、法人が不適当であるとはいえず、本条3項に従い最も適当と認められる者が選任されることになる。

また、民法843条とは異なり、未成年後見人の選任にあたり、「未成年被後見人の年齢」についても考慮するべきとする。未成年後見人の場合には、未成年被後見人が乳幼児か成年前の者かにより、成年後見人に求められる職務の内容や継続期間等が大きく異なるため、年齢がより重要な考慮事情になるからである。

Ⅶ　未成年後見開始の届出

本条に基づき、未成年後見人が選任された未成年後見人は、戸籍法81条に基づき、届出を行わなければならない。

（冷水登紀代）

（父母による未成年後見人の選任の請求）

第841条　父若しくは母が親権若しくは管理権を辞し、又は父若しくは母について親権喪失、親権停止若しくは管理権喪失の審判があったことによって未成年後見人を選任する必要が生じたときは、その父又は母は、遅滞なく未成年後見人の選任を家庭裁判所に請求しなければならない。

本条は、父母の未成年後見人選任請求義務のみを規定する（後見人の選任請求義務については民845条）。

本条は、未成年被後見人の保護の観点から、父母双方が親権・管理権を辞した場合、親権を喪失した場合、親権停止の審判を受けた場合に、父または母に未成年後見人選任請求義務を負わせたものである。父母の一方が親権・管理権者を辞任したり、親権・管理権を喪失・停止されても、他の一方が管理権を含む親権を行使している場合には、未成年後見人選任請求義務は生じない。もっとも、学説の多くは、親権を喪失した者に未成年後見人選任請求義務を負わせることは、事実上無理があり、「親権を失ったことによって」の文言を削除するべきであるとする。

本条に違反しても、それについての制裁規定はない。しかし、親権者（または財産管理権者）である父母が本条の義務を怠ったことにより、子本人の財産に損害が生じた場合には、損害賠償責任を負うことはある（民869条・644条・874条・654条）。

本条のほか、親権者がいない場合の未成年後見人選任請求義務がある者として、民法上、未成年後見監督人（民851条2号）が、また特別法上、児童相談所長（児福33条の8第1項）、保護実施機関（生保81条）が規定されている。

（冷水登紀代）

第842条　削除（平成23年法律61号による）

（成年後見人の選任）

第843条　家庭裁判所は、後見開始の審判をするときは、職権で、成年後見人を選任する。

2　成年後見人が欠けたときは、家庭裁判所は、成年被後見人若しくはその親族その他の利害関係人の請求により又は職権で、成年後見人を選任する。

3　成年後見人が選任されている場合においても、家庭裁判所は、必要があると認めるときは、前項に規定する者若しくは成年後見人の請求により又は職権で、更に成年後見人を選任することができる。

4　成年後見人を選任するには、成年被後見人の心身の状態並びに生活及び財産の状況、成年後見人となる者の職業及び経歴並びに成年被後見人との利害関係の有無（成年後見人となる者が法人であるときは、その事業の種類及び内容並びにその法人及びその代表者と成年被後見人との利害関係の有無）、成年被後見人の意見その他一切の事情を考慮しなければならない。

Ⅰ 本条の意義

本条は、成年後見人の選任に関する規定である。本条1項は、後見開始の審判がされると職権で成年後見人選任の審判がされることを規定する。1999（平成11）年改正前は禁治産者に対する配偶者の法定後見が規定されていたが、成年後見制度の下では最も適当な者が家庭裁判所により成年後見人に選任されることになる。本条2項は成年後見人が欠けた場合、本条3項は成年後見人を追加で選任する必要がある場合に、一定の者の請求または職権で家庭裁判所が選任することを規定する。本条4項は成年後見人を解任するための考慮事項に関する規定である。

Ⅱ 成年後見人の選任（本条1項）

後見開始の審判がされると、家庭裁判所は、職権で後見人選任の審判もすることになるため、後見人等の選任の申立てを別途する必要はない。

また、後見開始の審判等に不服のある審判等の申立権者は、即時抗告により、異議を申し立てることができる（家事手続123条・132条・141条）。しかし、後見人選任審判に対する不服申立てを認める規定がないことから、不服申立てを認めることはできない[※5]。

審判は、**告知**をしなければならないと定められた者に、告知または通知しなければならない（家事手続74条）。後見開始の審判は、本人は「精神上の障害により事理を弁識する能力を欠く常況にある」（民7条）と認定することから、本人には告知を受ける能力がないということになることと、他方、本人の自己決定を尊重するという成年後見制度の趣旨を考慮し、本人には遅滞なく**通知**されることになる（家事手続122条1項）。そして、成年後見人となる者に、告知することになる（家事手続122条3項1号）。成年後見人選任の審判は、成年後見人が審判を受ける者となる。

後見開始の審判がされると、嘱託により成年後見登記がされる（家事手続116条、後見登4条1項）。

Ⅲ 成年後見人が欠けた場合の選任手続（本条2項）

選任された成年後見人が欠けた場合、家庭裁判所は新たに成年後見人を選任することになる。成年後見人が欠けた場合とは、成年後見人の辞任・解任、欠格事由の発生または死亡（失踪宣告も含める）である。このような場合には、

※5 東京高決平12·9·8家月53巻6号112頁、東京高決平12·4·25家月53巻3号88頁、大阪高決昭59·7·2判タ537号223頁。

家庭裁判所は、職権で成年後見人を選任することができる。また、成年被後見人もしくはその親族その他の利害関係人の請求によって、後見人を選任する。これらの者に請求権を認めるのは、家庭裁判所が後見人が欠けたことを覚知することが事実上困難な場合もあるからである。

Ⅳ　成年後見人の追加的選任（本条３項）

本条3項は、成年後見人がすでに選任されている場合であっても、家庭裁判所は、必要があると認めるときは、職権または本人もしくはその親族その他の利害関係人、そして成年後見人の請求により、追加的に成年後見人を選任することができることを定めている。

たとえば、成年後見開始に際して、本人の財産取引に関し紛争があるような場合に弁護士等の専門職後見人を選任していた場合でも、その後本人の意思を尊重し、より身近で療養看護の事務を担える親族を後見人に追加するという必要性が生じる場合や、逆に、当初親族を成年後見人に選任していたが、財産管理の事務の家庭裁判所への報告の状況から、専門職を選任する必要があるというような場合には、追加して成年後見人を選任する必要性があるといえる。成年後見人が複数人になれば、家庭裁判所は、共同して権限を行使するか、事務の権限を分掌するかを定めることができる（民859条の2第1項）。

Ⅴ　成年後見人の選任の考慮事情（本条４項）

配偶者法定後見制度が廃止され、家庭裁判所が常に職権で個別の事案に応じた適任者を成年後見人として選任することになった。そして、法人を成年後見人等に選任することができることも明記している。法人は、認知症高齢者、知的障害者、精神障害者等多様なニーズに応えるため、選択肢を広げる観点から、選任の可否について解釈上の疑義をなくすために、本条の考慮事項に規定された。法人の資格には、制限がなく、社会福祉法人や公益法人等のほか、信託銀行等の営利法人も選任することができる。そのため、本人との利益相反のおそれのない信頼性の高い個人または法人が選任されるように、本条4項は、家庭裁判所が審査するべき5つの考慮事由を規定している。

1　本人の客観的事情

成年被後見人の心身の状態ならびに生活および財産の状況が考慮されなければならない。成年後見人は、本人の身上に配慮し（民858条参照）、財産を管理するからである（民859条・863条参照）。具体的には、成年被後見人の身体や障害の状況、在宅か施設入所かなど住まいの状況、同居家族の有無、財産・収入の状況などである。

2 後見人となる者の客観的事情

「成年後見人となる者の職業及び経歴」（「成年後見人になる者が法人であるときは、その事業の種類及び内容」）が考慮されなければならない。たとえば、成年後見人という重要な任務を果たす人物を選任するためには、その事務内容・職責にふさわしい職業・経歴が参考となるからである。また、法人の場合には、当該法人の事業の種類・内容を吟味することになる。

3 成年後見人となる者と本人との関係

成年後見人となる者と成年被後見人との利害関係の有無、成年後見人になる者が法人であるときは、その法人およびその代表者と成年被後見人との利害関係の有無を考慮しなければならない。本人と利益相反関係にある者を適切に排除するべきだからである。法人に関して、本人と当該法人に加えて、当該法人の代表者も考慮するべきとされているが、これは、法人が事実上の個人経営であるような場合には、形式的に法人のみを審査するだけでは、真の利害関係の有無が明らかにならないからである。

4 本人の主観的事情

「成年被後見人の意見」も考慮するべき事項とされている。成年後見人の選任にあたっても、自己決定の理念が尊重されなければならないからである。成年後見制度利用促進法では、成年被後見人の意思決定の支援が適切に行われるとともに、その自発的意思が尊重されるべきことが目指されており（成年後見制度利用促進法3条1項）、とくに身上保護が必要となる側面では本人の意思を尊重しつつ、身上配慮義務が尽くすことが成年後見人に要請されている（民858条）。とりわけ療養看護を前提とした事務では本人の意思決定や身上保護の福祉的視点が十分に考慮されていないとも指摘されており、成年後見制度利用促進法の下では、家庭裁判所、関係行政機関、地方公共団体、民間団体等の相互協力および役割分担の下に成年後見制度を利用する者の権利利益を確保するための体制づくりが進められている（成年後見制度利用促進法3条2項）。

家庭裁判所は、本人の意思やその者をとりまく支援体制等を考慮しつつ、本人が望む候補者が客観的にはその任務に適してないこともありうるので、家庭裁判所は諸般の事情を総合的に考慮して、適任者であると判断した者を選任することになる。

5 その他一切の事情

上記1から4は、例示列挙と解されている。家庭裁判所は、個別の事案に応じて「その他一切の事情」を考慮するべきとされている。たとえば、成年後見人の候補者の心身の状態および財産状況、成年後見人の候補者と本人との親族関係の有無、成年後見人の候補者の意見等が考えられている。

Ⅵ　即時抗告・不服申立て

後見開始の申立てを却下する審判に対して、申立人は、即時抗告することができる（家事手続123条1項2号）。これに対して、成年後見人の選任は家庭裁判所が本条4項に基づき適任者を選任するため、成年後見人選任の審判に対して不服申立てをすることはできない※6。

（冷水登紀代）

（後見人の辞任）
第844条　後見人は、正当な事由があるときは、家庭裁判所の許可を得て、その任務を辞することができる。

本条は、未成年後見人および成年後見人の辞任に関する規定である。

未成年後見人であっても成年後見人であっても、後見人の任務は、単に被後見人の保護という私的な関係にとどまるのではなく、社会的公益的性質を帯びるため、後見人に自由に辞任を認めるわけにはいかない。そのため、本条は、正当な事由がある場合に、家庭裁判所の許可を得て初めて後見人がその任務を辞任することができるとした。

辞任手続には、特別な手続はなく、家庭裁判所の許可で足りる。ただし、後見人が、その職を辞するときに遅滞なく家庭裁判所に後見人の選任請求をしなければならない（民845条）。親権辞任の場合は、辞任後、届出が必要となる（戸籍80条）。そして、選任された後見人がその職についた日から10日以内に、更迭の届出が行われる（戸籍82条）。

辞任の「正当な事由」としては、①成年後見人が職業上の必要等から遠隔地に居住を移転したため後見事務の遂行に支障が生じた場合、②老齢・疾病等により後見の事務の遂行に支障が生じた場合、③本人またはその親族との間に不和が生じた場合等が挙げられている。

（冷水登紀代）

（辞任した後見人による新たな後見人の選任の請求）
第845条　後見人がその任務を辞したことによって新たに後見人を選任する必要が生じたときは、その後見人は、遅滞なく新たな後見人の選任を家庭裁判所に請求しなければならない。

※6　東京高決平12・9・8家月53巻6号112頁、広島高岡山支決平18・2・17家月59巻6号42頁。

本条は、未成年後見人または成年後見人が家庭裁判所の許可を得て辞任した場合（民844条）、その者が後見人が欠けることを最も先に知ることができることから、その者に家庭裁判所に対して後見人選任請求をする義務を課したものである。

もっとも、複数人の成年後見人の選任が認められるため、複数の後見人が選任されている場合には、後見人が欠ける事態を回避できるが、本条は、とくに「新たに」という文言を盛り込み、ある後見人の辞任によって新たに後見人が必要となる場合にも、新たな後見人の選任義務があるとした。

後見人が欠けた場合には、後見監督人（民851条）、児童相談所長（児福33条の8）、保護の実施機関（生保81条）にも、後見人選任請求義務が課されている。

また、成年後見人が欠けた場合や追加の必要がある場合には、家庭裁判所が職権で成年後見人を選任できることとなっている。

（冷水登紀代）

（後見人の解任）

第846条　後見人に不正な行為、著しい不行跡その他後見の任務に適しない事由があるときは、家庭裁判所は、後見監督人、被後見人若しくはその親族若しくは検察官の請求により又は職権で、これを解任することができる。

後見制度は、被後見人の保護を目的としていることから、後見人の職務は社会的公益的性格を有する。そこで、本条は、後見人に後見の任務に適さない事由が生じた場合に、家庭裁判所が、一定の者の請求または職権により、その後見人を解任することができると定めた。後見人の資格を奪うことができるのは、家庭裁判所だけである。

本条は、解任事由として①「不正な行為」、②「著しい不行跡」、③「その他後見の任務に適さない事由」を挙げているが、裁判例上、上記事由を厳格に区別しているわけではなく、総合的にみて、後見人の行為が任務に適さない行為かどうかで判断されている。

①については、とくに被後見人の財産管理に関する不正行為が問題とされる。「不正な行為」とは、違法な行為または社会的に非難されるべき行為を意味し、後見人が被後見人の財産を横領する、また私的に流用するなどの行為である。後見人等の不正事件は、親族後見人による不正行為がそのほとんどを占めるが、不正事件の件数は2014（平成26）年をピークに減少傾向にある※7。この背景に

※7　最高裁判所事務総局家庭局実情調査（https://www.courts.go.jp/vc-files/courts/2020/20200312koukennintouniyorufuseijirei.pdf）。

は、2012（平成24）年に導入された成年後見支援信託制度の導入が考えられる（成年後見支援信託制度の詳細は、民859条の解説Ⅳ参照）。

②「著しい不行跡」とは、品行ないし操行が甚だしく悪いこととされ、後見人の行状が本人の財産管理に危険を生じさせる行為と解されている。成年後見人の職責の重要性および権利濫用による被害の重要性に鑑み、直接職務に関係のない行状の問題でも、それが著しく不適切であれば、後見人の適正を欠くとされている。また、とくに未成年被後見人についての監護教育との関係で問題となると考えられている。もっとも、過去の不正行為・不行跡が、直ちに解任事由に繋がるわけではない。

③については、後見人の権限濫用・管理失当（民869条）・任務怠慢・義務違反（民853条1項・855条1項・859条の3）等が考えられる。また、後見人の非行だけが解任事由となるわけではなく、年齢・人間関係等も考慮される。

後見人の解任は、家事事件手続法39条、別表第1〈5〉に掲げる審判事項である。後見人の解任請求は、後見監督人、被後見人、被後見人の親族または検察官により行われる。後見人の解任の審判は、後見人の職務権限を剥奪するものであり、家庭裁判所は後見人を解任するには、後見人の陳述を聞かなければならない（家事手続120条1項4号）。解任審判が確定した場合には、家庭裁判所の書記官は遅滞なく登記所に対して登記の嘱託をしなければならない（家事手続116条）。

なお、家庭裁判所は、被後見人の利益のため必要なときは、成年後見人・未成年後見人の解任の申立てをした者による申立てや職権で、後見人の解任について審判が効力を生じるまでの間、後見人の職務の執行を停止し、その職務の代行者を選任することができる（家事手続127条1項・181条）。

（冷水登紀代）

（後見人の欠格事由）

第847条　次に掲げる者は、後見人となることができない。

一　未成年者

二　家庭裁判所で免ぜられた法定代理人、保佐人又は補助人

三　破産者

四　被後見人に対して訴訟をし、又はした者並びにその配偶者及び直系血族

五　行方の知れない者

後見人は、被後見人の私的な保護を目的として選任されるが、その任務は社会的公益的な性質を帯びている。そのため、本条に定める事由に該当する者については、後見人の資格を当然に持たない者として、後見人の資格を失うもの

とした。

本条は、以下のように成年後見人の欠格事由を定めている。

①未成年者（本条1号）。未成年者は判断能力が未熟であるため、後見人の任務には適さないとされている。

②家庭裁判所で免ぜられた法定代理人、保佐人または補助人（本条2号）。本号に該当する者は、親権喪失（民834条）や管理権喪失（民835条）の審判を受けた者、後見人・保佐人・補助人の職の解任の審判を受けた者（民846条）であるが、これらの者は、家庭裁判所が本人の財産管理に不適任であると判断した者であり、後見人の任務には適さないと考えられるからである。

③破産者（復権を受けない者。ただし復権（破255条）すれば欠格でなくなる。本条3号）。破産者は自己の財産に関する財産管理権を喪失した者であり、他人の財産を管理する後見人の任務には適さないと考えられている。

④被後見人に対して訴訟をし、またはした者ならびにその配偶者および直系血族（本条4号）。原告被告を問わず被後見人に対して現に訴訟を起こしているか、過去に起こしたことのある者は後見人になることはできない。被後見人と利害が対立している者は、被後見人の利益となるように適切に任務を遂行することが期待できないからである。被後見人の後見人である配偶者が被後見人に対して離婚の訴えを提起すれば、その時点で後見人の欠格事由に該当すると解されている[※8]。

ただし、単に、形式的な対立があるというだけでは、本号に該当しないと解されることもある[※9]。

⑤行方の知れない者（本条5号）。このような者は、後見人の任務を果たすことができないことは明らかである。

（冷水登紀代）

第4編第5章第2節第2款　後見監督人

（未成年後見監督人の指定）
第848条　未成年後見人を指定することができる者は、遺言で、未成年後見監督人を指定することができる。

本条は、未成年後見人を指定することができる者が（民839条の解説参照）、遺言により、未成年後見監督人も指定することができることを定める（**指定未**

※8　仙台家大河原支審昭47・3・28家月25巻4号50頁。
※9　和歌山地判昭48・8・1判時735号89頁。

成年後見監督人）。

未成年後見監督人のみが指定された場合には、家庭裁判所より、未成年後見人が選任される（民840条）。未成年後見監督人に指定された者が、就任後遅滞なく後見人の選任を家庭裁判所に請求する（民851条2号）。未成年後見監督人の数は制限がなく、複数の未成年後見監督人を指定することができる。

指定は、遺言によらなければならない。遺言の効力発生と同時に、指定された者は後見監督人の地位につき、その日から10日以内に就職の届出をしなければならない（戸籍85条・81条）。

（冷水登紀代）

（後見監督人の選任）

第849条　家庭裁判所は、必要があると認めるときは、被後見人、その親族若しくは後見人の請求により又は職権で、後見監督人を選任することができる。

本条は、家庭裁判所が、必要に応じて、被後見人、その親族もしくは後見人の請求、または職権により、後見監督人を選任することができる旨を規定する。

1999（平成11）年改正前の民法旧849条は、家庭裁判所が後見監督人の選任をするには、その親族と後見人の請求がある場合に限られていた。しかしながら、後見人を監督することを任務とする後見監督人の選任をその親族と後見人の請求に委ねたのでは、後見監督人の積極的な設置に繋がらないとの指摘をふまえ、監督制度の充実の観点から、本条は家庭裁判所が職権で成年後見監督人を選任できるように改正された経緯を持つ。また、成年被後見人にも、一時的に意思能力がある場合があり、自己決定の尊重の観点からも、本人にも成年後見監督人の選任請求をする権限を付与されている。

本条は、後見監督人を「必要があると認めるとき」に選任できると規定されていることから、①後見監督人を最初に選任する場合、②後見監督人が欠けたために選任する場合、③後見監督人を追加的に選任する場合が包括的に含まれることとなる。

成年後見監督人の選任が具体的に問題となる場面は、親族間の利害対立が激しく、①成年後見人等の事務処理の適否をめぐって紛争の生じるおそれがある場合、②すでに選任されていた後見監督人が辞任・解任、欠格事由の発生または死亡・失踪宣告により欠けた場合、③事務遂行の場所や専門分野の異なる複数の成年後見人をとくに監督する必要がありさらに成年後見監督人を選任する必要が生じた場合等などが想定されている。

他方、未成年後見監督人の選任が具体的に問題となる場面は、未成年被後見人が財産を有するか否かが選任の判断において重要な基準となっているとされている。未成年後見監督人がいる場合において、未成年後見人が、その同意なしに、未成年被後見人を代理してその財産に関する行為をすれば、その行為は取消しの対象とすることができ、より未成年被後見人の利益の保護に繋がるからである（民864条・865条）。

いずれにしても、「必要があると認めるとき」については、家庭裁判所が合理的な裁量に基づいて選任の必要性を判断する趣旨であり、個々の事案ごとに諸般の事情を考慮して必要性の有無を判断することになる。

後見監督人の選任にあたり家庭裁判所が考慮するべき事情については、民法843条の解説参照。

選任手続は後見人選任手続と同じである（家事手続39条・別表第1〈74〉）。

後見監督人選任の申立てを却下した審判に対して即時抗告をすることはできない[※10]。

（冷水登紀代）

第849条の2　削除（平成23年法律61号による）

（後見監督人の欠格事由）

第850条　後見人の配偶者、直系血族及び兄弟姉妹は、後見監督人となることができない。

後見監督人は後見人を監督することを職務とすることから、後見人と一定の身分関係にある者は、後見人に対して厳重な監督・適切な監督をすることが期待できない、との理由から、本条は、後見人と一定の身分関係にある場合を、とくに後見監督人の欠格事由として定めた（一般の欠格事由については、民852条により準用）。すなわち、後見人の配偶者、直系血族および兄弟姉妹である。これらの者を後見監督人に指定・選任したとしても無効となる。明文にはないが、内縁の配偶者・事実上の養親子関係にある者については、本条の主旨に照らし本条の欠格事由にあたるとする説が有力である（欠格者にはあたらず解任事由にあたるとする説もある）。半血の兄弟姉妹は、本条の欠格事由にあたると解されている。また、後見監督人が、後見人と婚姻・縁組により夫婦関係・親子関係を形成した場合、その資格を失うと解されている。離婚・離縁等によって後見人との親族関係が消滅した場合、後見監督人は、本条の主旨に従えば欠格者にあたるとする説、規定がない以上、家庭裁判所がその者を選任することもできるため、かつて身分関係にあったということだけでは欠格者にあた

※10　最二小決昭32·10·23民集11巻10号1776頁。

るとはいえないとする説もある。

（冷水登紀代）

（後見監督人の職務）

第851条　後見監督人の職務は、次のとおりとする。
一　後見人の事務を監督すること。
二　後見人が欠けた場合に、遅滞なくその選任を家庭裁判所に請求すること。
三　急迫の事情がある場合に、必要な処分をすること。
四　後見人又はその代表する者と被後見人との利益が相反する行為について被後見人を代表すること。

本条は、後見監督人の職務について定める。後見監督人は、本条に規定する職務を行い、その際、善良な管理者の注意をもって行わなければならない（民852条・644条）。

Ⅰ　後見監督人の職務

本条１号は、後見監督人は、後見人の事務を監督することを定める。民法上、具体的に定められているのは、以下の場合である。

①後見人が財産を調査したり、目録を作成する場合に、その立会いを行うこと（民853条２項）。

②未成年後見の場合には、未成年後見人が、親権を行う者が定めた教育の方法および居所を変更したり、営業の許可やその取消しもしくはその制限をすることに、同意を与えること（民857条）。

③後見人に対し、後見事務の報告もしくは財産目録の提出を求め、後見の事務もしくは被後見人の財産状況を調査すること（民863条１項）。

④被後見人の財産管理その他の後見の事務について必要な処分を命じるよう、請求すること（民863条２項）。

⑤後見人が被後見人に代わって営業もしくは元本の領収を除く民法13条１項各号に掲げる行為をし、または未成年被後見人がこれをすることに同意することに、同意を与えること（民864条）。なお、後見人が民法864条に違反した場合や違反して同意を与えた場合には、本人または後見人が取り消すことができるが（民865条）、後見人自らに取り消すことが期待できないことから、後見監督の実効性を高めるために、後見監督人に取消権を与えることも検討するべきであるとの見解がある。

⑥後見の計算に立ち会うこと（民871条）。後見人が後見の計算をしない場合

には、後見監督人は、後見の計算を自己の立会いの上で行うよう家庭裁判所に請求することができる[※11]。

本条2号は、後見人が欠けた場合（死亡・辞任（民844条）、解任（民846条）、欠格（民847条））に、後見監督人に対し、遅滞なく後見人の選任請求するよう求めている。

なお、民法845条は、後見人が辞任する場合の後見人自身に後見人選任請求義務を課しているが、それとは別に、本条2号は後見監督人にも選任請求義務を課している。後見人の選任請求義務と後見監督人の選任請求義務との関係については、後見人の請求義務を優先させ、後見監督人の選任請求義務は後見人が遅滞なく請求しないときにとどまるとする見解と、いずれか一方が請求すれば他方は重ねて請求する必要はないとして両者の優先関係を問題にしない見解がある。後見人が第一次的に民法845条の請求をすることが望ましいが、被後見人のために後見業務を可能な限り途切れなく継続させるためには、両者に優先関係をつけるべきではないということになる。

本条3号によると、被後見人の事務について急迫の事情がある場合、つまり、これをしなければ被後見人に回復しがたい損害が生じるというような事情があると認められる場合には、後見監督人は、被後見人または後見人を代理して、自ら必要な処分をすることができる。たとえば、被後見人の権利の保全（消滅時効の更新または完成猶予、差押え等）や倒壊しそうな被後見人の家屋の修繕等である。急迫の事情がないと認められるような場合には、後見監督人のした処分は、無権代理行為となりうるとするのが通説である。

後見人と被後見人の利益が相反する場合、民法826条の規定（親権者とその子との利益相反行為）が準用され、特別代理人が選任されるが（民860条本文）、後見監督人がある場合にはこの限りではない（民826条ただし書）。そして、本条4号は、その際、後見監督人が被後見人を代表するとする。複数の被後見人の後見人となっている者がその被後見人の1人を代理し、その他の被後見人と取引する場合や、後見人の親権に服する子と被後見人との取引をする場合も、後見監督人が被後見人を代理することになる。

どのような行為が利益相反行為にあたるかについては、民法826条・860条の解説参照。

また、後見人が被後見人の財産を譲り受けたときには、被後見人はこれを取り消すことができるが（民866条）、後見監督人が被後見人を代理して譲渡行為を行った場合に、なお被後見人は取り消すことができるのかという問題が生じるが、学説は分かれている。肯定説は、後見監督人が適法に被後見人を代理して後見人と取引することができるのは、後見人への譲渡行為を除く利益相反行為に限られ、後見人は被後見人から財産を譲り受けることはできないとする。

※11 東京家審昭38·10·19家月16巻3号115頁。

これに対し、否定説は、後見監督人が適法に代理しているのだから取消しの対象にはならないが、それにより被後見人が損害を受けるときには後見監督人の解任事由となり、損害賠償責任を負うにとどまるとする。

なお、本号によって、後見監督人が後見人の職務を行うことになる結果、後見監督人が事実上欠けることになるため、民法849条に基づき後見監督人の選任をするべきであるとする説がある。

Ⅱ　後見監督人の職務義務違反

後見監督人が、職務義務違反または職務遂行に際して被後見人や第三者に損害を与えた場合には、その賠償責任を負う。また、後見監督人は、後見人の職務を監督することが職務であるため（本条1号）、善良な管理者の注意をもって後見人の職務を監督しておらず、後見人が不法行為を行った場合にも、損害賠償責任を負うことがある※12(民852条・644条準用。民852条の解説参照)。

なお、後見監督人は、任意に、その職務執行を他人に委任したり代行させることはできない。

（冷水登紀代）

（委任及び後見人の規定の準用）

第852条　第644条、第654条、第655条、第844条、第846条、第847条、第861条第2項及び第862条の規定は後見監督人について、第840条第3項及び第857条の2の規定は未成年後見監督人について、第843条第4項、第859条の2及び第859条の3の規定は成年後見監督人について準用する。

後見監督人の職務は、本人のために行うという点で後見人が職務を行う目的と共通する。そこで、選任される際に考慮するべき事由、職務上の注意義務、報酬など後見人に関する規律や委任に関する規律で後見監督にも適用可能な規律を、本条は後見監督人に準用している。

成年後見監督人の選任に際しては、民法843条4項が、未成年後見監督人については、民法840条3項が準用され、選任に際して、被見人の心身の状態ならびに生活および財産の状況、後見監督人となる者の職業および経験ならびに被後見人との利害関係の有無、その他一切の事情を考慮される。また複数の後見監督人の選任に際し、成年後見監督人については民法859条の2、未成年後見監督人については民法857条の2が準用される。

後見人と同様に、他人のために一定の事務を行うことを責務とするため、委

※12　大阪地堺支判平25・3・14金判1417号22頁。

任の関係に準じることから、委任に関する規定が準用されている。後見監督人は、その監督事務を行うにあたって、善管注意義務を負う（民644条準用）。後見監督人は、後見人の職務について善良な管理者としての注意をもって監督をしていない(民851条)、すなわち、後見監督人に選任後、3年5か月弱の間、一件記録の謄写をしただけで、一切の調査をすることがなかった状況で、後見人が被後見人の預貯金を払い戻して横領した事案では、後見監督人の善管注意義務違反を認め、監督義務を怠っている間に損害が生じていることから、損害賠償責任を負うとした事例がある※13。また、急迫の事情がある場合には、その職務を辞任していた、あるいは後見等が終了していたとしても、本人のために必要な処分を負うことになる（民654条準用）。後見監督人の辞任等の事由により、監督事務が終了した場合に、本人にその終了を通知するか、または本人がその事実を知っていなければ、後見事務を行う義務の消滅を本人に対抗することができない（民655条準用）。

後見監督人は、本人の利益のために監督事務を行うため、家庭裁判所は、その事務の受益者である本人の財産から相当の報酬を与えることができる(民862条準用)。また監督事務の遂行に必要な費用についても本人の財産から支出される（民861条2項準用)。

後見監督人は、急迫の事情がある場合や後見人と被後見人の利益相反行為については、本人を代理することもある(民851条3号・4号)。しかしながら、成年後見人が成年被後見人の居住用不動産を処分することについては慎重に判断されなければならず、家庭裁判所の許可を必要とするが、成年後見監督人がそのような行為をする際にも同様に、家庭裁判所の許可を必要とする(民859条の3準用。本条の準用は成年後見監督人についてのみ)。

後見監督人は、正当な事由がある場合に限り、家庭裁判所の許可を得て辞任することができる（民844条)。また後見監督人に不正な行為、著しい不行跡その他その任務に適しない事由があるときは、家庭裁判所は、（数人ある場合における）他の後見監督人、被後見人、その親族、検察官の請求または職権により解任することができる（民846条準用)。後見人に解任請求権があるか否かについては、見解の分かれるところである。この点、1999（平成11）年の改正における立法解説には、監督を受ける立場にある者に監督機関の解任請求を付与することは、監督制度の趣旨に照らし適当ではないものと解されている。また、民法847条の欠格事由に該当する者は後見監督人にはなることができない。

（冷水登紀代）

※13 大阪地堺支判平25・3・14金判1417号22頁。

第4編第5章第3節　後見の事務

〔前注〕

本節は、未成年後見と成年後見のそれぞれの後見人の事務について規律する。未成年後見と成年後見は本質的な差異があるため、①未成年後見特有の事務と②成年後見特有の事務、さらに③両者に共通する事務がある。

①未成年後見特有の事務に関する規定は、民法857条（未成年被後見人の身上の監護に関する権利義務）、857条の2（未成年後見人が数人ある場合の権限の行使等）、867条（未成年被後見人に代わる親権の行使）、868条（財産に関する権限のみを有する未成年後見人）である。②成年後見特有の事務に関する規定は、民法858条（成年被後見人の意思の尊重及び身上配慮）、859条の2（成年後見人が数人ある場合の権限の行使等）、859条の3（成年被後見人の居住用不動産の処分についての許可）であり、③これらの規定を除く853条から869条までが両者に共通する規定である。

未成年後見は、親権の延長となる後見と位置づけられているため、その事務の内容も親権と同じく身上監護と財産管理を中核としており、親権の規定が準用されている（民857条本文・858条）。しかしながら、以下の点で親権者の権限・義務とは異なる。身上監護や財産管理をする際に求められる義務の程度が善管注意義務である点（民869条・644条）、財産の調査・管理等の事務を就任時、任務遂行中、終了後にわたるまで常に明確にする義務を負う点（民853条・854条・855条・856条・861条・870条）、さらに後見監督人と家庭裁判所により後見事務が監督される点（民863条）、未成年被後見人の身上面や財産面に重大な影響を及ぼす場合において、未成年後見監督人があるときには、その同意を得なければならない点（民857条ただし書・864条）、また後見人の事務に対しては「後見人及び被後見人の資力その他の事情によって」被後見人の財産から報酬を与えられる点（民862条）である。

成年後見も未成年後見と同様に身上監護と財産管理が事務の中心となる。とりわけ、身上監護の中心となるのが療養看護に関する事務への配慮となる（民858条）。また、財産管理に関しても未成年後見と同様に、常にその管理状態を明確にする必要がある（民853条～856条・861条・870条）が、未成年後見とは異なり、居住用不動産の処分については家庭裁判所の許可（民859条の3）も必要となる。

（冷水登紀代）

（財産の調査及び目録の作成）
第853条　後見人は、遅滞なく被後見人の財産の調査に着手し、1箇月以内に、その調査を終わり、かつ、その目録を作成しなければならない。ただし、この期間は、家庭裁判所において伸長することができる。
2　財産の調査及びその目録の作成は、後見監督人があるときは、その立会いをもってしなければ、その効力を生じない。

被後見人の財産についての包括的な管理権・代理権が与えられていることから（民859条1項）、後見人がその財産状況を知らなければ職務を果たすことができない。そこで、本条1項は、未成年後見人・成年後見人に対し、被相続人の財産調査義務と財産目録の作成義務を課した。まず、被後見人の財産調査は、後見人が就職後遅滞なく着手し、1か月以内にその調査を終え、目録を作成しなければならない。この期間は、後見人が就職した日からではなく、財産の調査に着手した日から起算される。また、家庭裁判所の審判により期間を伸長することもできる（本条ただし書）。

後見監督人がいる場合には、財産の調査・目録の作成に際し、その立会いがなければならない。立会いがなければ、その調査・目録の作成は無効となる（本条2項）。

なお、目録の作成には特別な形式はないが、目録は2通作成し、1通を家庭裁判所に提出することになる（家事手続規82条1項）。家庭裁判所が提出された目録が不十分であると認めたときは、管理者に対して公証人に財産の目録を作成するよう命ずることができる（家事手続規82条2項）。

後見人が、本条に違反した場合、それに対する制裁規定は定められておらず、そのことから直ちに解任されることはないが、場合によっては、民法846条の解任事由になりうる。

（冷水登紀代）

（財産の目録の作成前の権限）
第854条　後見人は、財産の目録の作成を終わるまでは、急迫の必要がある行為のみをする権限を有する。ただし、これをもって善意の第三者に対抗することができない。

民法853条において、後見人は就職後遅滞なく財産調査をし、目録を作成する義務が課されているが、その間、後見人が何も行為できないとなると、被後見人に身上・財産上の不利益をもたらすことも生じうる。そこで、本条は、後見人に対して、財産目録作成前でも、急迫の必要がある行為に限って権限を与えた。「急迫の必要がある行為」とは、それをしなければ被後見人に回復しがたい身上・財産上の不利益をもたらす行為と解され、法律行為のみならず事実行為も含まれる。たとえば、時効の更新または完成猶予や差押え、債権者代位権、保存登記や所有権移転登記等の申請行為、緊急を要する建物の修繕等である。

本条に違反した後見人の行為は、無権代理となり、本人が追認できる状態になった後に追認しなければ、本人には効力は生じず、後見人は履行または損害賠償責任を負うにすぎない（民113条・117条）。しかしながら、取引の相手方はこのような内部事情を知りえないこともある。そこで、本条ただし書は、取引の安全・第三者保護の観点から、善意の第三者を保護している。本条ただし書が適用される場面では、後見人は善管注意義務違反を理由に不法行為責任を負う可能性があり、場合によっては、民法846条の後見人の解任事由にも繋がりうる。

（冷水登紀代）

（後見人の被後見人に対する債権又は債務の申出義務）

第855条　後見人が、被後見人に対し、債権を有し、又は債務を負う場合において、後見監督人があるときは、財産の調査に着手する前に、これを後見監督人に申し出なければならない。

２　後見人が、被後見人に対し債権を有することを知ってこれを申し出ないときは、その債権を失う。

未成年後見人・成年後見人が被後見人の財産管理を適正に行うためには、被後見人の財産と自己の財産を明確に区別しておく必要がある。とりわけ、債権債務関係は明確に公示されているわけではないので、後見人が被後見人に対する債権債務を財産目録に正確に記載しないおそれがある。そこで、本条１項は、後見人が被後見人に対して債権債務を有する場合に、財産調査着手前に申し出ることを義務づけた。ただし、この申出義務が課されるのは、後見監督人がいる場合に限られる（後見監督人は常置機関ではないため、本条の趣旨は徹底されていないとの批判もある）。また、本条は、財産調査前の債権債務の申出義務とされているところ、財産調査後に発覚した債権債務について、同様の義務が課せられるのかについては、学説上争いがある。

本条１項の申出義務に違反した場合、後見人はその債権を失う（本条２項）。これは絶対的消滅であって、その債権が弁済期にあるかどうかは問われない。

（冷水登紀代）

（被後見人が包括財産を取得した場合についての準用）
第856条　前3条の規定は、後見人が就職した後被後見人が包括財産を取得した場合について準用する。

後見人は、民法853条に従い就職後に一度財産目録を作成すれば、その後は財産目録を作成する必要はない。しかし、被後見人が包括財産を取得した場合（相続、包括遺贈、営業譲渡等複数の権利義務の総体を一括して承継した場合）に、被後見人の財産関係に多大な影響を及ぼす可能性がある。そこで、本条は、この場合に民法853条、854条および855条を準用し、後見人に対して、再度財産目録の作成義務を課すとともに、それに関連して目録作成時までの後見人の行為を制限し、さらに後見監督人がいる場合に後見人が被後見人に対して有する債権債務の申出義務も課した。

（冷水登紀代）

（未成年被後見人の身上の監護に関する権利義務）
第857条　未成年後見人は、第820条から第823条までに規定する事項について、親権を行う者と同一の権利義務を有する。ただし、親権を行う者が定めた教育の方法及び居所を変更し、営業を許可し、その許可を取り消し、又はこれを制限するには、未成年後見監督人があるときは、その同意を得なければならない。

本条は、未成年後見人が未成年者である被後見人に対して行う身上監護についての権利義務について、親権者のそれと同一の権利義務であることを規定する。すなわち、監護教育（民820条）、居所指定（民821条）、懲戒（民822条）、職業許可（民823条）に関する権利義務についてである。未成年者にとって、身上に関する事務は重要であるからである。とはいえ、父母ではない者が未成年後見を行う場合に、その者に親権者同様の身上に関する事務を行うことを期待できない。そこで本条ただし書は、未成年後見監督人がいる場合に、未成年後見人が、親権者が定めた教育方法・居所を変更し、営業を許可・取消し・変更する際には、未成年後見監督人の同意を要する旨を定めた。もっとも、後見監督人の同意を得ることなく、後見人が行為をしたとしても、その行為の効力には影響を与えず、後見人解任の判断材料になるにすぎないとされている。ただし、営業の許可について、後見監督人の同意を得ていない場合には、取消しの対象となる（民865条1項）。

（冷水登紀代）

（未成年後見人が数人ある場合の権限の行使等）
第857条の2　未成年後見人が数人あるときは、共同してその権限を行使する。
2　未成年後見人が数人あるときは、家庭裁判所は、職権で、その一部の者について、財産に関する権限のみを行使すべきことを定めることができる。
3　未成年後見人が数人あるときは、家庭裁判所は、職権で、財産に関する権限について、各未成年後見人が単独で又は数人の未成年後見人が事務を分掌して、その権限を行使すべきことを定めることができる。
4　家庭裁判所は、職権で、前2項の規定による定めを取り消すことができる。
5　未成年後見人が数人あるときは、第三者の意思表示は、その1人に対してすれば足りる。

未成年後見は、身上監護権の行使が後見事務の主な内容となり、成年後見では財産管理権の行使が中心となるため、民法は成年後見と区別する主旨で本条を規定した。

未成年後見人は、原則として、身上監護権（民857条）と財産管理権（民859条）を有するが、本条1項は、未成年後見人が複数いる場合には、原則として、共同してその権限を行使する旨を規定する。このように共同行使が原則とされたのは、複数の後見人が、協議して慎重にその事務を追行した方が子の利益のためになる場合が多いと考えられたからである。

身上監護権に関しては、財産管理権と異なり、複数の未成年後見人が単独で権利を行使したり、分掌することは認められていない。そのため、相互に意見が異なるような場合には、家庭裁判所は、必要があると認められれば、後見人に対し、相当であると認める事項を指示し（家事手続規97条・81条1項）、問題があるような場面では必要な処分を命じることができる（民863条2項）。

また、本条では、身上監護に関する権利義務のみを有する未成年後見人を選任することを認めていない。身上監護に関しては、たとえば、日常使用する未成年被後見人の衣類等身の回りの物の管理処分が行われるため、そのような物の管理処分に支障が生じる可能性があるからである。

財産に関する権限については、未成年被後見人の財産状況や未成年後見人の職業等によっては、各未成年後見人が単独で権限を行使したり、複数の未成年後見人が事務を分掌して権限を行使した方がよい場面がある。そこで、本条2項は、家庭裁判所が職権で、一部の後見人について、財産管理権のみを行使するべきことを定めることができる旨を定めた。また、本条3項は、家庭裁判所が職権で、財産管理権につき、各未成年後見人が単独で、または複数の未成年後見人が分掌して、その権限を行使することができる旨を定めた。分掌が定められたときは、定められた範囲で権限を行使することになる。

複数の未成年後見人がいる場合に、第三者は、その１人に対して意思表示をすれば足りる（本条５項）。未成年後見人が定められた権限を超えて法律行為をした場合には、無権代理となり、本人に効果は帰属しない。この場合にも、表見代理の成立の可能性はある。

（冷水登紀代）

（成年被後見人の意思の尊重及び身上の配慮）

第858条　成年後見人は、成年被後見人の生活、療養看護及び財産の管理に関する事務を行うに当たっては、成年被後見人の意思を尊重し、かつ、その心身の状態及び生活の状況に配慮しなければならない。

1999（平成11）年改正前の民法旧858条では、後見人は、善管注意義務の内容として、その療養看護に努めなければならないことが規定されていたため、介護労働等の事実行為との境界が不明確で、後見人自身が事実上の療養看護を負うとすれば、後見人の負担が大きくなりすぎる等の批判があった。

本条は、成年後見人は「成年被後見人の生活、療養看護及び財産管理に関する事務」を行うと規定したことで、成年後見人は成年被後見人の生活や療養看護に関する法律行為を行うのであり、介護等の事実行為を行うことまでは要求されないことが明確になったと、一般に解されている。

もっとも、近年では、職業後見人がより多く選任されることを背景としてか、本人の意思を十分に尊重した身上監護が適切にされていないという批判がされ、このような批判をうけ、2016（平成28）年に制定された成年後見制度利用促進法では、成年後見制度において、本人の自発的意思の尊重することと財産管理のみならず適切な身上の保護を行うことができるようにとの観点から、支援体制の拡充が目指されている。今後整備される支援体制は、成年後見人が本条が定める身上配慮義務に照らして適切に後見業務を行う上で、十分に機能することが求められる。

本条により、成年後見人の職務は、成年被後見人の①生活、療養看護（身上監護）を目的とする事務と②財産の管理に関する事務に分けられる。成年後見制度に関する立案担当者の説明では、「財産の管理に関する事務」には、預貯金の管理・払戻し、不動産その他重要な財産処分のような「狭義」の財産管理を目的とする法律行為だけでなく、②の身上監護にかかわる介護サービスの提供を受けるための契約、施設入所契約、医療契約などの締結も「財産の管理に関する事務」に含むと説明されている。これに対し、介護サービスに関する契約・手続、医療契約・手続など療養看護に関する事務とそれに伴う費用（生活費）の支払とそれ以外の事務で分離するという基準で判断するとの見解がある（裁判所実務ではこの基準で説明されているものが多い）。いずれにしても、複数人の成年後見人が選任され、権限が分掌される場合、その線引きは必要となる。

そして、療養看護に関する事務のみならず売買契約、賃貸借契約等の財産管理に関する事務であっても、成年被後見人の身上に関連することが多いこと、また本人の自己決定の尊重の観点からも、成年後見人は、「成年後見人の意思を尊重し、心身の状態及び生活の状況に配慮しなければならない（**身上配慮義務**）と定められた。このように身上配慮義務は、成年後見人の善管注意義務（民869条により民644条を準用）を具体的に表現したもので、成年後見の事務を行う上での指針を示したものと位置づけられている。

もっとも、本人の施設入所契約や介護保険契約、医療契約を締結・変更するために、後見人は、本人の意思や状況、施設の状況を確認したり、契約履行の監視をするといった契約に付随する事実行為は行う必要はあるといえる。

医療行為への同意を本条の身上配慮義務に基づき行うことができるかについては、学説は分かれている。現行法の下では、明確な医療同意に関する要件がなくそれゆえ本人の利益を害するおそれがあることから、同意能力がない者に対する医療行為は、原則として親族・近親者の同意を必要とし、これらの者がいない場合に緊急性・必要性の観点から緊急避難や事務管理の法理で対応するべきとする見解が多い。

なお、精神保健福祉法上、後見人の同意に基づき、精神科病院の管理者は、本人を入院させることを認めている（精神保健福祉法33条1項・2項）。ただし、後見人には、本人を強制して入院させる権限はない。

成年被後見人が認知症に罹患しており加害行為につき責任能力がない場合に、成年後見人が本条に基づき監督する法定の義務を負う者として被害者に対して損害賠償責任を負うか（民714条）が問題となる。判例は、本条の身上配慮義務は、「成年後見人が契約等の法律行為」という事務を行う上で負担する義務で、「成年後見人に対し事実行為として成年被後見人の現実の介護を行うことや成年被後見人の行動を監督することを求めるものと解することはできない」として、本条に基づき直ちに民法714条の法定の監督義務者に該当するということはできないとする。しかし、監督義務を引き受けたという特段の事情がある場合には、法定の監督義務者に準じるべき者として民法714条1項を類推適用することを認める。すなわち、成年後見人の生活状況や心身の状況、成年後見人と精神障害者との関係性（親族関係か、同居の有無、財産の管理状況等）、精神障害者の心身の状況や日常生活における問題行動の有無・内容とこれらに対応して行われている監護や介護の実態など「諸般の事情を総合考慮」して、成年後見人が「精神障害者を現に監督しているかあるいは監督することが可能かつ容易であるなど衡平の見地」から成年後見人に責任を問うのが相当といえる客観的状況が認められる場合に、成年後見人は、法定の監督義務者に準じる者として損害賠償責任を負うとする[※14]。

（冷水登紀代）

（財産の管理及び代表）
第859条　後見人は、被後見人の財産を管理し、かつ、その財産に関する法律行為について被後見人を代表する。
2　第824条ただし書の規定は、前項の場合について準用する。

Ⅰ　本条の意義

本条は、後見人に被後見人の財産管理権を認めるとともに、財産管理に派生する法律行為に関する包括的な代理権を認めたものである。これらの権限は、後見開始の審判の効果として、法律上当然に後見人に付与される。

本条は、親権者の財産管理権、代理権を定めた民法824条と同じ内容であるが、後見人は権限を行使するにあたり善管注意義務を負う等（民869条・644条）、親権者の義務以上に厳格な義務や制限を定めている（民824条参照）。

成年後見人が負う身上配慮義務（民858条）は、善管注意義務の内容を敷衍し、明確にしたものと解されている。したがって、成年後見人が、本条の管理・代理行為を行うにあたっても、成年被後見人の意思を尊重し、その心身の状態・生活の状況に配慮することが求められる（民858条、成年後見制度利用促進法3条1項）。

Ⅱ　財産管理権

後見人による被後見人の財産の管理行為とは、保存、財産の性質を変じない範囲での利用・改良を目的とする一切の事実上および法律上の行為をいうが、管理を目的とする場合には必要な範囲での処分行為も含まれる。後見人は、この財産管理権限に基づき、現金・証券・預金通帳を管理し、被後見人の生活に必要な費用を支払わなければならない。被後見人が不動産を所有する場合には、不動産の修繕や固定資産税の納税、不動産収入がある場合の所得税の確定申告および納税等もその職務となる。判例には、金銭の借入を認めたものがある[※15]。

また、管理において必要な訴訟行為もこの権限に含まれる。

※14　最三小判平28・3・1民集70巻3号681頁（JR東海事件）。
※15　大判明30・10・7民録3輯9巻21頁。

Ⅲ　代理権

条文上は「代表する」とされているが、一般に代理をすると解され、成年後見人は被後見人の財産に関する法律行為について代理する権限を有する（法定代理権）。代理権の範囲は、財産に関する法律行為とされているが、預貯金の管理・払戻し、不動産その他重要な財産の処分（売買、賃貸借契約の締結や解除、遺産分割など）に限らず、医療・診療契約、介護保険契約等身上に関する法律行為についても、費用支出をする等財産に関係するため、これに含まれる。さらに、成年後見人は、法定代理人として、実体法上の財産行為のみならず、訴訟上の代理権も有する（民864条・13条1項4号）。

なお、自己決定の尊重やノーマライゼーションの観点から、成年被後見人の行う「日用品の購入その他日常生活に関する行為」は取消しの対象とはならないが（民9条ただし書）、成年後見人が日用品の購入や、光熱水費等の支払、これらの費用の支払にかかる必要な預貯金の引出し等についても代理して行うことができる。

Ⅳ　後見制度支援信託制度・後見制度支援預金制度

後見人は、本人の財産を管理する権限も本人のために代理して本人の財産を処分するという広範な権限を有しているところ、適切に権限が行使されず不正行為（民846条参照）に至ることもある。後見人の不正行為を防止する方策の1つとして、2012（平成24）年に後見制度支援信託制度が導入された。後見制度支援信託は、後見制度による支援を受ける本人の財産のうち、日常的な支払をするのに必要十分な金銭を預貯金等として後見人が管理し、通常使用しない金銭を信託銀行等に信託する制度であり、成年後見・未成年後見においてのみ利用ができる。後見人による信託契約の締結、信託財産からの払戻し、信託契約の解約には、あらかじめ家庭裁判所が発行する指示書が必要となる。この制度を利用するにあたり、原則として専門職後見人が、信託先の銀行や信託額を決定し、家庭裁判所の指示を受けて、信託銀行等との間で信託契約を締結することになる。この制度における信託財産は、元本が保証され、預金保険制度の対象とされている。

2018（平成30）年6月からは、後見制度支援預金制度の運用も開始した。この制度でも、本人の財産のうち、日常的な支払をするのに必要な金銭を預貯金等として後見人が管理し、通常使用しない金銭を後見制度支援預金口座に預け入れる仕組みとなっている。後見支援預金口座の取引にあたっては、あらかじめ家庭裁判所の指示書が必要となる。この制度では、本人が日常的に利用してきた信用組合や信用金庫で口座を開設でき、より身近な金融機関での利用が可能になったとされている。

V　代理権の制限

成年後見人の代理権は、以下のような制限をうける。第1に、成年被後見人の行為を目的とする債務を負担する行為（本条2項・民824条ただし書）の場合には、被後見人の同意を得なければならない。第2に、後見監督人の同意を要する場合（民864条）、同意をなくしてされた行為は、取消しの対象となる（民865条）。居住用不動産を処分する場合には、家庭裁判所の許可が必要となる（民859条の3）。第3に、第三者が被後見人に無償で財産を与え、これについて成年被後見人に管理させない意思表示をした場合には、その財産に関する法律行為には代理権は及ばない（民869条・830条）。第4に、成年後見人が代理する他の者と成年被後見人との間で利益が相反する場合や成年後見人と成年被後見人との間で利益が相反する場合には、特別代理人の選任が必要となる。特別代理人を選任せずにした行為については代理権は認められず、無権代理となる（民860条）。

後見人の代理行為が代理権の制限に関する規定に該当しなければ、後見人の行為は原則として、一応正当な代理行為が行われたものと推定される[※16]。

なお、後見人は、財産行為については包括的な代理権を有するが、身分行為については本条の対象とならない。ただし、特別な規定がある場合には、代理が認められる。たとえば、代諾養子縁組に関する規定（民797条）、第三者が未成年者に無償で財産を与えた場合についての親権規定の準用（民869条による830条の準用）、離婚の訴え、離縁の訴えに関する規定（人訴14条）がある。

VI　成年後見人の代理行為と成年被後見人の遺言との抵触

成年後見人が代理権に基づき成年被後見人の財産を処分したところ、当該不動産が成年被後見人が行っていた遺言内容に抵触した場合、成年後見人の代理行為により遺言の撤回とみなされる（民1023条）かが問題となる。明治民法の起草者は、法定代理人の遺言の抵触行為により、遺言の撤回の効力を認めるが、学説上は、遺言行為は代理になじまないとし、遺言の撤回とはみなさないとするものが有力である。その上で、受遺者と相続人との関係は、民法996条および997条ないし999条に基づき処理するべきであるとする。下級審裁判例[※17]は、当該事案の下での民法996条ただし書の適用を否定し、民法999条1項は、遺言者がその死亡の時に償金請求権を有する場合に適用するべき規定で、遺言者が死亡した時点で償金請求権を有しないときは、同規定によって遺言者の意思が推定される場合にあたらないとし、民法999条1項および1001条2項の適用も否

※16　大判明35・6・27民録8輯6巻167頁。

※17　広島高岡山支判平30・9・27裁判所ウェブサイト。

定する。

（冷水登紀代）

（成年後見人が数人ある場合の権限の行使等）

第859条の2　成年後見人が数人あるときは、家庭裁判所は、職権で、数人の成年後見人が、共同して又は事務を分掌して、その権限を行使すべきことを定めることができる。

2　家庭裁判所は、職権で、前項の規定による定めを取り消すことができる。

3　成年後見人が数人あるときは、第三者の意思表示は、その1人に対してすれば足りる。

本条1項は、複数の成年後見人が選任された場合に、家庭裁判所が、職権で、複数の成年後見人が共同して権限を行使するのか、分掌して権限を行使するのかを「定めることができる」と規定する。家庭裁判所がこのような定めをした場合には、後見登記ファイルに記録され（後見登4条1項7号)、登記事項証明書にも記載されることになる。権限の共同行使が定められた場合に、一部の成年後見人が権限を行使する場合には、その他の成年後見人の同意が必要になり、同意がなければ、無権代理となる。権限の分掌が定められた場合に、定められた権限の範囲を超えて、成年後見人が代理行為をしても、無権代理となる。

本条2項は、本条1項の定めを、家庭裁判所が職権で取り消すことができるとする。

本条1項の申立て、本条2項の1項による定めの取消しを求める申立ては、家庭裁判所の職権により行われるものであり、後見開始の審判の申立権者、成年後見人・成年後見監督人その他利害関係人は、家庭裁判所に対して職権発動を促す申立てができるにすぎない。

家庭裁判所がこのような定めをしなければ、成年後見人はすべての権限を行使できることになる。そのため、複数の成年後見人がいる場合に、成年後見人間で相互に矛盾した代理行為をしたとしても、無権代理行為でない以上、本人に効力が及ぶことになる。これにより成年被後見人に不利益を与える場合には、成年後見人の善管注意義務（民869条・644条）と身上配慮義務（民858条）違反が問題になりうる。

本条3項は、取引の安全の観点から、成年後見人が複数選任された場合に、相手方の意思表示の受領を後見人の1人がすれば足りる旨を規定する。そして、1人の後見人が意思表示を受領すれば、その効果は本人に帰属することになる。

（冷水登紀代）

（成年被後見人の居住用不動産の処分についての許可）
第859条の3　成年後見人は、成年被後見人に代わって、その居住の用に供する建物又はその敷地について、売却、賃貸、賃貸借の解除又は抵当権の設定その他これらに準ずる処分をするには、家庭裁判所の許可を得なければならない。

住居環境の変化は被後見人への心身の状態に多大な影響を与えることになる。そこで、本条は、成年後見人が成年被後見人の住居不動産の処分等をする場合には、家庭裁判所の許可を得なければならない旨を定め、成年後見人の代理権を制限することにより、より成年被後見人の保護を図った。

本条の「居住の用に供する建物又はその敷地」とは、成年被後見人が生活の本拠として現に居住の用に供しており、または居住の用に供する予定がある不動産を意味する。マンション等の区分所有建物についても、成年被後見人の居住に要している専有部分またはその敷地利用権については、ここに含まれる。

居住用不動産の「処分」として、本条は、売却、賃貸、賃貸借の解除または抵当権の設定を例示する。また、「その他のこれに準ずる処分」としては、贈与、使用貸借契約による貸渡し、借主として締結して使用貸借の解除、譲渡担保権・仮登記担保・不動産質権の設定等のほか、契約に限られず訴訟上の和解も挙げられる。

成年後見人が本条の処分をするには、家庭裁判所の許可の申立てをする必要がある（家事手続39条・別表第1〈11〉）。

本条の許可なく後見人が居住用不動産を処分した場合には、無効となるが、事後的に家庭裁判所の許可が得られたような場合には、有効と解する余地はある。

（冷水登紀代）

（利益相反行為）
第860条　第826条の規定は、後見人について準用する。ただし、後見監督人がある場合は、この限りでない。

Ⅰ　本条の意義

本条は、民法108条の自己契約および双方代理の禁止の特別規定であり、未成年後見の場合でも成年後見の場合でも、民法826条を準用し、後見人が被後見人の利益と相反する行為をするとき、または同一の後見人に複数の被後見人が服しており、その1人と他の被後見人の間で利益が相反する行為をするときには、特別代理人を選任することを要するとし、後見人の権限を制限する。被後見人の財産上の利益を保護するためである。しかしながら、後見人と被後見人との利益が相反する場合には、後見監督人が被後見人を代表するとの規定（民851条4号）があることから、本条ただし書は、後見監督人が存在する場合には、特別代理人の選任をする必要がないと定めている。

Ⅱ　利益相反行為

民法826条の利益相反行為にあたるかどうかは、判例・通説上、行為の外形から形式的に判断される（形式的判断説）。それに従うと、典型的には、後見人と被後見人との売買、被後見人から後見人への贈与、賃貸借等で後見人が被後見人の財産を利用する行為は利益相反行為となる。また、判例上、被後見人が後見人の債務を保証したり、後見人のために担保を設定する行為も利益相反行為になると解されている[※18]。これに対し、後見人と被後見人が共同相続人である場合に、同時に相続放棄をしたか、後見人が被後見人に先行して相続放棄した場合には利益相反にあたらない[※19]。

しかしながら、判例の中には、実質的判断も加え、後見人が被後見人を代理して、後見人の内縁の夫に対して被後見人が所有する土地を譲渡する行為についても、利益相反行為にあたるとしたものもある[※20]。

Ⅲ　本条違反の行為の効果

本条に違反する利益相反行為が行われた場合、被後見人を代理して行った後見人の行為は、無権代理行為になると判例・学説は解している[※21]。

（冷水登紀代）

（成年後見人による郵便物等の管理）

第860条の2　家庭裁判所は、成年後見人がその事務を行うに当たって必要があると認めるときは、成年後見人の請求により、信書の送達の事業を行う者に対し、期間を定めて、成年被後見人に宛てた郵便物又は民間事業者による信書の送達に関する法律（平成14年法律第99号）第2条第3項に規定する信書便物（次条において「郵便物等」という。）を成年後見人に配達すべき旨を嘱託することができる。

※18　東京高決昭32・11・11新聞80号12頁。
※19　最二小判昭53・2・24民集32巻1号98頁。
※20　最二小判昭45・5・22民集24巻5号402頁。
※21　前掲※20・最二小判昭45・5・22民集24巻5号402頁。

> 2　前項に規定する嘱託の期間は、6箇月を超えることができない。
> 3　家庭裁判所は、第1項の規定による審判があった後事情に変更を生じたときは、成年被後見人、成年後見人若しくは成年後見監督人の請求により又は職権で、同項に規定する嘱託を取り消し、又は変更することができる。ただし、その変更の審判においては、同項の規定による審判において定められた期間を伸長することができない。
> 4　成年後見人の任務が終了したときは、家庭裁判所は、第1項に規定する嘱託を取り消さなければならない。

I　本条の意義

他人の信書（郵便物等）を無断で受領し、開封することは、通信の秘密（憲21条2項後段）、信書開封罪（刑133条）に抵触する。しかし、成年後見人は、株式の配当通知やクレジットカードの利用明細、金融機関からの請求書等を確認し、財産管理の事務を行うために成年被後見人の郵便物等を受領し、開封する必要もある。そこで、2016（平成28）年成年後見事務円滑化法により、本条を新設し、成年後見人は、必要と認められる場合に、一定の期間に限って、成年被後見人に宛てた信書を成年後見人に配達させるように、家庭裁判所に審判を求めることができることとなった。また、成年後見人が、この手続を経て、成年被後見人の郵便物等を受け取ったときには、その郵便物等を開封することができるようになった（民860条の3第1項）。

なお、本条は、成年後見において適用される。保佐・補助においては、本人が自ら郵便物等を管理することができるからである。

II　成年被後見人宛郵便物等の配達（転送）の嘱託の審判

成年後見人は、成年被後見人宛の郵便物等につき、本条1項の手続をとることにより、成年後見人宛の住所に転送することができる。すなわち、成年後見人による成年被後見人宛郵便物等の配達の嘱託の審判の申立てにより、家庭裁判所が、成年後見人がその事務を行うにあたって必要があると認めるときは、郵便物等の送達の事業者に対し、期間を定めて、成年被後見人に宛てた郵便物等を、成年後見人に配達（転送）するべき旨を嘱託する旨の審判をすることができる（本条1項、家事手続117条2項・別表第1〈12の2〉）。家庭裁判所は、審判に際して、原則として成年被後見人の陳述を聴取しなければならない（家事手続120条1項6号）。

転送先は、成年後見人の住所だけでなく、成年後見人が専門職の場合にはその事務所の住所も含まれる。

転送を行う事業者には、審判を告知する必要はないが、審判の効力が生じた時に、通知を行わなければならない（家事手続122条2項）。

本条の成年被後見人宛郵便物等の配達（転送）の嘱託には、相当期間が定められる。この嘱託期間は、6か月を超えることができない（本条2項）。6か月とされた理由は、最長でも6か月あれば、成年被後見人の財産に関する郵便物等の存在を概ね把握し、必要に応じて差出人に連絡をし、直接成年後見人宛に送付するよう求めるなどの措置をとることができる、との理由からである。したがって、嘱託の伸長・更新を認めることはできないと解されている。ただし、嘱託期間の満了後、なお、郵便物等の転送をする必要が生じたときには、新たに審判の申立てをすることができる。ただしこの嘱託が認められるのは、やむを得ない事由がある場合に限定されるべきとの説明がされている。

Ⅲ　嘱託の取消し・変更の審判

郵便物等の転送の嘱託審判後に、事情の変化があったとき、家庭裁判所は、成年被後見人、成年後見人または成年後見監督人の請求・職権で、嘱託の取消し、または変更の審判をすることができる（本条3項）。

本条3項に基づき取消しの審判がされる事情の変更とは、郵便物等の転送を行う必要がなくなったなどの事情が生じた場合である。

これに対し、成年後見人の任務が終了したときには、家庭裁判所は、転送の嘱託を取り消さなければならない（本条4項）。「成年後見人の任務が終了したとき」とは、成年後見人の辞任（民844条）、解任（民846条）、欠格（民847条）の場合である。

転送の嘱託の取消しの審判の効力が生じる時、この旨を事業者に通知しなければならず（家事手続122条2項）、これによりそれ以降の郵便物等の転送は中止される。

なお、成年後見人の死亡、法人後見人が解散した場合、成年被後見人の事理弁識能力が回復したことによる後見開始の審判の取消しがされる場合（民10条）、保佐・補助に移行した場合（民19条1項）、後見は絶対的に終了するため、転送の嘱託も当然に終了する。

嘱託期間を短縮するときや転送を受けていた成年後見人が転居するときなどの事情の変更の場合には、嘱託の変更の審判がされる（本条3項）。この場合にも、変更の審判の効力が生じた時に、事業者にその通知がされなければならない（家事手続122条2項）。

（冷水登紀代）

第860条の3　成年後見人は、成年被後見人に宛てた郵便物等を受け取ったときは、これを開いて見ることができる。
2　成年後見人は、その受け取った前項の郵便物等で成年後見人の事務に関しないものは、速やかに成年被後見人に交付しなければならない。
3　成年被後見人は、成年後見人に対し、成年後見人が受け取った第1項の郵便物等（前項の規定により成年被後見人に交付されたものを除く。）の閲覧を求めることができる。

本条は、2016（平成28）年成年後見事務円滑化法により、民法860条の2とともに新設された規定である。

成年後見人は、転送の嘱託の審判（民860条の2第1項）に基づき受け取った郵便物等について、開封し、その内容を確認することができる（開披の権限。本条1項）。ただし、後見事務に無関係であることが外観等から明らかな場合には、成年後見人がこれを開披することは善管注意義務に違反するとの指摘がある。受け取った郵便物等で後見事務に関係しないものは速やかに成年被後見人に交付しなければならない（本条2項）。

成年被後見人は、成年後見人が受け取った郵便物等につき、閲覧を求めることができる（閲覧請求権。本条3項）。また、成年被後見人が閲覧請求をしないまたはできない場合でも、成年後見人は、郵便物等を管理し、適切に閲覧させることも後見の職務に含まれると解するべきである。

（冷水登紀代）

（支出金額の予定及び後見の事務の費用）
第861条　後見人は、その就職の初めにおいて、被後見人の生活、教育又は療養看護及び財産の管理のために毎年支出すべき金額を予定しなければならない。
2　後見人が後見の事務を行うために必要な費用は、被後見人の財産の中から支弁する。

本条1項は、未成年後見人・成年後見人に対し、就職の初めに、被後見人の事務に必要な毎年の費用を予定する義務（予算の確定義務）を規定する。このような義務を課すことにより、後見人の無計画で専断的な費用支出を防ぎ、被後見人を保護するためである（親権者にはこの義務はない）。後見人は、財産目録を作成し（民853条1項）、財産状況が明らかになった時点でこの義務を負う。ここで計上するべき項目は、被後見人の生活、教育または療養看護および財産管理費である。予算書の提出は後見監督人または家庭裁判所の監督に服する

（民863条1項）。

本条2項は、後見事務に必要な費用は、被後見人の財産から支弁する旨を規定する。本条は、親族以外の者が成年後見人に選任されることに備えて規定された。後見人が自己の財産から立替払をした場合にも、本条に従い償還請求することができる。

（冷水登紀代）

（後見人の報酬）

第862条　家庭裁判所は、後見人及び被後見人の資力その他の事情によって、被後見人の財産の中から、相当な報酬を後見人に与えることができる。

本条は、家庭裁判所が、後見人に対する報酬が必要かどうかを判断し、必要とあればそれを定めることができる旨を規定するものである。法律、福祉の専門家が後見人として選任される場面が増加することから、本条のより柔軟な運用が要請されている。

後見人に報酬を付与するか否かを判断する際には、後見人および被後見人の資力その他の事情（両者の近親関係の有無、職業、社会的地位、後見事務の難易繁閑等の事情）であり、報酬額は「相当」な額ということになる。被後見人が無資力であれば、後見人に報酬を与えることはできない。

（冷水登紀代）

（後見の事務の監督）

第863条　後見監督人又は家庭裁判所は、いつでも、後見人に対し後見の事務の報告若しくは財産の目録の提出を求め、又は後見の事務若しくは被後見人の財産の状況を調査することができる。

2　家庭裁判所は、後見監督人、被後見人若しくはその親族その他の利害関係人の請求により又は職権で、被後見人の財産の管理その他後見の事務について必要な処分を命ずることができる。

Ⅰ　本条の趣旨

被後見人の利益を守るためには、後見事務は適性に行われる必要がある。本条は、後見監督人（必置機関ではない）または家庭裁判所が、後見事務を監督するために、本条1項において後見事務の監督方法を規定し、本条2項に後見事務について必要な処分を行うことを規定した。

Ⅱ 後見監督人・家庭裁判所による監督方法

本条1項により、後見監督人・家庭裁判所は、いつでも、後見人に対し、後見事務の報告、財産目録の提出を求めることができる。また、後見監督人・家庭裁判所が、自ら後見事務や被後見人の財産状況を調査することができる。

Ⅲ 家庭裁判所による処分

本条2項により、家庭裁判所は、後見監督人等一定の者（被後見人本人も請求できるが意思能力は必要である）の請求または職権により、被後見人の財産管理やその他後見事務について必要な処分を命じることができる（家事手続39条・別表第1〈14〉・81条）。すなわち、家庭裁判所は、被後見人の財産の売却、賃貸等の処分行為やその禁止、改修等の事実行為、身上監護についての方法等についての助言・指導等をすることができる。

家庭裁判所は、被後見人の利益のため必要なときは、成年後見人・未成年後見人の解任の申立てをした者による申立てや職権で、後見人の解任について審判が効力を生じるまでの間、後見人の職務の執行を停止し、その職務の代行者を選任することができる（家事手続127条1項・181条）。

Ⅳ 監督機関の責任

後見監督人は、被後見人のために善良な管理者の注意をもって後見人の事務を監督する義務を負う（民852条・644条。民852条参照）。

これに対して、家庭裁判所も後見人の事務について、上記の通り、後見監督人と同様の方法での監督権限を有し（本条1項）、さらに必要な処分を命じる権限を有する（本条2項）が、後見監督人とは異なり、具体的な監督義務に関する規定が置かれていない。そのため、成年後見人が被後見人の財産を横領した場合に、家庭裁判所裁判官による後見事務の監督義務に違反があるのかが問題となり、仮に義務違反があれば国家が損害賠償責任を負うことになる。下級審裁判例では裁判官の職務上の義務違反があるかどうか、すなわち国家賠償法1条1項の適用をめぐり判断枠組みが分かれている。

平成24年判決※22は、具体的事情の下において、裁判官※23に与えられた権限が逸脱されて著しく合理性を欠くと認められる場合に限り義務違反となるとい

第4編第5章

※22 広島高判平24・2・20判タ1385号141頁。

※23 2011（平成23）年の家事事件手続法により「家事審判官」の呼称を止め、「裁判官」と呼ばれるようになっているため、ここでは事件当時「家事審判官」と呼ばれていたものも「裁判官」で統一している。

う判断枠組み（職務行為基準説）に従う。すなわち、裁判官による成年後見人の選任やその後見監督に何らかの不備があったというだけでは足りず、選任の際に、成年後見人が被後見人の財産を横領することを認識していたか、容易に認識することができたにもかかわらず選任したとか、成年後見人の横領行為を認識していたか、容易に認識することができたにもかかわらず、被害の発生を防止しなかった場合などに義務違反があるとした（本件では裁判官の義務違反を認め、国の損害賠償責任を肯定した）。これに対し、平成29年判決※24は、裁判官は成年後見人の後見事務の監督について独立した判断権を有し、かつ、独立した判断を行う職責を有するため、裁判官による成年後見人の後見事務の監督につき職務上の義務違反があるといえるためには、「裁判官が違法若しくは不当な目的をもって権限を行使し、又は裁判官の権限の行使の方法が甚だしく不当であるなど、裁判官がその付与された権限の趣旨に明らかに背いてこれを行使し、又は行使しなかったものと認め得るような特別の事情があることを必要とする」とし、裁判官の職務上の義務違反も、裁判官が争訟を裁判する場合の判断枠組み（違法性限定説）※25に従うことを示した（本件では特別な事情がないとして国の責任を否定した）。さらに裁判官の職務上の義務として財産管理状況の調査確認義務を前提とした監督権限の行使が求められるかにつき、当該裁判官に調査確認監督権限を行使しなければならない不備があったとまでは認められないとした事例もある※26。

（冷水登紀代）

（後見監督人の同意を要する行為）
第864条　後見人が、被後見人に代わって営業若しくは第13条第1項各号に掲げる行為をし、又は未成年被後見人がこれをすることに同意するには、後見監督人があるときは、その同意を得なければならない。ただし、同項第1号に掲げる元本の領収については、この限りでない。

後見人は、被後見人の財産に関する行為について代理権を有する（民859条）。また、とくに未成年後見の場合には、後見人は、被後見人が財産に関する行為をするときに、同意権を有する（民5条以下）。しかしながら、後見人が被後見人に代わり営業に関する行為をしたり、重大な財産に関する行為をする場合には、被後見人に多大な利害をもたらす可能性がある。

そこで、本条は、後見監督人がいる場合に、後見人が、被後見人に代わり営

※24　東京高判平29・4・27判時2371号45頁。
※25　最二小判昭57・3・12民集36巻3号329頁。
※26　東京高判平30・1・17LEX/DB25560003。

業したり、元本の領収を除く民法13条1項に列挙されている行為を代理したり、また未成年被後見人がこのような行為をするために同意をしたりするときには、後見監督人の同意を必要とした。ただし、後見監督人がいない場合には、本条の同意を求められることはなく、被後見人の保護が十分でないとの批判もある。

後見人が、本条に違反した場合については、民法865条の解説参照。

(冷水登紀代)

第865条 後見人が、前条の規定に違反してし又は同意を与えた行為は、被後見人又は後見人が取り消すことができる。この場合においては、第20条の規定を準用する。

2 前項の規定は、第121条から第126条までの規定の適用を妨げない。

本条は、後見人が、後見監督人の同意を得ずに、民法864条に規定する行為、すなわち営業もしくは民法13条1号に掲げる行為について被後見人のための代理行為をしたり、未成年被後見人がその行為をするにあたり同意を与えたりする場合の効果について規定する。

本条1項前段は、民法864条の規定に反し、後見監督人の同意を得ずに行った後見人の代理行為や未成年被後見人の行為について、被後見人または後見人より取り消すことができると規定する。未成年被後見人の行為が取り消されるのであって、後見人の同意が取り消されるのではない。また、後見人の利益相反行為により代理権が制限される場合には、無権代理行為となり(民860条)、無効となるが、本条の対象とする代理行為は、取消しの対象となる。

被後見人の承継人や任意代理人が取消権を有するかについて、学説上争いがあるが、判例は、この取消権が被後見人の一身専属権であることを理由に、被後見人または後見人にのみ取消権を認めている[※27]。ただし、行使上の一身専属権であるため、相続人に承継される。

取消しの対象となる行為は、営業および元本の領収以外の民法13条1項の行為である。相続における法定単純承認(民921条)については、判例は、取消しの対象としている[※28]。また、訴訟行為についても取消しの問題とはならず無効となる。後に後見監督人の同意を得たり、被後見人が完全な能力を取得した後に追認した場合には、その訴訟行為は有効となる[※29]。

なお、取引の相手方には催告権が認められている(本条1項後段の民20条準用)。

※27 大判大7・6・19民録24輯1209頁。

※28 大判明41・3・9民録14輯241頁、学説には反対もある。

※29 大判明33・6・22民録6輯6巻131頁ほか。

さらに、本条2項では、取消しに関する諸規定の適用を認めている。具体的には、民法121条（取消しの効果）、122条（取り消すことができる行為の追認）、123条（取消し及び追認の方法）、124条（追認の要件）、125条（法定追認）、126条（取消権の期間の制限）がこれにあたる。なお、被後見人が能力を回復していない場合の追認は、後見監督人の同意を得て行うことになる。

（冷水登紀代）

（被後見人の財産等の譲受けの取消し）
第866条　後見人が被後見人の財産又は被後見人に対する第三者の権利を譲り受けたときは、被後見人は、これを取り消すことができる。この場合においては、第20条の規定を準用する。
2　前項の規定は、第121条から第126条までの規定の適用を妨げない。

本条は、後見人が、被後見人の財産や被後見人に対する第三者の権利を譲り受けたときの被後見人の取消権について規定する。後見人が被後見人の財産等を譲り受けることで、両者の間に利害関係が生じ、被後見人に不利益をもたらすおそれがあるからである。

しかしながら、後見人が被後見人の財産を譲り受ける行為は利益相反行為になるため（民860条）、後見人が自らすることはできない。本条が問題となるのは、特別代理人・後見監督人が、代理して被後見人の財産を後見人に譲り渡した場合である。判例・通説はこのような場合でも、被後見人はその行為を取り消すことができるとする。

また、被後見人に対する第三者の権利を譲り受ける行為は利益相反行為にあたらず、後見人がこのような行為をした場合には、被後見人は本条の取消しのみにより保護が図られる。

取消しに対する相手方の保護のために、本条1項後段は、民法20条の催告に関する規定を準用する。

また、本条2項は、取消し、追認に関する諸規定（民121条～126条）の適用を認める。

（冷水登紀代）

（未成年被後見人に代わる親権の行使）
第867条　未成年後見人は、未成年被後見人に代わって親権を行う。
2　第853条から第857条まで及び第861条から前条までの規定は、前項の場合について準用する。

未成年の子は親権者として十分な職分を果たすことを期待できないことから、親権者が未成年の子の親権を代行すると規定する民法833条と同様に、本条は、未成年被後見人が子をもうけた場合には、未成年後見人が親権を代行すると規定する。つまり、未成年後見人は未成年被後見人に対して後見を行うとともに、未成年被後見人の子に対して親権の代行を行うことになる。なお、2022（令和4）年4月の民法の一部改正が施行される以前に未成年被後見人が婚姻をしていれば、成年擬制を受けているため（民753条）、自ら親権を行使する（2022（令和4）年4月に民753条は削除される）。

本条1項に従い、未成年後見人が未成年被後見人の親権を代行する場合、未成年後見の事務に関する諸規定が準用される。具体的には、民法853条（財産の調査及び目録の作成）、854条（財産の目録の作成前の権限）、855条（後見人の被後見人に対する債権又は債務の申出義務）、856条（被後見人が包括財産を取得した場合についての準用）、857条（未成年被後見人の身上の監護に関する権利義務）、861条（支出金額の予定及び後見の事務の費用）、862条（後見人の報酬）、863条（後見の事務の監督）、864条（後見監督人の同意を要する行為）、865条、866条（被後見人の財産等の譲受けの取消し）である。財産の管理および代表に関する民法859条についても明文で準用されているわけではないが、本条の場合にも準用されると解されている。さらに、利益相反行為に関する規定である民法860条も準用されていないが、この場合には、民法826条が直接適用されると解されている。また、未成年後見人は、未成年被後見人の子に対する親権の代行に際しては、善管注意義務を負うと解されている（民869条参照）。

（冷水登紀代）

（財産に関する権限のみを有する未成年後見人）

第868条　親権を行う者が管理権を有しない場合には、未成年後見人は、財産に関する権限のみを有する。

未成年者の親権者が管理権喪失の審判を受けた場合（民835条）、または管理権を辞した場合（民837条）に、未成年後見が開始するが（民838条1号）、本条は、この場合に、未成年後見人は財産に関する権限のみを有する旨を規定した。この財産に関する権利とは、財産管理権、代理権、同意権であり、後見監督人がいる場合には後見監督人の監督の下に職務を行うことになる。

未成年者の身上監護は、その親権者が引き続き行う。

（冷水登紀代）

（委任及び親権の規定の準用）
第869条　第644条及び第830条の規定は、後見について準用する。

本条は、民法644条を準用し、成年後見人が後見事務を行うにあたり、より高度な善管注意義務を負うことを規定する（親権者の場合は、子の財産を管理するにあたり、自己のためにするのと同一の注意をもってすれば足りる（民827条））。この義務に違反し、後見人が被後見人に損害を与えると、後見人は被後見人に対し損害賠償義務を負うことになる。

また、本条は、民法830条を準用し、第三者が被後見人に財産を与えた場合に、その者が後見人に財産を管理させないと表示したときには、後見人の財産管理権はその財産について及ばないとしている。この場合、第三者が指定した財産管理人か家庭裁判所が選任した財産管理人がその財産を管理することになる。

（冷水登紀代）

第４編第５章第４節　後見の終了

〔前注〕

後見の終了とは、「後見人の任務が終了したとき」である（民870条）。具体的には、①未成年後見人が成年に達した場合、②成年後見開始の原因が止み、家庭裁判所が後見開始の審判を取り消した場合（民10条）、③被後見人が死亡した場合、④未成年被後見人に親権者が出現した場合、⑤後見人の死亡、⑥後見人の辞任（民844条）、⑦後見人の解任（民846条）、さらに⑧後見人が欠格事由に該当した場合（民847条）等である。①②③④のように、後見そのものが必要でなくなるため終了する自由を絶対的終了といい、⑤⑥⑦⑧のように、後見人の交代により当該後見人の任務が終了する事由を相対的終了という。後者の場合、後見は継続する。

本節は、後見の終了後に行われる清算に関する規定が置かれており、後見が終了した場合に等しく適用される。

（冷水登紀代）

（後見の計算）

第870条　後見人の任務が終了したときは、後見人又はその相続人は、2箇月以内にその管理の計算（以下「後見の計算」という。）をしなければならない。ただし、この期間は、家庭裁判所において伸長することができる。

本条は、後見が終了した時（終了事由については、第4編第5章第4節後見の終了〔前注〕の解説参照）に、後見人（後見人死亡後はその相続人。なお、共同相続のときは、各相続人が管理計算義務を負うが1人が義務を履行すればその他の者の義務は消滅する）は、後見の計算義務を負う旨を規定する。後見事務が終了した場合の中心的事務が、本条の定める管理計算である。**後見の計算**とは、後見人が就職した当時から任務終了時までに生じたすべての財産の収入・支出計算である。これにより財産の変動と終了時の状態を明らかにすることができる。

後見の計算の終了後、後見人はそれまで管理してきた被後見人の財産を、本人（未成年者が成人になった場合や成年被後見人に対する成年後見審判が取り消された場合にはその被後見人であった者）に返還する義務を負う。また、本人が死亡すればその相続人、未成年後見の親権者が見つかった場合にはその親権者に被後見人の財産を返還する義務を負う。ただし、この義務は本条の義務とは別の義務であると解されている。

後見の計算は、後見人の任務終了後2か月以内に行わなければならないが（本条本文）、必要に応じ、家庭裁判所は、審判によりこの期間を伸長することができる（本条ただし書、家事手続39条・別表第1〈16〉）。

（冷水登紀代）

第871条　後見の計算は、後見監督人があるときは、その立会いをもってしなければならない。

本条は、後見の計算を適切にさせるために、後見監督人があるときには、後見人またはその相続人は後見監督人の立会いの下、後見の計算をしなければならない旨を規定する。後見監督人が選任されていない場合には、立会いは求められない。

後見監督人があるにもかかわらず、後見監督人の立会いなしにされた後見の計算の効力について無効とし、あらためて後見の計算を請求することができる。

（冷水登紀代）

（未成年被後見人と未成年後見人等との間の契約等の取消し）
第872条　未成年被後見人が成年に達した後後見の計算の終了前に、その者と未成年後見人又はその相続人との間でした契約は、その者が取り消すことができる。その者が未成年後見人又はその相続人に対してした単独行為も、同様とする。
２　第20条及び第121条から第126条までの規定は、前項の場合について準用する。

財産を未成年後見人に管理されていた未成年被後見人は、成年に達しても、必ずしも自身の財産状況を十分に認識することができる状況ではない。また、未成年後見人が未成年被後見人にその期待しない契約を迫ることも起こりうる。そこで未成年被後見人を保護するために、本条１項は、未成年被後見人が成年に達した後から後見の計算が終了するまでにおいて交わした契約については、未成年被後見人に取消しすることを認めた。取消しの対象は、後見人（後見人の死亡後にその相続人）との間で行った成年に達した後から後見の計算が終了する前に行った法律行為（契約のみならず単独行為、合同行為も含むと解されている）である。

本条２項は、催告、取消し、追認に関する諸規定（民20条・121条〜126条）を準用する。

（冷水登紀代）

（返還金に対する利息の支払等）
第873条　後見人が被後見人に返還すべき金額及び被後見人が後見人に返還すべき金額には、後見の計算が終了した時から、利息を付さなければならない。
２　後見人は、自己のために被後見人の金銭を消費したときは、その消費の時から、これに利息を付さなければならない。この場合において、なお損害があるときは、その賠償の責任を負う。

後見人は、財産管理権に基づき（民859条）、金銭を含めた被後見人の財産を自己の管理下に置くことができるが、後見事務が終了すると、当然にこれを返還する義務を負う。逆に、後見人が被後見人のために立て替えた金銭がある場合には、被後見人が後見人に、これを返還する義務を負う。

本条１項は、後見人と被後見人との間に返還するべき金額がある場合に、相互にその返還義務を負うこと、後見の計算が終了した時からは、それに利息を付さなければならないことを規定する。

ここでの後見人が被後見人に「返還すべき金額」とは、後見人が管理している被後見人の金銭および後見中に後見人が被後見人のために受領した金銭をいう。ここでの金銭については、通説は金銭債務と解する。成年後見人が複数人いる場合に、財産管理と身上監護を分掌している場合(民859条の2第1項)には、財産管理をしている成年後見人が返還義務を負い、このような事情がなければ、全員が連帯して返還義務を負う。被後見人が後見人に「返還すべき金額」とは、後見事務の執行に関して後見人が負担することになった金銭債務である。もっとも、後見事務にかかる費用のうち、後見人に対する報酬もここに含まれるかについては争いがある。

なお、双方に生じた後見事務とは関係のない契約、不法行為等による損害賠償債務については、ここには含まれない。

本条2項は、後見人の金銭消費責任について規定する。後見人は、善管注意義務を負っており（民869条)、自己のために被後見人の金銭を消費することは許されず、消費した場合には、即時に、利息を付して返還する義務を負わなければならない（民647条)。また、後見人が被後見人に対して、自己のためにその金銭を消費したことにより、損害が発生した場合には、その損害賠償責任を負うことになる。本条2項の「自己のために」とは、後見人の利益のためにという意味であり、横領等の不正な意図までは必要としない。また、賠償の範囲について、文言上、被後見人の金銭を消費したことと関連する損害に限られる。

(冷水登紀代)

（成年被後見人の死亡後の成年後見人の権限）

第873条の2　成年後見人は、成年被後見人が死亡した場合において、必要があるときは、成年被後見人の相続人の意思に反することが明らかなときを除き、相続人が相続財産を管理することができるに至るまで、次に掲げる行為をすることができる。ただし、第3号に掲げる行為をするには、家庭裁判所の許可を得なければならない。

一　相続財産に属する特定の財産の保存に必要な行為

二　相続財産に属する債務（弁済期が到来しているものに限る。）の弁済

三　その死体の火葬又は埋葬に関する契約の締結その他相続財産の保存に必要な行為（前2号に掲げる行為を除く。）

Ⅰ　本条の意義

成年後見は、成年被後見人が死亡することによって終了し、法定代理人の代理権も消滅する（民111条1項)。成年後見人による成年被後見人の死亡後の事

務は、後見の計算を行うこと（民870条）、緊急時にのみ相続人等が事務を処理することができるようになるまでは必要な処分を行うことであった（民874条・654条）。しかし、実際には、成年後見人は、成年被後見人の生前の生活関係における事務を担っており、たとえば、成年被後見人が入院した病院で死亡した場合には、入院費用の支払や、遺体の引取り・火葬などを事実上行わざるをえない場面が少なくなかった。

このような状況に対応するために、2016（平成28）年に施行された成年後見事務円滑化法によって、本条は新設された。本条により、成年後見人は、①必要があるときに、②相続人の意思に反することが明らかなときを除き、③本条1号から3号の事務（死後事務）を行うことができる。ただし本条3号の事務は、④家庭裁判所の許可を得て行うことができることになった。

なお、本条は、成年後見にのみ適用され、保佐・補助類型には適用されない。保佐人・補助人には包括的な管理・代理権が与えられておらず、管理権・代理権は特定の行為について付与されているにすぎず、本条の権限を付与することは生前よりも強い権限を与える可能性があるからである。

Ⅱ　要件

1　必要があるとき（①）

成年後見人が、本条の死後事務を行うことができるのは、「必要があるとき」であるとする。成年後見人は、終了の計算をし、相続人に成年被後見人の生前の財産（相続財産）を引き渡す義務を負うが、相続人が相続財産を管理することができるようになるまでの間、事実上その財産を保持することになる。相続人が、成年被後見人の死後、本条が規定する事務を行うことが期待できる場合には、①の要件は満たさない。しかし、相続人と連絡が取れない場合、連絡先が不明な場合や相続人が協力的でない場合でも、成年被後見人が入院していた病院の入院費用の支払など弁済期が到来した債務の支払が必要な場合もあり、成年後見人が弁済をしなければ支払が相当期間遅れるような場合には、後見人が行う「必要があるとき」であるとされている。

なお、相続人が相続財産を引き取らない場合には、相続財産管理人の申立てにより（民918条2項）、選任された者に相続財産を引き渡すことになる。

2　相続人の意思に反することが明らかなとき（②）

成年後見人が死後事務を行うことについて、「相続人の意思に反することが明らかなとき」には、成年後見人は死後事務を行うことはできない。②は、成年後見が死後事務を行うための**障害事由**となる。成年後見人は、相続人の意思を確認し、死後事務を行う必要がある。複数人の相続人がいる場合に、その1人でも反対の意思を表明している場合もこの場合にあたる。これに対し、相続人の不存在や、存否不明の場合、所在不明の場合には、これにあたらない。

3　相続財産に属する特定の財産の保存に必要な行為（本条1号）

本条1号の「相続財産に属する特定の財産の保存に必要な行為」とは、たとえば、相続財産に属する債権についての時効の更新または完成猶予（民147条）や相続財産に属する建物等の修繕などである。これらの行為には、相続人の通常の意思にも合致するとの理由から、家庭裁判所の許可は不要とされている。ただし、相続財産に属する建物を修繕するために、費用が必要で、そのため預貯金口座から払戻しを受ける行為は、本条3号にあたるとされる（④家庭裁判所の許可が必要となる）。

4　弁済期が到来した相続財産に属する債務の弁済（本条2号）

「相続財産に属する債務（弁済期が到来したものに限る。）の弁済」（本条2号）として想定されている債務は、成年被後見人が病院で死亡したため生じた医療費や賃借物件に居住している場合に生じる賃料等とされている。成年被後見人が生前に負担するべき弁済期が到来した債務を本号の債務として広く認めることに対しては、相続人がどの債務に対して弁済するかを選択する権利を無視することになるとの理由から、本号は限定的に解するべきであるとする説がある。

なお、死後事務を行った成年後見人の報酬について、死亡後審判により認められた報酬債権の債務者は成年被後見人であり、相続債務になり※30、本号による弁済が可能と解されている。成年被後見人の死亡後に生じた債務であり、成年被後見人の債務とすることに異論もありうるが、成年後見人が死亡したとはいえ成年被後見人のため行った職務であり、成年被後見人の財産（相続財産）から捻出するべき費用といえるからである。

5　死体の火葬または埋葬に関する契約の締結その他相続財産の保存に必要な行為（本条3号（前2号に掲げる行為は除く））

成年後見人は、④家庭裁判所の許可を得て本号の以下の行為を行うことができる。

すなわち、成年被後見人の遺体を引き取り、その「火葬又は埋葬に関する契約の締結」を葬儀業者等とすることができる。これらの行為は、成年後見人の法的義務ではないが、たとえば、成年後見人が成年被後見人が入院する病院との間で入院等に関して契約を締結するような場合に、成年被後見人の死亡後親族等による遺体の引取りがないなどの事情から、成年後見人に対応を求められることもあり、他方、成年後見人のみの判断で本号の契約をし履行がされた場

※30 大阪地判平27・7・22判時2286号118頁。

合に相続人等と紛争が生じることもある。そこで、④の家庭裁判所の許可を要件に加えている。なお、「火葬又は埋葬に関する契約」には、葬儀に関する契約は含まれない。葬儀は、公衆衛生上不可欠ではなく、法律上の義務でもなく、また宗派等により形態も異なり、費用負担をめぐり相続人等と紛争が生じる可能性があることを考慮して、あえて含められなかったと説明されている。

「その他相続財産の保存に必要な行為」をすることもできる。本条3号の「相続財産の保存に必要な行為」は、本条1号の「相続財産に属する特定の財産の保存に必要な行為」とは区別される。本条3号の「相続財産の保存に必要な行為」は、成年後見人が管理する成年被後見人の所有する動産の寄託契約の締結、生存時に居住に必要な居室の電気・ガス・水道等の共有契約の解約、債務の弁済のための預貯金（成年被後見人名義口座）の払戻しなどが挙げられている。

6　家庭裁判所の許可（④）

③の行為を成年後見人がするためには、家庭裁判所の許可が必要となる。家庭裁判所の許可を得ずに行った法律行為は、無権代理と同様に解されている。ただし、成年後見人は、後見終了後も応急処分義務を負い（民874条・654条）、この場合には、家庭裁判所の許可は不要とされる。実務上は、事後的に審判により追完されることもある。

また成年後見人の行為について、事務管理（民697条）が成立する場合には、相続人に対し、管理にかかった費用の償還請求をすることはできる（民702条）。

（冷水登紀代）

（委任の規定の準用）
第874条　第654条及び第655条の規定は、後見について準用する。

後見人と被後見人の法律関係は委任に類似した関係であることから、後見終了により当事者が不測の損害を被ることを防止するために、本条は、委任終了後の応急処分義務（民654条）と委任終了（民655条）の規定を準用する。

民法654条の準用により、急迫の事情（時効の更新または完成猶予、差押えや家屋の修繕等）から、後見人が事務処理をしなければ被後見人に重大な損害を与えるような場合に、後見人側は必要な処理を行わなければならない。民法654条に従うと、後見人側には、かつて後見人であったが解任された者や、後見人死亡後の相続人も入るが、これについては学説上不適当であるとの批判が強い。応急処分をするべき期間については、被後見人が能力を取得または回復したときには、その者が財産管理をすることができるようになるまでの間、被後見人が死亡した場合には、その相続人が財産管理をすることができるようになるまでの間である。また、被後見人の親権者が出現したときは、その親権者が財産管理をすることができるようになるまでの間である。本条に違反し、被後見人側に損害が生じた場合には、その責任を負う。急迫の事情がないにもかかわらず、応急処分行為をした場合には、無権代理となる。

民法655条の準用により、後見が終了した場合には、どのような事由に基づくものであっても、このことを相手方に通知し、相手方がこのことを知らなければ、その相手方に対抗することはできない。ここでの相手方とは、通説は、後見事務処理の相手方と解する。後見人からすれば被後見人、被後見人からすれば後見人である。もっとも、法定後見の場合は、その終了を相手方が知らないのは稀ではあるが、通常、終了において家庭裁判所が介入するため、家庭裁判所からそれを通知するべきではないかとの指摘もある。

（冷水登紀代）

（後見に関して生じた債権の消滅時効）

第875条　第832条の規定は、後見人又は後見監督人と被後見人との間において後見に関して生じた債権の消滅時効について準用する。

2　前項の消滅時効は、第872条の規定により法律行為を取り消した場合には、その取消しの時から起算する。

本条は、後見に関して生じた債権の消滅時効について規定する。

本条1項は、民法832条の規定を準用することにより、後見について生じた債権は、後見が終了した時から5年間行使しないときは、時効で消滅することを定める。後見が終了した時としたのは、後見中は、被後見人がこれを行使することができないからである。また、本条1項に5年という短期消滅時効を定めたのは、後見終了後は早期に決済させ、法律関係を早期に安定させることが要請されるからである。また、本条1項が適用される債権は、被後見人が後見人または後見監督人に対して有する債権（たとえば管理義務に反した結果生じた損害賠償請求権等）のみならず、後見人または後見監督人が被後見人に対して有する債権（たとえば、後見事務執行中に後見人または後見監督人が立替払した費用の償還請求権等）も含まれる。

後見について生じた債権の消滅時効の起算点は、被後見人の死亡や未成年被後見人が成年に達した場合等絶対的に終了する場合には、終了時であり、後見そのものは終了しないが後見人の死亡、辞任、解任等による相対的終了の場合には、後任の後見人が就職した時となる（後見の終了事由については、第4編第5章第4節後見の終了〔前注〕参照）。

本条2項は、この消滅時効の起算点の特則として、未成年被後見人が成年に達した後、後見の計算が終了するまでの間に未成年被後見人と未成年後見人等との契約等の取消しが行われた場合（民872条の取消し）には、その取消しから生じた債権は、その法律行為の取消しの時から進行する旨を規定する。

（冷水登紀代）

第４編第６章　保佐及び補助

第４編第６章第１節　保佐

〔前注〕

第６章第１節は、成年後見制度の１つである保佐類型について定める。

保佐は、「精神上の障害により事理を弁識する能力が著しく不十分である者」を対象とする保護制度である（民11条）。本節では、特定の者の申立てによる家庭裁判所が行う保佐開始の審判（民876条）、保佐人の選任（民876条の２）、さらにその監督機関となる保佐監督人の選任に関する規定（民876条の３）が設けられている。さらに従来から、保佐人は同意権を有するだけで代理権・取消権を持たないため、保護の必要性に欠けていると批判がされていた。1999（平成11）年の改正では、このような批判をふまえ、制限行為能力者の取消権者の中に「同意をすることができる者」を加え（民120条１項）、被保佐人が民法13条の行為を保佐人の同意を得ずに行った場合には、保佐人に取消権を認め（民13条）、さらに特定の法律行為について代理権付与の審判をする旨の規定を本節に盛り込んだ（民876条の４）。また、保佐人の事務および終了に関する規定（民876条の５）も置いている。

ところで、被保佐人にあたる準禁治産者には浪費者も含められていた。その理由は、「浪費者が思慮なくその資産を浪費することを防止し、もつて浪費者の財産を保護」し※1、そうすることでさらにはその家族の財産の保護にも繋がると考えられていたからである。しかし、判断能力が不十分であることと浪費癖があることとは必ずしも関係がなく、十分な判断能力を有する者の金銭等の費消方法について裁判所が介入することは国家の市民生活に対する関わり方としては不適当であると指摘されてきた。こうした批判は、明治民法の立法過程においてもすでにみられたが、浪費者の除外は、1999（平成11）年の成年後見制度の抜本的見直しに際してようやく実現されるに至った。

（冷水登紀代）

（保佐の開始）
第876条　保佐は、保佐開始の審判によって開始する。

※1　最大決昭36·12·13民集15巻11号2795頁。

保佐は、精神上の障害により事理弁識能力が著しく不十分な者に対して、家庭裁判所が審判をすることにより開始する（民11条・本条）。申立権者は、本人、配偶者、四親等内の親族、後見人、後見監督人、補助人、補助監督人または検察官、任意後見受任者、任意後見人、任意後見監督人である（民11条、任意後見10条2項）。また、特別法により、市町村長も申立権者に含まれる（老人福祉法32条、知的障害者福祉法28条、精神保健福祉法51条の11の2）。

後見開始の審判と同様に、未成年者に親権者がいる場合、または未成年後見人がいる場合であっても、未成年者が成年に達するまでに保佐開始の審判をなし、保佐を開始することができる。成年に達してからあらためて保佐人を選任するよりも、その者の保護に資するからである。この場合、親権者を保佐人として選任することもできる。

保佐開始の審判においては、本人の事理弁識能力が著しく不十分であると認定される以上、民法13条1項所定の重要な行為について常に保佐人の同意が必要とされるので、補助開始の審判とは異なり、同意権の範囲を拡張する審判または代理権付与の審判を別途行う必要はない。

保佐は、保佐開始の審判があった場合にのみ開始する。裁判所は、保佐人を職権で選任し（民876条の2第1項、家事手続39条・別表第1〈22〉）、審判が確定すると裁判所書記官が遅滞なく登記所に対して登記の嘱託を行い（家事手続116条）、後見登記ファイルに記載されることになる（後見登4条）。ただし、この登記は、後見開始審判の効力要件でも、対抗要件でもない。

（冷水登紀代）

（保佐人及び臨時保佐人の選任等）

第876条の2　家庭裁判所は、保佐開始の審判をするときは、職権で、保佐人を選任する。

2　第843条第2項から第4項まで及び第844条から第847条までの規定は、保佐人について準用する。

3　保佐人又はその代表する者と被保佐人との利益が相反する行為については、保佐人は、臨時保佐人の選任を家庭裁判所に請求しなければならない。ただし、保佐監督人がある場合は、この限りでない。

1999（平成11）年の民法改正により配偶者法定保佐人制度が廃止されるに伴い、家庭裁判所は、保佐開始の審判をする際には常に職権で保佐人を選任することになった（本条1項）。そのため、保佐開始の審判請求は、当然に保佐人の選任請求を含む趣旨であると解されている。したがって、保佐開始の審判の請求とは別に保佐人の選任請求をする必要はない。本条1項が、成年後見の選任に関する規定を準用せずに、独立して規定されたのは、保佐人の選任という基本的な手続に関する規定であるためと説明されている。

本条2項は、後見の規定を準用し、保佐人が欠けた場合の処理（民843条2項）、複数の保佐人を選任する場合の処理（民843条3項）、保佐人を選任する際の考慮するべき事情（民843条4項）、保佐人が辞任（民844条）、辞任した保佐人による新たな保佐人の選任請求（民845条）、保佐人の解任（民846条）、保佐人の欠格事由（民847条）について規律している。

本条3項は、保佐人が被保佐人と利益相反行為を行う場合に、臨時保佐人の選任を家庭裁判所に求めなければならないとする。保佐監督人がいる場合には、臨時保佐人を選任する必要はない（本条3項ただし書）。保佐監督人が被保佐人を代表することになるからである。本条は、後見人の利益相反行為に関する規定（民860条）、親権者の利益相反行為に関する規定（民826条）と同趣旨であり、詳細はその解説を参照。

（冷水登紀代）

（保佐監督人）

第876条の3　家庭裁判所は、必要があると認めるときは、被保佐人、その親族若しくは保佐人の請求により又は職権で、保佐監督人を選任することができる。

2　第644条、第654条、第655条、第843条第4項、第844条、第846条、第847条、第850条、第851条、第859条の2、第859条の3、第861条第2項及び第862条の規定は、保佐監督人について準用する。この場合において、第851条第4号中「被後見人を代表する」とあるのは、「被保佐人を代表し、又は被保佐人がこれをすることに同意する」と読み替えるものとする。

1999（平成11）年の民法改正後は、保佐人には、同意権および取消権が認められており（民13条）、代理権（これに付随する財産管理権を含む）も付与されることがあるため（民876条の4）、その職務遂行の適正を確保するために、その権限の重要性に応じた監督機関を設ける必要がある。本条はこのような認識の下、保佐監督人制度を規定する。

家庭裁判所は、必要があると認めるとき、被保佐人、その親族もしくは保佐人の請求によって、または職権で、保佐監督人を選任できる（本条1項）。

「必要があると認めるとき」については、民法849条の解説参照。

また、本条2項では、以下のような委任、成年後見人・成年後見監督人の規定が準用されている。まず、委任契約における各規定（受任者の善管注意義務（民644条）、委任終了後の処分（民654条）、委任終了の対抗要件（民655条））が準用されているが、これは、保佐監督人は、他人のために事務を行うという点で委任の関係に通じると考えられているからである。また、保佐監督人を選任する際に考慮するべき事情として、後見人の選任に際し考慮するべき事情に関する規定である民法843条4項、保佐監督人の辞任・解任・欠格事由については、後見人・後見監督人に関する辞任・解任・欠格事由の規定（民844条・846条・847条・850条）、保佐監督人の職務については、後見監督人の職務に関する規定（民851条）を準用し、とりわけ民法851条4号において「被後見人を代表する」とするところを「被保佐人を代表し、又は被保佐人がこれをすることに同意する」と読み替えるよう指示している。さらに複数の保佐監督人の権限の共同行使または分掌については、成年後見人が数人ある場合の権限の行使等に関する規定（民859条の2）を、被保佐人の居住用不動産の処分についての許可についても、成年被後見人のそれに関する規定（民859条の3）を、さらに保佐監督事務の費用については後見事務費用に関する規定（民861条2項）、保佐監督人の報酬については後見人の報酬に関する規定（民862条）を準用する。

（冷水登紀代）

（保佐人に代理権を付与する旨の審判）

第876条の4　家庭裁判所は、第11条本文に規定する者又は保佐人若しくは保佐監督人の請求によって、被保佐人のために特定の法律行為について保佐人に代理権を付与する旨の審判をすることができる。

2　本人以外の者の請求によって前項の審判をするには、本人の同意がなければならない。

3　家庭裁判所は、第1項に規定する者の請求によって、同項の審判の全部又は一部を取り消すことができる。

1999（平成11）年民法改正以前は、保佐人に代理権がなかったことから、被保佐人の保護が十分に図られていないとの指摘があった。本条1項は、この指摘をうけ、特定の者の請求により、家庭裁判所が、保佐人に代理権を付与する審判ができる旨を定めた。本条の請求権者は、民法11条の定める者（本人、配偶者、四親等内の親族、後見人、後見監督人、補助人、補助監督人又は検察官）のほか、保佐人、保佐監督人である。保佐人が代理する行為は、審判で付与された特定の法律行為であり、民法13条1項に列挙する同意を要する行為に限定されず、重要な財産管理に関する法律行為、事実行為のほか、療養看護の事務に関する行為、これらの事務にかかわる訴訟行為もその対象となる。民法13条1項に列挙されたすべての行為に代理権が認められるか、また民法13条1項に列挙された行為を保佐人が取り消した場合には、原状回復に必要な限度で代理権、訴訟追行権まで保佐人に認められるべきであるとの見解がある。

本条2項は、本人（被保佐人）の自己決定権を尊重するために、本人以外の者の請求によって代理権付与の審判（本条1項）をする場合には、本人の同意が必要である旨を規定している。

本条３項は、代理権付与の審判を、本条１項に定められた者の請求により、取り消すことができる旨を規定する。代理の目的が達成された場合に、代理権を後見登記に公示し続けることは、無権代理の危険性があり、本人と相手方に損害を及ぼすおそれがあるからである。

（冷水登紀代）

（保佐の事務及び保佐人の任務の終了等）

第876条の5　保佐人は、保佐の事務を行うに当たっては、被保佐人の意思を尊重し、かつ、その心身の状態及び生活の状況に配慮しなければならない。

２　第644条、第859条の２、第859条の３、第861条第２項、第862条及び第863条の規定は保佐の事務について、第824条ただし書の規定は保佐人が前条第１項の代理権を付与する旨の審判に基づき被保佐人を代表する場合について準用する。

３　第654条、第655条、第870条、第871条及び第873条の規定は保佐人の任務が終了した場合について、第832条の規定は保佐人又は保佐監督人と被保佐人との間において保佐に関して生じた債権について準用する。

本条１項は、保佐人が保佐の事務にあたり被保佐人の意思を尊重して行うべきこと、さらに保佐人の身上配慮義務を規定している。身上配慮義務については、民法858条の解説参照。

本条２項では、保佐の事務にあたり、民法644条を準用し保佐人が善管注意義務を負うことを定め、さらに後見の事務に関する各規定を準用する。すなわち、複数の保佐人を選任する場合の権限行使の定め（民859条の２)、被保佐人の居住用不動産の処分についての家庭裁判所の許可の必要性（民859条の３）を規定する。また、保佐人は、保佐にかかる費用を被保佐人の財産から支出できる（民861条２項準用)。保佐人への報酬も被保佐人の財産から支出する（民862条準用)。さらに、保佐の事務の監督については、民法863条が準用される。保佐人が代理人として、被保佐人の行為を目的とする債務について代理する場合(たとえば、労働契約の代理）には、被保佐人の同意が必要となる（民824条ただし書)。

本条３項が定める保佐の終了についても、委任と後見終了における各規定が準用される。すなわち、保佐人は応急処分義務を負い（民654条)、保佐人と被保佐人は相互に事務の相手方に事務終了の通知をしなければならず、相手方が知らなければ対抗することはできない（民655条)。保佐人は、終了時に管理計算義務を負い（民870条)、保佐監督人がいる場合にはその立会いを要する（民

871条）。また保佐終了時の返還金については、民法873条が準用され、保佐人・保佐監督人と被保佐人との間で生じた債権の消滅時効とその起算点については、民法832条が準用される。

（冷水登紀代）

第４編第６章第２節　補助

〔前注〕

「補助」は、1999（平成11）年の成年後見制度改革に際して、従来の２類型に加えて、本節に創設された「精神上の障害により事理を弁識する能力が不十分である者」を対象とする保護制度である。本節では、特定の者の申立てにより家庭裁判所が行う補助開始の審判（民876条の６）、補助人の選任（民876条の７）、その監督機関となる補助監督人の選任に関する規定（民876条の８）が設けられている。さらに補助人は、保佐人と同様に、被補助人が同意なしに特定の法律行為をした場合には、取消しをすることができる（民17条）が、特定の法律行為について代理権付与の審判をする旨の規定として民法876条の９が定められている。また、補助人の事務および終了に関する規定（民876条の10）も置かれている。

（冷水登紀代）

（補助の開始）
第876条の６　補助は、補助開始の審判によって開始する。

補助は、不動産取引等特定の高度な取引を行うに際し、単独で行えない者や不安を抱く者に対して、補助人が同意権・代理権を行使することにより保護することを目的とした制度である。

補助は、「精神上の障害により事理を弁識する能力が不十分である者」に対して、家庭裁判所が審判することにより開始する（民15条・876条の６）。申立権者は、本人、配偶者、四親等内の親族、後見人、後見監督人、保佐人、保佐監督人または検察官、任意後見受任者、任意後見人、任意後見監督人である（民15条１項、任意後見10条２項）。また、特別法により、市町村長も申立権者に含まれる（老人福祉法32条、知的障害者福祉法28条、精神保健福祉法51条の11の２）。

ただし、本人以外の者が申立てをする場合には、保佐に比べて補助を必要とする者の判断能力はかなり高度であり、自己決定の尊重や残存能力の活用という観点から、本人の同意がなければならないことになっている（民15条2項）。

また、補助は、他の類型とは異なり、補助開始の審判のみを行うことはできず、補助人の同意権・代理権（いずれかもしくは双方）についても同時に定めなければならない。補助人の同意権・代理権は、本人保護の必要性に応じて個別に付与されることになる。そして、補助人に付与する同意権・代理権の内容や範囲についても、被補助人の意思を尊重して定められることになる（民17条2項・876条の9第2項・876条の4第2項）。

後見開始・保佐開始の審判と同様に、未成年者に親権者がいる場合、または未成年後見人がいる場合であっても、未成年者が成年に達するまでに補助開始の審判をなし、補助を開始することができる。成年に達してからあらためて補助人を選任するよりも、その者の保護に資するからである。この場合、親権者を補助人として選任することもできる。

補助は、補助開始の審判があった場合にのみ開始する。裁判所は、補助人を職権で選任し（民876条の7第1項、家事手続39条・別表第1〈41〉）、審判が確定すると裁判所書記官が遅滞なく登記所に対して登記の嘱託を行い（家事手続116条）、後見登記ファイルに記録されることになる（後見登4条）。ただし、この登記は、補助開始審判の効力要件でも、対抗要件でもない。

（冷水登紀代）

（補助人及び臨時補助人の選任等）

第876条の7　家庭裁判所は、補助開始の審判をするときは、職権で、補助人を選任する。

2　第843条第2項から第4項まで及び第844条から第847条までの規定は、補助人について準用する。

3　補助人又はその代表する者と被補助人との利益が相反する行為については、補助人は、臨時補助人の選任を家庭裁判所に請求しなければならない。ただし、補助監督人がある場合は、この限りでない。

本条は、補助人と臨時補助人の選任に関する規定である。本条は、保佐人と臨時保佐人の選任に関する民法876条の2の規定と同じ趣旨である。

本条1項は、家庭裁判所が、補助開始の審判をする際には、常に職権で補助人を選任する旨を規定する。

本条2項は、後見人の規定を準用し、補助人が欠けた場合の処理（民843条2項）、複数の補助人を選任する場合の処理（民843条3項）、補助人を選任する際の考慮するべき事情（民843条4項）、辞任した補助人による新たな補助人の選任請求（民845条）、補助人の解任（民846条）、補助人の欠格事由（民847条）について規律している。

本条3項は、補助人と被補助人が利益相反行為を行う場合に、臨時補助人の選任を家庭裁判所に選任しなければならないとする。ただし、補助監督人がいる場合には、臨時補助人を選任する必要はない（本条3項ただし書）。補助監督人が補助人を代表することになるからである。後見人の利益相反行為に関する規定（民860条）、親権者の利益相反行為に関する規定（民826条）と同趣旨であり、詳細はその解説を参照。

（冷水登紀代）

（補助監督人）
第876条の8　家庭裁判所は、必要があると認めるときは、被補助人、その親族若しくは補助人の請求により又は職権で、補助監督人を選任することができる。
2　第644条、第654条、第655条、第843条第4項、第844条、第846条、第847条、第850条、第851条、第859条の2、第859条の3、第861条第2項及び第862条の規定は、補助監督人について準用する。この場合において、第851条第4号中「被後見人を代表する」とあるのは、「被補助人を代表し、又は被補助人がこれをすることに同意する」と読み替えるものとする。

本条は、補助監督人に関する規定であり、保佐監督人に関する民法876条の3と同じ趣旨の規定である。

本条1項は、家庭裁判所が、必要があると認めるとき、被補助人、その親族もしくは補助人の請求によって、または職権で、補助監督人を選任できる旨を規定する。「必要があると認めるとき」については、民法850条の解説参照。

本条2項では、委任、成年後見人・成年後見監督人に関する諸規定が準用されている。まず、委任契約における各規定（受任者の善管注意義務（民644条）、委任終了後の処分（民654条）、委任終了の対抗要件（民655条））が準用されているが、これは、補助監督人は、他人のために事務を行うという点で委任の関係に通じると考えられているからである。また、補助監督人を選任する際に考慮するべき事情として、後見人の選任に際し考慮するべき事情に関する規定である民法843条4項、補助監督人の辞任・解任・欠格事由については後見監督人の辞任・解任・欠格事由の規定（民844条・846条・847条・850条）、補助監督人の職務については、後見監督人の職務に関する規定（民851条）を準用し、とりわけ民法851条4号において「被後見人を代表する」とするところを「被補助人を代表し、又は被補助人がこれをすることに同意する」と読み替えるよう指示している。複数の補助監督人の権限の共同行使または分掌については、成年後見人が数人ある場合の権限の行使等に関する規定（民859条の2）を、被補助人の居住用不動産の処分についての許可についても、成年被後見人の居住用不動産の処分に関する規定（民859条の3）を、補助監督事務費用については後見事務費用に関する規定（民861条2項）を、補助監督人の報酬については後見人の報酬に関する規定（民862条）を準用する。

（冷水登紀代）

（補助人に代理権を付与する旨の審判）

第876条の9　家庭裁判所は、第15条第1項本文に規定する者又は補助人若しくは補助監督人の請求によって、被補助人のために特定の法律行為について補助人に代理権を付与する旨の審判をすることができる。

2　第876条の4第2項及び第3項の規定は、前項の審判について準用する。

本条は、補助人に代理権を付与する旨の審判に関する規定である。ところで、被補助人は、同意権付与の審判がされている行為以外は、行為能力に制限はなく、単独で行為をすることができ、補助人の代理行為と競合することも起こりうる。この場合は、通常の任意代理と同様の処理がされる。

本条1項は、特定の者の請求により、家庭裁判所は、補助人に代理権を付与する審判ができる旨を定めた。請求権者は、民法15条1項本文に定める者（本人、配偶者、四親等内の親族、後見人、後見監督人、保佐人、保佐監督人または検察官）のほか、補助人、補助監督人である。補助人が代理する行為は、本条1項により審判で付与された「特定の法律行為」とされているだけで、明確な法律上の制限はない。この点、代理権の対象を拡張することで、保佐との境界を曖昧にするおそれがあるとの指摘がある。

本条2項は、代理権付与の審判にあたり、民法876条の4第2項（本人の同意に関する規定）、民法876条の4第3項（代理権付与の審判の一部または全部の取消しに関する規定）を準用する。

（冷水登紀代）

（補助の事務及び補助人の任務の終了等）

第876条の10　第644条、第859条の2、第859条の3、第861条第2項、第862条、第863条及び第876条の5第1項の規定は補助の事務について、第824条ただし書の規定は補助人が前条第1項の代理権を付与する旨の審判に基づき被補助人を代表する場合について準用する。

2　第654条、第655条、第870条、第871条及び第873条の規定は補助人の任務が終了した場合について、第832条の規定は補助人又は補助監督人と被補助人との間において補助に関して生じた債権について準用する。

本条は、保佐人の規定である民法876条の5と同趣旨である。

本条1項は、補助の事務にあたり、委任、後見、保佐の諸規定を準用し、補助人の善管注意義務（民644条）、複数の補助人を選任する場合の権限行使の定め（民859条の2）、被補助人の居住用不動産の処分についての家庭裁判所の許可（民859条の3）について規律する。補助人は、補助事務にかかる費用を被補助人の財産から支出でき（民861条2項準用）、補助人への報酬は、被補助人の財産から支出される（民862条準用）。保佐の事務の監督については、民法863条が準用される。補助人が補助の事務にあたり被補助人の意思を尊重して行うべきこと、さらに補助人の身上配慮義務が定められている（民876条の5第1項準用。身上配慮義務については、民858条の解説参照）。補助人が代理人として、被補助人の行為を目的とする債務について代理する場合（たとえば、労働契約の代理）には、被補助人の同意が必要となる（民824条ただし書準用）。

本条2項では、補助の終了について、委任と後見終了における各規定が準用される。すなわち、補助人は応急処分義務を負い（民654条）、補助人と被補助人は相互に事務の相手方に事務終了の通知をしなければならず、相手方が知らなければ対抗することはできない（民655条）。補助人は、終了時に管理計算義務を負い（民870条）、補助監督人がいる場合にはその立会いを要する（民871条）。補助終了時の返還金については、民法873条が準用され、補助人・補助監督人と被補助人との間で生じた債権の消滅時効とその起算点については、民法832条が準用される。

（冷水登紀代）

第4編第7章　扶養

〔前注〕

I　概説

高齢者や未成熟子を始め、疾病、障害、失業等の理由から自己の資力や労働力では自活できない者を支援するために、私的扶養制度と公的扶助制度とが存在する。日本では、公的扶助として、生活保護制度が整備されている。生活保護は、自助原則、すなわちその利用することができるあらゆる資力や能力の活用を前提として、それでも自立できない者に対して最低限度の保障を行う制度であるが、私的扶養が公的扶助である生活保護に優先して行われることを前提としており（**私的扶養優先の原則**）、私的扶養を補足する関係にある（**補足原則**。生保4条2項）。つまり、民法に定める扶養義務者がいれば、原則として、生活保護を受けることができなくなる。もちろん、急迫した事由がある場合には、必要な保護が与えられるが（生保4条3項）、生活保護が扶養に先行して実施された場合には、その費用の全部または一部を扶養義務者から徴収することができる（生保77条）※1。

私的扶養に関しては、扶養義務者（民877条）、扶養の順位（民878条）、扶養の程度または方法（民879条）、扶養に関する協議・審判の変更または取消し（民880条）、扶養請求権の処分禁止（民881条）のわずか5条の規定が置かれているにすぎない。

扶養に関する問題はまずは当事者の協議に委ね、協議不調の場合に家庭裁判所が「その他一切の事情を考慮して」定めることになっていることから（民878条・879条）、1959（昭和34）年の家族法改正の論議の中で扶養に関する規定は不明瞭であるとの指摘があった。しかし、扶養制度は戦後の家族法改正の中で、明治民法があまりに煩雑で現実を失し、実際に利用しにくくなっているとの批判から大改革がされ、簡略化された箇所でもあったため、今日においても積極的な改正作業は行われていない。

※1　生活保護の補足原則に反するとも思える事例として、わずかな養育費の支払を命じても、依然として生活保護に頼らなければならない状況にある場合には、扶養当事者は実質的になんら利益を受けるわけではないとして扶養請求権を認めなかった事例があるが（旭川家審昭46·12·2家月25巻2号92頁）、これは保護の補足性を否定したのではなく、「行政側の保護措置に向けた努力」に対する司法側の配慮として、評価する学説がある。

Ⅱ　一般親族間での扶養と夫婦間扶養・未成熟子に対する親の扶養義務との関係

夫婦間の扶養義務と未成熟子に関する親の扶養義務は、伝統的には、一般親族間の扶養義務と区別して捉えられてきた。これらの関係にある者の間では、扶養することがその身分関係の本質的不可欠的要素であるから、扶養義務を負う者は扶養権利者に対して、自らと同程度の生活をさせる義務（**生活保持義務**）を負うことになる。これに対して、上記以外の一般親族間では、扶養することが偶然的・例外的現象であることから、扶養の程度は、扶養権利者が生活に困窮したときに、扶養義務者が自己の地位や職業等に相応な生活を犠牲にすることなく給付可能な範囲で扶養すれば足りることになる（**生活扶助義務**）。

この扶養義務を区別する理論は、実務にも学説にも影響を与えてきたが、今日では、厳格に峻別するのではなく、程度の差にすぎないとする説も有力である。

そして、夫婦間の扶養義務は民法752条に基づき生じると解されることには異論がないが、未成熟子に対する親の扶養義務の根拠となる規定に関しては、①血縁を基礎とする親子関係の本質に基づくとするのか（したがって、この説には条文上の根拠が必要ない※2）、②父母の婚姻中は婚姻費用分担義務の規定である民法760条により、離婚後は離婚後の子の監護に関する規定である民法766条によるとするのか、③未成熟子に対する親権者の監護に関する規定である民法820条によるのか※3、④民法877条を根拠とするのか等多岐に分かれている。このため、立法論として、民法877条を一般親族間での扶養に関する規定として、未成熟子に対する親の扶養義務に関する規定を別途定めるべきであるとも主張されているが、2011（平成23）年の改正により、離婚後の子の監護費用については、民法766条に明確に規定された。

（冷水登紀代）

（扶養義務者）

第877条　直系血族及び兄弟姉妹は、互いに扶養をする義務がある。

2　家庭裁判所は、特別の事情があるときは、前項に規定する場合のほか、三親等内の親族間においても扶養の義務を負わせることができる。

3　前項の規定による審判があった後事情に変更を生じたときは、家庭裁判所は、その審判を取り消すことができる。

※2　東京高決昭39·1·28家月16巻6号137頁。

※3　高松高決昭31·8·21下民集7巻8号2248頁。近時、離婚後も親権は潜在的に残ると解した上で民820条を根拠とするものも有力である。

I 本条の意義

本条は、夫婦を除く親族間での扶養義務者の範囲を定める。本条1項は、直系血族および兄弟姉妹は互いに扶養義務を負うことを定める。本条2項は、家庭裁判所が「特別の事情」があると認めた場合に三親等内の親族間で扶養義務を負わせることができることを定める。

民法上、このように扶養義務者の範囲を定めているのは、資力があれば道徳上どこまでも広く養うことができるが、「法律上の義務」として広く養うのは適切ではないと考えられたからであった。

本条3項では、本条2項により扶養義務が設定された後に事情の変更が生じた場合には、家庭裁判所が審判を取り消すことができる旨を規定している。

II 扶養当事者

直系血族（民725条の解説参照）と兄弟姉妹との間では、互いに当然に扶養の権利義務関係が生じる（**絶対的扶養義務**。本条1項）。未成熟子に対する親の扶養義務の根拠をどこに据えるかについては、第4編第7章扶養〔前注〕II参照。兄弟姉妹には父母を同じくする者、同父異母の者、同母異父の者、養子と養親の実子、養子同士を含むが、先妻の子と後妻の連れ子や先父の子と後父の連れ子は兄弟姉妹に入らない。認知されていない婚外子と父の子との間も兄弟姉妹関係はない。明治民法においては、兄弟姉妹間の扶養義務は、過失によらないで扶養の必要を生じたときに存在するものとされていたが（(旧) 民959条2項)、現行法ではこの規定は削除されている。しかし、一切の事情の1つとして考慮することはできる※4。直系血族と兄弟姉妹を等しく第一次的に扶養義務を負うと規定しているのは、比較法的にみても例がなく、立法論としては、兄弟姉妹の扶養義務は「特別の事情」がある場合に審判により設定されるべきであるとの提案もされていたが、改正には至っていない。

特別の事情があると認められる場合には、三親等内の親族間（民725条の解説参照）でも審判によって扶養の権利義務が設定される（**相対的扶養義務**)。同規定は、家制度下での扶養義務者の範囲を補うために、設けられたものであるが、明治民法下よりも広い範囲での扶養義務を認めており、疑問視されている。

なお、「特別の事情」とは、扶養権利者・扶養義務者が以前扶養権利者によって長期にわたり扶養されていたような場合や同居者である場合等が挙げられる。

本条が問題となる場面では、家事審判法（2012（平成24）年に廃止）の下では、

※4 福岡高決昭29·7·5家月6巻9号41頁では、自活能力があるにもかかわらず自活する意思がない者が期限を定めず扶養を受けることが適当ではないとして、期限を限定して扶養義務を命じた。

紛争性のある事件として、旧9条1項乙類の審判事項として掲げられていた。2013（平成25）年施行の家事事件手続法の下では、本条2項・3項の事件は、規定の趣旨に照らし、調停をすることができない事項についての審判事件として、別表第1に掲げる事項（家事手続別表第1〈84〉）に規定されている（なお、扶養の順位（民878条）、扶養の程度と方法（民879条）については、紛争性があるため別表第2（家事手続別表第2）の審判事項として規定されている）。

Ⅲ　扶養の権利義務の発生要件

1　扶養必要状態

扶養請求権（扶養を受ける権利）は、本条1項が定める一定の親族間において、親族という身分に基づいて当然に、または本条2項が定める親族間では家庭裁判所の扶養義務設定の審判（家事手続39条・別表第1〈84〉）を要件として発生する権利である。扶養を求めることができるのは、自身の資力と稼働能力ではもはや生活できない状況に陥った場合（**扶養必要状態**）である。扶養必要状態が発生した理由が何であるかは問題とならず、自己の有責行為により扶養必要状態を招いたとしても扶養請求権は発生する。また、扶養請求権者が、後に相当な資産を有するに至ったとしても、かつて扶養義務者から受けた給付相当額を償還する法律上の義務はない。扶養必要状態は、生活保護法の最低生活保護基準が1つの目安になる。経済的には生活できるが、介護等が必要なために自立した生活が送れないような場合は、扶養必要状態にあるとはいえない（扶養請求権の性質については、民881条参照）。

2　扶養可能状態

扶養権利者が扶養必要状態にあったとしても、扶養義務者に**扶養能力**がなければ（**扶養可能状態**）、扶養義務は具体的に発生しない。

判例・通説は、親族扶養の場合は、**生活扶助義務**に従い、扶養義務者が自身の生活においてなお余裕がある場合に負担を行えば足り、未成熟子に対する父母の扶養義務と夫婦間の扶養義務は**生活保持義務**に従い、扶養義務者と同じレベルの生活費を負担するとする。どの程度余力がある場合に生活扶助義務を負う能力があると判断するかについては、明確な基準がない。審判例においても、最低生活保護基準程度の生活費をまかなってなお余りがあることを基準とするか※5、自己の地位・身分に相当な生活をしそれでも余力があることを基準と

※5　札幌家審昭48・3・24家月26巻1号59頁は、未成熟子に対する父母の扶養義務の程度、つまり生活保持の義務を負う場合が問題となった事案である。

するか[※6]等一致していない。

Ⅳ　扶養の権利義務の効果

Ⅲの要件が満たされると、扶養義務の内容が決定される。そして事情の変更がない限り、扶養料が扶養義務者から扶養権利者に対して支払われることになる。また、協議、調停、審判により扶養の具体的権利が確定すると、民事執行法により執行可能な権利となる。

上記の発生要件を欠く場合、扶養の権利義務は消滅する。しかし、扶養審判には、執行力があるため（家事手続75条）、取消しの審判があるまではその執行力に影響を与えない。扶養義務者が失業した等扶養義務を負担することができなくなった場合には、扶養義務者は、扶養義務の強制執行に対して請求異議の訴えを提起することができる（民執35条）。

扶養義務は**無償**を原則とする。したがって、扶養権利者が要扶養状態を脱した後に、扶養義務者が、扶養権利者に対して行った扶養料を求償することはできない。

Ⅴ　複数の扶養義務者間での求償

扶養制度は、現に生じている要扶養状態の解消を図るための制度で、「過去について扶養は生じない」との法諺がある。複数の扶養義務者が、協議・審判で順位をとくに定めることなく、ある扶養義務者が他の扶養義務者に先行して給付を行った場合に、扶養の無償性の原則を貫くと、事後の求償を認めることは難しい。それを認めると、他の扶養義務者が知らない間に支払うべき扶養料が蓄積することにもなりかねないからである。そのため、かつての判例は、親が子に対し扶養請求した事案では、請求時以降の分に限り請求を認めていた[※7]。しかしながら、扶養義務者の1人が、要扶養状態をみかねて現に給付を行うこともある。そこで、今日では、実務上、扶養義務者それぞれの負担を調整するために、現在も含めた将来の扶養料の決定の審判に際して、扶養の順位や程度を決定するとともに**過去の扶養料**も考慮する可能性が認められてい

※6　前掲※4・福岡高決昭29・7・5家月6巻9号41頁では、兄弟姉妹間の扶養義務が争われた。

※7　大判明34・10・3民録7輯9巻11頁。

る[※8]。

Ⅵ　扶養義務のない者から扶養義務者に対する求償

扶養義務のない第三者が立替払をしていた場合には、事務管理（民697条）または不当利得（民703条）を根拠として、通常の民事手続により、扶養義務者の全員または任意の1人に対して全額請求することができ、扶養義務者は連帯してその全額の支払義務を負うと解されている[※9]。

（冷水登紀代）

（扶養の順位）
第878条　扶養をする義務のある者が数人ある場合において、扶養をすべき者の順序について、当事者間に協議が調わないとき、又は協議をすることができないときは、家庭裁判所が、これを定める。扶養を受ける権利のある者が数人ある場合において、扶養義務者の資力がその全員を扶養するのに足りないときの扶養を受けるべき者の順序についても、同様とする。

Ⅰ　本条の意義

1　沿革

本条は、扶養義務者および扶養権利者の順位を決定する方法を定める。すなわち、まずは当事者の協議に委ね、協議が調わない場合には、家庭裁判所が審判で決定するとする。

明治民法では、家制度的扶養観の下、扶養権利者・義務者の順位が定められていた。すなわち、扶養義務者の順位を「配偶者、直系卑属、直系尊属、戸主、配偶者の直系尊属で同家の者、兄弟姉妹（無過失の場合（旧）959条2項）」の順とされ（(旧）955条)、同順位は資力に応じて分担するが、家に在る者が優先する（(旧）956条）とされていた。他方、扶養権利者は、直系尊属、直系卑属、

※8　未成熟子に対する扶養義務については、申立て以前の分についても認められている（神戸家審昭37・11・5家月15巻6号69頁ほか)。兄弟姉妹間で扶養料の分担が争われた事案では、当事者の一部の者が支出した過去の扶養料の求償も認められている（東京高決昭61・9・10判時1210号56頁)。

※9　神戸地判昭56・4・28家月34巻9号93頁。学説には、扶養義務のない第三者による立替扶養料の求償については規定がないので第三者が民499条により扶養権利者に代位すると解するものや、生保77条の費用徴収規定を準用するべきと解するものもある。

配偶者の順とされ、扶養義務とは逆であった。このような順位にしたのは、日本の昔からの教えや道徳上の理由や慣習からであった。

しかしながら、すでに大正期には、扶養制度は「煩雑」で、現実を失しており、個別の事案の妥当な解決が図れないと指摘されていたこともあり、1947（昭和22）年の家族法の改正に際し、扶養制度は1925（大正14）年の「民法親族編中改正ノ要綱」第34の趣旨を全面的に採用し、白地的な規定が置かれた。

2　順位の確定基準

上記のような経緯があるとしても、協議・調停・審判で順位が確定するまでは、扶養義務を負う者がだれに定まるかが予想もつかないというのでは、逆に扶養権利者や義務者となりうる者が不安に陥り、また裁判官が恣意的な判断をする可能性もある。そこで、審判例・学説において一応の基準が立てられている。

第1に、生活保持関係にある者（夫婦間の扶養義務と未成熟子に対する親の扶養義務）と生活扶助関係にある者（未成熟子に対する親の扶養義務を除く直系血族間での扶養義務・兄弟姉妹間の扶養義務）との間では、前者が後者に優先すると解されている。

第2に、離婚後の親権者と非親権者とでは、子の福祉の観点から、親権の有無にかかわらず資力に応じて扶養義務を負担し、双方に優劣は生じないという立場が今日主流となっている。

これに対して、未成熟子に対する親の扶養義務についても、養親と実親とでは、養親の扶養義務が優先する。

第3に、生活扶助義務とされる者の間にも優劣がみられる。ここでは親等の同じ者が同順位に、親等の近い者と遠い者では近い者が先順位となると解され、直系血族は兄弟姉妹よりも先順位と解されている。

もっとも、この順位に対しては、生活保持義務と生活扶助義務を区別することを疑問視する立場からは、老親の方が、成人に近い未成年者よりも優先順位が高くなるのではないかと主張されている。

第4に、民法877条1項の絶対的扶養義務と民法877条2項が定める相対的扶養義務では、後者は「特別の事情」があるときに家庭裁判所に義務を設定されて初めて生じる義務であるため、前者が後者に優先するという説が有力である。これに対し、民法877条2項の扶養義務は「特別の事情」がある場合に認められる義務であるから、絶対的扶養義務に優先するべきであるとする説もあるが、この説に立ったとしても本条2項の扶養義務者は家庭裁判所により義務の設定がされ（家事手続39条・別表第1〈84〉）、順位を決定する必要がある。

Ⅱ　順位決定の手続と効果

1　順位決定の手続

まず、要扶養状態にある者と法定の扶養義務者が協議により定める。そして、協議により定められた順位に従い、扶養の方法・程度が決定されることになる。この協議に参加する者は、遺産分割協議等とは異なり、必ずしも法定の扶養義務者全員が参加する必要はない。

協議は、届出等の方式は必要としない。

協議が不調または不能である場合には、家庭裁判所における調停・審判によって解決されることになる。要扶養状態にある者が審判の申立人となるが、扶養義務者からの申立ても認められる。また、義務者が他の義務者に対して申立てをすることもでき、この場合には順位の問題が生じることになる。

2　順位決定の効果

扶養義務者間において順位が決定すれば、先順位となった義務者に給付能力がある限り、後順位の義務者の扶養義務は具体的には生じていないものと解されている。そして、先順位の扶養義務者の給付能力が不十分な場合には、次順位の義務者がその不足を補うことになる。

同順位の義務者が複数人いる場合には、その者の間で扶養義務は分担され、分担額が決定されるまでは扶養義務者は連帯してそれを負担する[※10]。

他方、先順位の扶養請求権が存在し、扶養義務者によりその扶養の需要が満たされていなければ、後順位の扶養権利者はその扶養義務者に対して扶養を請求することはできない。

扶養義務者間の求償の問題については、民法877条の解説Ⅴ参照。

（冷水登紀代）

（扶養の程度又は方法）
第879条　扶養の程度又は方法について、当事者間に協議が調わないとき、又は協議をすることができないときは、扶養権利者の需要、扶養義務者の資力その他一切の事情を考慮して、家庭裁判所が、これを定める。

Ⅰ　本条の意義

本条は、扶養の方法と程度については、まず当事者間の協議で定めること、そして当事者間の協議が調わない場合や当事者が協議することができない場合

※10　神戸地判昭56・4・28家月34巻9号93頁。

には、家庭裁判所が扶養権利者の需要、扶養義務者の資力その他一切の事情を考慮して定めることを規定する（家事手続39条・別表第2〈10〉）。

Ⅱ　扶養の程度

扶養の程度について、判例・通説は、父母が未成熟子に対して負う扶養義務を**生活保持義務**とし、その他の一般の親族間で負う扶養義務を**生活扶助義務**として異なる解釈基準を立てている。

生活保持義務は、扶養義務者は権利者に対して、自己と同程度の生活をさせる義務である。未成熟子の扶養についてとくに問題となるのは、父母の離婚後の養育費と成年に達した後の高等教育の学費についてである（養育費について、民766条の解説参照）。成年に達した子の高等教育の学費が問題となる場合、子は未成年子と同じく未成熟子として生活保持のレベルで扶養を求めることができるかどうかが問題となるが、審判例は、大学生の場合は未成熟子に含まれるとするもの※11、子が成年に達すると親権が終了するとするもの※12、また近年では、実務で活用されている算定表（後述Ⅳ参照）で算定を前提としつつ親の承諾や親と子双方の収入等を考慮して扶養義務者となる親の分担額を定めるなど、多岐に分かれる※13。

また、一般の親族間の生活扶助義務について、通説は、扶養義務者が自己の社会的地位に照らし相応な生活を犠牲にすることなく、給付できる限りで行う義務とする。もっとも、老親に対する子の扶養を生活扶助義務とすることについては批判が強い。実際、審判例においても、基本的には通説に従いつつも※14、扶養義務者である子に比較的高い資力がある場合には、生活保持的な配慮を求めることができるとするものもある※15。また、専業主婦である子が老親に対する扶養能力があるのかも問題となるが、その者が夫から毎月支給される交際費・娯楽教育費その他の諸経費からその一部をさいてもなお地位相応の最低限度の生活ができる場合に扶養能力が認められるとする審判例がある※16。

※11　大阪高決平2・8・7家月43巻1号119頁。

※12　大阪高決昭57・5・14家月35巻10号62頁。

※13　大阪高決平27・4・22判時2294号60頁。成年年齢が18歳に引き下げられることに伴う実務の対応については、民766条の解説Ⅴ参照。

※14　大阪高決昭49・6・19家月27巻4号61頁参照。

※15　広島家審平2・9・1家月43巻2号162頁。

※16　東京家判昭36・5・6家月14巻5号160頁。

Ⅲ　扶養の方法

扶養の方法については、金銭扶養と引取扶養とがある。明治民法961条は、扶養義務者に引取扶養にするか金銭扶養にするかの選択権を認めていた。そして、権利者は、正当な理由がなければ義務者の選択に従う必要があった。明治民法が金銭扶養とともに引取扶養を認めていたのは、引取扶養の方が義務者の負担が少ないといった理由からであった。このような経緯を考慮しても、今日では、扶養の方法は、原則として金銭扶養ということになる。例外的に、衣食住等の現物給付ということもありうる。そして、当事者の合意がある場合にのみ引取扶養を認めるということになる。引取扶養は、権利者・義務者双方、場合によってはその家族の心理的負担が大きいからである。

また、引取扶養に事実上の介護が含まれるかという問題もあるが、介護は、通常の扶養の負担を超えているため、扶養には含まれない。介護は専門家に委ね、その費用を扶養の問題として処理することになろう。

Ⅳ　扶養料の算定方式

家庭裁判所において扶養料を算定する場合には、当事者が納得するに足りる十分な客観的・合理的基準が求められる。そして従来より、実費方式、標準生計費方式、労研方式、生活保護基準方式の大きく4つの方式が用いられてきた。どの方式にも一長一短があると指摘されている。そして、結局のところ、諸事情を考慮し、各方式の使い分け、組み合わせが必要となる。

また、扶養は生活費に関する問題であり、迅速性が求められることから、とくに養育費については、家庭裁判所では算定表が活用されている（詳細は、民766条の解説Ⅴ参照）。

（冷水登紀代）

（扶養に関する協議又は審判の変更又は取消し）

第880条　扶養をすべき者若しくは扶養を受けるべき者の順序又は扶養の程度若しくは方法について協議又は審判があった後事情に変更を生じたときは、家庭裁判所は、その協議又は審判の変更又は取消しをすることができる。

扶養関係は、本来、当事者の生活状況に応じて変動するべきものであるが、協議・審判により一度固定したものは将来にわたり実施されることを前提とする。そして一度定まった協議・審判には執行力を与え、迅速確実な扶養の履行を保障する。本条は、一度固定された扶養関係にさらに弾力性を与え現実に即した対応をしていくために、協議・審判により定められた扶養内容（順位、程度、方法）であっても、後に事情変更が生じた場合に、家庭裁判所はその協議・審判を変更・取消しをすることができる旨を規定した。もっとも、変更・取消しを協議で行うことも可能であるが、審判で行わなければ強制執行される可能性が残る。

変更の申立ては、いずれの当事者からも可能である。変更・取消しをすることができる事情の変更とは、元の協議・審判の際に定められた扶養関係をそのまま維持することが相当でないと認められる程度に重要なものである。たとえば、失職等による権利者・義務者双方の収入の減、就職による権利者の収入増、双方の身分変更、教育費・医療費等の必要性、一般物価の上昇等が考えられる。

協議・審判が事情変更で取り消された場合には、その効果は原則として事情変更の発生の時に遡ると考えられている。

（冷水登紀代）

（扶養請求権の処分の禁止）
第881条　扶養を受ける権利は、処分することができない。

本条は、扶養請求権は、扶養権利者の生存維持のために、扶養権利者と扶養義務者の間に個別に成立するものであり、一身専属的な性質を有することから、その処分の禁止を定めるものである。扶養請求権の譲渡、担保権の設定、放棄はできないものと解されており、差押えも制限されている（民執152条）。ただし、履行期の到来した債権は処分可能であると解されている。

父母間で「養育費について将来何ら請求しない」と取り決めたとしても、子の親に対する扶養請求権を放棄させるものではない。審判例においても子の扶養料額を決定するにあたって有力な斟酌事由となるべきものであり、またそれにとどまるとされている[※17]。

（冷水登紀代）

※17　東京家審昭38･6･14家月15巻9号217頁、その抗告審である東京高決昭38･10･7家月16巻2号60頁。

第5編　相続

〔前注〕

本編に置かれている規律は、主として、自然人の死亡を原因とする法定の準則による財産承継（法定相続）と自然人の死亡によって効力を生じる法律行為（遺言）に関するものである。規律の効力の及ぶ範囲は財産の承継に直接かかわる問題に限られるわけではない。しかし、主たる問題は、やはり、消極財産も含めた意味での財産の承継であり、それは必然的に一定の清算の過程を少なくとも事実上伴うものである。現行法を理解するために重要なポイントとして、次の２つがある。

第１は、基本的立場として、どのような立場を選択するかである。１つは、財産の承継は第一義的には遺言者の賢明な最終意思に委ねられるべきであり、法定相続の準則は遺言者の最終意思があらわれない場合にそれを推測し補充するものであるという立場である（**遺言相続主義**）。もう１つは、財産の承継は、原則として、現行法における法定の相続準則、すなわち、配偶者相続権を伴う諸子均分相続の準則に委ねられるべきであって、遺言による財産の処分は、本来は、均分相続の理念に支えられた法定相続準則を害しない範囲でのみ認められるべき例外であるという立場である（**均分相続＝法定相続主義**）。

前者の立場（遺言相続主義）を基本的立場とする具体的な解釈としては、たとえば次のものがありうる。①遺言者の最終意思が明白である場合には、遺言の方式要件は比較的緩やかに解釈する。②法文上の遺言事項の規定を限定的なものとは必ずしも解釈せず、明文上の規定がなくても、遺言者の意思の実現にとって合理的な財産処分の方法を認める。さらにそのことの一部として、共同相続人全員の関与を経ることなく、遺産が事実の上でも直接に被相続人から特定の相続人に承継されることを認める。③共同相続人間での遺留分の実現を遺留分を侵害された相続人による侵害額請求の意思表示に委ねる。

他方、後者の立場（均分相続＝法定相続主義）を基本的立場とする解釈としては、次のようなものがありうる。①遺言の方式を比較的厳格に解釈する、②特別受益の持戻しの免除の意思表示が存在すること、とりわけ黙示の意思表示が存在することを認定する際には、合理的な事情の有無も顧慮した上で慎重に行う、③遺言事項の規定を限定的に解釈する、④遺言によるものであれ法定相続準則によるものであれ、財産の終局的帰属の確定には、事実の上でも、できるだけ共同相続人全員が財産の暫定的管理主体として関与するようにして、均分相続の理念の実現を確保しようとする。

第２は、遺産分割審判の位置づけをどう解するかである。１つは、遺産分割審判を被相続人に属していた財産の終局的帰属確定全体を当然にカバーする、財産整理のための包括的な手続として構成しようとする立場である。この立場を前提とする場合には、判例によれば相続開始によって各共同相続人に分割帰属することになる権利義務、たとえば一般の可分債権等が遺産分割の中に取り込まれるだけでなく、いわゆる代償財産や果実も遺産分割の中に当然に取り込まれることになる※1。また、共同相続人間での遺留分の問題も、分割の割合的基準の問題の一部として遺産分割審判で判断される。もう１つは、遺産分割審判の対象をまさに相続開始によって共同相続人間で共有されるに至った積極財産の分割のみに限定しようとする立場である。これによれば、相続開始によって各共同相続人に分割帰属する権利義務は原則として遺産分割審判の対象とならないだけではなく、代償財産・果実もその都度遺産分割審判の外に置かれることになる。また、共同相続人間での遺留分の問題も、非相続人に対する問題と同様に、もっぱら普通裁判所での個別の遺留分侵害額請求に委ねられることになる。

紛争を一回的に解決し、しかも割合としての具体的相続分を各共同相続人に確保させるためには、前者の立場に立って遺産分割審判を構成することが望ましい。しかし、それを指向する場合の問題は、家事審判として行われている現在の遺産分割審判が、そもそもそのような包括的清算の場として機能するだけの機構を与えられているのかということである。

（川　淳一）

※1　最一小判昭29・4・8民集8巻4号819頁、最一小判平17・9・8民集59巻7号1931頁。

第5編第1章　総則

〔前注〕

本章では、相続開始の原因、場所、相続回復請求権、および相続に関する費用が規定されている。

（川　淳一）

（相続開始の原因）
第882条　相続は、死亡によって開始する。

（相続開始の場所）
第883条　相続は、被相続人の住所において開始する。

（相続回復請求権）
第884条　相続回復の請求権は、相続人又はその法定代理人が相続権を侵害された事実を知った時から５年間行使しないときは、時効によって消滅する。相続開始の時から20年を経過したときも、同様とする。

Ⅰ　本条の意義

本条は、相続回復の請求権（相続回復請求権）が５年または20年の期間制限に服することを規定する。判例は、この期間をいずれも**消滅時効**であると解する（ただし、20年の期間については学説上は除斥期間とする見解が有力である）。問題は、この消滅時効の趣旨は何かということであって、事柄はそもそも現行法の下で相続回復の請求権の法的性質をどのように理解するかにかかわる。

旧民法における本条の主な役割は、戸主としての地位の承継である家督相続（したがって単独相続）を前提として、いわゆる家督争いに短期に決着をつけるというものだった。他方、現行法においては、さまざまな法律上の権利義務を伴う戸主という地位はそもそも存在せず、相続は単なる財産権の承継であり、しかも、共同相続が常態である。その結果、今日における相続に関する争いの一般的な型は、旧民法下の単独相続たる家督相続の場合とは異なって、相続権を有する者（真正の家督相続人）から相続権をなんら有しない者（僭称相続人）への戸主という特別の法的地位の回復請求という形ではなく、なんらかの事情で共同相続から事実上排除されている共同相続人がいる場合に、相続権を有する共同相続人同士が相続によって承継した財産権を争うというものになった。ところが、このことに応じて、本条を共同相続人間での請求にも適用するとすると、本条における消滅時効は位置づけの難しい制度となる。共同相続から事実上排除されている共同相続人が行使する請求権の根拠が、仮に相続によって取得した財産権そのものであるとするならば、それはしばしば所有権を含むことになる。そうすると本条は所有権に基づく請求権の消滅時効をも規定したものというほかなくなり、所有権やそれに基づく物権的請求権は消滅時効にかからないという一般原則に対する重大な例外を規定したものというほかなくなるからである。

以上の問題に対する1つの答えは、本条にいう相続回復の請求権とは、共同相続人が相続によって取得した財産権そのものに基づくものではなく、本条が規定する何か特別の請求権であるとすることである。いくつかの有力な学説はこれを指向する。しかし、いずれにせよ、判例は、少なくとも、相続によって取得された財産権そのものに基づく請求が相続回復の請求に含まれることは、当然の前提としている※1。そうすると本条が規定する消滅時効の適用範囲は、所有権に関する一般原則との調和を顧慮する限り、非常に限定的なものとならざるをえない。以下の判例の準則は、そのようなものとして理解するべきものである。

Ⅱ　原告適格と被告適格

原告適格を有するのは、相続権を侵害されている真正相続人である。相続分の譲受人（民905条）も含まれる。なお、表見相続人に対して特定の相続財産の承継取得の効力を争う場合でも、相続の無効を理由とする限り、1つの回復請求権の行使にほかならないから、真正相続人が回復手続をしない限り第三者はその効力を争いえないとした判例があるが、家督相続に関する判例であり、現行法には妥当しないと解するべきである※2。

問題は、だれに対する請求が本条にいう相続回復請求になるかである。請求の相手方にとっては、相続回復請求であるということになった方が、本条の規定する消滅時効を援用できるという点で有利であることに注意を要する。

判例の出発点は、相続人でないにもかかわらず、相続人であると称して相続財産の全部または一部を占有したり登記名義を取得したりしている者（僭称相続人）に対する請求が相続回復請求であるということである。しかし、判例は、僭称相続人に対する請求であれば直ちに本条にいう相続回復請求にあたるとは

※1　最大判昭53・12・20民集33巻9号1674頁。

※2　最一小判昭32・9・19民集11巻9号1565頁。

考えておらず、むしろ実際上は大きく絞りをかけている。

まず一般論として判例※3は、僭称相続人が、自ら相続人でないことを知っているか、または自分に相続権があると信じる根拠となる合理的な理由なしに自らを相続人と称している場合には、その者に対する請求は本条の消滅時効に服しないとする。

次いで、判例※4は、相続財産を支配している一部の共同相続人に対して、それらの者によって排除された共同相続人が、相続による共有持分の登記を求める請求も、本条にいう相続回復請求であるとした上で、今述べた一般論を共同相続の場合に即して、次のように具体化している。①相続財産を支配している一部の共同相続人が、他に共同相続人がいることを知っていて、そのことから、相続財産のうちその一部の者の本来の持分を超える部分が他の共同相続人の持分に属するものであることを知っていながら、その本来の持分を超える部分もまた自己の持分に属するものであると称していた場合には、相続財産を支配しているその一部の共同相続人に対する請求は、相続回復請求にあたらない。②相続財産を支配している共同相続人が、他に共同相続人がいることを知っていたのではないが、合理的事由（たとえば、戸籍上は現に相続財産を支配している者が唯一の相続人であり、かつ、他人の戸籍に記載された共同相続人のいることが分明でないこと等）がないのに、本来の持分を超える部分の持分についても自己の持分に属すると称していた場合も、同様である。

その後の判例は、他の共同相続人の存在を知らず、かつ知らなかったことについて合理的な理由があること（**善意かつ合理的理由の存在**）の主張・立証責任は、本条の消滅時効を援用しようとする者にあるが、善意かつ合理的理由の存在の基準時は相続権侵害の開始時点であり、時効の全期間を通じてそれが存在することは必要でない、としている※5。

僭称相続人からの第三取得者の立場も問題になる。具体的には、僭称相続人から相続財産を譲り受けた第三取得者に対する請求が相続回復請求にあたるかどうか、あたらないとする場合に、第三取得者は、なお、僭称相続人において成立している消滅時効を援用できないか、ということである。前者について、判例の立場は必ずしも明確ではないとされるが、旧民法下の判例には、第三取得者に対する請求は相続回復請求にあたらないとしたものがある※6。後者について、判例は、第三取得者への譲渡人である僭称相続人が上述の主観要件（**善意かつ合理的理由の存在**）を満たさないがゆえに本条の消滅時効を援用でき

※3　最大判昭53･12･20民集32巻9号1674頁。

※4　前掲※3・最大判昭53･12･20民集32巻9号1674頁。

※5　最一小判平11･7･19民集53巻6号1138頁。

※6　大判昭4・4・2民集8巻237頁。

ない場合には、第三取得者も本条の消滅時効を援用できないとする※[7]。

Ⅲ　消滅時効の起算点

まず、5年の消滅時効に関する相続権を侵害された事実を知った時とは、真正相続人の利益を考慮して単に相続の開始または僭称相続人が相続したことを認識した時ではなく、自分が真正の相続人であるのに相続から排除されている事実を認識した時である。また、20年の消滅時効に関して、判例は、Aを相続人とする第一相続においてAの相続権を僭称相続人Bが侵害している状態の中でAを被相続人としCを相続人とする第二相続が開始された場合に、第一相続についてCがBに対して相続回復請求をするとき、消滅時効の起算点は、Aについて相続開始があってCがAの相続人になった時ではなく、Aが相続人になった時であるとする※[8]。

Ⅳ　取得時効との関係

旧民法下の判例は、本条による消滅時効の期間が経過しない間は、僭称相続人のために取得時効は完成しないとした。しかし、現在では、学説上、取得時効の完成を認める見解が有力である。

（川　淳一）

（相続財産に関する費用）
第885条　相続財産に関する費用は、その財産の中から支弁する。ただし、相続人の過失によるものは、この限りでない。

第5編第1章

※7　最三小判平7・12・5家月48巻7号52頁。
※8　最一小判昭39・2・27民集18巻2号383頁。

第5編第2章　相続人

〔前注〕

本章では、相続に関する**同時存在の原則**すなわち、相続人と相続人は、権利主体の連続性を確保する見地から、一瞬であれ同時に生存しているのでなければならないという原則にかかわる問題が、2つの場面で扱われている。すなわち、1つは、同時存在原則を充足していない者の間に相続関係を認める（**胎児の権利能力、代襲相続人の相続権**）場面であり、もう1つは、同時存在原則を充足しているにもかかわらず一定の事情に基づいて相続関係が認められない場面（**欠格、廃除**）である。

（川　淳一）

（相続に関する胎児の権利能力）
第886条　胎児は、相続については、既に生まれたものとみなす。
2　前項の規定は、胎児が死体で生まれたときは、適用しない。

「既に生まれたものとみなす」の解釈については、次の2つの学説が対立している。1つは、胎児の状態で相続が開始しても胎児は権利主体ではないが、生きてうまれた場合には相続開始時に遡って相続人として扱われるとする説（**「停止条件」説**または**人格遡及説**）である。もう1つは、胎児の状態で相続が開始すると胎児も権利主体と扱われるが、死んでうまれた場合には相続開始時に遡って相続人ではなかったものとして扱われるとする説（**「解除条件」説**または**制限人格説**）である。これまで、これらの学説の対立点は、具体的には、胎児がいる状態で遺産分割協議をすることができるかという点にあると理解されてきた。しかし、最近の有力な見解は、仮に「解除条件」説によったとしても、胎児の法定代理を規定する条文がない以上、遺産分割協議はできないはずであると指摘した上で、胎児の期間というのはそれほど長いわけではないから、胎児がいる間は相続財産の保全のみが許されるものとし、結果がはっきりしてから遺産分割協議をすればよいとする。

（川　淳一）

（子及びその代襲者等の相続権）
第887条　被相続人の子は、相続人となる。
2　被相続人の子が、相続の開始以前に死亡したとき、又は第891条の規定に該当し、若しくは廃除によって、その相続権を失ったときは、その者の子がこれを代襲して相続人となる。ただし、被相続人の直系卑属でない者は、この限りでない。
3　前項の規定は、代襲者が、相続の開始以前に死亡し、又は第891条の規定に該当し、若しくは廃除によって、その代襲相続権を失った場合について準用する。

本条も被相続人と相続人に関する同時存在の原則に対する例外を規定する。相続放棄が代襲原因に含まれていないことに注意を要する。

（川　淳一）

第888条　削除（昭和37年法律40号による）

（直系尊属及び兄弟姉妹の相続権）
第889条　次に掲げる者は、第887条の規定により相続人となるべき者がない場合には、次に掲げる順序の順位に従って相続人となる。
一　被相続人の直系尊属。ただし、親等の異なる者の間では、その近い者を先にする。
二　被相続人の兄弟姉妹
2　第887条第2項の規定は、前項第2号の場合について準用する。

（配偶者の相続権）
第890条　被相続人の配偶者は、常に相続人となる。この場合において、第887条又は前条の規定により相続人となるべき者があるときは、その者と同順位とする。

本条は、血族相続人の有無にかかわらず配偶者が常に相続人となることを宣言する。血族相続人がある場合には、配偶者はその者と同順位の相続人となる(同順位ということの具体的な意味については、民900条の解説参照)。

本条にいう配偶者とは、法律婚の当事者を指し、いわゆる内縁配偶者、すなわち婚姻の届出をしていないが事実上婚姻関係と同様の事情にある者は含まれない。判例は、内縁配偶者に配偶者としての相続権を認めないのは当然の前提とした上で、当事者の一方の死亡による内縁解消に法律婚における財産分与の規定（民768条）を類推適用することも否定している※1。否定の理由は、死亡による関係解消に生存者間での関係解消にかかわる財産分与の規定を類推適用することは、相続による財産承継の構造の中に異質の契機を持ち込むことになる、ということである。

もっとも、年金や労災補償に関する法律の多くは、内縁配偶者を法律婚における配偶者と同等に扱っていることにも注意が必要である。ただし、重婚的内縁の場合には、判例は、法律婚が事実上の離婚状態にあるときに内縁配偶者を給付受給権者としている※2。

（川　淳一）

（相続人の欠格事由）

第891条　次に掲げる者は、相続人となることができない。

一　故意に被相続人又は相続について先順位若しくは同順位にある者を死亡するに至らせ、又は至らせようとしたために、刑に処せられた者

二　被相続人の殺害されたことを知って、これを告発せず、又は告訴しなかった者。ただし、その者に是非の弁別がないとき、又は殺害者が自己の配偶者若しくは直系血族であったときは、この限りでない。

三　詐欺又は強迫によって、被相続人が相続に関する遺言をし、撤回し、取り消し、又は変更することを妨げた者

四　詐欺又は強迫によって、被相続人に相続に関する遺言をさせ、撤回させ、取り消させ、又は変更させた者

五　相続に関する被相続人の遺言書を偽造し、変造し、破棄し、又は隠匿した者

本条に限定列挙されている者に該当する場合には、その者は初めから相続人ではなかったものとして扱われる。非行に対する**民事上の制裁**である。判例・学説上問題になってきたことは、本条が適用されるためには、行為者にどのような主観的態様が備わっていることが必要かである。それぞれの行為をしようとする故意を伴っていることが必要であることには一致があるが、**不当な利益を得る目的**でその行為をすることまでを要するかは争われている。判例は、相続人が、遺言者たる被相続人の意思を実現させるために、その法形式を整える趣旨で押印要件を欠く自筆証書遺言書に押印をした場合には、その行為は本条

※1　最一小決平12・3・10民集54巻3号1040頁。

※2　最一小判昭58・4・14民集37巻3号270頁。

5号所定の行為にあたるが、なお相続欠格は生じないとする※3。また、仮に遺言書の破棄・隠匿ということがあったとしても、それが不当な利益を得る目的でされたのではない場合には、相続欠格は生じないとした※4。

相続人が欠格者であることを知りつつ、被相続人が生前贈与をすることは可能である。これを理由にして、被相続人が欠格事由にあたる者を宥恕（被相続人の意思により欠格を生じさせないこと）することを認める見解が比較的有力である。

欠格の効果は一身専属的なものであり、それゆえ欠格は代襲原因である（民887条）。

なお、共同相続人中の特定の者が相続欠格により相続人としての地位を失ったかどうかを明らかにする相続権不存在確認請求は固有必要的共同訴訟である※5。

（川　淳一）

（推定相続人の廃除）
第892条　遺留分を有する推定相続人（相続が開始した場合に相続人となるべき者をいう。以下同じ。）が、被相続人に対して虐待をし、若しくはこれに重大な侮辱を加えたとき、又は推定相続人にその他の著しい非行があったときは、被相続人は、その推定相続人の廃除を家庭裁判所に請求することができる。

本条は、民法891条に列挙されている非行はないが、なお一定の非行がある場合に、被相続人の意思を尊重して、**推定相続人**から相続資格を剥奪すること（**廃除**）を規定する。遺言による廃除の請求による場合であっても、廃除の効果は相続開始の時点から発生する（民893条）。廃除の対象者は、**遺留分を有する推定相続人**である。遺留分を有しない推定相続人については、それらの者への財産の移転を否定する遺言を作成すれば足りるからである。

廃除の請求があると、家庭裁判所は総合的な考慮に基づいて廃除をするかどうかを判断する。その際、廃除が認められるためには、問題となる行為が単に列挙されている廃除原因にあたるだけでは足りず、家族的協同生活関係を破壊し、その修復を著しく困難ならしめる程度に重大なものであることを要する。

（川　淳一）

※3　最二小判昭56・4・3民集35巻3号431頁。
※4　最三小判平9・1・28民集51巻1号184頁。
※5　最三小判平16・7・6民集58巻5号1319頁。

（遺言による推定相続人の廃除）
第893条　被相続人が遺言で推定相続人を廃除する意思を表示したときは、遺言執行者は、その遺言が効力を生じた後、遅滞なく、その推定相続人の廃除を家庭裁判所に請求しなければならない。この場合において、その推定相続人の廃除は、被相続人の死亡の時にさかのぼってその効力を生ずる。

（推定相続人の廃除の取消し）
第894条　被相続人は、いつでも、推定相続人の廃除の取消しを家庭裁判所に請求することができる。
2　前条の規定は、推定相続人の廃除の取消しについて準用する。

（推定相続人の廃除に関する審判確定前の遺産の管理）
第895条　推定相続人の廃除又はその取消しの請求があった後その審判が確定する前に相続が開始したときは、家庭裁判所は、親族、利害関係人又は検察官の請求によって、遺産の管理について必要な処分を命ずることができる。推定相続人の廃除の遺言があったときも、同様とする。
2　第27条から第29条までの規定は、前項の規定により家庭裁判所が遺産の管理人を選任した場合について準用する。

第5編第3章　相続の効力

〔前注〕

本章は、第1節総則、第2節相続分および第3節遺産の分割からなる。

まず、第1節総則では、相続人は原則として被相続人の権利義務一切を承継すること、および、相続人が複数である場合には共同相続の関係が生じることが主として規定されている。もっとも、被相続人の一身に専属する権利（**帰属上の一身専属権**。民423条にいう**行使上の一身専属権**とは別概念であることに注意）は、例外として扱われる。また、判例によれば、共同相続の場合、すべての財産が各共同相続人の共有に属するというわけではなく、可分の財産（積極・消極）は、相続分に応じて各共同相続人に相続開始と同時に分割される。

次に、第2節相続分では、一定の割合に一定の財産の価額を乗じて、一定の数値を算出する手順が記述されている。ここで算出されるものは、率分であって、各共同相続人に割り付けられる財産額そのものではない。ここで算出される数値の前提になる個々の相続財産の評価時が相続開始時であるのに対して、分割の客体たる相続財産の価額の評価時は、実際の遺産分割時であり、この2つの時期の間に相続財産中の財産の価額が変動することがありうるからである。

最後に、第3節遺産の分割では、遺産分割の方針と方法が規定されている。最近の実務は、遺産分割審判の対象となる財産を限定する傾向にある。相続開始時に存在していた相続財産が共同相続人全員によって処分されて代わりの財産を共同相続人が有するにいたった場合の、その代わりの財産（**代償財産**）や、相続財産中の財産から生じた**法定果実**（賃料収入）を、実務は原則として遺産分割審判の対象とはしていない。

（川　淳一）

第5編第3章第1節　総則

〔前注〕

本節では、相続における**包括一般承継**の原則、**祭祀財産**の扱い、共同相続の場合の財産の帰属が規定されている。

（川　淳一）

（相続の一般的効力）
第896条　相続人は、相続開始の時から、被相続人の財産に属した一切の権利義務を承継する。ただし、被相続人の一身に専属したものは、この限りでない。

Ⅰ　本条の趣旨

本条は、相続人は原則として被相続人の財産に属した一切の権利義務を承継する旨（包括承継）を宣言する。一切の権利義務には、一般的な用語にいう権利義務（例：物権、債権・債務）のほか、財産法上の法的地位（例：契約当事者たる地位）やそれらにかかわる善意・悪意等の事情も含まれる。したがって、売買契約上の売主が契約上の債務を未履行のまま死亡して相続が開始した場合には、相続人は、売主としての契約上の地位を承継し、買主とは当事者の関係に立つことになる。

Ⅱ　被相続人の一身に専属した権利義務

本条ただし書は、被相続人の一身に属した法的地位は相続人に承継されないことを規定する。この法的地位は、講学上、**帰属上の一身専属権**と称され、**行使上の一身専属権**（民423条参照）と区別される。

また、帰属上の一身専属であるかは権利義務が譲渡可能であるかどうかとは別の問題である。したがって、譲渡禁止特約の存在を理由に債権の相続性が否定されることはない。ある法的地位が帰属上の一身専属であるかどうかは、一般的にいえば、問題の法律関係が被相続人その人の属性に着眼した法律関係として形成されたものであるかどうかによって決まる。

明文上、帰属上の一身専属権であると定められているものとして、代理権（民111条）、定期贈与の契約当事者たる地位（民552条）、使用借権（民597条３項。ただし、不動産使用借権については例外を認める下級審判決※1もある）、委任契約の当事者たる地位（民653条。ただし委任者死亡の場合に本条を任意規定と解した最高裁判決がある※2）、組合員たる地位（民679条）等がある。

また、解釈上、帰属上の一身専属権とされるものとしては、雇用契約における労働者としての地位（民625条参照）、扶養請求権、婚姻費用分担請求権、生活保護法上の保護受給権、公営住宅の使用権等がある※3。

※1　京都地判平27・5・15判時2270号81頁。

※2　最三小判平4・9・22金法1358号55頁。

※3　最一小判平2・10・18民集44巻7号1021頁。

なお、ゴルフクラブの会員権の扱いが問題になることがあるが、判例は、預託金会員制ゴルフクラブにおいて、会則等に会員としての地位の相続に関する定めがなくても、地位の譲渡に関する定めがあるような場合には、会員の死亡によりその相続人は地位の譲渡に準じた手続によって、その地位を承継できるとする※4。

Ⅲ 死亡退職金・生命保険金等

被相続人の死亡を原因とはするが、契約または法の規定によって相続人たる者が固有の権利として取得するものは、本条にいう一切の権利義務に含まれない。これらの権利は相続財産ではないから、相続放棄した相続人も権利を取得できる。問題になるのは、**死亡退職金**や**生命保険金**である。死亡退職金とは、従業員の死亡に際して勤務先から支払われる退職金であって、しばしば法令の規定や内部規定等によって受給権者の範囲や順位が定められているものである。判例は、まず、民法典の規定内容と異なる内容を持つ内規等に基づいて支給された死亡退職金について、受給者たる遺族が自己固有の権利として取得するとした※5。次いで、退職金支給規定のない財団法人が支給した死亡退職金についても、支給の経緯から支給の趣旨を認定し、内規等に基づく支給と同じく受給者たる遺族が固有の権利として受給したものとしている※6。

生命保険金については、保険受取人として遺族のうちの特定の者が名指しされていた場合は、この名指しされた者が固有の権利として生命保険金を取得する。そのほか、判例は、「その相続人」という指定があった場合にも、相続人は固有の権利として生命保険金を取得するとする※7。なお、このとき、相続人が多数だった場合には、判例は、「相続人」という指定は民法427条にいう「別段の意思表示」にあたるとして、それぞれの相続人は相続分の割合によって保険金請求権を取得するとした※8。

また、個別的な保険金受取人の指定が行われていない損害保険契約において「保険金受取人の指定がないときは、保険金を被保険者の相続人に支払う」旨の約款条項によって保険金の支払がされた場合にも※9、受取人は原則として固有の権利として保険金を取得するとする。

なお、これらの財産が本条にいう一切の権利義務に含まれるかということと、

※4 最三小判平9・3・25民集51巻3号1609頁。
※5 最一小判昭55・11・27民集34巻6号815頁。
※6 最三小判昭62・3・3家月39巻10号61頁。
※7 最三小判昭40・2・2民集19巻1号1頁。
※8 最二小判平6・7・18民集48巻5号1233頁。
※9 最二小判昭48・6・29民集27巻6号737頁。

民法903条にいう特別受益にあたるかということは、別の問題である。判例は、一定の場合に民法903条の類推適用という仕方で死亡保険金の特別受益性を肯定している。この点については、民法903条の解説Ⅳ参照。

Ⅳ　債務

債務は、権利義務の典型的なものである。したがって、承継されるのが原則であり、金銭消費貸借上の主たる債務者の負う債務だけでなく、**保証債務**もこの原則に服する。なお、2017（平成29）年債権法改正によって、①極度額の定めのない個人根保証契約は無効とされ（民465条の2第2項）、②極度額の定めのある個人根保証契約も「主たる債務者又は保証人が死亡したとき」に元本が確定するとされた（民465条の4第1項3号）結果、個人根保証契約にあっても、保証人が死亡した場合には、死亡の時点で保証債務の内容が確定することになった。また、**身元保証**についても、判例は、身元保証人としての地位は原則として身元保証人＝被相続人の死亡によって消滅とする[※10]。この結果、相続人は、身元保証人＝被相続人の死亡時にすでに保証債務が生じていた場合に、その債務についてのみ承継することになる。

Ⅴ　その他問題になる法的地位

以上のほか、判例上、相続人が承継するかどうか、または承継するとしてどのように承継するかが問題になったものを挙げておく。占有権の承継（民185条・187条）、他人物売買の売主たる地位を当該他人たる者が相続によって承継するかという問題（民560条）、無権代理があった場合に本人が無権代理人たる地位を相続によって承継するか、無権代理人が本人たる地位を相続によって承継するかという問題（民113条）、生命侵害の不法行為の場合の財産的および精神的損害賠償請求権が相続によって承継されるかという問題（民709条・710条）等である。

（川　淳一）

※10　大判昭18・9・10民集22巻948頁。

（祭祀に関する権利の承継）
第897条　系譜、祭具及び墳墓の所有権は、前条の規定にかかわらず、慣習に従って祖先の祭祀を主宰すべき者が承継する。ただし、被相続人の指定に従って祖先の祭祀を主宰すべき者があるときは、その者が承継する。
２　前項本文の場合において慣習が明らかでないときは、同項の権利を承継すべき者は、家庭裁判所が定める。

Ⅰ　本条の意義

1947（昭和22）年に家督相続制が廃止され、平等相続制が採用された際、なお残存する家観念への妥協として、祭祀に関しては平等相続の特則が定められた。本条は、系譜（家系図）、祭具（位牌、仏壇等）、墳墓（墓石、墓碑、墓地使用権等）を相続財産からはずして、一般の相続とは異なる方法によりその承継者を定めるものである。

Ⅱ　祭祀財産承継者の決定

祭祀財産承継者の決定方法は、第1に被相続人の指定による（本条1項ただし書）。指定がない場合には慣習に従い（本条1項本文）、慣習も明らかでない場合には家庭裁判所が決定することとされている（本条2項、家事手続別表第2〈11〉）。

①被相続人による祭祀主宰者の指定は、生前行為あるいは遺言によって行われる。生前行為による場合には、口頭あるいは書面、明示あるいは黙示のいずれであれ、差し支えないとされる。遺言による場合にも、遺言の形式を必要としないと解されている。②慣習による決定の場合、その慣習とは当該地方の慣習、あるいは、被相続人の出身地や属している職業等にみられる慣習を指す。しかし、慣習の存在が認定される例は少ない。③家庭裁判所による承継者の指定の場合、一般的には、被相続人との血縁関係、親族関係、共同生活関係、祭祀財産承継の意思および能力、職業、生活状況その他一切の事情を考慮して判断するとされている。具体的な審判例では、長男であるかどうか、同じ氏であるかどうか、親族であるかどうか等は問われていないことが多く、むしろ生活関係の緊密さ、墓地を管理してきた事実が重視されている。また、承継者は1人とは限らず、祭祀財産を複数人に分属（たとえば、家譜と墓を分離して2人に分属）させる判決も存在する※11。

※11　東京高判昭62·10·8家月40巻3号45頁。

Ⅲ　祭祀財産承継者の地位

祭祀財産承継者は祭祀を行う義務を負うものではないと解されている。また、通説によれば、祭祀財産の承継には承認・放棄の仕組みがないので、承継者は承継の放棄や辞退をすることができないが、承継後には、祭祀財産を自由に処分できるとされている。

Ⅳ　遺体・遺骨の承継

祭祀財産である墳墓に埋葬された祖先の遺体・遺骨について、判例・通説はこれを祭祀財産の一部に含めている。被相続人の遺骨についても、判例は慣習に従って祭祀を主宰するべき者に帰属するという※12。これに対して、通説は、被相続人の遺体・遺骨の帰属について本条を援用せず、慣習法に基づき喪主に原始的に当然に帰属するという。

（高橋朋子）

（共同相続の効力）
第898条　相続人が数人あるときは、相続財産は、その共有に属する。

Ⅰ　本条の意義

本条は、民法899条とともに、相続開始から遺産分割までの共同相続人（民899条参照）間の共同承継関係について定めたものである。

Ⅱ　共有の法的性質

本条は、相続財産が共同相続人の「共有」に属すると定めているが、「共有」の意味をめぐって、物権編の共有であるという説とそれとは異なる共同所有（合有等）であるという説が長らく対立していた。現在では抽象的な論争をすることに意味があるのかどうか、疑問が呈されている。判例は一貫して共有説の立場である※13。

※12　最三小判平1・7・18家月41巻10号128頁。
※13　最三小判昭30・5・31民集9巻6号793頁。

Ⅲ 相続財産の管理

遺産分割まで続く共有関係において、共同相続財産の管理については若干の規定（民895条・918条・926条・940条・944条等）が置かれているだけであり、それ以外については物権編の共有の規定に従うものと解されている※14。その結果、①保存行為は各相続人が単独ですることができる（民252条ただし書）。保存行為とは、財産の状態を維持する行為で、たとえば次のようなものである。家屋の修理、相続不動産についての相続人全員を名義人とする保存登記、相続不動産になされている第三者名義での仮装登記に対する抹消請求※15、金融機関に対する、被相続人名義の口座に関する取引経過の開示請求※16などである。②各相続人は相続財産の全部について、相続分に応じた使用ができる（民249条）。③その他の管理に関しては、相続分の割合に従って多数決で決する（民252条本文）。その他の管理とは、財産を利用・改良する行為であり、たとえば、賃料の取立て、貸借契約の解除等をいう。しかし、④相続財産に変更を加え（たとえば、農地を宅地に変更する等）、あるいは処分する場合には、他の相続人の同意を得なければならない（民251条）。また、⑤管理にかかる費用は相続分に応じて負担するものとされる（民253条1項）。

しかし、共同相続財産であるという性質上、その管理すべてにおいて物権編の共有の管理規定に従ってよいかどうかは問題となる。たとえば、共同相続人の1人であるAが単独で共同相続財産中の家屋甲に居住しているときに、相続分の過半数を占める他の相続人は民法252条本文に基づいてAに明渡し請求ができるだろうか。判例によれば、他の共同相続人は当然には明渡し請求ができず、明渡しを求める理由を主張立証しなければならないとされている※17。

さらに、他の相続人はAに対し賃料相当額の不当利得の返還を請求できるだろうか。判例は、遺産分割により甲の所有関係が最終的に確定するまでの間は、Aにこれを無償で使用させる旨の合意が被相続人とAの間にあったものと推認し、相続開始後には他の相続人が貸主となり、使用貸借契約が存続するので、不当利得返還請求は認められないという※18。このように、判例は共同相続財産の管理すべてについて、物権編の共有の管理規定に従うというわけではない。

（高橋朋子）

※14 民法第2編第3章第3節共有、とくに民249条・251条・252条・253条1項参照。

※15 最一小判昭31・5・10民集10巻5号487頁ほか。

※16 最一小判平21・1・22民集63巻1号228頁

※17 最一小判昭41・5・19民集20巻5号947頁。

※18 最三小判平8・12・17民集50巻10号2778頁。なお、相続財産中の居住建物に無償で住んでいたのが被相続人の配偶者である場合については、2018（平成30）年の民法改正により「配偶者短期居住権」が創設された（民1037条以下）。

第899条　各共同相続人は、その相続分に応じて被相続人の権利義務を承継する。

Ⅰ　本条の意義

本条は、共同相続において、各相続人に帰属する権利義務の割合を定めたものである。共同相続とは、相続人が複数人いるときの相続をいい、その場合の相続人を共同相続人という。

Ⅱ　相続分とは

本条の「相続分」の意味するところについては争いがある。すなわち、**法定相続分**（民900条・901条）であるのか、**具体的相続分**（民900条～904条の2）であるのか、**指定相続分**（民902条）であるのかが、必ずしも明らかではない。**特別受益**（民903条・904条）や、**寄与分**（民904条の2）を考慮して算定される具体的相続分の法的性質に関して、判例は、実体的な権利と考える立場ではなく遺産分割における計算上の分割基準にすぎないと考える立場を採った[※19]。ここから判例は、本条の「相続分」の意味するところを具体的相続分ではなく法定相続分または指定相続分であるという立場を採っているか、または、少なくともその立場と親和的であると考えられる[※20]。では、判例によれば、遺言による相続分指定がある場合、本条の「相続分」は法定相続分または指定相続分のいずれを意味するのであろうか。共同相続人間では指定相続分が本条の「相続分」にあたるが、第三者との関係においても判例は同様に解していたと思われる。すなわち、法定相続分による相続登記がなされたが、相続人の1人に法定相続分を下回る相続分指定があったとき、その者から第三者に法定相続分による持分が譲渡された場合、指定相続分を超える登記は無権利の登記であり、登記に公信力がない結果、第三者が取得した持分は指定相続分にとどまると判示した[※21]。ここから判例は、相続分指定があるとき、遺産共有における相続分とは指定相続分であるという立場を採っていたと考えられる[※22]。

※19　最一小判平12・2・24民集54巻2号523頁。

※20　このように解するとしても、最終的に遺産分割協議ができないときは、家庭裁判所が具体的な相続分を定めて分割の審判をすることになるので、遺産は具体的相続分の割合で帰属することになるとの指摘をする見解がある。

※21　最二小判平5・7・19家月46巻5号23頁。

※22　2018（平成30）年の相続法の改正において新設された民899条の2により、法定相続分を超える部分については登記をしなければ第三者に対抗できないということになり、この判決の先例的意義は大きく減少した。

Ⅲ　「権利義務」とは

共同相続人が承継する「権利義務」については、債権債務の承継の仕方に議論がみられる。

1　不可分債権・不可分債務

1枚の絵の引渡債権・債務のように、性質上不可分である債権債務に関しては、判例・通説ともに共同相続人に分割帰属しないと解している[※23]。

2　可分債権・可分債務

金銭債権・債務のような可分債権・可分債務については議論がある。判例は、共有説の立場から、可分債権・可分債務は相続開始とともに当然に共同相続人間で法定相続分の割合で分割されるとしており[※24]、遺産分割の対象とはしないという立場を採っている。これに対して、学説の中には、可分債権・可分債務が分割されると相続債務者・相続債権者が不利益を受けるおそれがあるので、共同相続人間での不可分債権・不可分債務になるという説や合有（民898条解説参照）になるという説等がみられる。

ただし、近年、最高裁はこの当然分割という立場の例外を複数認めている[※25]。その中の預貯金債権については、一個の債権として同一性を保持しながら、常にその残高が変動しうるものであり、相続開始時における各共同相続人の法定相続分相当額を算定することはできるが、預貯金契約が終了していない以上、その額は観念的なものにすぎないため、相続開始と同時に当然相続分に応じて分割されることなく、遺産分割の対象となるとする[※26]。なお、判例によって預貯金債権が当然分割の対象となるとされていた時期から、分割前の預金の払戻しについて、従来銀行実務は、無権利者への支払を危惧して、共同相続人全員からの請求を原則としてきた。しかし、2018（平成30）年改正により、

※23　不可分債務について、大判大11·11·24民集1巻670頁。

※24　当然分割説。大決昭5·12·4民集9巻1118頁、最一小判昭29·4·8民集8巻4号819頁。共同相続人の1人が、相続財産中の可分債権につき、自己の債権となった分以外の債権を行使した場合、その権利行使は、当該債権を取得した他の共同相続人の財産の侵害となるため、不法行為に基づく損害賠償または不当利得返還を請求できる（最三小判平16·4·20家月56巻10号48頁）。

※25　当然分割の例外としては、預貯金債権のほかに、定期貯金債権（最大決平28·12·19民集70巻8号2121頁、最一小判平29·4·6判時2337号34頁）、定額郵便貯金債権（最二小判平22·10·8民集64巻7号1719頁）、株式・委託者指図型投資信託にかかる信託契約に基づく受益権・外国投資信託にかかる信託契約に基づく受益権・個人向け国債（最三小判平26·2·25民集68巻2号173頁）などが含まれる。

※26　前掲※25・最大決平28·12·19民集70巻8号2121頁。

預貯金債権の一部に限って、相続人が単独で権利を行使する余地が認められた(民909条の2の解説参照)。

3　連帯債務

他人の金銭債務につき連帯債務者となった者が死亡し、その連帯債務が共同相続された場合についても、判例は当然分割説の立場から、相続人らは債務の分割されたものを承継し、各自その承継した範囲で、本来の債務者とともに連帯債務者になると解する[※27]。この立場に対して、学説は批判的である。取立ての手間が増える等の事実上の問題のほかに、本来の債務者と各相続人との間に債務額の異なる連帯債務が生じることや、共同相続人相互間に連帯関係を認めないのかどうか等の法律上の問題が生じるからである。多数説は、被相続人が負担していたのと同様の連帯債務を各共同相続人が不可分的に負担すると解するべきであるという。

4　金銭

判例は、金銭を金銭債権と区別する。すなわち、金銭は被相続人の死亡により相続人らの共有財産となり、相続人らは、被相続人の遺産の上に法定相続分に応じた持分権を取得するだけであって、金銭債権のように相続分に応じて分割された額を当然に承継するものではない。たとえ、相続開始後現金が金融機関に預けられ債権化されても、相続開始時に遡って金銭債権となるものではないため、遺産分割までの間は自己の相続分に相当する金銭の支払を求めることはできない[※28]。

（高橋朋子）

（共同相続における権利の承継の対抗要件）

第899条の2　相続による権利の承継は、遺産の分割によるものかどうかにかかわらず、次条及び第901条の規定により算定した相続分を超える部分については、登記、登録その他の対抗要件を備えなければ、第三者に対抗することができない。

2　前項の権利が債権である場合において、次条及び第901条の規定により算定した相続分を超えて当該債権を承継した共同相続人が当該債権に係る遺言の内容（遺産の分割により当該債権を承継した場合にあっては、当該債権に係る遺産の分割の内容）を明らかにして債務者にその承継の通知をしたときは、共同相続人の全員が債務者に通知をしたものとみなし

※27　最二小判昭34・6・19民集13巻6号757頁。

※28　最二小判平4・4・10家月44巻8号16頁。

て、同項の規定を適用する。

Ⅰ 本条の意義

本条は、2018（平成30）年の相続法の改正によって新設された条文である※29。本条1項は、相続を原因とする権利変動における対抗要件について定めるものであり、本条2項は、1項の権利が債権である場合の取扱いを定めるものである。

Ⅱ 相続を原因とする権利変動における対抗要件

判例によれば、相続人は法定相続分※30については登記なくして第三者に対抗することができるが、遺産分割により法定相続分を超える不動産を取得した相続人は、登記を経ないと、第三者に自己の権利を対抗できない※31とされてきた。一方、相続分の指定や遺産分割方法の指定（相続させる旨の遺言）のような遺言による権利変動の場合には、法定相続分を超える不動産を取得した者は、登記なくして第三者に対抗できるとされてきた※32。しかし、後者のような相続を原因とする権利変動についての取扱いは、遺言の有無や内容を知ることのできない相続債権者や被相続人の債務者に不測の損害を与えるおそれがある。そこで、相続法改正によって本条が新設され、遺産分割による場合のみならず、遺産分割方法の指定（特定財産承継遺言（相続させる旨の遺言））や相続分の指定の場合にも、権利変動によって利益を受ける相続人は対抗要件を備えなければ、法定相続分を超える権利の取得を第三者に対抗することができないこととした（対抗要件主義の採用）。

Ⅲ 債権の承継の場合

相続を原因とする権利変動によって、法定相続分を超える債権が承継されたとき、民法467条の定める対抗要件の具備方法によれば、債務者が承諾をしない場合、共同相続人全員からの通知がなされない限り対抗要件を具備することができない。この困難を緩和するため、本条2項は、受益相続人からの通知によって対抗要件の具備を認めることにした。もっとも、虚偽の通知がなされる

※29 民法及び家事事件手続法の一部を改正する法律（平成30年法律72号。2019（令和元）年7月1日施行）。

※30 最二小判昭38・2・22民集17巻1号235頁。

※31 最三小判昭46・1・26民集25巻1号90頁。

※32 最二小判平14・6・10家月55巻1号77頁。

ことを防ぐため、通知の際に遺言または遺産分割の内容を明らかにすることを受益相続人に求めている。

Ⅳ　動産の承継の場合

動産についても本条１項が適用されることになっており、法定相続分を超える部分については引渡しを受けなければ第三者に対抗することができない。そのためには、引渡しによって直接不利益を受ける者（他の共同相続人）の協力が求められる。しかし、彼らは対抗要件具備義務を負わないとされているので、任意の協力を得られないときにどうするかが問題となる。改正法においては、遺言執行者があるとき（民1014条２項）を除き、なんらの措置も設けられていない。解釈論による対処が待たれる。

（高橋朋子）

第５編第３章第２節　相続分

〔前注〕

本節は、相続分を規定する。民法900条、901条が定める法定相続分を基礎として、902条、903条、904条、904条の２によって算出される相続分（**具体的相続分**）が割合であること、すなわち、算出された個々の共同相続人の「相続分」を分子とし、それらの「相続分」の総和を分母とする率分であることは、かなり明確である。そしてその率分が遺産分割の基準であることも同様である。他方、あまり明確ではないのは、民法898条、899条による共有の持分（率）は本節中にいうどの相続分なのか、また、可分の財産であって、相続開始と同時に相続分に応じて分割される財産（民899条参照）にかかわる相続分はどの相続分なのかということである。もっとも、2018（平成30）年民法改正において新設された民法899条の２により、第三者のとの関係では、それは、民法900条および901条により算定した相続分（法定相続分）であることが宣言された。

（川　淳一）

（法定相続分）
第900条　同順位の相続人が数人あるときは、その相続分は、次の各号の定めるところによる。
　一　子及び配偶者が相続人であるときは、子の相続分及び配偶者の相続分は、各２分の１とする。

二　配偶者及び直系尊属が相続人であるときは、配偶者の相続分は、3分の2とし、直系尊属の相続分は、3分の1とする。
三　配偶者及び兄弟姉妹が相続人であるときは、配偶者の相続分は、4分の3とし、兄弟姉妹の相続分は、4分の1とする。
四　子、直系尊属又は兄弟姉妹が数人あるときは、各自の相続分は、相等しいものとする。ただし、父母の一方のみを同じくする兄弟姉妹の相続分は、父母の双方を同じくする兄弟姉妹の相続分の2分の1とする。

本条は、具体的相続分算定の出発点となる割合を規定する。本条には、かつて「嫡出でない子」の相続分が「嫡出の子」の相続分の半分であることが規定されていて、憲法14条との関係でその合憲性が争われていた。これについて、最高裁はそのような相続分に関する規定は違憲であると判断し[※33]、それをうけて条文の改正が行われた。

本条については、いわゆる**相続資格の重複**も問題になる。戸籍先例は、被相続人の子が相続開始前に死亡し、その子の子（被相続人の孫）が被相続人の養子になっている場合には、孫には養子としての相続資格と代襲相続人としての相続資格の二重の相続資格を認めている[※34]。他方、養親の実子と養子が夫婦であって、その夫婦の間に直系卑属がない場合に、夫婦の一方が死亡したときは、生存配偶者は配偶者としての相続資格を取得するのみであるとし、兄弟姉妹としての相続資格を認めない。もっとも、生存配偶者に兄弟姉妹としての相続資格を認めなかった先例は、現行法には存在しない戸内婚姻を前提としたものであることから[※35]、現行法下の解釈としてはこの場合にも二重の相続資格を認めるべきとする見解が有力である。

なお、法定相続分の具体的な例は各号に対応して7種類の図の通りである。

※33 最大決平25・9・4民集67巻6号1320頁。
※34 昭26・9・18民事甲1881号回答。
※35 昭23・8・9民事甲2371号回答。

民900条1号の図

被　A
1/2
B
1/2

被：被相続人
太実線：婚姻関係
細実線：親子関係

民 900 条 2 号の図

B　○
1/3
被　A
2/3

被：被相続人
○：相続開始前に死亡
太実線：婚姻関係
細実線：親子関係

民 900 条 3 号の図

○　○
B　被　A
1/4　3/4

被：被相続人
○：相続開始前に死亡
太実線：婚姻関係
細実線：親子関係

民 900 条 4 号の図 1

被：被相続人
太実線：婚姻関係
細実線：親子関係

民 900 条 4 号の図 2

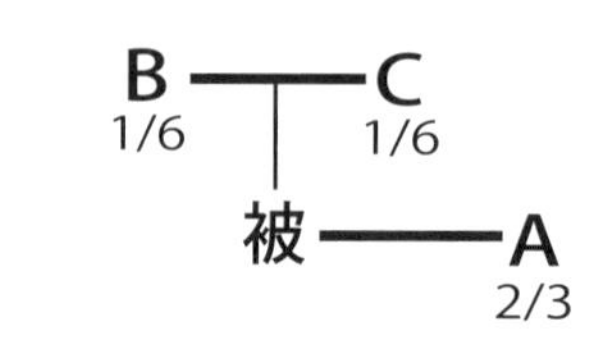

被：被相続人
太実線：婚姻関係
細実線：親子関係

民 900 条 4 号の図 3

被：被相続人
○：相続開始前に死亡
太実線：婚姻関係
細実線：親子関係

民 900 条４号の図４

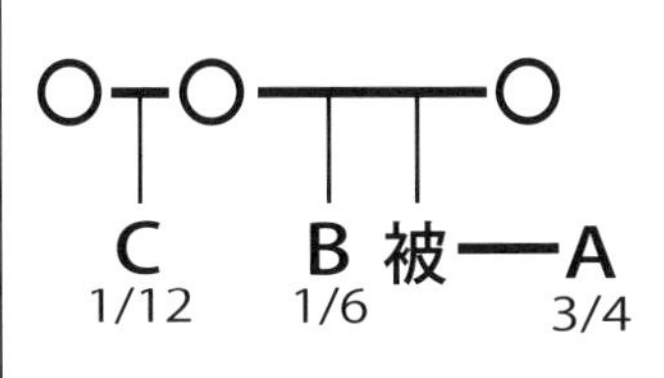

（川　淳一）

（代襲相続人の相続分）

第901条　第887条第２項又は第３項の規定により相続人となる直系卑属の相続分は、その直系尊属が受けるべきであったものと同じとする。ただし、直系卑属が数人あるときは、その各自の直系尊属が受けるべきであった部分について、前条の規定に従ってその相続分を定める。

２　前項の規定は、第889条第２項の規定により兄弟姉妹の子が相続人となる場合について準用する。

（遺言による相続分の指定）

第902条　被相続人は、前２条の規定にかかわらず、遺言で、共同相続人の相続分を定め、又はこれを定めることを第三者に委託することができる。

２　被相続人が、共同相続人中の１人若しくは数人の相続分のみを定め、又はこれを第三者に定めさせたときは、他の共同相続人の相続分は、前２条の規定により定める。

本条は、遺言による**相続分指定**について規定する。被相続人自身が相続分指定をする場合はもとより、第三者への委託も遺言によってすることを要する。もっとも、第三者が相続分を指定する方式についてはとくに定めはない。学説は、委託された第三者が引き受けるかどうかを明らかにしない場合、相続人等の利害関係人は相当の期間を定めて催告することができ、その期間内に指定がなければ委託は失効するとする。委託を引き受けた第三者が相続分の指定をしない場合も同様である。被相続人が相続人・包括受遺者に指定を委託できるかについては、これを否定する下級審判例・学説もあるが、近時は、全面的に肯定したり、自身の相続分を指定しない場合は有効とする学説も有力である。

指定の効力は、被相続人自身による指定の場合には死亡の時から生じ（民985条1項）、第三者による指定の場合にも相続開始時に遡及して生じる。

相続分指定があった場合でも、そのことによって当然に割合としての具体的相続分が確定するのではない。民法903条による特別受益の持戻し、民法904条の2による寄与分の操作が加わるからである。もっとも、特別受益に関しては持戻し免除の意思表示が認められるので（民903条3項）、相続分指定の意思表示があった場合には、原則として持戻し免除の意思表示もあったと解釈するべきであるとする見解も有力である。他方、寄与分には、持戻し免除の意思表示に相当するものはない。したがって、寄与分が認められる場合には、条文の文理解釈による限り、具体的相続分は指定された割合とは異なることになる。

なお、相続財産中の特定財産を特定の相続人に与える旨の遺言があった場合であって、その財産の価額が法定相続分によって算定される額を超えるときには、判例は、相続分の指定を含む遺産分割方法の指定であることを前提にした判断をしている[※36]。

（川　淳一）

（相続分の指定がある場合の債権者の権利の行使）

第902条の2　被相続人が相続開始の時において有した債務の債権者は、前条の規定による相続分の指定がされた場合であっても、各共同相続人に対し、第900条及び第901条の規定により算定した相続分に応じてその権利を行使することができる。ただし、その債権者が共同相続人の1人に対してその指定された相続分に応じた債務の承継を承認したときは、この限りでない。

本条は、2018（平成30）年民法改正において新設された条文である。基本的には、従来の判例の準則を明文化したものである[※37]。

本条本文は、相続分の指定があった場合であっても、相続債権者は各共同相続人に対して法定相続分の割合に応じて分割された債権を行使できることを定める。被相続人による終意処分の効力は、相続債権者には当然には及ばないことを前提にしている。法定相続分よりも小さい相続分を指定された共同相続人が法定相続分に応じた相続債務を弁済した場合には、共同相続人間の求償の問題として処理される。

本条ただし書は、相続債権者が相続人の1人に対して、その指定された相続

※36　最三小判平21・3・24民集63巻3号427頁。

※37　最三小判平21・3・24民集63巻3号427頁。

分に応じた債務の承継を承認した場合には、それ以降の権利行使は指定相続分に応じたものになる旨を定めている。債務の承認は共同相続人のうちの1人にすれば共同相続人全員に対して効力を生じる趣旨である。承認を受けた共同相続人が他の共同相続人に対してそのことを知らせなかったことにより、他の共同相続人がその者の指定相続分を越えた額の弁済をした場合には、相続債権者に対する不当利得返還請求権が成立する。

（川　淳一）

（特別受益者の相続分）

第903条　共同相続人中に、被相続人から、遺贈を受け、又は婚姻若しくは養子縁組のため若しくは生計の資本として贈与を受けた者があるときは、被相続人が相続開始の時において有した財産の価額にその贈与の価額を加えたものを相続財産とみなし、第900条から第902条までの規定により算定した相続分の中からその遺贈又は贈与の価額を控除した残額をもってその者の相続分とする。

2　遺贈又は贈与の価額が、相続分の価額に等しく、又はこれを超えるときは、受遺者又は受贈者は、その相続分を受けることができない。

3　被相続人が前2項の規定と異なった意思を表示したときは、その意思に従う。

4　婚姻期間が20年以上の夫婦の一方である被相続人が、他の一方に対し、その居住の用に供する建物又はその敷地について遺贈又は贈与をしたときは、当該被相続人は、その遺贈又は贈与について第1項の規定を適用しない旨の意思を表示したものと推定する。

Ⅰ　本条の趣旨

本条は、相続による財産取得の前渡し分（贈与）または別口による取得（遺贈）というべきもの（**特別受益**）がある場合に、原則としてその分を相続による取得から差し引く形で相続分を修正し、共同相続人の総取り分額をできるだけ**平準化**しようとするものである。均分相続の理念を実質化する趣旨である。具体的には、まず、被相続人が相続開始時に有していた財産（**遺贈の客体**も含まれる）の価額に一定の贈与の価額を加算して（**特別受益の持戻し**）、みなし相続財産の額を算定する。次に、この額に法定相続分または指定相続分の割合を乗じた額を算定する。特別受益を得ていない相続人については、その額が本条にいう相続分となる。特別受益がある相続人については、算定した額からその特別受益を差し引き、残額がその相続人の相続分となる。注意するべきことは、ここでの相続分は、額の体裁をとっているが、その性質は、判例・通説を前提とする限り、個々の具体的相続分を分子としそれらの総和を分母とする率分であるということである。このことを例によって示すと、次のようになる。

【例１】

被相続人Pの相続人は、生存配偶者A、配偶者との間の子BおよびCである。相続分の指定はないものとする。相続開始時にPに属していた財産は、6,000万円相当の不動産甲、2,000万円相当の不動産乙、2,000万円相当の絵画丙である。そのほか生計の資本としてCが2,000万円相当の不動産丁の贈与をPから得ていたとする（評価時はいずれも相続開始時とする）。このとき、「相続財産とみな」される額は、6,000万（甲）＋2,000万（乙）＋2,000万（丙）＋2,000万（丁）＝12,000万円となる。これに各相続人の法定相続分を乗じた額は、A：12,000万×1/２＝6,000万、B・C：12,000万×1/２×1/２＝3,000万である。Cへの丁の贈与は特別受益なので、Cについては丁の評価額を控除する。したがって、C：3,000万－2,000万＝1,000万となる。結局、A：B：C＝6,000万：3,000万：1,000万＝６：３：１となる。A、B、Cは相続財産甲、乙、丙を６：３：１の割合で分割することになるので、分割時点での遺産の評価が相続開始時の評価と変わらなければ、A、B、Cが遺産分割によって得る額は、6,000万、3,000万、1,000万となる（なお、Cは贈与によって別口で不動産丁の贈与をPから得ていることに注意）。

【例２】

被相続人Pの相続人は、生存配偶者A、配偶者との間の子BおよびCである。相続分の指定はないものとする。相続開始時にPに属していた財産は、6,000万円相当の不動産甲、2,000万円相当の不動産乙、2,000万円相当の絵画丙、2,000万円相当の不動産丁である。このうち、丁はCに遺贈されていたとする（評価時はいずれも相続開始時とする）。このとき、相続財産とみなされる額は6,000万（甲）＋2,000万（乙）＋2,000万（丙）＋2,000万（丁）＝12,000万円となる（遺贈の客体は相続開始時にPが有していた財産に含まれる）。これに各相続人の法定相続分を乗じた額は、A：12,000万×1/２＝6,000万、B・C：12,000万×1/２×1/２＝3,000万である。Cへの丁の遺贈は特別受益なので、Cについては丁の評価額を控除する。したがって、C：3,000万－2,000万＝1,000万となる。結局、A：B：C＝6,000万：3,000万：1,000万＝６：３：１となる。A、B、Cは相続財産甲、乙、丙を６：３：１の割合で分割することになるので、分割時点での財産の評価が相続開始時の評価と変わらなければ、A、B、Cが遺産分割によって得る額は、6,000万、3,000万、1,000万となる（なお、Cは遺贈によって別口で不動産丁（2,000万相当）をPから得ていることに注意）。

以上の計算例から明らかな通り、本条による操作は、均分相続の理念を実質的に実現する方向に働く。もっとも、被相続人が特定の相続人の総取り分額を多くしたいと考えていた場合には、そのことは、本条3項の意思表示（**持戻し免除の意思表示**）によって認められる、被相続人は、生前贈与のみなし相続財産への加算および受益相続人の相続分からの控除をすることなく、また、受益相続人の相続分からの遺贈の控除をすることなく、本条の相続分を算定するべきことを指示することができる。これを例によって示すと、次のようになる。

【例３】

【例1】の場合に、Cへの丁の贈与について、Pが持戻し免除の意思表示をしていた場合には、本条によって相続財産とみなされる額は、6,000万（甲）＋2,000万（乙）＋2,000万（丙）＝10,000万である。これに各相続人の法定相続分を乗じた額は、A：10,000万×1/2＝5,000万、B・C：10,000万×1/2×1/2＝2,500万である。したがって、A：B：C＝2：1：1となり、分割時点での遺産の評価が相続開始時の評価と変わらなければ、A、B、Cが遺産分割によって得る額は、5,000万、2,500万、2,500万となる（なお、Cは贈与によって別口で不動産丁（2,000万相当）の贈与をPから得ていることに注意）。

【例４】

【例2】の場合に、Cへの丁の遺贈について、Pが持戻し免除の意思表示をしていた場合には、相続財産とみなされる額は6,000万（甲）＋2,000万（乙）＋2,000万（丙）＋2,000万（丁）＝12,000万円となる。これに各相続人の法定相続分を乗じた額は、A：12,000万×1/2＝6,000万、B・C：12,000万×1/2×1/2＝3,000万である。遺贈について持戻しの免除の意思表示があるので、Cの額から遺贈額は控除されない。したがって、A：B：C＝2：1：1となる。分割時点での遺産の評価が相続開始時の評価と変わらなければ、A、B、Cが遺産分割によって得る額は、5,000万、2,500万、2,500万となる（なお、Cは遺贈によってPが相続開始時に有していた財産のうち不動産丁（2,000万相当）を得ていることに注意）。

なお、この意思表示には方式はとくに定められておらず、黙示的にもされうる。

Ⅱ　配偶者に対する居住用不動産の贈与・遺贈に関する持戻し免除の意思推定

下級審裁判所は、従来から、配偶者への贈与・遺贈について黙示の持戻しの免除の意思表示の存在を認定することがあったところ、2018（平成30）年民法改正は、本条4項を新設し、とりわけ居住用不動産についてこの趣旨を明文化した。すなわち、婚姻期間が20年以上の夫婦の一方が他方に、その他方の居住用の建物又は敷地を遺贈または贈与した場合には、持戻し免除の意思表示がされたものと推定する規定が置かれた。

Ⅲ　被相続人が相続開始時に有していた財産

問題になるのは、相続債務を控除するかどうかである。通説は控除しないとする。その理由は、債務の控除を規定する民法1043条と本条の条文の体裁が違うこと、可分債務は相続開始と同時に法定相続分によって当然に分割承継されるので[※38]、ここでの相続分の操作には関連がない等である。

Ⅳ　特別受益

特別受益にあたることが条文上明らかなのは、遺贈と婚姻・養子縁組のためもしくは生計の資本としてされた贈与である。婚姻・養子縁組のための贈与とは、持参金・支度金等を指し、通常の結納・挙式の費用は含まれない。生計の資本としてされた贈与とは独立の成型の基礎の形成に資する贈与であって扶養義務の範囲を超えるものをいい、その客体は不動産・金銭等広く固定・流動の資産を含みうる。

問題になるのは、まず、**教育の費用**、とりわけ高等教育や留学等の費用である。兄弟姉妹間での均衡が崩れている場合には、特別受益にあたるとする見解が有力である。子のうちの１人が下宿して大学に進学、卒業し、他の１人は中学を卒業した後、家業の農業に従事していた事案において、大学に進学、卒業した子に特別受益ありとした裁判例がある[※39]。

共同相続人の１人が自己の固有財産として取得した被相続人の死亡を原因とする生命保険金は被相続人に属していた財産ではないので定義上は特別受益にはあたらないが、なお、特別受益に準じて扱われることがあるかが争われている。判例は、養老保険契約に基づく死亡保険金は原則として特別受益にあたらないが、保険金受取人である相続人とその他の共同相続人との間に生ずる不公平が本条の趣旨に照らし到底是認することができないほどに著しいものであると評価するべき特段の事情が存する場合には、本条の類推適用により、死亡保険金請求権は特別受益に準じて持戻しの対象となるとした。そして、特段の事情の有無については、保険金の額、この額の遺産の総額に対する比率のほか、同居の有無、被相続人の介護等に対する貢献の度合い等の保険金受取人である相続人および他の共同相続人と被相続人との関係、各相続人の生活実態等の諸般の事情を総合考慮して判断するべきであるとした[※40]。死亡退職金について

※38　東京高決昭30･9･5家月7巻11号57頁。

※39　札幌高決平14･4･26家月54巻10号54頁。

※40　最二小決平16･10･29民集58巻7号1979頁。

は、下級審の判断は分かれておりまだ判例はないが、おそらく同様に解することになろう。

V 特別受益の評価時期

判例・通説は、**相続開始時**を評価の基準時とする。具体的相続分を遺産分割によって取得する財産額そのものではなく、相続開始時に定まる率分と考えることからの帰結である。やや問題なのは、金銭贈与をどう評価するかである。貨幣における名目主義との関係で問題を生じる。判例は、相続開始時の貨幣価値に従って換算評価するべきとする※41。なお、特別受益にあたる贈与の目的物が、受贈者の行為によって、滅失した、またはその価額の増減が生じた場合について、相続開始時になお現状のままであるものとみなされる（民904条）。

Ⅵ 超過特別受益者がいる場合の処理

特別受益たる贈与が一定額を超えると、本条による操作をすると相続分がマイナスになる相続人が生じることがある。この場合、マイナスになった相続人（**超過特別受益者**）の相続分はゼロと扱われるにとどまり、財産を払い戻すことは要求されない。問題は、残りの共同相続人間でどのような処理がされるかである。超過特別受益者を除いたそれぞれの共同相続人の具体的相続分を分子としそれらの総和を分母として算出される率分を本条によって算出される具体的相続分（率）とする見解が有力である。次にこの計算の具体例を示す。

【例５】

被相続人Pの相続人は、生存配偶者A、配偶者との間の子BおよびCである。相続分の指定はないものとする。相続開始時にPに属していた財産は、6,000万円相当の不動産甲、2,000万円相当の不動産乙、2,000万円相当の絵画丙、2,000万円相当の不動産丁である。このうち、丙と丁はCに遺贈されていて、Pは持戻し免除の意思表示をしていなかったとする（評価時はいずれも相続開始時とする）。このとき、相続財産とみなされる額は6,000万（甲）＋2,000万（乙）＋2,000万（丙）＋2,000万（丁）＝12,000万円となる（遺贈の客体は相続開始時にPが有していた財産に含まれる）。これに各相続人の法定相続分を乗じた額は、A：12,000万×1/2＝6,000万、B・C：12,000万×1/2×1/2＝3,000万である。Cへの丙・丁の遺贈は特別受益なので、Cについては丙・丁の評価額を控除する。そうすると、C：3,000万－2,000万（丙）－2,000万（丁）＝－1,000万となるが、Cは超過分を返還する必要はなく、単にゼロとなる。したがって、A：B：C＝

※41 最一小判昭51・3・18民集30巻2号111頁。

6,000万：3,000万：0万＝2：1：0となる。A、Bは、相続財産甲、乙を2：1の割合で分割することになるので、分割時点での遺産の評価が相続開始時の評価と変わらなければ、A、Bが遺産分割によって得る額は、A：8,000万（甲＋乙）×2/3≒5,333万、B：8,000万×1/3≒2,666万となる（なお、Cは遺贈によって別口で絵画丙、不動産丁あわせて4,000万相当をPから得ていることに注意）。

Ⅶ　確認の利益

ある財産が本条にいう特別受益にあたることの確認の訴えが適法であるか、また、本条による具体的相続分の価額またはその割合の確認が適法であるかが争われている。判例はいずれについても不適法であるとする[※42]。

Ⅷ　広義の再転相続の場合の算定方法

第一相続の相続開始後遺産分割未了の時点で第一相続における相続人（A）について相続開始（第二相続）があった場合、すなわち、いわゆる広義の再転相続の場合には、判例は、第一相続についても特別受益による具体的相続分としてAが取得する財産額を算定した上で、第二相続における各相続人の具体的相続分を算定するべきとする[※43]。

（川　淳一）

第904条　前条に規定する贈与の価額は、受贈者の行為によって、その目的である財産が滅失し、又はその価格の増減があったときであっても、相続開始の時においてなお原状のままであるものとみなしてこれを定める。

民法903条の解説Ⅴ参照。

（川　淳一）

（寄与分）
第904条の2　共同相続人中に、被相続人の事業に関する労務の提供又は財産上の給付、被相続人の療養看護その他の方法により被相続人の財産の維持又は増加について特別の寄与をした者があるときは、被相続人

※42　最三小判平7・3・7民集49巻3号893頁、最一小判平12・2・24民集54巻2号523頁。
※43　最三小決平17・10・11民集59巻8号2243頁。

が相続開始の時において有した財産の価額から共同相続人の協議で定めたその者の寄与分を控除したものを相続財産とみなし、第900条から第902条までの規定により算定した相続分に寄与分を加えた額をもってその者の相続分とする。
2　前項の協議が調わないとき、又は協議をすることができないときは、家庭裁判所は、同項に規定する寄与をした者の請求により、寄与の時期、方法及び程度、相続財産の額その他一切の事情を考慮して、寄与分を定める。
3　寄与分は、被相続人が相続開始の時において有した財産の価額から遺贈の価額を控除した残額を超えることができない。
4　第2項の請求は、第907条第2項の規定による請求があった場合又は第910条に規定する場合にすることができる。

Ⅰ　本条の趣旨

本条は、共同相続人の中に**相続財産の維持または増加**に寄与した者がある場合に、具体的相続分を操作することによって、その寄与を寄与相続人の相続による取得額に反映させようというものである。特別受益の持戻しをちょうどひっくり返したような手順を採る。注意するべきは、本条による寄与分は相続分の調整であって、相続財産に潜り込んでいる他者の財産を確保するために他者に物権的請求権や不当利得返還請求権を与えるものではない、ということである。本条の主たる意義は、それらの権利が認められるほどではない寄与にも、相続分の操作によって一定の意義を与えることにある。

相続分を操作する際に、特別受益の持戻しと寄与分の両方が生じる場合がある。この場合、**同時適用説**、すなわち、持戻しの操作と寄与分の操作を同時に行うという見解が有力である。

【例6】

被相続人Pの相続人は、生存配偶者A、配偶者との間の子BおよびCである。相続分の指定はないものとする。相続開始時にPに属していた財産は、6,000万円相当の不動産甲、2,000万円相当の不動産乙、2,000万円相当の絵画丙である。そのほか生計の資本としてCが2,000万円相当の不動産丁の贈与をPから得ていたとする（評価時はいずれも相続開始時とする）。また、Bには、2,000万円の寄与分が認められるとする。このとき、「相続財産とみな」される額は、6,000万（甲）＋2,000万（乙）＋2,000万（丙）＋2,000万（丁）－2,000万（寄与分）＝10,000万円となる。これに各相続人の法定相続分を乗じた額は、A：10,000万×1／2＝5,000万、B・C：10,000万×1／2×1／2＝2,500万である。

Bには、2,000万円の寄与分が認められるから、B：2,500万＋2,000万＝4,500万、Cへの丁の贈与は特別受益なので、Cについては丁の評価額を控除する。したがって、C：2,500万－2,000万＝500万となる。結局、A：B：C＝5,000万：4,500万：500万＝10：9：1となる。A、B、Cは相続財産甲、乙、丙を10：9：1の割合で分割することになるので、分割時点での財産の評価が相続開始時の評価と変わらなければ、A、B、Cが遺産分割によって得る額は、5,000万、4,500万、500万となる（なお、Cは贈与によって別口で不動産丁（2,000万相当）の贈与をPから得ていることに注意）。

Ⅱ　本条にいう寄与分

まず、相続人による寄与であることを要する。従来、「履行補助者」構成によって相続人の配偶者等の寄与を相続人の寄与と評価することが可能であるとする見解もあったところ、非相続人である親族については民法1050条の新設により対応がされた。この結果、今後は、「履行補助者」構成はもっぱら被相続人と内縁関係にあった者について主張されることになろう。次に、「特別」の寄与であることを要する。寄与の典型は、被相続人の事業への労務の提供または財産上の給付、被相続人の療養看護であるが、これらに限られない。寄与によって被相続人の財産の維持または増加があったことを要するが、その維持または増加は現存していることを要しない。物権的請求権や不当利得返還請求権を権利を認めることができない場合にも、寄与に一定の法的意義を与える、という制度趣旨に基づく解釈である。なお、寄与相続人が特別受益を得ていた場合、原則として持戻しの免除の意思表示を伴うと解した上で、特別受益の形による寄与への見返りを考慮して本条にいう寄与分を算定するべきとする見解がある。

Ⅲ　遺贈および遺留分との関係

寄与分は相続開始の時の財産の価額から遺贈の価額を控除した残額を超えることができず（本条3項）、遺贈は遺留分によって制約される（民1046条）。他方、寄与分と遺留分の関係は明示的には規定されていない。したがって、通説は、寄与分は、遺留分による制約を受けない、とする。しかし、そうすると、三者の関係は、論理的にはやや奇妙である。寄与分は遺留分に勝り、遺留分は遺贈に勝り、遺贈は寄与分に勝るという関係が生じていることになりそうだからである。また、実際上も、これらの解釈を前提にすると、やや妙なことが起きる。被相続人が相続人の寄与に応える意図で相続人に遺贈をした場合でも、その遺贈は遺留分の制約に服する一方で、寄与分の規定によって相続分を修正する場合には、その修正は遺留分の制約に服しないということになるのである。判例・通説は、遺産分割審判において寄与分を決定する際には、結果として遺留分侵害が生じないように寄与分を定めることを原則とするべきとする※44。

Ⅳ　手続

寄与分は、共同相続人間の協議が調わない場合には、家庭裁判所が一切の事情を考慮して定める（本条2項）。寄与分は、遺産分割における財産の取得割合に直接影響を及ぼしうるので、家事審判で決定することが、実体権について裁判を受ける権利を保障する憲法に違反しないかが問題になる。判例は、寄与分を定める審判は本質的に非訟事件であるとして合憲とする※45。

（川　淳一）

（相続分の取戻権）
第905条　共同相続人の1人が遺産の分割前にその相続分を第三者に譲り渡したときは、他の共同相続人は、その価額及び費用を償還して、その相続分を譲り受けることができる。
2　前項の権利は、1箇月以内に行使しなければならない。

本条は、相続分の譲渡とその取戻権について規定する。ここにいう相続分とは積極財産と消極財産を包括した**遺産全体に対する割合的な持分**をいうのであって、個々の客体に対する持分をいうのではない。第三者が相続分の譲渡を受けると遺産分割の当事者たる地位を取得する。その際、相続分を譲渡した相続人は、遺産分割の当事者たる地位を失う※46。

取戻権が認められる根拠は、共同相続人以外の者が遺産管理や遺産分割に参加することから生じる紛争を回避するということである。したがって、取戻権行使の要件は①相続分の譲渡が他の共同相続人の同意を得ずにされたこと、②共同相続人以外の者への譲渡であること、③遺産分割前の譲渡であること、となる。取戻権行使に際しては、価額および費用を償還しなければならない。取戻権は形成権であり、その行使の結果、相続分の譲受人は当然に相続分を失う。取り戻された相続分は、取戻権を行使した相続人に帰属する。相続債務に関しては、譲渡人と譲受人の間に債務引受または履行引受の問題が生じる。共同相続人間で相続分の譲渡がされた場合には本条は適用されず、譲受人は従前から有していた相続分と新たに取得した相続分とを合計した相続分を有する者とし

※44 東京高決平3・12・24判タ794号215頁。
※45 最三小決昭60・7・4家月38巻3号65頁。
※46 最二小判平26・2・14民集68巻2号113頁。

て遺産分割に加わる[※47]。

相続財産中の個々の財産の持分の譲渡があった場合にも、本条が適用ないしは類推適用されることはなく、取戻権によって個々の財産についての持分を回復することはできない[※48]。

（川　淳一）

第５編第３章第３節　遺産の分割

〔前注〕

本節は遺産の分割を規定する。遺産の分割とは、相続財産に属する個々の客体の分割をいうのではなく、分割の客体となっている財産すべてを対象として、一切の事情を勘案した上で総合的に行われるものである。ここで注意するべきことは、そもそも何が分割の客体になるのかということである。共同相続人が相続開始によって相続分に従って共有した財産であって、遺産分割時にそのまま残っているものが客体であることには間違いがない。他方、判例は、遺産分割前に共同相続人が合意の上相続財産中の不動産を売却した場合、その代金（**代償財産**）は、もはや遺産分割の対象ではなく、一般財産法上の財産として扱われるとする[※49]。また、相続財産に属する財産から賃料等（**法定果実**）が生じた場合にも、判例は、各共同相続人が相続分に応じた大きさではあるものの遺産ではない分割単独債権として確定的に取得するとし、しかも遺産分割によって果実を生んだ元物がだれに割り付けられてもそのことは果実の取得になんら影響を及ぼさないとする[※50]。さらに、可分の権利であるゆえに相続開始時に各共同相続人に相続分に応じ分割される権利（預貯金債権以外の可分債権等）も、実務では、共同相続人の合意がない限り総合的分割の対象ではないとされる。可分の相続債務も同様である（なお、遺産分割手続の外での相続分とは、実務では法定相続分（ないしは指定相続分）を指す（民899条の解説および第５編第３章第２節〔前注〕参照）ことにも注意せよ）。相続における財産分けが実態上相続開始後比較的短期間のうちに一挙に行われるとは限らず、五月雨式に行われうるということを考えれば、これらの処理はやむをえないともいいうる。しかし、総合的分割としての遺産分割の中での一括処理を指向しないことは、法定相続における共同相続人間の平等を害すことを許容することになりかねない

※47　最三小判平13・７・10民集55巻５号955頁。
※48　最一小判昭53・７・13判時908号41頁。
※49　最二小判昭52・９・19家月30巻２号110頁。
※50　最一小判平17・９・８民集59巻７号1931頁。

ことにも留意するべきである。

なお、2018（平成30）年民法改正により、民法907条に一部分割が可能であることを明示する改正がされたほか、遺産分割前の預貯金債権の行使に関する民法909条の2が新設された。

（川　淳一）

（遺産の分割の基準）

第906条　遺産の分割は、遺産に属する物又は権利の種類及び性質、各相続人の年齢、職業、心身の状態及び生活の状況その他一切の事情を考慮してこれをする。

本条は**遺産分割の方針**を規定する。一切の事情を考慮してされるべきことは、遺産中のどの財産をだれにどのように割り付けるかということにつきる。本条は、分割の基準たる割合、すなわち率分としての具体的相続分の変更を許す趣旨ではない。もっとも、協議分割の場合には、共同相続人全員の合意があれば、法の規定によって算出される割合によらない分割も有効である。実質的には共同相続人間での贈与があったと解することができるからである。

（川　淳一）

（遺産の分割前に遺産に属する財産が処分された場合の遺産の範囲）

第906条の2　遺産の分割前に遺産に属する財産が処分された場合であっても、共同相続人は、その全員の同意により、当該処分された財産が遺産の分割時に遺産として存在するものとみなすことができる。

2　前項の規定にかかわらず、共同相続人の1人又は数人により同項の財産が処分されたときは、当該共同相続人については、同項の同意を得ることを要しない。

本条は、2018（平成30）年民法改正によって新規に導入されたものである。

本条1項は、遺産分割前に遺産分割の対象である財産が処分された場合に、共同相続人の合意によって、その処分された財産を遺産分割時に遺産として存在するものとみなし、遺産分割の対象とすることができる旨を定める。さらに、本条2項は、本条1項の処理をするにつき、処分をした当の共同相続人の同意を不要とする。

ここでいう処分にあたるのは、典型的には、各共同相続人による分割前の遺産の（法定相続分に応じた）持分の処分である。この処分があった場合、残った遺産を具体的相続分によって分割することになるが、率分としての法定相続分と具体的相続分の間の差や処分の価額によって、処分がなかったならば生じたであろう結果と違いが生じることがある。本条は、このようなことをふまえて、典型的には、遺産分割に際して、分割に先立って処分された財産を処分した共同相続人に、その同意の有無にかかわらず仮想的に割り付けることを可能にしたものである。

もっとも、本条にいう処分の主体は文理上共同相続人には限られておらず、第三者による処分も含まれる。第三者による処分の場合には、各共同相続人は第三者に対して不法行為に基づく損害賠償請求権や不当利得返還請求権を有することになる一方で、遺産分割においては、当該遺産が現存するものとみなして分割をすることも可能になる。

なお、本条の規律は、共同相続人に全員の合意によって遺産が処分された場合には及ばない。また、遺産分割前に処分された財産が預貯金債権である場合には、民法909条の2が本条との関係で特則にあたることに留意が必要である。

（川　淳一）

（遺産の分割の協議又は審判等）

第907条　共同相続人は、次条の規定により被相続人が遺言で禁じた場合を除き、いつでも、その協議で、遺産の全部又は一部の分割をすることができる。

2　遺産の分割について、共同相続人間に協議が調わないとき、又は協議をすることができないときは、各共同相続人は、その全部又は一部の分割を家庭裁判所に請求することができる。ただし、遺産の一部を分割することにより他の共同相続人の利益を害するおそれがある場合におけるその一部の分割については、この限りでない。

3　前項本文の場合において特別の事由があるときは、家庭裁判所は、期間を定めて、遺産の全部又は一部について、その分割を禁ずることができる。

Ⅰ　本条の趣旨

本条は、遺産分割が共同相続人間の協議（**協議分割**）よってできること、そして、協議が調わない場合には、各共同相続人は家庭裁判所に**審判分割**の請求をすることができることを規定する。審判分割の請求があると、家庭裁判所は、通常は、調停による分割（**調停分割**）を試みる。分割の範囲について、従来から一定の要件の下で一部分割も許容されると解されてきたが、2018（平成30）年民法改正において、一部分割が可能であることが明文化された。

遺産分割の当事者は、共同相続人のほか、包括受遺者（民990条）、相続分の譲受人（民905条）である。遺言執行者も含まれるとする見解もある。なお、相続財産中の個々の財産の持分の譲受人が共有関係解消のためにとるべき手続は、遺産分割審判ではなく、通常の共有物分割請求である※51。

分割の対象となる財産の評価時は、**遺産分割時**である（通説）。したがって、遺産分割は、民法900条、901条、902条、903条、904条の2によって算出された割合によって、分割の対象たる財産を、分割時の評価に基づいて分割することになる。

Ⅱ　分割方法と時期

遺産分割の方法としては、現物を各共同相続人に割り付ける方法（**現物分割**）、競売や任意の売却によって得た換価代金を分配する方法（**換価分割**）、一部の相続人が現物を取得し他の相続人に対して相続分に応じた債務を負担する方法（**代償分割**）等がある。

共有物について、遺産共有持分と他の共有持分とが併存する場合にそれらの共有の解消方法が問題になる。判例は、共有者（遺産共有持分権者を含む）が遺産共有持分と他の共有持分との間の共有関係の解消を求める方法として裁判上採るべき手続は民法258条に基づく共有物分割訴訟であるとし、さらに、共有物分割の判決によって遺産共有持分権者に分与された財産は本条による遺産分割の対象となるとする※52。

遺産分割の請求は、遺産分割の禁止がない限り（民908条）、いつでもできる。遺産分割請求権は消滅時効にかからない（通説）。もっとも、相続財産中の個々の財産について取得時効が成立する場合には、その財産は分割の対象ではなくなる。また、判例によれば場合は非常に限られるが、遺産分割請求権が民法884条の定める消滅時効にかかることもある（相続回復請求権の時効消滅）。

Ⅲ　遺産分割審判

遺産分割、とりわけ遺産分割審判のときに、その分割の前提となる実体法上の法律関係に争いがあった場合、どのようにそれらの争いを処理するのかが問題になる。相続資格の有無やある財産が遺産分割の対象であるかどうか等は、本来は、それぞれ訴訟手続によって決せられるべきものである※53。もっとも、

※51 最二小判昭50･11･7民集29巻10号1525頁。

※52 最二小判平25･11･29民集67巻8号1736頁。

※53 ある財産が遺産であることの確認の訴えが適法であることについて、最一小判昭61･3･13民集40巻2号389頁。また、自己の相続分を全部譲渡した共同相続人は遺産確認の訴えの当事者適格を有しないことにつき、最二小判平26･2･14民集68巻2号113頁。

家庭裁判所は、これらの問題（遺産分割の前提問題）について判断した上で、遺産分割審判をすることができる※54。前提問題に対する家庭裁判所の判断は既判力を生じないから、不服のある共同相続人は後に普通裁判所における裁判で争うことができるというのがその理由である（ただし、この見解は、遺産分割審判後の紛争の蒸し返しを許容することになる）。

また、遺産分割審判によって遺産の割付等を決めること自体が、憲法上の裁判を受ける権利を害するのではないかという議論もある。しかし、判例は、遺産分割審判は本質的に非訟事件であるとして合憲とする※55。

Ⅳ　協議分割の無効・取消し・解除および詐害行為取消し

協議分割については、無効・取消し・解除の可否も問題になる。協議に意思欠缺・意思表示の瑕疵の問題があれば、無効の主張・取消しの意思表示が、意思表示法の一般則によって認められる※56。相続人でない者が加わった協議、相続人が漏れていた協議、遺産の一部が対象になっていなかった協議についても**錯誤取消し**の可能性があるが、協議全体が取消しの対象になるのか、それとも一部のみが無効になるのか、場合分けの仕方も含めて議論がある。

遺産分割協議の解除については、判例は、相続人の１人が協議によって負担した債務を履行しない場合にも**債務不履行解除**を認めない一方で※57、**合意解除**は認められるとする※58。また、判例は、共同相続人の間で成立した遺産分割協議は、**詐害行為取消権**の行使の対象となりうるとする※59。

Ⅴ　一部分割

本条１項には、協議分割において一部分割が可能であることを明示する改正がされた。もっとも、元々共同相続人は遺産について処分権限を有するから、協議による一部分割が可能であるということは自明であり、この改正は注意的な意義を持つにとどまる。

次に、本条２項には、遺産分割について共同相続人間で合意ができない場合には、共同相続人は遺産の一部のみの審判分割を求めることができることを示

※54　最大決昭41・3・2民集20巻3号360頁。

※55　前掲※54・最大決昭41・3・2民集20巻3号360頁。

※56　遺言の存在を知っていればしなかったであろう合意について錯誤無効を認めた2017（平成29）年民法改正前の判決として、最一小判平5・12・16判時1489号114頁。

※57　最一小判平1・2・9民集43巻2号1頁。

※58　最一小判平2・9・27民集44巻6号995頁。

※59　最二小判平11・6・11民集53巻5号898頁。

す改正がされた。この改正の趣旨は、分割の範囲に関する処分権限を共同相続人に原則として認めるということである。したがって、この規定に基づいて一部分割の申立てがあった場合に、申立人以外の共同相続人が全部分割または当初の申立てとは異なる範囲の一部分割を求めたときには、審判分割の対象は、遺産全部または当初の申立てとは異なる範囲にまで拡張された一部の遺産ということになる。なお、残余遺産についての分割審判が引き続き係属する一部分割は家事事件手続法73条２項によるものであり、本条の改正とは関係がない。

本条２項による一部分割は、一部分割を申し立てた共同相続人以外の共同相続人の利益を害するおそれがある場合には、認められない。具体的には、一部分割によって特定の相続人に具体的相続分を超える遺産を取得させる一方で、残部の分割において、その相続人からの代償金支払を確実視できない場合などがこれにあたる。

（川　淳一）

（遺産の分割の方法の指定及び遺産の分割の禁止）

第908条　被相続人は、遺言で、遺産の分割の方法を定め、若しくはこれを定めることを第三者に委託し、又は相続開始の時から５年を超えない期間を定めて、遺産の分割を禁ずることができる。

本条にいう遺産分割方法とは、現物分割・価額分割・代償分割だけでなく、通説によれば、遺産中の個々の財産を特定の共同相続人に割り付けることも含む。このことから、判例は、**「相続させる」旨の遺言**は、本条にいう遺産分割方法の指定の趣旨に含まれると解する[※60]。

（川　淳一）

（遺産の分割の効力）

第909条　遺産の分割は、相続開始の時にさかのぼってその効力を生ずる。ただし、第三者の権利を害することはできない。

本条本文は、本来は遺産分割に関する**宣言主義**、すなわち、遺産分割があると、特定の相続人に割り付けられた財産は、相続開始時に遡って最初からその相続人に帰属していたものとみなされる、ということを規定していたものである。しかし、1947（昭和22）年の民法改正によってただし書が付加された結果、その意味は大きく減じるに至った。現在の判例を前提にする限り、本条は、相

※60　最二小判平３・４・19民集45巻４号477頁。

続開始によって共同相続人間に遺産の共有が生じ、分割によって持分の交換等が行われること（**移転主義**）を注意的に規定しているにすぎないと解する方が素直である。判例は、遺産分割には民法177条の適用があり、分割によって相続分と異なる権利を遺産中の不動産について取得した相続人は、その旨の登記を経なければ、分割後に当該不動産につき権利を取得した第三者に対抗できないとする※61。従来、この相続分が何を指すかについては若干の疑義があった。しかし、この点については民法899条の2が新設され、法定相続分が基準となることが明確になった。

なお、相続財産に属する財産から果実（賃料等）が生じた場合、判例は、各共同相続人が相続分に応じてではあるものの、それらを遺産ではない分割単独債権として確定的に取得するとし、しかも果実を生んだ元物が遺産分割によってだれに割り付けられても、そのことは果実の取得になんら影響を及ぼさないとする※62。

（川　淳一）

（遺産の分割前における預貯金債権の行使）
第909条の2　各共同相続人は、遺産に属する預貯金債権のうち相続開始の時の債権額の3分の1に第900条及び第901条の規定により算定した当該共同相続人の相続分を乗じた額（標準的な当面の必要生計費、平均的な葬式の費用の額その他の事情を勘案して預貯金債権の債務者ごとに法務省令で定める額を限度とする。）については、単独でその権利を行使することができる。この場合において、当該権利の行使をした預貯金債権については、当該共同相続人が遺産の一部の分割によりこれを取得したものとみなす。

Ⅰ　本条の趣旨

本条は、2018（平成30）年民法改正によって新設された条文であり、規律の内容も新規のものである。預貯金債権は共同相続人間で準共有され遺産分割の対象となることを前提として※63、そうであるにもかかわらず、なお、遺産分割前に生じる必要に対応するために、一定の範囲で各共同相続人が単独で預貯金債権を行使できる、すなわち払戻しを求めることができる旨を規定している。遺産分割前に生じる必要として挙げられているのは、相続債務の弁済、被相続

※61　最三小判昭46・1・26民集25巻1号90頁。
※62　最一小判平17・9・8民集59巻7号1931頁。
※63　最大決平28・12・19民集70巻8号2121頁。

人から扶養を受けていた共同相続人の当面の生活費の支出等である。

Ⅱ　本条による払戻しが認められる範囲

本条による払戻しが認められる範囲については、法定相続分を基礎として遺産全体に占める割合による上限額がまず定められ、さらにその枠内で預貯金債権の債務者、すなわち、金融機関ごとの上限額が定められている。

まず、法定相続分を基礎として定められる上限額は、遺産に属する預貯金債権のうち相続開始時の債権額の3分の1に、単独で払戻しを求める共同相続人の法定相続分を乗じて算出される額である。次に、その額を全体の上限として、各金融機関ごとに法務省令で定められる上限額は150万円となった（平成30年法務省令29号）。

Ⅲ　本条による払戻しがされた場合における遺産分割

本条によって払戻しがされた場合の遺産分割はどうなるか。本条後段は、払戻しを受けた共同相続人が一部分割によりその額を取得したものとみなす旨を規定している。それでは、本条による払戻し額が残余遺産の分割の際に払戻しを受けた共同相続人の具体的相続分額を超過していたことが判明した場合にはどうなるか。法文からは必ずしも明白ではないが、払戻しを受けた共同相続人は、残余遺産の分割に際し清算するべき義務を負うと解されている。具体的には、審判分割であれば、裁判所は、代償分割の形式による代償金の支払いを命じることになる。

Ⅳ　本条の払戻しの対象となる預貯金

法定相続の場合、すなわち、預貯金が遺産分割前に共同相続人による準共有に服する場合に本条の適用があることには疑いがない。それでは、預貯金が特定遺贈や特定財産承継遺言の対象になっていた場合はどうか。これらの場合には、問題の預貯金は「遺産に属する」とはいえない。したがって、本条による払戻しの対象にはならない。もっとも、2018（平成30）年改正民法の下では遺贈も特定財産承継遺言も対抗要件主義に服することになったので、受遺者または特定承継財産遺言の受益相続人が対抗要件を具備しない間は、本条による払戻しは有効となる（遺贈について判例※64、特定財産承継遺言について民899条の2参照）。

※64　最二小判昭49・4・26民集28巻3号540頁。

V　本条が適用される払戻し

本条は、特定の共同相続人が本条に定める権利行使をした場合にのみ適用される。したがって、共同相続人の1人が相続開始を金融機関に知らせずにした払戻し等には本条は適用されない。そのような場合には、本条後段と特則・一般則の関係に立つ民法906条の2が適用される。

（川　淳一）

（相続の開始後に認知された者の価額の支払請求権）
第910条　相続の開始後認知によって相続人となった者が遺産の分割を請求しようとする場合において、他の共同相続人が既にその分割その他の処分をしたときは、価額のみによる支払の請求権を有する。

本条は、認知の場合にだけ適用される。法律上の親子関係を認めることにつき認知を要しない母子関係に関して、母の死亡による遺産分割後に非嫡出子の存在が明らかになった場合には、本条は類推適用されず、再分割がされる[※65]。

判例は、本条に基づき価額の支払を請求する場合における遺産の価額算定の基準時は、価額の支払を請求した時であるとし、また、他の共同相続人の価額の支払債務は、期限の定めのない債務であり、したがって履行の請求を受けた時に遅滞に陥るとする[※66]。

（川　淳一）

（共同相続人間の担保責任）
第911条　各共同相続人は、他の共同相続人に対して、売主と同じく、その相続分に応じて担保の責任を負う。

民法911条～914条を併せて解説（民914条の解説参照）。

（川　淳一）

※65　最二小判昭54･3･23民集33巻2号294頁。
※66　最二小判平28･2･26民集70巻2号195頁。

（遺産の分割によって受けた債権についての担保責任）
第912条　各共同相続人は、その相続分に応じ、他の共同相続人が遺産の分割によって受けた債権について、その分割の時における債務者の資力を担保する。
２　弁済期に至らない債権及び停止条件付きの債権については、各共同相続人は、弁済をすべき時における債務者の資力を担保する。

民法911条～914条を併せて解説（民914条の解説参照）。

（川　淳一）

（資力のない共同相続人がある場合の担保責任の分担）
第913条　担保の責任を負う共同相続人中に償還をする資力のない者があるときは、その償還することができない部分は、求償者及び他の資力のある者が、それぞれその相続分に応じて分担する。ただし、求償者に過失があるときは、他の共同相続人に対して分担を請求することができない。

民法911条～914条を併せて解説（民914条の解説参照）。

（川　淳一）

（遺言による担保責任の定め）
第914条　前３条の規定は、被相続人が遺言で別段の意思を表示したときは、適用しない。

民法911条、912条、913条、914条は、遺産分割によって、ある共同相続人が取得した財産に欠陥があった場合には、各共同相続人は、その相続分に応じて担保責任を負うことと、それに付随するルールを規定する。相続分に応じて担保責任を負うということは、遺産分割についての移転主義的構成、すなわち、各共同相続人は、相続開始によって遺産についての共有持分を取得し、それを遺産分割によって交換しあう、という構成と親和的である。

担保責任の内容は、「売主と同じ」であるから、解除、代金減額および損害賠償がありうる。ただし、判例が債務不履行を原因とする遺産分割の解除を認めていないこと（民907条の解説Ⅳ参照）との関係をどう考えるべきか、という問題がある。

（川　淳一）

第５編第４章　相続の承認及び放棄

〔前注〕

相続は、被相続人の死亡によって、何の手続を要することもなく当然に開始する（民882条）。そして相続人は、被相続人の財産に属した一切の権利義務を包括承継する（民896条）。しかし、消極財産（被相続人の債務）が積極財産を上回っている場合や、相続人が、なんらかの事情で被相続人の権利義務を承継したくない場合にも、なお相続人に被相続人の権利義務の一切を承継させることには理由がない。そこで、民法は915条以下で、相続人は、次のような選択することができることにした。すなわち、相続人は、被相続人の積極財産と消極財産をそのまま承継するか（**単純承認**）、積極財産と消極財産の清算の過程を経て、相続によって得た財産の限度でのみ被相続人の債務および遺贈を弁済することを留保して財産を承継するか（**限定承認**）、あるいはそもそも相続人とならなかったことにするか（**相続の放棄**）を選択することができる。

もっとも、民法は、相続人の選択に対して中立的な立場を採っているわけではない。実際上は、まずは単純承認、次いで放棄、そして限定承認の順で選択されるようになっている。すなわち、家庭裁判所に対して相続人がとくに申述をしないで所定の期間が徒過した場合には、単純承認となる。しかも、この単純承認の効力を覆すことは、所定期間内に「被相続人の財産に属した一切の権利義務」（民896条）の内容を確定する手段がないにもかかわらず、最高裁判例に従えばごく例外的にしか認められない※1。また、相続人は限定承認ができるといっても、共同相続の場合には、限定承認をするために共同相続人全員の一致が必要であり、この一致がない場合には、各共同相続人にとっての選択肢は単純承認か相続の放棄しかない。

（川　淳一）

第５編第４章第１節　総則

〔前注〕

本節では相続の承認放棄をするべき期間の長さ、その間の相続財産の管理および承認放棄の撤回について規定する。

（川　淳一）

※1　最二小判昭59･4･27民集38巻6号698頁。

（相続の承認又は放棄をすべき期間）

第915条 相続人は、自己のために相続の開始があったことを知った時から3箇月以内に、相続について、単純若しくは限定の承認又は放棄をしなければならない。ただし、この期間は、利害関係人又は検察官の請求によって、家庭裁判所において伸長することができる。

2 相続人は、相続の承認又は放棄をする前に、相続財産の調査をすることができる。

Ⅰ 本条の趣旨

本条1項は、相続人が単純承認、限定承認または放棄を選択するための期間（通常、**熟慮期間**または**考慮期間**と称される）を定めている。この期間の徒過により、相続人は単純承認をしたものとみなされる（民921条2号）。本条2項は、この期間内に相続財産の状態を明らかにするため、相続人は調査をすることができる旨を定めている。もっとも、調査のための特別の手続が用意されているわけではなく、同項は単に調査権限の存在を実体法上明らかにするにとどまる。

Ⅱ 自己のために相続があったことを知った時

まず、判例は、明治民法期から、「自己ノ為ニ相続開始アリタルコトヲ知リタル時」とは、当該相続について自分が法律上相続人であるということを知った時である、としている※2。単に相続人が相続開始の原因となる事実（＝被相続人の死亡）を知っただけでは足りない。この基準自体は、現行民法下の裁判例・審判例においても踏襲されている。

しかし、本条の期間内に、相続財産の内容を調査確定するための特別の手続が相続人に用意されているのではない。それゆえ、この基準による場合には、単純承認となった後に相続人の予期しない相続債務が明らかになり、相続人にとって不意打ちとなることがある。また、そもそも相続人に相続財産の内容調査を求めることが、不相当である場合もありうる。

そこで判例は、それまでの下級審裁判例・審判例をふまえて、1984（昭和59）年に、例外を認めるに至った。その事案では、被相続人は、出奔して相続人等と生前の交流がなく、病院で無一物にみえる状態で死亡した。しかし、実は、被相続人は、生前に連帯保証債務を負っており、被相続人の死亡と自己が相続人であることを相続人が知った時を起算点として本条所定期間が徒過した後になって、債権者が相続人に対して保証債務の履行を求めてきた。これに対して、

※2 大決大15・8・3民集5巻679頁。

相続人が家庭裁判所に相続放棄の申述をし、債権者が相続放棄の効力を争った。最高裁は、概略、次のように述べて、相続放棄申述を有効とした※3。本条1項にいう3か月の期間の起算点は、原則として、相続人が相続開始の原因たる事実および自己が法律上相続人となったことを知った時から起算される。しかし、例外として、相続人が、被相続人に相続財産が全くないと信じ、かつ、被相続人の生活歴、被相続人と相続人の交際状態等の諸般の事情からみて、相続人に対して、相続財産の有無の調査を期待することが著しく困難な事情があって、相続人において、相続財産が全く存在しないと信じるにつき相当の理由がある場合には、相続人が、相続財産の全部または一部の存在を認識した時、または、それを認識することができた時を起算点とする。

この判例により、消極財産のみから構成される相続財産の承継を、相続人が合理的な予期に反して余儀なくされることは、回避可能になった。

しかし、この判示を文字通りに理解する限り、例外が認められるのは、積極財産・消極財産を問わず、相続人が相続財産の存在を全く知らない場合に限られる。したがって、たとえば、相続人がある程度の積極財産の存在を知っていたが、積極財産をはるかに上回る相続債務である保証債務の存在を知らなかった場合にも、期間に関する例外は認められない。下級審審判例の中には、昭和59年判決※4の判示をやや緩やかに解し、そこにいう相続財産とはもっぱら消極財産（負債）を指すとし、例外の認められる範囲を拡張しようとするものもあり、学説上はこれを支持する見解が有力である。また、錯誤によって熟慮期間徒過による単純承認の効力を否定することを認めた高裁決定があるが、それも、実質的には、本条の例外の範囲を拡張するものである※5。

なお、相続人が複数いる場合には、本条所定の期間は、それぞれの相続人が自己のために相続の開始があったことを知った時から、各自について別々に進行する※6。

（川　淳一）

第916条　相続人が相続の承認又は放棄をしないで死亡したときは、前条第1項の期間は、その者の相続人が自己のために相続の開始があったことを知った時から起算する。

Aを被相続人とする相続【A→B相続】について、相続人Bが承認または放棄

※3　最二小判昭59・4・27民集38巻6号698頁。
※4　前掲※3・最二小判昭59・4・27民集38巻6号698頁。
※5　高松高決平20・3・5家月60巻10号91頁。
※6　最一小判昭51・7・1家月29巻2号91頁。

をしないで死亡した場合に、Bの相続人Cは、【B→C相続】についてだけでなく、【A→B相続】についても、承認または放棄の選択をすることになる。この2つの相続を合わせて**再転相続**と呼ぶ。本条は、Cのための民法915条所定期間の起算点を、【B→C相続】についてだけでなく、【A→B相続】についても、Bの相続が自己のために開始したことをCが知った時とする。

ここで問題になるのは、【A→B相続】と【B→C相続】につき、Cにはどのような選択の組み合わせが許されるかである。

判例によれば、Cが【A→B相続】をまず放棄し、次いで【B→C相続】を放棄することは可能であり、かつ、後からされた【B→C相続】の放棄によって、【A→B相続】放棄の効果が、遡って無効になることはない※7。これは、おそらくは、次の一般論を前提としている。

①Cが【B→C相続】について先に選択した場合であって、その選択が放棄であるならば、Cは【A→B相続】についての承認・放棄の選択権を失う。Cが【B→C相続】について先に選択した場合であって、その選択が承認であるならば、Cは【A→B相続】についての承認・放棄の選択権を失わない。

②Cが【A→B相続】について先に選択した場合には、その選択が承認・放棄のいずれであっても、Cの【B→C相続】についての選択には影響を及ぼさず、Cは、【B→C相続】について、承認・放棄の選択権を有する。

（川　淳一）

第917条　相続人が未成年者又は成年被後見人であるときは、第915条第1項の期間は、その法定代理人が未成年者又は成年被後見人のために相続の開始があったことを知った時から起算する。

相続放棄について、法定代理人も共同相続人である場合には、利益相反の問題が生じる可能性がある（民826条の解説参照）。条文の文言上、相続人が被保佐人または被補助人である場合には、本条は適用されない（限定解釈）。

（川　淳一）

※7　最三小判昭63・6・21家月41巻9号101頁。

（相続財産の管理）
第918条　相続人は、その固有財産におけるのと同一の注意をもって、相続財産を管理しなければならない。ただし、相続の承認又は放棄をしたときは、この限りでない。
2　家庭裁判所は、利害関係人又は検察官の請求によって、いつでも、相続財産の保存に必要な処分を命ずることができる。
3　第27条から第29条までの規定は、前項の規定により家庭裁判所が相続財産の管理人を選任した場合について準用する。

本条は、相続人の選択が定まるまでの相続財産の管理に関する規定である。「固有財産におけるのと同一の注意」とは、相続開始によって相続財産が一応相続人の財産になっていることを念頭においた表現であって、自己の財産におけると同一の注意（民659条・940条1項）と同義である。

本条1項ただし書は、承認・放棄をした後には管理義務が消滅してしまうという趣旨ではない。限定承認の場合につき民法926条、放棄の場合につき民法940条、財産分離の請求があった場合につき民法944条が管理の継続を規定するほか、相続人の選択が定まった後であっても、財産分離の請求をすることができる期間（3か月。民941条）は、相続人の管理義務が継続する。

（川　淳一）

（相続の承認及び放棄の撤回及び取消し）
第919条　相続の承認及び放棄は、第915条第1項の期間内でも、撤回することができない。
2　前項の規定は、第1編（総則）及び前編（親族）の規定により相続の承認又は放棄の取消しをすることを妨げない。
3　前項の取消権は、追認をすることができる時から6箇月間行使しないときは、時効によって消滅する。相続の承認又は放棄の時から10年を経過したときも、同様とする。
4　第2項の規定により限定承認又は相続の放棄の取消しをしようとする者は、その旨を家庭裁判所に申述しなければならない。

本条1項は、民法915条所定の期間内であっても、承認および放棄の**撤回**は認められないことを明らかにする[※8]。これに対して、承認・放棄の意思表示

※8　いったん受理された放棄が撤回できないことについて、最三小判昭37・5・29民集16巻5号1204頁参照。

に**取消し原因**が存在する場合の取消しは可能である（本条2項）。取消権の期間制限は、一般の取消権行使の場合（民126条参照）と比較して短縮されている（本条3項）。また、限定承認または相続放棄の取消しをする場合には、家庭裁判所への申述によることを要する（本条4項）。

取消し原因としては、制限行為能力に関するもの（民5条・9条・13条・17条）および詐欺・強迫（民96条）のほか、2017（平成29）年民法改正により錯誤が加わった（民95条）。

限定承認および相続放棄の申述に本条2項の適用があることには疑いがない。問題になるのは、単純承認の場合である。大審院の判例は、単純承認も限定承認・相続放棄と同じく意思表示であり、民法921条に相当する明治民法1024条は単純承認の意思表示を擬制するものであると解して、単純承認の取消しを認めている※9。学説には、判例を支持するものと、単純承認は民法921条所定の事実に付与された法定効果であると解して、本条2項の適用がないとするものがある。なお、民法921条による単純承認を法定効果であることを前提としつつ、なお、錯誤によって単純承認の効力を否定した比較的最近の高裁決定もある※10。

本条は、取消しにのみ言及する。承認・放棄の意思表示に**無効原因**がある場合には、本条の制限に服することなく、後訴において無効の主張が許される※11。

無効原因の例としては、申述の方式違背、申述が民法915条所定の期間徒過後にされたこと、申述が錯誤に基づくものであること（ただし、2017（平成29）年民法改正前）等がある。また、承認放棄は相手方のない単独行為ではあるが、事実上他の共同相続人との意思疎通に基づく場合等には、心裡留保（民93条）・通謀虚偽表示（民94条）に準じて無効となることもあるとされる。

方式違背に関しては、相続放棄申述書の自署要件について、本人が手続を他の相続人に一任し印章を預けた等の事情を根拠に例外を認めて、無効にならないとした判例がある※12。

動機が表示されていなかったことを理由に錯誤の主張が認められなかった判例としては、相続税の軽減を意図して相続放棄をしたところかえって相続税額が多額に上ってしまった例※13、他の共同相続人が相続放棄をすることを期待

※9 大判大9・12・17民録26輯2043頁。

※10 高松高決平20・3・5家月60巻10号91頁。

※11 相続放棄申述の無効について、最三小判昭29・12・24民集8巻12号2310頁。なお、最二小判昭30・9・30民集9巻10号1491頁は、相続放棄無効確認の訴えは、適法な「訴の対象」を欠くとする。

※12 最三小判昭29・12・21民集8巻12号2222頁。

※13 前掲※11・最二小判昭30・9・30民集9巻10号1491頁。

して自らも相続放棄をしたが、他の相続人が放棄の申述を受理前に取り下げた例※14がある。

本条によって承認・放棄を取り消した後は、遅滞なく承認・放棄をすればよく、そうする場合には、民法915条、921条２項は適用されない。

（川　淳一）

第５編第４章第２節　相続の承認

〔前注〕

本節は相続の承認について定めており、どのような場合に単純承認・限定承認となり、それぞれの場合にどのような効果が生じるのかを規定する。

（川　淳一）

第５編第４章第２節第１款　単純承認

（単純承認の効力）

第920条　相続人は、単純承認をしたときは、無限に被相続人の権利義務を承継する。

（法定単純承認）

第921条　次に掲げる場合には、相続人は、単純承認をしたものとみなす。

一　相続人が相続財産の全部又は一部を処分したとき。ただし、保存行為及び第602条に定める期間を超えない賃貸をすることは、この限りでない。

二　相続人が第915条第１項の期間内に限定承認又は相続の放棄をしなかったとき。

三　相続人が、限定承認又は相続の放棄をした後であっても、相続財産の全部若しくは一部を隠匿し、私にこれを消費し、又は悪意でこれを相続財産の目録中に記載しなかったとき。ただし、その相続人が相続の放棄をしたことによって相続人となった者が相続の承認を

※14　最一小判昭40・５・27家月17巻６号251頁。

した後は、この限りでない。

I 本条の趣旨

本条は、民法920条をうけて、単純承認とみなされる場合を規定する。「単純承認をしたものとみなす」という文言の意味をめぐっては見解が分かれている。1つは、単純承認も限定承認・放棄と同じく意思表示であり、それらとは無方式である点でのみ異なるという理解から出発し、本条は、一定の場合に意思表示を擬制するものであるという見解（**意思表示説**）である。もう1つは、単純承認とは本条が列挙する事実に法が与えた効果であり、単純承認の意思表示なるものは、法的には存在しないとする見解（**法定効果説**）である。両説の実際上の違いは、本条によって生じた単純承認の効果を意思表示に関する規律（民93条～96条）によって覆すことが容易かどうかという点にある。具体的には、相続財産の状態を誤解したまま期間を徒過した場合等に、生じている単純承認の効果を意思表示の取消し・無効によって覆すことが可能かどうかということである。

最高裁は、大審院を踏襲して、単純承認の意思表示というものがあることを前提にした判示をしており、意思表示説を採っていると評される※15。もっとも、その判決の結論自体は、法定効果説によっても説明することが可能である。

II 本条1号にいう処分

本条1号にいう処分とは、限定承認・放棄前にされたものを指す。限定承認・放棄後にされた処分が単純承認の効果をもたらすかは、その処分が本条3号に列挙されている事由にあたるかどうかによって決まる。

本条1号によって単純承認の効果が生じるためには、相続人が自己のために相続開始があったことを知りまたは確実に予想しながら処分をすることを要する。行方不明になった被相続人の財産を被相続人が家出直後に自殺したことを知らずに相続人が処分した場合、本条1号による法定単純承認の効果は生じないとした判例がある※16。

本条1号にいう処分には、法律行為だけでなく事実上の行為も含まれる。たとえば家屋の取壊し、高価な美術品の故意による損傷等によっても単純承認の効果が生じる。ただし、損傷等について、被相続人の財産を処分しようという意図がない場合には、単純承認の効果は生じない。

※15 最一小判昭42・4・27民集21巻3号741頁。

※16 前掲※15・最一小判昭42・4・27民集21巻3号741頁。

経済的価値のある客体に関する処分は、原則として、本条にいう処分にあたる。判例は、代物弁済の実行※17、債権の取立て※18等を処分行為にあたるとした。

いわゆる形見分けのうち経済的に重要な物の処分を含まないもの、社会的に相当な範囲の葬儀費用等の支出は本条1号にいう処分にあたらない。また、法定相続人が受取人に指定されている場合等、相続人の固有の権利の行使としての保険金の受領も処分にあたらない。さらに、処分行為が無効であったり取り消されたりした場合には、単純承認の効果も生じないとする下級審審判・決定例※19もある。

共同相続人の一部のみが処分行為をした場合、他の共同相続人についてどのような効果が生じるかについては、学説は分かれる。一方の見解は、他の共同相続人もはや限定承認をすることはできなくなるとし、他方の見解は、全共同相続人は、なお限定承認をすることができるが（民923条）、処分をした相続人に対して、相続債権者は、相続財産をもって弁済を受けられなかった債権額について、その相続分に応じてその者の固有財産から弁済を受けうるとする。見解の分かれ目は、単純承認をどこまで原則扱いし、重視するかという点にある。

Ⅲ　本条２号による単純承認とその取消し

民法915条1項所定期間の徒過が詐欺・強迫または錯誤による場合に、期間徒過を単純承認の意思表示と同視した上で、その取消しの主張をなしうるかが最近あらためて問題になっている。民法915条に関する昭和59年判決※20が示すように、期間徒過によって機械的に単純承認の効果を発生させることは必ずしも妥当ではないということが意識されるようになってきたからである。大審院の古い判例には意思表示説によりつつ取消しを認めたものもある※21。学説は、昭和59年判決※22の準則によって問題を処理すればそれで十分であるとするものと、その準則に加えて意思表示の取消しによって相続人の自由な選択の余地を拡げるべきであるとするものに分かれる。

※17　大判昭12・1・30民集16巻1頁。

※18　最一小判昭37・6・21家月14巻10号100頁。

※19　大阪高決平10・2・9家月50巻6号89頁。

※20　最二小判昭59・4・27民集38巻6号698頁。

※21　大判明41・3・9民録14巻241頁。

※22　前掲※20・最二小判昭59・4・27民集38巻6号698頁。

Ⅳ　本条３号の意義

本条３号にいう悪意とは、単に事情を知っているだけではなく、「隠匿する意思」を持っていることである。最近の下級審判決には、「隠匿」とは、相続財産の全部または一部について、相続人が被相続人の債権者等にその所在を不明にする行為をいうとした上で、その意思があるというためには、その行為の結果、被相続人の債権者等の利害関係人に損害を与えるおそれがあることを認識している必要があるが、必ずしも被相続人の特定の債権者の債権回収を困難にするような意図目的までも有している必要はない、としたものがある[※23]。悪意の主張・立証責任は、悪意の存在を主張して単純承認の効果を期待する債権者の側にある。

本条３号にいう相続財産には、消極財産（相続債務）も含まれる[※24]。相続債務を財産目録に記載しないということも、積極財産を記載しないことと同様に、相続債権者等を害し、また限定承認手続の公正も害するからである。

（川　淳一）

第５編第４章第２節第２款　限定承認

〔前注〕

Ⅰ　限定承認の意義

明治民法は家督相続を相続制度の根幹に据えていたので、法定推定家督相続人である直系卑属に相続放棄を禁止して（(旧) 民1020条)、家督相続を義務づけていた。ただし、遺産が債務超過の場合に備えて、債務を免れさせつつ家督を維持させるために限定承認制度が認められていた。現行法においては、家督相続は廃止され、また、相続放棄が認められているので、あえて限定承認制度を置く必要がどこにあるのかが問題になる。今日、限定承認制度の意義としては、①相続財産が債務超過であるかどうかが不明なときに、限定承認を選択すれば、仮に債務が超過していても超過分の責任を免れることができ、仮に清算後に財産が残ったときにはそれを取得できること、②被相続人が経営していた債務超過状態の営業を相続人が引き継ぐ際に、責任を相続財産の限度に止めつつ経営を承継できること、等が挙げられている。

限定承認は手続の複雑さなどからあまり行われていない。2018（平成30）年

※23　東京地判平12・3・21家月53巻9号45頁。

※24　最一小判昭61・3・20民集40巻2号450頁。

に申述が受理された相続放棄は21万5320件であったが、限定承認は709件にすぎなかった。

Ⅱ　限定承認手続の概要

相続開始後、相続人は全員で財産目録を作成し、家庭裁判所に限定承認の申述をする（民923条・924条）。家庭裁判所が申述を受理する場合、相続財産の管理人を共同相続人の中から選任する（民936条）。選任された者がその後の管理・清算を行う。限定承認をしようとする相続人は、相続財産の一部でも処分することはできず、また、財産を隠匿したり、ひそかに消費したりすることも許されない。もしそのような行為を行った者は、相続財産の清算後に弁済されずに残った債務につき自己の相続分に応じて固有財産からこれを弁済しなければならない（民937条）。

限定承認の申述が受理されると、限定承認者は債権者に対して2か月以上の期間を定め、債権の申出をするように催告する（民927条）。この期間には弁済を拒絶することができ（民928条）、申出が出揃うのを待つ。この間に、相続財産を競売して換価しておき、期間満了後に申し出た債権者と知れている（相続人が債権者と認めている）債権者に弁済する（民929条・930条）。仮に債務額のほうが多ければ、配当弁済することになる（民929条）。ただし、優先権を有する債権者はこれらの者に優先する（民929条ただし書）。受遺者への弁済は、債権者への弁済が終わった後になされる（民931条）。期間内に申し出なかった、知れなかった債権者・受遺者は、残余財産にのみ権利を行うことができる（民935条）。相続財産の清算を行う相続人で、弁済手続に関する規定に反したことによって、債権者・受遺者に損害を生ぜしめた者は、これを賠償する責任を負う（民934条）。

（高橋朋子）

（限定承認）
第922条　相続人は、相続によって得た財産の限度においてのみ被相続人の債務及び遺贈を弁済すべきことを留保して、相続の承認をすることができる。

Ⅰ　本条の意義

本条は、限定承認の定義と効果について定めるものである。

Ⅱ　相続人とは

「相続人」には包括受遺者も含まれる（詳しくは、民990条の解説参照）。相続人が複数いる場合、全員が共同して限定承認をしなければならない（民923条）。

Ⅲ　相続によって得た財産とは

相続人は、相続開始時に被相続人に属した一切の権利義務を承継する（民896条）が、本条にいう「相続によって得た財産」とは、そのうちの権利、すなわち、積極財産のみを意味する。相続財産から生じる果実※25、相続財産である株式から生じる利益配当請求権※26等も、相続財産ではないものの、これに含まれる。

Ⅳ　未登記の権利

被相続人が不動産を売買、あるいは、抵当権を設定したにもかかわらず、移転登記や設定登記が未了のまま死亡した場合、買主や抵当権の権利者がたとえ相続開始後に登記を経ても、相続人が限定承認をした場合にはその効果は相続開始時に遡るため、買主や抵当権の権利者は他の相続債権者や受遺者に対抗することができない。

①被相続人が建物を売ったのち登記を移転せずに死亡し、その後相続人が限定承認した場合、買主は相続債権者に対して家屋の所有権移転を他の相続債権者や受遺者に対抗することができない※27。

②被相続人が設定した抵当権が限定承認の当時未登記であった場合、抵当権者は相続人に対しその設定登記を請求する利益を有せず、登記を請求できない※28。ただし、代物弁済予約につき、相続開始前に所有権移転登記請求権保全の仮登記がされていれば、限定承認後に本登記がされても、権利者は所有権取得をもって相続債権者に対抗することができる※29。

③不動産の死因贈与の受贈者が贈与者の相続人である場合において、限定承認がされたときは、死因贈与に基づく限定承認者への所有権移転登記が相続債権者による差押登記よりも先にされたとしても、信義則に照らし、限定承認者

※25 大判大3・3・25民録20輯230頁。

※26 大判大4・3・8民録21輯289頁。

※27 大判昭9・1・30民集13巻93頁。

※28 大判昭14・12・21民集18巻1621頁。

※29 最一小判昭31・6・28民集10巻6号754頁。

は相続債権者に対して不動産の所有権取得を対抗することができない[※30]。

Ⅴ　債務とは

本条にいう「債務」とは、相続により承継された債務を指し、一身専属の債務は相続により消滅するため除かれる。相続開始後に発生した相続債務の利息債務等は含まれる。相続財産中の賃借権につき相続開始後に発生した賃料債務については争いがある。判例は、本条にいう債務に含まれず、相続人の固有の債務になるとした[※31]が、学説には、相続債務になるという説や、賃借権が財産的価値を有し、換価して相続債務の弁済ができる場合には、賃料債務も相続債務になるという説等がある。

Ⅵ　残余債務

限定承認は積極相続財産の限度において相続債務や遺贈を弁済するものであるので、仮に完済できない場合でも、相続人は自己の固有財産からそれを支払う責任を負うものではない。しかし、債務が減少するわけではないので、相続人が任意に弁済しても**非債弁済**にはならない。また、相続債権者からの支払請求の訴訟において、裁判所は限定承認をした相続人に相続債務全額の支払を命じるとともに、相続財産の限度で執行するべき旨を留保しなければならない[※32]。

（高橋朋子）

（共同相続人の限定承認）
第923条　相続人が数人あるときは、限定承認は、共同相続人の全員が共同してのみこれをすることができる。

Ⅰ　本条の意義

本条は、相続人が複数いる場合に、その一部の者によっても限定承認ができるのか、それとも全員一致によらなければならないのかという問題につき、前者の処理の困難さから、後者の立場を採用することを定めたものである。その結果、限定承認を希望する者が他の共同相続人の反対にあった場合、限定承認

※30　最二小判平10・2・13民集52巻1号38頁。
※31　大判昭10・12・18民集14巻2084頁。
※32　大判昭7・6・2民集11巻1099頁。

をすることができない。限定承認がなされた場合、共同相続財産の管理人は、家庭裁判所によって共同相続人の中から選任される（民936条の解説参照）。

Ⅱ　一部の共同相続人に生じた事由

一部の共同相続人が相続放棄をした場合、その者は初めから相続人でなかったことになる（民939条）ので、他の共同相続人全員が一致すれば限定承認を行うことができる。一部の共同相続人に単純承認の事由が生じている場合になお限定承認が認められる例外的な場合については、民法937条の解説参照。

共同相続人中に行方不明者がいる場合、全員による限定承認はできないが、選任された不在者財産管理人が家庭裁判所の許可を得て限定承認の申請をするべきであると解する説がある。

（高橋朋子）

（限定承認の方式）
第924条　相続人は、限定承認をしようとするときは、第915条第1項の期間内に、相続財産の目録を作成して家庭裁判所に提出し、限定承認をする旨を申述しなければならない。

Ⅰ　本条の意義

本条は限定承認の方式を定めたものである。限定承認をするには、①民法915条1項の定める期間内に、②財産目録を作成し、③家庭裁判所に財産目録を提出して限定承認の申述をすることが必要となる。

Ⅱ　民法915条1項の期間

限定承認は、相続が開始した後、相続の承認をしないうちにすることができる。相続開始後一定期間（民915条～917条）が経過した場合や相続財産の全部または一部を処分した場合（民921条1項）には単純承認をしたとみなされるので、もはや限定承認はできない。相続開始後の一定期間とは、すなわち、自己のために相続の開始があったことを知った時から3か月以内である（民915条。いわゆる熟慮期間）[※33]。ただし、一定の場合には期間が延長される（民915条1項ただし書・916条・917条）。期間は各共同相続人につき別々に計算されるので、最後に期間が満了する者を基準として限定承認をすることができると解さ

※33 起算点については、民915条の解説参照。

れている。

Ⅲ　財産目録の作成

相続人は、相続財産を明らかにするために財産目録を調製しなければならない。目録の要式は法定されていないが、積極財産も消極財産も記載しなければならず、悪意の不記載は単純承認したものとみなされる（民921条3号）。相続人は熟慮期間中に相続財産の調査をすることができる（民915条2項）が、相続人の調査にもかかわらず、積極財産、消極財産ともに不明の場合には、申述書にその旨を付記すればよい※34。

Ⅳ　限定承認の申述

限定承認は、被相続人の住所または相続開始地の家庭裁判所に（家事手続201条）限定承認をする旨の申述書が提出され（家事手続201条5項）、これに対する受理の審判（家事手続別表第1〈92〉）が下され、その告知がされることにより効力を生じる（家事手続74条2項）。

家庭裁判所は、限定承認の申述を受理するにあたって、申述書が形式的要件を具備しているかどうかのみを審査すればよいのか、それ以外に実質的要件も審査の対象とできるのかが問題とされている。実質的要件としては、①申述した者が相続人の資格を有しているかどうか、②申述が真意に基づくものであるのかどうか、③熟慮期間内かどうか（表面的には熟慮期間が経過しているが起算点に問題がないかどうか等）、④法定単純承認にあたる事由があるのかどうか、等が考えられる。

見解は分かれている。家庭裁判所の判断に確定力がなく、後に訴訟で放棄の無効を争いうることから、これらの点についての審理は権限を超える実質審査になるため、家庭裁判所は形式的要件のみを調査するべきであるとする形式的審査説と、職権探知主義により申述者が自己の利益を擁護する機会は十分に与えられていること等から家庭裁判所も実質審査を行うことができるとする実質的審査説とが対立している。裁判例には、形式的要件ならびに②の真意の有無を審査するのみならず、④の事由のあることが明白であるかどうかをも審査で

※34　大阪家審昭44・2・26家月21巻8号122頁。

きるという折衷説な立場に立つと評価されるものがある[※35]。

これに関連して、申述受理審判の法的性質をめぐっては、申述の適否・効力を判断して行う広い意味での裁判（準裁判行為）であるとする説（上記の実質審査説と親和的）や、限定承認の意思表示を裁判所が受けつけるという事実行為にとどまるものであって裁判ではないとする説[※36]（上記の形式的審査説と親和的）などに分かれている（民938条の解説参照）。

（高橋朋子）

（限定承認をしたときの権利義務）
第925条　相続人が限定承認をしたときは、その被相続人に対して有した権利義務は、消滅しなかったものとみなす。

Ⅰ　本条の意義

相続人は、相続の放棄をしない限り、単純承認、限定承認を問わず、被相続人に属していた一切の権利義務を承継する（民896条）。相続人が被相続人に対して債権または債務を有していたような場合、単純承認であれば、相続によって被相続人の債務または債権は相続人に承継されて、両者の権利義務は混同（民520条）を生じ、原則として消滅する。しかし、限定承認の場合は、相続財産を相続人の固有財産と融合させずに清算することを目的としているので、混同による権利義務の消滅を認めることはできない。本条はその旨を定めるものである。その結果、限定承認の場合、相続人は相続財産に対しては第三者と同様の地位に立つ。

Ⅱ　「権利義務」とは

本条にいう「権利義務」には、債権債務のみならず、物権や物的責任も含まれると解されている。

また、「権利義務」は被相続人と相続人との間のそれに限らず、被相続人と

※35　富山家審昭53･10･23家月31巻9号42頁。この審判では、家庭裁判所は可能な限り事実の確定に努め、将来紛争を生じるようなことは極力防止するべき責務を有するので、申述が申述人の真意に出たものである点の確認は当然これをするべきものであり、さらに、申述人に法定単純承認に該当する事由のあることが明白となった場合には、家庭裁判所は、当該申述人に対する関係では、限定承認の申述を受理することはできないと述べられている。

※36　大決昭9･1･16民集13巻20頁。

相続人が第三者に対して同一内容の権利義務を有している場合をも含むと解されている※37。たとえば、被相続人と相続人が第三者に対して連帯債務・不可分債務を有していたような場合、相続財産と相続人の固有財産それぞれが引当財産となっており、限定承認では両者の債務は区別され、債権者から一方財産に債権が行使されたとき、当該財産は他方財産の負担部分につき求償権を行使することができると解されている。

無権代理人の相続人が限定承認をし、その後更に無権代理行為の本人を相続した場合につき、本条が類推適用されるのかという問題がある。裁判例では、その法律関係は、限定承認がされた相続の相続財産の清算とは無関係であるから、これについて本条の趣旨を類推適用するべきものとはいえず、本条を根拠にその無権代理行為の追認を拒絶することはできないとされている※38。

（高橋朋子）

（限定承認者による管理）
第926条　限定承認者は、その固有財産におけるのと同一の注意をもって、相続財産の管理を継続しなければならない。
２　第645条、第646条、第650条第１項及び第２項並びに第918条第２項及び第３項の規定は、前項の場合について準用する。

Ⅰ　本条の意義

相続人には、承認または放棄をするまで、相続財産をその固有財産におけるのと同一の注意をもって管理する義務がある（民918条１項）。単純承認をした場合にはこの義務は消滅するが、限定承認をしたときにはさらに継続する※39。その際の管理義務について定めたのが本条である。

Ⅱ　管理義務の程度

本条が定める限定承認をしたときの管理義務の内容は、その固有財産においてと同一の注意をもってする管理義務である。相続債権者に対する関係を考えれば、善良なる管理者の注意義務であるべきではないかという意見もある。

このような管理における注意義務が課される者は、単独相続の場合には限定

※37　東京控判昭12・9・30新聞4210号７頁。
※38　大阪高判平6・2・22民集52巻５号1357頁。
※39　相続財産管理義務は、放棄や財産分離請求がされたときも一定期間存続する。民940条・944条の解説参照。

承認者であり、共同相続の場合には限定承認者の中から家庭裁判所によって選任される相続財産管理人（以下、「職権による管理人」と略称する。民936条の解説参照）である（民936条3項が本条を準用する）。

Ⅲ　委任に関する規定の準用

本条2項は、受任者の委任事務処理についての義務等に関する条文を準用している（民645条・646条・650条1項・2項）。限定承認においては、相続財産は相続債権者・受遺者のために管理・清算されるべきものであり、相続人たる管理人は相続債権者等から、いわば管理等の事務を委任されているようなものだからである。しかし、準用にあたっては、若干の問題がある。

1　民法645条

民法645条は受任者から委任者への事務処理状況の報告義務について定めたものであるが、限定承認の場合の委任者は相続債権者・受遺者であると解されており、また、民法936条の「職権による管理人」が管理にあたる場合には、管理人に選任されなかった他の共同相続人も委任者になると解されている。

2　民法646条

民法646条は、受任者が事務処理にあたって受け取った金銭その他の物を委任者に引き渡す義務について定めたものであるが、限定承認に準用された場合、この委任者とは、1で述べた相続債権者・受遺者を意味するものではない。相続債権者・受遺者は相続財産から弁済配当を受ける立場にあるので、この委任者は相続財産であると解されている。

3　民法650条1項・2項

民法650条1項・2項は、受任者から委任者に対する、事務処理に必要な費用と利息の償還請求権、ならびに、事務処理のために負担した債務の弁済請求権を定めたものであるが、限定承認に準用された場合、委任者とは相続財産を意味するものと解されている。

4　その他

以上の委任規定の準用は、限定承認した時からされるものであるが、限定承認の清算に必要であれば、限定承認をする前の管理についても委任規定の準用が認められてもよいという解釈もある。

Ⅳ　民法918条2項・3項の準用

本条2項は、相続財産の管理に関する民法918条2項・3項も準用している。本来であれば、上述のように単独相続人である限定承認者または「職権による管理人」が相続財産の管理義務を負うのであるが、事情によって、家庭裁判所は相続財産の保存に必要な処分（財産の封印、換価その他の処分禁止等）を命じることができ（家事手続別表第1〈90〉・201条10項・125条）、また、相続財産管理人を選任することができる。

相続財産管理人が選任されるのは、管理義務を負う相続人が管理人として不適当であるか、管理を行えないような事情があるような場合である。相続財産管理人は、利害関係人または検察官の請求により、家庭裁判所が相続人以外の者の中から選任する（本条2項による民918条3項の準用。以下、「請求による管理人」と略称する）。「請求による管理人」は、相続人でない第三者から選ぶのが妥当と解されているが、必ずしも第三者である必要はないと解する見解もある。この「請求による管理人」には善良なる管理人の注意義務が課され（家事手続201条10項・125条6項、民644条）、家庭裁判所への報告義務があり、管理者が自己のために金銭を消費した場合の責任が課されている※40点において、単独相続人である限定承認者の管理義務と異なる。「請求による管理人」を選任したときには、不在者の財産管理人の規定（民27条〜29条）が準用される。

問題となるのは、「請求による管理人」は相続財産の管理だけを行うのか、それとも、清算事務までも行うのかという点である。「請求による管理人」には上記のような義務が課されているので、この者に清算事務を行わせることが望ましいと考えられてはいるが、民法は単独相続人である限定承認者や「職権による管理人」が弁済その他の清算事務をするように定めている（民929条〜932条・936条）ので、「請求による管理人」は相続財産の管理事務のみを行うと解するほかないと考えられている。

また、「請求による管理人」が選任された場合、単独相続人である限定承認者や「職権による管理人」は相続財産に対する管理処分権を失うのであろうか。この点に関する規定がないことから、単純相続人である限定承認者や「職権による管理人」は管理処分権を失わないという理解が一般的である。その結果、単純相続人である限定承認者や「職権による管理人」が相続財産に関して行った処分行為は有効となる。ただし、その者には法廷単純承認の効果が発生し（民921条3号）、損害賠償責任を負わなければならないこともある（民934条）。

（高橋朋子）

※40　家事手続146条6項による民644条・646条・647条・650条の準用。家事手続別表第1〈55〉。

（相続債権者及び受遺者に対する公告及び催告）

第927条　限定承認者は、限定承認をした後5日以内に、すべての相続債権者（相続財産に属する債務の債権者をいう。以下同じ。）及び受遺者に対し、限定承認をしたこと及び一定の期間内にその請求の申出をすべき旨を公告しなければならない。この場合において、その期間は、2箇月を下ることができない。

2　前項の規定による公告には、相続債権者及び受遺者がその期間内に申出をしないときは弁済から除斥されるべき旨を付記しなければならない。ただし、限定承認者は、知れている相続債権者及び受遺者を除斥することができない。

3　限定承認者は、知れている相続債権者及び受遺者には、各別にその申出の催告をしなければならない。

4　第1項の規定による公告は、官報に掲載してする。

本条以下民法937条までにおいては、限定承認における清算手続が定められている。その中で本条は、相続債権者・受遺者に対し公告と催告をする義務を限定承認者に課している。これは、相続債権者らが限定承認のあったことを知らずに権利主張の機会を失うことのないようにするためである。

限定承認者は、限定承認の受理の告知があった後5日以内に、一切の相続債権者および受遺者に対し、限定承認をしたこと、および、一定の期間内に請求の申出をするべきことを公告しなければならない。一定の期間とは、2か月を下らない、限定承認者が任意に定める期間である。なお、相続人が数人あるときは、その中から家庭裁判所により相続財産管理人（民936条。以下、「職権による管理人」と略称する）が選任されるが、公告は選任後10日以内にしなければならない。

公告は、官報による（本条4項)。この公告には、債権者および受遺者が期間内に請求の申出をしないときは、その債権は清算から除斥される旨を付記しなければならない。ただし、知れている（相続人が債権者と認めている）債権者・受遺者については、請求がなくても除斥することができない（本条2項ただし書)。この公告の他に、知れている債権者・受遺者には個別に請求の申出を催告しなければならない（本条3項)。期間内に申出がなかった場合の効力については、民法935条参照。

以上のような公告・催告をしなければならない債権者は、弁済によって清算することのできる債権者に限る。相続財産である不動産に賃借権・地上権・永小作権・地役権等を有する者は、限定承認の影響を受けずに、目的物の上に権利を保有すると解されている。したがって、これらの者は権利を申し出る必要もなく、催告する必要もないことになる。

本条に違反して限定承認者が公告・催告を怠った場合、限定承認の効果に影響はないが、限定承認者は生じた損害を賠償する責任を負う※41(民934条の解説参照)。

（高橋朋子）

（公告期間満了前の弁済の拒絶）
第928条　限定承認者は、前条第1項の期間の満了前には、相続債権者及び受遺者に対して弁済を拒むことができる。

本条は、公平な弁済を行うという目的のために、限定承認者は、請求申出期間（民927条）が満了して相続債権者・受遺者が揃うまでは、弁済期が到来している債権があっても弁済請求を拒絶することができること（弁済拒絶権）を定めるものである。

例外的に、相続財産の全部または一部の上に担保権※42を持つ債権者は、請求申出期間満了前であっても、その権利を実行し、弁済を受けることができる※43。これらの債権者は、期間満了後の配当弁済で優先的取扱いを受けることができる者である（民929条ただし書）のみならず、相続財産の多寡に関係なく目的物の上に排他的独占的にその権利を行使できる（民935条ただし書）からである。

優先権を有しない相続債権者がその債権について確定判決その他の債務名義を有する場合、民事執行法による強制手続を開始することはできるが、手続の進行中に、債務者の相続人が限定承認をし、請求申出期間中であることを証明する文書を提出したときには、執行機関は請求申出期間満了に至るまで執行手続を停止しなければならない※44。

請求申出期間の満了前に限定承認者が弁済拒絶権を行使せずに一部の債権者・受遺者に弁済し、その結果、他の相続債権者・受遺者への弁済が不可能になった場合、限定承認者はその損害を賠償する責任を負う（民934条の解説参照）。

請求申出期間の満了後は、限定承認者は弁済拒絶権を失う。判例は、仮に相

※41　東京控判昭15・4・30評論全集29巻民545頁。

※42　先取特権（民303条）、質権（民342条）、抵当権（民369条）、留置権（民295条、民執195条）等。

※43　大阪地決明44・7・17新聞735号24頁。名古屋地決昭4・5・15新聞2992号5頁。

※44　福岡区決昭6・2・18新聞3238号10頁、法曹会決議昭44・12・3曹時22巻2号255頁。請求申出期間満了後は、限定承認者から請求異議訴訟等を提起して執行手続の停止をしない限り、強制執行手続は続行してよいとされている（東京地判平3・6・28判時1414号84頁）。

続財産の価額や相続債務の総額が判明しない場合でも、限定承認者が弁済を拒絶することができないという※45。これに対して、学説では、公平な弁済ができない恐れがあるので、信義則上、弁済額を計算するのに相当な期間内はなお弁済拒絶が可能であるという説が多数である。もっとも、弁済額を計算できないような事情がある場合には、信義則上、弁済遅延の責めを負わされないであろうから、弁済を拒絶できるとまで構成する必要はないという説も存在する。

（高橋朋子）

（公告期間満了後の弁済）

第929条　第927条第1項の期間が満了した後は、限定承認者は、相続財産をもって、その期間内に同項の申出をした相続債権者その他知れている相続債権者に、それぞれその債権額の割合に応じて弁済をしなければならない。ただし、優先権を有する債権者の権利を害することはできない。

本条は、請求申出期間が満了したのち、限定承認者が債権者等に弁済をする順序と方法について定めるものである。

弁済は、第1に優先権を有する債権者、第2に請求申出期間内に申し出た一般債権者および知れている債権者、第3に請求申出期間内に申し出た受遺者および知れている受遺者（民931条の解説参照）、第4に請求申出期間内に申し出ず、知れなかった一般債権者および受遺者（民935条の解説参照）、の順にされる。

第1順位で優先的に弁済を受ける相続債権者は、相続財産の全部または一部の上に担保権※46を持つ債権者である。優先権を有する債権者は、一般債権者のように割合的弁済を受けることなく、優先権の内容に応じて担保目的物の価格の限度で、優先的弁済を受けることができる（本条ただし書）。なお、留置権は、本来優先弁済権を持つものではないが、債務の弁済があるまで目的物を留置する権利があるので、結果的に優先的弁済を受けることになる。また、抵当権者は相続開始の時までに登記をしていなければ他の債権者に対抗することができないというのが判例※47であるから、限定承認時に未登記の抵当権者は限定承認者に設定登記請求をすることができない※48。もっとも、代物弁済の予

※45 大判大4・3・8民録21輯289頁、大判昭6・5・1民集10巻297頁。

※46 先取特権（民303条）、質権（民342条）、抵当権（民369条）、留置権（民295条、民執195条）等。

※47 最一小判平11・1・21民集53巻1号128頁。

※48 大判昭14・12・21民集18巻1621頁。

約につき、相続開始前に所有権移転請求権保全の仮登記がされていれば、限定承認後に本登記がされても権利者は所有権取得をもって他の債権者に対抗することができる[※49]。

優先権ある債権者がいないか、あるいはそれらの者への弁済が終わってなお残余財産がある場合、第2順位の請求申出期間内に申し出た一般債権者および知れている債権者に弁済をすることになる。弁済は、債権総額が相続財産の価額を超えるとき、債権額の割合に応じてされる。この場合、知れている債権者とは、債権者の氏名および債権額の知られている者を指すと解されている。債権額が不明な債権者の場合には、申出がない限り除斥してもよいと考えられている。

（高橋朋子）

（期限前の債務等の弁済）

第930条　限定承認者は、弁済期に至らない債権であっても、前条の規定に従って弁済をしなければならない。

2　条件付きの債権又は存続期間の不確定な債権は、家庭裁判所が選任した鑑定人の評価に従って弁済をしなければならない。

本条は、限定承認者が請求申出期間内に申し出た一般債権者および知れている債権者に弁済するとき、債権者の有する債権中に弁済期未到来の債権や、条件付き・存続期間不確定な債権がある場合にも弁済をするべき旨を定めたものである。弁済期到来、条件成就、存続期間確定を待たずに弁済をさせるのは、相続財産の清算を早急に終了させるためである。

弁済期未到来の債権については、限定承認者がこれを弁済する際、期限までの中間利息を控除してもよいかどうかについては、限定承認者側が期限の利益を放棄したものとみて、これを控除せず、債権全額について弁済するものと解されている。

条件付債権は条件が成就するかどうかが不確定なので、その価値は条件成就の可能性によって異なってくる。そこで、現在の価値を判定して弁済することになる。本条は、家庭裁判所の選任した鑑定人に債権を評価させ（家事手続別表第1〈93〉）、これを基準として配当弁済をさせている。

存続期間の不確定な債権とは、終期が明確に定まっていない債権のことである。これについては、存続期間の長短の見通しにより価値が定まるので、条件付債権と同じ方法をとって評価させる。

本条に違反して弁済を行い、または弁済をしなかったとき、限定承認者と情

※49　最一小判昭31・6・28民集10巻6号754頁。

を知って弁済を受けた債権者は民法934条の責任を負わなければならない。

（高橋朋子）

（受遺者に対する弁済）
第931条　限定承認者は、前2条の規定に従って各相続債権者に弁済をした後でなければ、受遺者に弁済をすることができない。

本条は、弁済の順序について定めたものであり、債権者への弁済の後でなければ受遺者への弁済はできないとする。これは、相続債権者の権利が相続開始前に確定しているのに対して、受遺者の権利は相続開始後に確定すること、また、相続債権者は被相続人の財産状態を考慮して債権を取得したのに対して、受遺者は被相続人の好意によって権利を取得するにすぎないこと等を理由とする。債務を完済しえないような相続財産の状態であれば、被相続人は遺贈をする余地はないと考えてよいという判断に基づいているといえよう。

これに違反する順序で弁済をした結果、債権者や他の受遺者が弁済を受けられなくなって損害が生じた場合、限定承認者には損害賠償の責任が生じることがあり、また、順序が違うことを知りながら弁済を受けた受遺者には、債権者や他の受遺者からの求償権が認められている（民934条参照）。

（高橋朋子）

（弁済のための相続財産の換価）
第932条　前3条の規定に従って弁済をするにつき相続財産を売却する必要があるときは、限定承認者は、これを競売に付さなければならない。ただし、家庭裁判所が選任した鑑定人の評価に従い相続財産の全部又は一部の価額を弁済して、その競売を止めることができる。

Ⅰ　本条の意義

本条は、相続債権者への配当弁済にあたって相続財産を換価する必要があるときに、相続財産が不当に廉価に換価されることによって相続債権者の利益が損なわれることを防止し、相続債権者間の公平を期する目的から、これを競売（形式競売）に付すべきことを定めている。競売によらないで代物弁済をすることは許されないと解されている。競売は民事執行法の定めるところに従って行われる（民執195条）。民事執行法の無剰余取消しの規定（民執63条）は相続財産の競売に適用される[※50]。競売の申立ては、単独相続の場合には限定承認者であり、共同相続の場合には限定承認者の中から家庭裁判所によって選任される相続財産管理人（以下、「職権による管理人」と略称する。民936条の解説参照）によって行われる。

Ⅱ　本条に反する売却

限定承認者が、本条に違反して相続財産を競売に付さずに任意売却した場合、①売却を無効であると解する学説と、②売却自体は有効であるが、仮に不当に安く売却したために相続債権者や受遺者に損害を与えた場合には、彼らに対して不法行為による損害賠償責任を負うと解する学説とがある。

Ⅲ　限定承認者による競売の差止め

相続財産中に相続人の今後の生活の基盤となる財産や、相続人にとって主観的な価値の高い財産（被相続人の形見の品、先祖伝来の財産、家宝等）等があって、競売の対象からはずしたい場合には、相続人はその価額を固有財産から弁償して競売を止めることができる（本条ただし書）。相続債権者にとっては財産の客観的価値だけが重要であるので、競売を止めてもとくに不利益はないからである。競売の差止めを求める権利は限定承認者に与えられている。複数の相続人が限定承認した場合、「職権による管理人」に選任されていない他の共同相続人も請求することができると解されている。問題は適正な価額が弁償されなければならないという点にあるので、家庭裁判所は鑑定人を選任し（家事手続別表第1〈93〉）、客観的に評価させようとしている。

特別担保権を設定された相続財産につき、担保権の実行として相続債権者による競売の申立てがされた場合には、本条ただし書は適用されない。

（高橋朋子）

（相続債権者及び受遺者の換価手続への参加）
第933条　相続債権者及び受遺者は、自己の費用で、相続財産の競売又は鑑定に参加することができる。この場合においては、第260条第2項の規定を準用する。

本条は、民法932条に定める競売や鑑定につき、これらが適正・公正に行われることに利害関係を有する相続債権者・受遺者に参加の権利を認めたもので

※50　東京高決平5・12・24判タ868号285頁。

ある。参加とは、具体的には相続債権者・受遺者が、それらの手続の通知を受けて参加申出をし、手続に立ち会い、意見を述べる機会が与えられることを指す。また、競売における執行異議の申立てや売却許可決定に対して執行抗告をすることが認められている（民執10条・11条）。しかし、それ以上に手続に関与する特別の権限があるわけではない。

参加の申出は、競売の場合には競売に関する通知を発した執行官・裁判所、鑑定の場合には鑑定に関する通知を発した家庭裁判所に対して行われる。申出があるとこれらの機関は、競売手続の実施や、鑑定等を行うことを、申出人に通知しなければならない（民執195条・188条・64条、民執規37条）。これらの機関は、競売手続の実施や、鑑定等の実施に際して、相続債権者・受遺者の意思を参考にすることができるが、拘束される必要はない。参加に必要な費用は申立人本人が負担する。

相続債権者・受遺者から手続への参加の申出がされたにもかかわらず、参加させないで競売・鑑定等をしたとき、申出をした相続債権者・受遺者に対し、その競売・鑑定等を対抗することができない（民260条2項の準用）。対抗することができないということの意味するところは、たとえば、申出をした相続債権者・受遺者に競売の実施や鑑定等の実施の通知をしなかったような場合、競売・鑑定等は無効とはならず、通知をするべきであった者が、生じた損害について賠償する責任を負うに止まることであると解されている。

（高橋朋子）

（不当な弁済をした限定承認者の責任等）

第934条 限定承認者は、第927条の公告若しくは催告をすることを怠り、又は同条第1項の期間内に相続債権者若しくは受遺者に弁済をしたことによって他の相続債権者若しくは受遺者に弁済をすることができなくなったときは、これによって生じた損害を賠償する責任を負う。第929条から第931条までの規定に違反して弁済をしたときも、同様とする。

2 前項の規定は、情を知って不当に弁済を受けた相続債権者又は受遺者に対する他の相続債権者又は受遺者の求償を妨げない。

3 第724条の規定は、前2項の場合について準用する。

限定承認者は換価手続に際して適式かつ適正な弁済を行わなければならない。本条1項は、限定承認者が規定に違反して不当な弁済を行った一定の場合に、それによって生じた損害を賠償する責任を負うことを定めるものである。一定の場合とは、①民法927条の公告・催告を怠ったとき、②民法927条1項の定める期間内に相続債権者・受遺者に弁済したことによって、他の債権者・受遺者に弁済することができなくなったとき、③民法929条から931条までの規定に違反して弁済をしたとき、である。複数の共同相続人がいる場合、責任を負うのは相続財産管理人に選任された者だけである（民936条）。

損害賠償請求権を有する相続債権者または受遺者は、①公告（民927条）に応じた相続債権者および受遺者、②限定承認者に知れている相続債権者および受遺者（民927条2項ただし書）、③相続財産について優先権を有する債権者（民929条ただし書）である。

なお、受遺者に損害が発生した場合、相続債権者に損害が填補された後でなければ、受遺者は損害賠償請求権を取得することができないと解されている。

本条2項は、前項に定めた事情を知りながら不当に弁済を受けた相続債権者・受遺者に対して、他の債権者・受遺者は、求償権を行使できることを定めている。不当な弁済を受けた債権者・受遺者は、義務違反への加担者であるからである。

求償請求できる額は公正な弁済額に達しなかった分であるところの損害額であるが、それは、不当に弁済を受けた債権者・受遺者が公正な弁済額以上に受けた額を限度とする。

なお、十全な満足を得られなかった受遺者は、相続債権者に対する弁済がされた後、なお残余財産がある場合にのみ求償権を行使することができると解されている。

本条1項の不当な弁済をした限定承認者の負っている損害賠償債務と本条2項の事情を知って不当な弁済を受けた債権者・受遺者の負っている求償債務とは競合する。両債務の関係については、共同不法行為に準じて、不真正連帯債務の関係に立つと解されている。

また、本条は、限定承認者の固有債権者に相続財産から弁済したときにも類推適用されると解されている。

本条3項で、1項・2項ともに不法行為における消滅時効に関する規定（民724条）を準用すると定めているのは、不当な弁済を不法行為類似の行為とみているためであろうと解されている。

（高橋朋子）

（公告期間内に申出をしなかった相続債権者及び受遺者）

第935条　第927条第1項の期間内に同項の申出をしなかった相続債権者及び受遺者で限定承認者に知れなかったものは、残余財産についてのみその権利を行使することができる。ただし、相続財産について特別担保を有する者は、この限りでない。

本条は、請求申出期間内に申し出なかった相続債権者および受遺者であって限定承認者に知れなかったもの、すなわち、請求申出期間満了後から配当弁済手続の終了までに申し出た相続債権者および受遺者、あるいはその期間に限定承認者に知れた相続債権者および受遺者（以下、遅延申出者と略称する）に対する弁済についての規定である。清算手続（民927条～933条）に従って清算が行われた結果、残余財産がなければ、限定承認者は遅延申出者に弁済をする必要がない。民法927条の債権申出の催告はこのような除斥的効力を有する。しかし、残余財産がある場合には、このような者にも権利行使を認めるのが本条本文の趣旨である。

相続財産が、請求申出期間内に申し出た相続債権者および受遺者、申し出なくても知れている債権者・受遺者（民929条・931条）、相続財産に特別担保を有する債権者（民929条ただし書・935条ただし書）に弁済された後なお残存する場合、限定承認者は除斥された遅延申出者に対して弁済しなければならない。弁済の順序・方法について本条はとくに定めていないが、相続債権者が受遺者に優先すると解されている（民931条の趣旨の類推）。仮に同順位の遅延申出者が複数いて、債権額が残余財産を超過するような場合、債権額に応じて弁済することが信義則上妥当であると解されている。また、遅延申出者は、残余財産が相続人の固有財産と混合して識別できなくならない限り、追及することができると解されている。

なお、相続財産である不動産に賃借権・地上権・永小作権・地役権等を有する者は、弁済によって清算されるべき者ではないので、限定承認の影響を受けずに、目的物の上に権利を保有すると解されている（民927条の解説参照）。

相続財産の全部または一部の上に特別担保※51を持つ者（特別担保権者）は、本条本文の規定にかかわらず、当然に優先弁済を受けることができる。特別担保権者は、請求申出期間満了前であってもこれに基づく競売を申し立てることができ、期間満了後の配当弁済でも、優先権のある目的物の価格の限度で、優先的弁済を受けることができる（民929条ただし書）。本条ただし書は、このような優先権を持つ債権者が申出もせず、限定承認者に知れない者であっても、その効力に変わりがないことを注意したにとどまる。

明文上の優先権ではないが、相殺には担保的効力が認められるので、相続債権者が相続財産に対する債務を負担し、相殺適状にある場合、限定承認によって相殺権を失うことはない。遅延申出者から相続財産に対する債権を譲り受けた者は、相殺についても残余財産の限度においてのみ行うことができるにすぎないと解されている※52。

（高橋朋子）

※51 先取特権（民303条）、質権（民342条）、抵当権（民369条）、留置権（民295条、民執195条）等。

※52 大判昭6・4・7裁判例5巻民50頁。

（相続人が数人ある場合の相続財産の管理人）
第936条　相続人が数人ある場合には、家庭裁判所は、相続人の中から、相続財産の管理人を選任しなければならない。
2　前項の相続財産の管理人は、相続人のために、これに代わって、相続財産の管理及び債務の弁済に必要な一切の行為をする。
3　第926条から前条までの規定は、第1項の相続財産の管理人について準用する。この場合において、第927条第1項中「限定承認をした後5日以内」とあるのは、「その相続財産の管理人の選任があった後10日以内」と読み替えるものとする。

Ⅰ　本条の意義

本条は、限定承認者が複数いる場合につき、限定承認の手続を円滑に行うために相続財産管理人を選任することを定めたものである。限定承認者が複数いる場合、仮に全員で相続財産の管理や清算を行うことにすると、事務の遂行が複雑になり、問題の生じるおそれがあるため、事務の単一化と迅速化を図るべく管理人を置くことにしている。

Ⅱ　相続財産管理人の選任・法的地位

1　相続財産管理人の選任

家庭裁判所は、限定承認を受理したとき、職権をもって相続財産管理人を相続人の中から選任しなければならない（以下、「職権による管理人」と略称する。家事手続別表第1〈94〉)。この「職権による管理人」は必須機関であり、職権によって選任され、相続人の中から選ばれることにおいて、民法926条2項による相続財産管理人（以下、「請求による管理人」と略称する）とは異なる。

「職権による管理人」は、相続財産の管理・清算手続の単一化と迅速化を図るために置かれたのであるから、通常は1人が選任されるが、限定承認者がいくつかのグループに分かれている等の事情があるような場合、例外的に、それぞれのグループの代表として複数を選任することもできると解されている。

2　「職権による管理人」の法的地位

「職権による管理人」は、相続人のために、これに代わって相続財産の管理・債務の弁済に必要な一切の行為を行うのであるから、相続人の法定代理人と考えられている。管理人が選任された後は、他の相続人は管理・清算についての権限・義務がなくなると解されている。管理人が相続財産の管理及び清算についてなした行為の効果は、共同相続人全員に帰属する。

3 「職権による管理人」の注意義務

「職権による管理人」の注意義務については「財産の管理者」に関する家事事件手続法125条6項が準用されない（家事手続201条10項）ので、「職権による管理人」は固有財産におけるのと同一の注意義務を払えばよい。

4 「職権による管理人」の訴訟上の地位

相続財産に関する訴訟や訴訟当事者の一方が死亡した際の受継申立て等を行う場合、本条の「職権による管理人」は当事者適格を有しているのであろうか。学説はこれを肯定するが、どのような資格で訴訟を行うかについては、相続人全員の法定代理人説、被相続人の代理人説、職務としてその名において行えるとする説等、多岐に分かれている。判例は、共同相続人が当事者適格を有しており、管理人はその法定代理人として訴訟に関与するものであって、当事者適格を有していないという※53。

5 委任事務等の規定の準用

本条3項は単独限定承認者の管理・清算に関する規定（民926条～935条）を準用している※54ので、①受任者の委任事務に関する民法645条、646条、650条1項・2項、②不在者の財産管理に関する民法27条から29条までが準用されることになる（民926条2項）。なお、民法927条1項の公告期間は「管理人の選任があった後10日以内」と読み替えられる。

本条3項が民法926条2項を準用したことから、相続財産の管理に関する民法918条2項・3項も準用される。その結果、「職権による管理人」が選任された場合にもさらに「請求による管理人」が選任されることもありうる。両者の権限の関係については民法926条の解説Ⅳ参照。

（高橋朋子）

（法定単純承認の事由がある場合の相続債権者）

第937条 限定承認をした共同相続人の1人又は数人について第921条第1号又は第3号に掲げる事由があるときは、相続債権者は、相続財産をもって弁済を受けることができなかった債権額について、当該共同相続人に対し、その相続分に応じて権利を行使することができる。

※53 最一小判昭47・11・9民集26巻9号1566頁。

※54 ただし、民927条1項の公告期間は、管理人の選任があった後10日以内とする。

Ⅰ　本条の意義

共同相続の場合、相続人全員が共同しなければ限定承認できない（民923条）が、その中の1人または数人に法定単純承認にあたる事由（民921条1号・3号）が存在したとき、限定承認の効果を維持しつつそれらの者にいかに責任を課すかについて本条は定めている。相続債権者の保護、共同相続人間の公平等を図る趣旨である。

Ⅱ　要件

本条の定める要件は、①民法921条1号に定める法定単純承認事由があること、②民法921条3号に定める法定単純承認事由があることである。

まず、①民法921条1号に定める法定単純承認事由であるが、これは、相続人が相続財産の全部または一部を処分したことである。問題は、民法921条1号は限定承認をする前に処分があった場合についての規定であると解されているのに対し、本条では「限定承認をした」共同相続人の一部に民法921条1号所定の事由があるときとされており、両者に矛盾があることである。この点の解釈につき学説は分かれており、（ア）民法921条を重視して、限定承認をする前の処分と解する説（多数説）、（イ）本条を重視して、限定承認後の処分と解する説、（ウ）限定承認をする前に処分があったが、限定承認後にそのことが判明した場合と解する説がある。（ア）説の場合、本条との関係から、処分後も限定承認をすることができるという解釈を導いているが、これに対しては、限定承認の申述当時に処分が明らかであったならば、民法921条の趣旨から限定承認を受理するべきではないのではないかという疑問が呈されている。

次に、②民法921条3号に定める法定単純承認事由であるが、これは、相続人が限定承認後でも相続財産の全部または一部を隠匿し、私に消費し、悪意で財産目録に記載しなかったことである。学説は、限定承認前に相続人の1人が民法921条3号にあたる行為をしたが、そのことが不分明なまま限定承認が受理された場合も民法921条3号に含まれると解するので、このような場合も本条の対象となる。

Ⅲ　効果

法定単純承認にあたる事由を行った限定承認者に対しては、相続債権者が責任を追及できる。これに対して、受遺者にはその権利が認められていない。この点につき、立法論として疑問を呈する見解もある。

法定単純承認事由を有する限定承認者がいた場合、なお限定承認手続を続行し、その終了後に相続債務が残存したとき、相続人の相続分に応じて債務を割り当て、法定単純承認事由を有する限定承認者だけがこれを固有財産から弁済しなければならない。

（高橋朋子）

第５編第４章第３節　相続の放棄

〔前注〕

Ⅰ　相続放棄の意義

相続放棄は、相続の効果が自己に帰属することを拒絶する行為であり、初めから相続人とならなかったとみなされることを欲する意思表示である。

明治民法は家督相続を相続制度の根幹に据えていたので、法定推定家督相続人である直系卑属に相続放棄を禁止して（(旧）民1020条)、家督相続を義務づけていたが、1947（昭和22）年の家族法改正により家督相続は廃止され、相続人に当然相続主義（当然包括承継主義）による不利益を回避させるため、相続放棄が認められた。

Ⅱ　相続放棄の現状

1947（昭和22）年の家族法改正後しばらくは、「家」観念の名残や農地の細分化防止のために、長男子１人に相続させようとして他の共同相続人が放棄をする傾向がみられた（1951（昭和26）年には約19万1000件)。その後、放棄以外にも同様の効果をもたらすものとして、生前贈与を受けたので相続分はないとする**特別受益証明書**を作成したり、１人が大部分の相続財産を受け取り、他の相続人はわずかばかりの財産を受け取るという内容の**遺産分割協議書**を作成したりする事例がみられるようになり、また、均分相続の理念の普及、産業構造の変化、死亡率の低下等から、放棄の件数は漸減した（1975（昭和50）年には４万8981件まで落ちこんだ)。その後の景気の悪化のためか、放棄件数は再び漸増し始め、2001（平成13）年以降、相続放棄は10万件を超えるようになった。2018（平成30）年には、21万5320件となる。

Ⅲ　相続放棄の性質

放棄の自由は絶対的であり、たとえ相続債権者に損害を与えることを目的とした放棄であっても、権利の濫用とはならない※55。

相続放棄は自由であるが、単純でなければならず、条件等をつけることはできない。

また、相続放棄は、財産を積極的に減少させる行為というよりはむしろ、消極的に財産の増加を妨げる行為にすぎず、また、このような身分行為については、他人の意思によってこれを強制するべきでないので、詐害行為取消権の対象にならない※56。

Ⅳ　本節の構成

本節は、相続放棄の方式（民938条）、効力（民939条）、放棄後の相続財産の管理（民940条）の3か条からなっている。

（高橋朋子）

（相続の放棄の方式）
第938条　相続の放棄をしようとする者は、その旨を家庭裁判所に申述しなければならない。

Ⅰ　本条の意義

本条は相続放棄の方式を定めたものである。

Ⅱ　放棄の方式

放棄は、相続が開始した後、相続の承認をしないうちに行うことができる。相続開始後一定期間（以下、**熟慮期間**と称する。民915条～917条）が経過した場合や相続財産の全部または一部を処分した場合（民921条1項）には単純承認をしたとみなされるので、もはや放棄はできない。相続開始後の一定期間とは、すなわち、自己のために相続の開始があったことを知った時から3か月以内である（民915条。起算点については、民915条参照）。ただし、一定の場合には期間が延長される（民915条1項ただし書・916条・917条）。

相続放棄は相手方のない単独行為であり、家庭裁判所に対する申述の方式で行われる要式行為である。放棄をする者は、被相続人の住所地または相続開始地の家庭裁判所に（家事手続201条1項）申述書を提出し（家事手続201条5項）、

※55　最三小判昭42・5・30民集21巻4号988頁。

※56　最二小判昭49・9・20民集28巻6号1202頁。

これが受理されることによって効力が生じる（家事手続別表第1〈95〉）。限定承認（民924条）と異なり、財産目録の調製・提出をする必要はない。家庭裁判所は当事者を審訊する必要は必ずしもない※57が、現実には多く行われているようである。申立ての却下の審判に対しては即時抗告の申立てができる（家事手続201条9項3号）が、受理の審判に対しては即時抗告をすることが認められていない。

相続放棄は、遺留分の放棄（民1049条）と異なり、相続開始前に行うことも、被相続人または共同相続人間で相続放棄契約を結ぶことも認められていない※58。

Ⅲ　申立権者

相続放棄は財産上の行為であるから、相続人が放棄の申述申立てを行うためには行為能力が必要となる。制限行為能力者（未成年者、被保佐人、被補助人）本人が相続放棄の意思表示をする場合には、法定代理人（親権者、保佐人、補助人）の同意を要する（民5条・13条・17条）。制限行為能力者（未成年者、被後見人、被保佐人、被補助人）に代わって法定代理人（親権者、後見人、保佐人、補助人）が相続放棄の申述を行うこともできる（民5条・824条・859条・876条の4・876条の9）。ただし、法定代理人も共同相続人である場合や、共同相続人である複数の制限行為能力者の法定代理人である場合、利益相反の問題が生じるときがあるので注意が必要である※59。

Ⅳ　申述受理の審判

申述受理審判の法的性質をめぐっては、①放棄の意思表示を裁判所が受けつけるという事実行為にとどまるものであって裁判ではないとする非裁判説、②申述の適否・効力を判断して行う一種の受理行為であり、広い意味での裁判であるとする裁判説、③放棄の意思表示を公証するにとどまるものであって裁判ではないが、家事手続別表第1審判事項として定められていることから、審判（裁判）に準じるべき行為であるとする準裁判行為説とに分かれている。

これに関連して、家庭裁判所は、放棄の申述を受理するにあたって、申述書が形式的要件（家事手続201条5号、家事手続規105条1項）を具備しているかどうかのみを審査すればよいのか、それ以外に実質的要件も審査の対象とできるのかという受理審判の範囲が問題とされている。実質的要件としては、①申述

※57 最三小判昭29·12·21民集8巻12号2222頁。

※58 大決大6·11·9民録23輯1701頁、大判昭14·6·7法学9巻93頁。

※59 民826条、最二小判昭53·2·24民集32巻1号98頁。

した者が相続人の資格を有しているかどうか、②申述が真意に基づくものであるのかどうか、③申述が熟慮期間内になされているかどうか（表面的には熟慮期間が経過しているが起算点に問題がないかどうか等）、④法定単純承認にあたる事由があるのかどうか、等が考えられる。

見解は分かれている。家庭裁判所の判断に確定力がなく、後に訴訟で放棄の無効を争いうることから、これらの点についての審理は権限を超える実質審査になるため、家庭裁判所は形式的要件のみを調査するべきであるとする形式的審査説（上記の非裁判説と親和的）と、職権探知主義により申述者が自己の利益を擁護する機会は十分に与えられていること等から家庭裁判所も実質審査を行うことができるとする実質的審査説（上記の裁判説と親和的）とが対立している。裁判例には折衷説な立場に立つと評価されるものがある。形式的要件ならびに②の真意の有無を審査するという説[※60]や、さらに、実質的要件を明白に欠いているかどうかまでは審理できるとする説（明らかに要件を欠くとは認められない場合には受理）[※61]などがみられる。

Ⅴ　相続放棄の取消し・無効

放棄の撤回は許されない（民919条1項）[※62]が、民法第1編、第4編の規定による**放棄の取消し**は認められている（民919条2項）。放棄が取り消されうるのは、制限行為能力者が法定代理されずまたは同意を得ないで行った場合（民5条・9条・13条1項6号）、詐欺・強迫による場合（民96条）、後見人が後見監督人の同意を得ないで行った等の場合（民864条）である（民919条2項）。取消しは家庭裁判所に対する申述によって行うことができる（民919条4項、家事手続別表第1〈91〉）。

放棄の無効については規定がないが、実質的要件を欠く場合には別に訴訟で無効を主張することが許されると解されている[※63]。判例では、特段の事情により申述書に自署を欠いたが記名押印があった場合[※64]等が問題になったが、放棄は有効とされた。

Ⅵ　二重資格の放棄

同一人が二重の相続資格を有する場合に、それぞれの資格を選択的に放棄で

※60　福岡家審昭44・11・11家月22巻6号88頁。
※61　大阪高決平14・7・3家月55巻1号82頁。
※62　最三小判昭37・5・29民集16巻5号1204頁。
※63　最三小判昭29・12・24民集8巻12号2310頁。
※64　前掲※57・最三小判昭29・12・21民集8巻12号2222頁。

きるであろうか。資格の重複の例としては、①先順位の資格と後順位の資格がある場合（たとえば、被相続人の弟が養子になっているときに、養子としての資格では放棄するが、弟の資格で相続したいという場合）と、②同順位の資格を有する場合（たとえば、被相続人の養子となっている孫がその親を代襲相続するとき、養子としての資格では放棄するが代襲相続人としての資格では相続したいという場合）がある。判例は、①について、それぞれの資格において相続放棄をしたかどうかを判断するべきであるという[※65]。②に関する判例はない。

1962（昭和37）年改正の家事審判規則以前には、相続放棄の申述書の記載事項として「被相続人との続柄」は要求されていなかったが、現在の家庭裁判所の実務においては、相続放棄の申立書にいずれの資格が記載されているかによって、放棄の主体を決している[※66]。また、先例においては、家事審判規則改正前にはいずれの資格をもって放棄したかが明らかでなかったので、二重の相続資格を有する者が放棄した場合には、いずれの資格にも及ぶものと解していた[※67]が、現在では、特定の相続資格をもって相続放棄をしたことが明らかである場合には、他の資格での相続登記申請を受理してもよいとされている[※68]。

（高橋朋子）

（相続の放棄の効力）
第939条　相続の放棄をした者は、その相続に関しては、初めから相続人とならなかったものとみなす。

本条は、従来解釈の分かれていた放棄者の地位に関する問題を解決するために、1962（昭和37）年に改正されたものである。以前は、「第1項　放棄は、相続開始の時にさかのぼって効力を生ずる。第2項　数人の相続人がある場合において、その1人が放棄したときは、その相続分は、他の相続人の相続分に応じてこれに帰属する。」となっていた。これをめぐり、たとえば、配偶者と3

※65 大判昭15・9・18民集19巻1624頁、京都地判昭34・6・16下民集10巻6号1267頁。

※66 1962（昭和37）年改正に関連して、（旧）家審規114条2項に3号が挿入され、申述書への記載事項として「被相続人との続柄」が挙げられた（現家事手続規105条1項2号）。その趣旨は、上記の問題を解決するべく、解釈を法定したものではないと説明されていたが、今日の家庭裁判所の実務では、相続放棄申述書に2つの資格が明示されている場合、同順位の資格であれば1件、異順位の場合は2件として取り扱われているとのことである。

※67 昭32・1・10民事甲61号回答、昭41・2・21民三発172号回答。

※68 平27・9・2民二363号通知。

人の子が相続人である場合に、子の１人が放棄したとき、その子の相続分は他の子供にのみ帰属するのか、それとも、配偶者にも帰属するのかについて見解が対立していた。改正により、放棄者はその相続に関し初めから相続人とはならなかったものとされたので、上記の例の場合、相続人としての子の数が当初から２人であったにすぎないことになり、配偶者の相続分には変化がない。その結果、放棄した子の相続分が配偶者には帰属しないことが明らかにされた。

相続放棄の効果は、絶対的であって、何人に対しても、登記等の対抗要件の具備の有無に関わりなくその効力を生じる※69。

また、同じ1962（昭和37）年改正により、民法887条が改正され、放棄は代襲原因にならないということが明確になった。

（高橋朋子）

（相続の放棄をした者による管理）

第940条　相続の放棄をした者は、その放棄によって相続人となった者が相続財産の管理を始めることができるまで、自己の財産におけるのと同一の注意をもって、その財産の管理を継続しなければならない。

２　第645条、第646条、第650条第１項及び第２項並びに第918条第２項及び第３項の規定は、前項の場合について準用する。

Ⅰ　本条の意義

本条は、放棄をした者の相続財産についての管理義務について定める。放棄をした者は、初めから相続人とならなかったものとみなされる（民939条）にもかかわらず、その放棄によって相続人となった者が相続財産の管理を始めることができるまで、管理義務を有する。一種の事務管理と考えられている。

相続人は、放棄をするまでは「固有財産におけるのと同一の」注意義務（民918条１項）を課されており、放棄後もそれと同一の注意義務を負う。放棄をした者は他人の財産を管理するものではあるが、自らは相続を放棄し、他の相続人のために管理をするので、善良なる管理者の注意義務までを課するわけにはいかなかったのではないかと考えられている。管理に要する費用は相続財産の負担となる（民885条１項）。

放棄した者は、管理義務に違反して相続人に損害を発生させた場合、損害賠償責任を負う。また、放棄に反するような一定の行為をした場合には法定単純承認が生じる（民921条）。

※69　最二小判昭42・1・20民集21巻１号16頁。

Ⅱ　委任の規定の準用

本条の管理には委任の規定(民645条・646条・650条1項・2項)が準用される。その結果、相続放棄をした者は、委任者への事務処理状況の報告義務（民645条）や事務処理にあたって受け取った金銭その他の物の委任者への引渡義務(民646条）を負う一方で、委任者に対して事務処理に必要な費用と利息の償還請求権や事務処理のために負担した債務の弁済請求権（民650条1項・2項）を有する（民926条の解説参照)。委任者がだれであるかについては明確でないが、相続人であると解されている。

また、家庭裁判所は相続財産の保存に必要な処分を命じたり、管理人を選任したりすることができる（民918条2項・3項。民926条の解説参照)。管理人が選任されたときは、放棄者の管理義務は消滅すると解されている。

（高橋朋子）

第５編第５章　財産分離

〔前注〕

相続が開始し、相続人が単純承認をすると、相続財産は相続人の固有財産と混合することになり、相続債務および相続人固有の債務の両方の責任財産となる状態が生じる。その結果、相続財産が債務超過である場合には相続人の固有債権者に不利益が及ぶ可能性が生じ、逆に相続人の固有財産が債務超過の場合には相続債権者・受遺者に不利益が及ぶ可能性が生じる。前者の場合、相続人が限定承認や相続放棄の手続をとることによって、自己の財産が相続債務の引当になることを阻止できるが、この手続がとられなかった場合、固有債権者にも自ら責任財産を保全する措置を認める必要が出てくる。後者の場合は、相続債権者に同様の措置を認める必要がある。そこで、相続債権者・受遺者または相続人の固有債権者の請求によって、相続財産と固有財産とを分離して、相続債権について清算を行う財産分離制度が置かれた。財産分離制度には、相続債権者・受遺者から請求する**第１種財産分離**と、相続人の固有債権者から請求する**第２種財産分離**とが存在する。

財産分離制度以外に財産の混合を防ぎ、相続財産の清算を行う制度には、**限定承認**（民922条～937条）や**相続破産制度**（破222条～237条）がある。これらの手続が開始しても、後に効力がなくなることがありうるので、これらに重ねて財産分離を請求することには意味がある（破228条）。

しかし、現実には財産分離制度はあまり利用されていない。2003（平成15）年に12件の財産分離の処分がみられるが、それ以外の年はほぼ5件以下であり、2018（平成30）年には2件となっている。破産法が1923（大正11）年に制定され、相続破産制度が採用されて以来、財産分離制度の廃止論も出されていた。財産分離制度は、相続法の中に散財する相続財産管理制度とともに再検討され、より合理的かつ総合的な財産管理制度として発展する必要があると考えられている。

（高橋朋子）

（相続債権者又は受遺者の請求による財産分離）

第941条　相続債権者又は受遺者は、相続開始の時から３箇月以内に、相続人の財産の中から相続財産を分離することを家庭裁判所に請求することができる。相続財産が相続人の固有財産と混合しない間は、その期間の満了後も、同様とする。

２　家庭裁判所が前項の請求によって財産分離を命じたときは、その請求をした者は、5日以内に、他の相続債権者及び受遺者に対し、財産分離の命令があったこと及び一定の期間内に配当加入の申出をすべき旨を公告しなければならない。この場合において、その期間は、2箇月を下ることができない。
3　前項の規定による公告は、官報に掲載してする。

Ⅰ　本条の意義

本条は、**第1種財産分離**の要件・手続について定めるものである。相続人の固有財産が債務超過状態にあるのに対して、相続財産の状態が良好な（あるいは債務超過の程度が固有財産よりも少ない）場合には、相続人が単純承認をする（相続放棄や限定承認をしない）ことによって相続債権者・受遺者が不利益を受ける可能性がある。このような相続債権者・受遺者の権利を保全するため、相続債権者・受遺者の側から両財産を分離させ、相続債権者・受遺者が相続人の固有債権者に優先して相続財産から債権の弁済を受けることができるようにする制度である。

Ⅱ　第1種財産分離の要件

請求権者は相続債権者もしくは受遺者である。相続債権者については、担保権・債務名義の有無、条件・期限の有無、存続期間が不確定であるかどうかを問わない。ただし、相続債権者である相続人は、分離請求の実益がないため、請求権者から除かれる。受遺者は特定遺贈の受遺者を指す。包括受遺者は相続人と同一の権利義務を有する（民990条）ため、請求権者とはならない。受遺者は相続債権者よりも後順位に置かれる（民947条・931条）。

財産分離請求は別表第1事件である。別表第1事件は公益に関するため、家庭裁判所が国家の後見的な立場から関与し、また、当事者が対立して争う性質の事件ではないことから、もっぱら審判のみによって扱われる。

財産分離の請求期間は相続開始から3か月、もしくは、3か月以後でも相続財産が固有財産と混合しない間である。混合とは、事実上相続財産を識別することができないか、著しく困難なことをいう。動産は混合を生じやすいが、不動産は処分されない限り混合は生じない。相続財産中に不動産がある場合、動産に混合が生じても財産分離の請求ができるかどうかについては、学説は分かれている。

財産分離の請求は家庭裁判所に対して行われ、審判によって効力が生じる（家事手続別表第1〈96〉）。審判に対する即時抗告は、分離を認めた審判に対しては、審判を受ける者となるべき者にあたる相続人全員が、請求を却下した審判に対しては相続債権者・受遺者が、行うことができる（家事手続202条2項）。相続人の固有財産に債務超過の事実があることが明らかでない場合でも、家庭裁判所が分離請求を却下できるかどうかにつき、学説は、これを認める説（裁量説）と否定する説（絶対説）とに分かれている。最高裁は、相続財産と相続人の固有財産とが混合することによって相続債権者等がその債権の全部または一部の弁済を受けることが困難となるおそれがあると認められる場合には、財産分離を命じることができると述べ、裁量説を採った※1。

財産分離を命じる審判が確定すると、請求した者は他の相続債権者・受遺者に対し、財産分離の命令があったこと、および、一定の期間（2か月以上）内に配当加入の申出をするべき旨を公告しなければならない（民941条2項）。公告を怠ると、損害賠償の責任を負わねばならない（民947条3項・934条）。知れている債権者・受遺者に個別に催告をする必要はない※2。

（高橋朋子）

（財産分離の効力）
第942条　財産分離の請求をした者及び前条第2項の規定により配当加入の申出をした者は、相続財産について、相続人の債権者に先立って弁済を受ける。

本条は、第1種財産分離の効果について定めたものである。財産分離の請求をした者、および、配当加入の申出をした相続債権者・受遺者は、相続財産につき、相続人の固有債権者に優先して弁済を受ける。

（高橋朋子）

（財産分離の請求後の相続財産の管理）
第943条　財産分離の請求があったときは、家庭裁判所は、相続財産の管理について必要な処分を命ずることができる。
2　第27条から第29条までの規定は、前項の規定により家庭裁判所が相続財産の管理人を選任した場合について準用する。

Ⅰ　本条の意義

本条は、財産分離の請求がされた後の、家庭裁判所による相続財産管理に関

※1　最三小判平29·11·28判タ1445号83頁。
※2　第2種財産分離の場合は必要である（民950条の解説参照）。

する処分について定めている。相続人が単純承認をした後も、財産分離の請求があったときは、相続財産の管理義務は相続人が負う（民944条）。相続人は固有財産におけると同一の注意義務を負う。しかし、その管理では不十分であると考えられる場合には、家庭裁判所は必要な処分（相続財産の封印、目録調整、供託、換価、管理人の選任等）を命じることができる（家事手続別表第1〈97〉・202条3項）。管轄裁判所は財産分離の審判事件が係属している家庭裁判所である（家事手続202条1項2号）。

Ⅱ　管理人の選任

必要な処分として管理人が選任された場合、管理人の権利義務（職務、権限、担保提供および報酬）については不在者の財産管理に関する規定（民27条～29条）が準用される（民943条2項。家事手続別表第1〈97〉）。また、家庭裁判所は、管理人の改任、管理人に対して財産状況の報告および管理の計算、管理人の供した担保の増減、抵当権登記の嘱託、処分の取消し、財産目録の作成・提出を命じることができる（家事手続202条3項による125条、家事手続規108条の準用）。管理人が選任された場合、相続人の相続財産に対する管理権限・管理義務は失われる（民944条1項ただし書）。

（高橋朋子）

（財産分離の請求後の相続人による管理）

第944条　相続人は、単純承認をした後でも、財産分離の請求があったときは、以後、その固有財産におけるのと同一の注意をもって、相続財産の管理をしなければならない。ただし、家庭裁判所が相続財産の管理人を選任したときは、この限りでない。

2　第645条から第647条まで並びに第650条第1項及び第2項の規定は、前項の場合について準用する。

Ⅰ　本条の意義

本条は、財産分離請求後における相続人の管理義務および注意義務について定める。相続人による相続財産の処分については定めがないが、処分は禁止されるというのが通説である。

相続財産の管理における相続人の注意義務の程度は、固有財産におけると同一の注意義務（民918条1項）である。これは、相続人の熟慮期間における注意義務（民918条1項）、限定承認者の注意義務（民926条1項）、相続放棄者の注意義務（民940条1項）と同様の注意義務である。家庭裁判所が管理人を選任したとき（民943条）、相続人は管理義務を免れる（民944条1項ただし書）[※3]。

Ⅱ　委任の規定の準用

管理義務については、委任の規定（民645条～647条・650条1項・2項）が準用される（本条2項）。その結果、相続人は、委任者への事務処理状況の報告義務（民645条）や事務処理にあたって受け取った金銭その他の物の委任者への引渡義務（民646条）、金銭を自己のために消費したときの責任（民647条）を負う一方で、委任者に対して事務処理に必要な費用と利息の償還請求権や事務処理のために負担した債務の弁済請求権（民650条1項・2項）を有する（民926条の解説参照）。本条2項は、委任の規定を準用することによって、相続人の義務を実質的に拡大したものと解されている。なお、委任者がだれであるかについては明確でなく、条文ごとに解釈するべきと解する説がある。

（高橋朋子）

（不動産についての財産分離の対抗要件）
第945条　財産分離は、不動産については、その登記をしなければ、第三者に対抗することができない。

Ⅰ　本条の意義

本条は、財産分離の対抗要件について定めたものである。財産分離が請求されると、相続人は相続財産を勝手に処分してはならず、これに違反してなされた処分行為は無効となる。しかし、第三者保護の観点から、不動産処分に関しては財産分離の登記のあることを対抗要件とする。

Ⅱ　不動産の対抗要件

財産分離の登記について、不動産登記法は明文の定めを置いていない。処分の制限の登記（不登3条）の一種と解されている。登記権利者は財産分離請求権者であり、登記義務者は相続人と解される。これは財産分離の審判に基づく登記であるので、登記権利者が単独で申請することができる（不登63条）。

第三者とは、相続人の固有債権者に限定されず、広く第三者を指すと解されており、相続人から不動産の譲渡を受けた第三者や財産分離の登記前に不動産を差し押さえた相続人の固有債権者等も含まれる（ただし、いわゆる背信的悪

※3　承認・放棄と異なっている点につき、民918条・926条・936条・940条の解説参照。

意者は別である）。

Ⅲ　動産処分と財産分離の効力

本条は不動産の処分に関するものであるので、動産や債権等の処分に関して、相続債権者・受遺者は対抗要件なしに財産分離の効力を主張することができる。ただし、動産については、第三者からの即時取得による保護の主張を妨げず（民192条）、債権についても、相続人に弁済した債務者が債権の受領権者としての外観を有する者に対する弁済を主張することを妨げない（民478条）。

（高橋朋子）

（物上代位の規定の準用）
第946条　第304条の規定は、財産分離の場合について準用する。

本条は、先取特権に関する物上代位の規定（民304条）を財産分離に準用するものである。これは、財産分離によって相続財産が相続債権者・受遺者への弁済のために確保される財産となり、あたかも相続債権者等に相続財産への先取特権を付与したような結果になっているからである。

財産分離の登記前になされた不動産譲渡、即時取得の要件を満たす動産譲渡、受領権者としての外観を有する者への弁済の主張ができる債権の弁済等の場合に（民945条の解説参照）、その代価について相続債権者や受遺者は物上代位によって優先権を主張できる。また、相続財産中の物の賃貸に基づく賃料債権、滅失・損傷等に基づく保険金債権、相続財産中の物に設定された物権の対価請求権等についても、相続債権者や受遺者は物上代位によって優先権を主張できる。

ただし、相続債権者や受遺者はこの物上代位権を行使するために、代価等の払渡しまたは引渡しの前に対象債権を差し押さえなければならない（民304条1項ただし書）。この手続については民事執行法に定めがないので、担保権の実行に関する民事執行法193条1項後段に準じて、権利の存在を証明する文書（財産分離の審判と債権等が相続財産の売買・賃貸・滅失損傷等により生じた旨を証する文書）を執行裁判所に提出して開始されるものと解されている。

（高橋朋子）

（相続債権者及び受遺者に対する弁済）
第947条　相続人は、第941条第1項及び第2項の期間の満了前には、相続債権者及び受遺者に対して弁済を拒むことができる。

2　財産分離の請求があったときは、相続人は、第941条第2項の期間の満了後に、相続財産をもって、財産分離の請求又は配当加入の申出をした相続債権者及び受遺者に、それぞれその債権額の割合に応じて弁済をしなければならない。ただし、優先権を有する債権者の権利を害することはできない。
3　第930条から第934条までの規定は、前項の場合について準用する。

Ⅰ　本条の意義

本条は、相続債権者・受遺者に対し、公平な弁済を行うという目的のために、その手続を定めた規定である。限定承認における弁済の規定と同様の内容である（民928条・929条の解説参照）。

Ⅱ　弁済拒絶権

相続人は、財産分離の請求可能期間（民941条1項）および配当加入申出期間（民941条2項）が満了して債権者・受遺者が揃うまで、弁済期が到来している債権者からの弁済請求をも拒絶することができる（民947条1項）。仮に請求申出期間の満了前に一部の債権者等に弁済し、その結果、他の相続債権者らに支払が不可能になった場合、相続人はその損害を賠償する責任を負う（民947条3項・934条）。

Ⅲ　弁済手続

配当加入申出期間満了後、相続人は、第1に優先権を有する債権者、第2に財産分離請求者または配当加入を申し出た債権者・受遺者の順に弁済を行う。

第1順位である相続財産の上に優先権（先取特権（民303条）、質権（民342条）、抵当権（民369条）、留置権（民295条、民執195条）等）を持つ債権者は、相続財産の多寡に関係なく目的物の上に排他的独占的にその権利を行使できる者であり、請求申出期間満了前であってもこれに基づく競売を申し立てることができ、期間満了後の配当弁済でも、優先権のある目的物の価格の限度で優先的弁済を受けることができる（民947条2項ただし書）。

優先権ある債権者がいないか、あるいはそれらの者への弁済が終わってなお残余財産がある場合、第2順位の財産分離請求者、配当加入申出をした相続債権者・受遺者に弁済をすることになる（民947条2項本文）。知れている債権者・受遺者も申出をしないと弁済を受けられない点は、限定承認の場合と異なる（民929条の解説参照）。弁済は、債権総額が相続財産の価額を超えるとき、債権額の割合に応じて行われる。債権者の有する債権中に弁済期未到来の債権がある場合でも弁済を行い、条件付き・存続期間不確定な債権がある場合にも、条件成就、存続期間確定を待たずに、家庭裁判所が選任した鑑定人の評価に従って、弁済を行う（民947条3項・930条）。弁済は相続債権者に優先的に行い、受遺者は劣後する（民947条3項・931条）。

弁済にあたって相続財産を売却する必要があるときは、競売に付さなければならない（民947条3項・932条本文、民執195条）。しかし、常に競売を求めることに疑問を呈し、任意売却の可能性を示唆する立法論もある。

また、相続人は相続財産の競売を止めるために固有財産から相続財産の全部または一部の価額を弁済することができる（民947条3項・932条ただし書）。相続財産中に相続人にとって主観的な価値の高い財産（被相続人の形見の品、先祖伝来の財産、家宝等）等があって、競売の対象からはずしたい場合には、相続人はその価額を固有財産から弁済して、これを競売から守ることができる。しかし、この規定については、財産分離制度の趣旨からみての反対論もある。すなわち、財産分離制度は、相続財産と固有財産が分離され、それぞれの債権者等はそれぞれの財産から優先して弁済を受けることができることを前提とする制度であるにもかかわらず、このようなことを認めれば、相続人の固有債権者を害することになるというものである。

また、相続債権者・受遺者は自己の費用で相続財産の競売・鑑定に参加することができる（民947条3項・933条）が、配当要求した者だけに優先的に配当するのは財産分離の制度趣旨にそぐわないため、民法933条を準用するべきでないとする見解もある。

以上のような手続に反して不当な弁済を行った相続人は、それによって損害を被った債権者・受遺者に損害賠償義務を負う（民947条3項・934条1項）。また、規定に違反した不当な弁済であることを知って不当に弁済を受けた相続債権者・受遺者に対して、他の債権者・受遺者は、求償することができる（民947条3項・934条2項）。以上のような請求権には、不法行為における消滅時効に関する規定（民724条）が準用される（民947条3項・934条3項）。不当な弁済を不法行為類似の行為とみているためであろうと解されている。

（高橋朋子）

（相続人の固有財産からの弁済）

第948条　財産分離の請求をした者及び配当加入の申出をした者は、相続財産をもって全部の弁済を受けることができなかった場合に限り、相続人の固有財産についてその権利を行使することができる。この場合においては、相続人の債権者は、その者に先立って弁済を受けることができる。

Ⅰ　本条の意義

本条は、相続人の固有財産に対する相続債権者等の追及権と、固有債権者との優先順位について定めたものである。すなわち、財産分離の請求をした相続債権者・受遺者および配当加入の申出をした相続債権者・受遺者は、相続財産から全額の弁済を受けることができなかったときに限り、相続人の固有財産に権利を行うことができる。ただし、相続人の固有財産については、相続人の固有債権者が優先的に弁済を受ける。これは、相続債権者等は相続財産から優先的に弁済を受けたのであるから、相続人の固有財産については固有債権者が優先的に弁済を受けることが公平に適うからであると考えられているためである。

Ⅱ　固有債権者の優先弁債権の実現

問題となるのは、相続人の固有財産に対する固有債権者の優先弁済権をいかに実現するかという点である。財産分離は相続人の固有財産の清算を目的とするものではないので、たとえば、弁済期未到来の固有債権はどのようにして相続債権者等からの固有財産への弁済請求に優先することができるのであろうかが問題となる。立法者は、相続人が破産した場合に配当手続が行われるまで、相続人は相続債権者等への弁済を拒むことができると考えていた。固有債権者の優先権が実現されるのは、相続人が破産した場合に行われる配当手続の中である。では、それ以外の場合はどうなるのであろうか。固有財産に対する民事執行の場合、相続人は相続債権者等からの強制執行を阻止することができないので、固有債権者も配当要求をすることになり、その際、実体法上の効力として固有債権者は相続債権者等への優先効が認められるという説もある。しかし、相続人が任意弁済するとき等は固有債権者の優先権を実現する手続的な仕組みは存在しない。この場合、本来相続人は優先的に固有債権者に弁済するべきであるにもかかわらず、相続債権者等に弁済したことによって固有債権者が損害を受けたことになる。固有債権者は、相続人に損害賠償を請求したり、弁済を受領した相続債権者等に不当利得の返還を請求したりすることにより、事後的に、本条の趣旨を実現することになるとの見解がある。

なお、財産分離の公告に対し、期間中に申出をしなかった相続債権者等については、限定承認と異なり（民929条・935条）、定めがない。その結果、これらの者が相続財産について優先権を持たないことは当然である（民947条2項）が、相続人の固有財産についてはいかなる権利を有しているのであろうか。本条において相続人の債権者が優先権を持つのが、「財産分離の請求をした者及び配当加入の申出をした者」に対してであると定められていることから、申出をしなかった相続債権者等は固有債権者の優先権の制限を受けることなく、固有債権者と同等の順位で弁済を受けることができると解する説が有力である。これを回避するためには、固有債権者は第2種財産分離を請求する必要があろう。

（高橋朋子）

（財産分離の請求の防止等）

第949条　相続人は、その固有財産をもって相続債権者若しくは受遺者に弁済をし、又はこれに相当の担保を供して、財産分離の請求を防止し、又はその効力を消滅させることができる。ただし、相続人の債権者が、これによって損害を受けるべきことを証明して、異議を述べたときは、この限りでない。

Ⅰ　本条の意義

本条は、財産分離を阻止するための手続について定めている。相続人が固有財産から相続債務を弁済し、または相当の担保を供することによって相続財産を維持したいと考えるとき、相続債権者・受遺者等も債権を弁済してもらえるのであればあえて財産分離を行う必要がないことから、財産分離を阻止するための手続が定められている。

Ⅱ　手続

財産分離の阻止手続に関しては、①財産分離請求の「防止」と、②財産分離請求がなされたのちにその効果を「消滅」させるものの2種類がある。いずれの場合も、相続人はその固有財産をもって相続債権者・受遺者に弁済または相当の担保を供する必要がある。弁済等の相手方は、①「防止」の場合は財産分離申立債権者（および当事者参加の債権者）、②「消滅」の場合はさらにすべての配当加入申出債権者も加わる。

①「防止」手続は、財産分離請求審判手続においてこの請求を防止する旨の主張をしたり、財産分離審判に対する即時抗告の申立て等によることになる。相続人の主張に理由があると認められれば、財産分離の申立ては却下される（家事手続202条2項1号）。②「消滅」の手続は、財産分離審判の取消審判申立て等により行われる。

しかし、固有財産が債務超過状態にあるような場合等、固有財産からの弁済等が固有債権者の地位を害するおそれがあるので、相続人の財産分離阻止に対して固有債権者は損害を受けることを立証して異議を述べることが認められている（本条ただし書）。固有債権者が財産分離阻止に異議を述べたいときは、財産分離申立ての審判や財産分離阻止の審判手続の係属中に利害関係人として参加することになる（家事手続42条）。しかし、異議申立ては、相続人が財産分離請求者に弁済または担保の提供をする前に行われなければならないと解されており、したがって、固有債権者は相続人の財産分離阻止の請求に常に異議申立てをしておかなければならず、実際上はきわめて困難なことと考えられている。

（高橋朋子）

（相続人の債権者の請求による財産分離）

第950条　相続人が限定承認をすることができる間又は相続財産が相続人の固有財産と混合しない間は、相続人の債権者は、家庭裁判所に対して財産分離の請求をすることができる。

2　第304条、第925条、第927条から第934条まで、第943条から第945条まで及び第948条の規定は、前項の場合について準用する。ただし、第927条の公告及び催告は、財産分離の請求をした債権者がしなければならない。

Ⅰ　本条の意義

本条は、**第２種財産分離**について定めている。第２種財産分離とは、相続財産が債務超過状態にあるのに対して、相続人の固有財産の状態が良好な（あるいは債務超過の程度が相続財産よりも少ない）場合に、相続人が単純承認をする（相続放棄や限定承認をしない）ことによって相続人の固有債権者が不利益を受ける可能性があるとき、固有債権者の側から両財産を分離させるものである。

Ⅱ　要件

第２種財産分離の申立権者は相続人の固有債権者（相続開始後の債権者も含む）である。請求期間は、限定承認をすることができる間および相続財産が固有財産と混合しない間（民941条解説参照）である（本条１項）。限定承認をすることができる期間とは、「自己のために相続の開始があったことを知った時から３箇月以内」（民915条１項・924条）である（裁判所によって伸長することはできる）。起算点によっては相続開始後３か月より長いこともありうる。また、法定単純承認にあたる事由（民921条１号）が生じた場合にはもはや限定承認ができず、財産分離請求もできないので、相続開始後３か月より短いこともあろう。単に「相続開始の時から３箇月以内」（民941条）と定められている第１種財産分離の請求期間と異なることがありうる。

財産分離の請求は相続人の固有債権者から家庭裁判所に対して行われ、審判によって効力が生じる（家事手続別表第１〈96〉）。分離を認めた審判に対しては、審判を受ける者となるべき者にあたる相続人に、請求を却下した審判に対しては相続人の固有債権者に、即時抗告が許される（家事手続202条２項）。

Ⅲ 効果

第２種財産分離の効果については、物上代位に関する民法304条、限定承認の規定（民925条・927条〜934条）、第１種財産分離の規定（民943条〜945条・948条）が準用されている（民950条２項）。総じてみると、第１種財産分離と同様の効果が与えられている。相続人の固有債権者は、相続債権者・受遺者に対して、一定期間内に配当加入の申出をするように公告する（民927条）。相続財産は相続人の固有財産と分離されて清算され、申出期間内は弁済を拒絶できる（民928条）。申出期間後には配当弁済をする（民929条・930条）。受遺者は債権者に劣後する（民931条）。相続財産の換価には競売をしなければならない（民932条・933条）。規定に違反して公告・催告をせず、あるいは、規定に違反した弁済によって、他の債権者に損害を与えた場合、賠償責任が定められている（民934条）。相続財産の管理（民943条・944条）、不動産についての財産分離の対抗要件（民945条）については、第１種財産分離の規定が準用されている。相続財産から全額の弁済を得られなかった者は債権者の固有財産に権利を行えることも同じである（民948条）。

第１種財産分離と異なる点は、相続人が被相続人に対して有していた権利義務が不消滅であること（民925条）、知れている債権者・受遺者に個別催告をしなければならないこと（民927条２項・３項）、知れている債権者・受遺者にも配当弁済をしなければならないこと（民929条本文）等である。一方、民法935条および942条が準用されていないため、相続財産につきすべての相続債権者・受遺者が相続人の固有債権者に優先して弁済を受けると解されている。

第２種財産分離の審判が確定すると、相続財産と固有財産は分離され、まず相続債権者・受遺者が相続人の固有債権者に優先して相続財産から債権の弁済を受け、不足分については、固有財産につき、固有債権者に劣後して弁済を受ける。

（高橋朋子）

第５編第６章　相続人の不存在

〔前注〕

相続は財産関係の帰属主体の変更という側面を有する。そこには、従来被相続人を帰属主体としていた相続財産（積極財産・消極財産の総体からなる財産関係）を別の法主体に終局的に帰属させるための財産関係の整理ということが必然的に生じる。通常の場合には、共同相続人は、相続による財産関係帰属の主たる変更先であるだけでなく、この整理の過程における相続財産の暫定的な管理主体でもある。したがって、相続人の存在が明らかでない場合には、そもそもだれが主たる終局的帰属主体となるのかだけでなく、終局的帰属が確定する前の相続財産の法主体ないし管理主体をどうするのかも問題になる。民法典は、まず、管理主体の問題について、相続財産自身を**法人**とした上でその管理を家庭裁判所が選任する管理人に委ねるという処理をしている。いわば財団法人とその理事の関係に類似する処理である。次に、結局的帰属主体の問題については、相続債権者と受遺者に対する弁済を経た上で、なお積極財産があって、しかも相続人が現れない場合には、特別縁故者への分与を行い、残余は国庫に帰属させることにしている。

（川　淳一）

（相続財産法人の成立）
第951条　相続人のあることが明らかでないときは、相続財産は、法人とする。

本条は、相続人があることが明らかでない場合には、相続財産自身を**法人**とすることを定める。財団法人を設立する場合等とは異なり、法人設立のためには、なんらの手続も要しない。

解釈上問題になるのは、「相続人があることが明らかでないとき」の意義である。

まず、戸籍上相続人が存在する場合には、その者が所在不明や生死不明であっても本条には該当しない。この場合には、問題はまず不在者財産管理制度と失踪宣告制度（民25条以下）によって処理される。

次に、戸籍上相続人がいない場合と戸籍上の相続人全員が廃除、欠格、または相続放棄によって相続権を失っている場合は本条に該当し、管理人（民952条以下）による相続財産の管理・清算および相続人の捜索の公告が行われる。

戸籍上の相続人は存在しないが、相続人としての身分が発生する可能性のある者がいる場合（認知の訴え、離婚・離縁の無効訴訟または父を定める訴え等が係属している場合）には、学説は分かれる。この場合も本条を適用できるとする見解と、確定判決を待つべきであり、その間の相続財産の管理は、民法918条または895条の類推適用による、とする見解がある。後者の見解は、相続人出現の可能性が現実化している場合には、民法958条による相続人捜索手続は蛇足であること、および、相続人のかかわらない清算手続の進行は、法律関係を錯綜させかねないことを考慮したものである。

判例上問題になったのは、相続人があることは明らかではないが、包括受遺者があった場合である。最高裁は、包括受遺者からの預金の払戻請求を民法951条以下の手続がふまれていないことを理由に銀行が拒んだ事案において、遺言者に相続人は存在しないが、相続財産全部の単独の包括受遺者が存在する場合は、「相続人のあることが明らかでないとき」にはあたらない、として銀行の主張を退けた※1。判断の根拠は、包括受遺者は相続人と同一の権利義務を有し（民990条）、遺言者の死亡の時から原則として同人の財産に属した一切の権利義務を承継するのだから、相続財産全部の包括受遺者が存在する場合には、民法951条以下の諸手続を行わせる必要はないという点にある。この根拠から出発して考えると、相続財産全部が多数の包括受遺者に遺贈されている場合が、「相続人のあることが明らかでないとき」にあたらないのは確かである。しかし、相続財産の一部のみが包括遺贈されている場合の処理については、見解が分かれることになる。残部について民法951条以下の手続が開始されるとする見解と、一部についての包括受遺者が全相続財産を取得するという見解がある。後者の見解は、遺産の国庫帰属という事態は極力回避するべきこと、および、遺産の一部の清算という事態は煩雑で好ましくないことを理由とする。

（川　淳一）

（相続財産の管理人の選任）

第952条　前条の場合には、家庭裁判所は、利害関係人又は検察官の請求によって、相続財産の管理人を選任しなければならない。

2　前項の規定により相続財産の管理人を選任したときは、家庭裁判所は、遅滞なくこれを公告しなければならない。

※1　最二小判平9・9・12民集51巻8号3887頁。

（不在者の財産の管理人に関する規定の準用）

第953条　第27条から第29条までの規定は、前条第１項の相続財産の管理人（以下この章において単に「相続財産の管理人」という。）について準用する。

（相続財産の管理人の報告）

第954条　相続財産の管理人は、相続債権者又は受遺者の請求があるときは、その請求をした者に相続財産の状況を報告しなければならない。

（相続財産法人の不成立）

第955条　相続人のあることが明らかになったときは、第951条の法人は、成立しなかったものとみなす。ただし、相続財産の管理人がその権限内でした行為の効力を妨げない。

「相続人のあることが明らかになったとき」を文字通りに解すると、その時点で法人の成立をいったん否定し、その相続人が相続を放棄すれば、家庭裁判所はあらためて財産管理人を選任しなければならなくなる。この問題を回避するために、相続人の出現によって法人が存立しなかったものとみなされる効果は、その相続人が承認することをいわば停止条件として発生すると解する見解や、相続人があることが明らかになったときとは、相続人が承認した場合であると解する見解がある。

（川　淳一）

（相続財産の管理人の代理権の消滅）

第956条　相続財産の管理人の代理権は、相続人が相続の承認をした時に消滅する。

２　前項の場合には、相続財産の管理人は、遅滞なく相続人に対して管理の計算をしなければならない。

民法955条によって相続人のあることが明らかになった場合には、その相続人の承認前に法人は成立しなかったものとみなされるとすると、その間の管理人の代理権の性質が問題になる。本条における管理の計算義務と民法955条ただし書は、その間、相続財産管理人は、その相続人の法定代理人になることを前提にしている。

なお、代理権の消滅について、家庭裁判所の管理人選任取消しの審判を要するか、相続人による相続の承認によって当然に消滅するかについては、見解が分かれている。

（川　淳一）

（相続債権者及び受遺者に対する弁済）
第957条　第952条第2項の公告があった後2箇月以内に相続人のあることが明らかにならなかったときは、相続財産の管理人は、遅滞なく、すべての相続債権者及び受遺者に対し、一定の期間内にその請求の申出をすべき旨を公告しなければならない。この場合において、その期間は、2箇月を下ることができない。
2　第927条第2項から第4項まで及び第928条から第935条まで（第932条ただし書を除く。）の規定は、前項の場合について準用する。

本条については、判例上、被相続人から抵当権の設定を受けてはいたものの、被相続人の死亡前に抵当権設定登記を経ていなかった相続債権者が、相続財産法人に対して設定登記手続請求できるかが問題になった。最高裁は、本条によって準用される民法929条ただし書にいう「優先権を有する債権者」に抵当権者があたるというためには、被相続人の死亡の時までに対抗要件を具備していることを要するとした上で、相続債権者は、被相続人の死亡前にされた抵当権設定の仮登記がある場合を除いて、相続財産法人に対して抵当権設定登記手続を請求することができない、とした[※2]。

（川　淳一）

（相続人の捜索の公告）
第958条　前条第1項の期間の満了後、なお相続人のあることが明らかでないときは、家庭裁判所は、相続財産の管理人又は検察官の請求によって、相続人があるならば一定の期間内にその権利を主張すべき旨を公告しなければならない。この場合において、その期間は、6箇月を下ることができない。

※2　最一小判平11・1・21民集53巻1号128頁。

（権利を主張する者がない場合）
第958条の2　前条の期間内に相続人としての権利を主張する者がないときは、相続人並びに相続財産の管理人に知れなかった相続債権者及び受遺者は、その権利を行使することができない。

本条と民法958条について、次のように説く判例がある。①民法958条の規定による公告期間内に相続人であることの申出をしなかった者については、たとえ公告期間内に相続人であることの申出をした他の者の相続権の存否が訴訟で争われていたとしても、その訴訟の確定に至るまで、公告期間が延長されることはない。②民法958条の規定による公告期間内に相続人であることの申出をしなかった者は、民法958条の2の規定により、公告期間の徒過とともに、相続財産法人およびその後に財産が帰属する国庫に対する関係で、失権する。それゆえ、その者は、特別縁故者に対する分与後の残余財産が存する場合でも、その残余財産について、相続権を主張することが許されない[※3]。

（川　淳一）

（特別縁故者に対する相続財産の分与）
第958条の3　前条の場合において、相当と認めるときは、家庭裁判所は、被相続人と生計を同じくしていた者、被相続人の療養看護に努めた者その他被相続人と特別の縁故があった者の請求によって、これらの者に、清算後残存すべき相続財産の全部又は一部を与えることができる。
2　前項の請求は、第958条の期間の満了後3箇月以内にしなければならない。

Ⅰ　本条の趣旨

本条は、明治民法と比較して現行民法における相続人の範囲が狭い結果、相続財産の国庫帰属が生じがちであることを機縁として、1962（昭和37）年に新設されたものである。国庫に帰属させるよりは関係者に分配することが適切であるという発想はそれなりに自然である。しかし、だからといって血縁関係にある者に広く財産を分与する運用をするとすれば、それは、現行民法が相続人の範囲を比較的狭くしていることの潜脱となりかねない。

そこで、当初の学説は、一般に、本条の趣旨を、遺言法を補充し死者の意思を推測するものであるとしていた。この原則に一応従って考えるとすると、そ

※3　最二小判昭56･10･30民集35巻7号1243頁。

れでは、その死者の意思を推測するに際して、**血縁**等の抽象的な親族関係はおよそ勘案されないのかが問題になる。その後の審判例においては、血縁等の抽象的な親族関係の遠近が財産の分与を認めるかどうかを決定する要素の1つであることは否定されていない。それどころか、認知を経ていない自然的血縁関係の存在のみを根拠として、特別の縁故を認めた審判例もある。しかし、一般的な見解は、血縁等の親族関係それ自体を考慮するべき要素とすることには消極的であり、条文の例示（同一の生計・療養看護）から出発して、抽象的な親族関係よりも具体的実質的な縁故を重くみている。すなわち、具体的かつ現実的な精神的・物質的密接さが死者と申立人の間にみられたかどうかをまず重視するべきである、としている。

以上の点について最高裁は、一般論として、本条の趣旨には「被相続人の合理的意思を推測探究し、いわば遺贈ないし死因贈与制度を補充する趣旨も含まれている」と判示しているが[※4]、その趣旨以外にどのような趣旨が本条に含まれているのかということや、その趣旨と諸要素との関係については明言していない。

なお、本条による財産の分与は、家庭裁判所の裁量に基づいて、審判によって形成されるものである。審判前には、特別の縁故を主張する者には、被相続人の遺言の無効確認を求める法律上の利益は認められない[※5]。また、特別の縁故を主張することができる者が、分与の申立てをすることなく死亡した場合にも、その者の相続人は本条による財産分与の申立てができない。もっとも、申立てをした後その審判前に死亡した場合には、相続人が申立人としての地位を承継することが認められている。

Ⅱ　特別の縁故があった者（特別縁故者）

被相続人と生計を同じくしていた者の典型は、**内縁配偶者、事実上の養親子**等である。療養看護に努めた者については、報酬を超えて献身的な看護を尽くした付添看護婦（師）を特別縁故者とした審判例[※6]がある。その他の特別縁故については、被相続人の財産管理を行っていた伯父を特別縁故者とした審判例[※7]がある。

やや問題なのは、被相続人死亡後の祭祀等を通じて、被相続人の死後に特別の縁故が生じることを認めるべきかということである（いわゆる**死後縁故**の問題）。学説は、少なくとも死後縁故のみによって特別縁故者とすることには、

※4　最二小判平1・11・24民集43巻10号1220頁。
※5　最一小判平6・10・13家月47巻9号52頁。
※6　神戸家審昭51・4・24判時822号17頁。
※7　京都家審昭42・8・18家月20巻3号91頁。

否定的である。

特別縁故者となりうるのは、自然人に限られない。学校法人、社会福祉法人、地方公共団体、養護老人ホーム等を特別縁故者とした審判例がある。いずれも被相続人との間に具体的実質的な縁故があった場合である。

特別縁故者が複数認められる場合、裁判所は縁故の濃淡によって分与するべき財産の大きさを決定する。同居・療養・看護に努めた者への分与額を、精神的援助と財産管理をした者への分与額より多くした審判例がある。

Ⅲ　民法255条との関係

狭義の共有者の１人が死亡し、その者の相続人が存在しないことが確定し、清算手続を終えた場合、本条と民法255条の適用の優先劣後関係が問題になる。最高裁は、本条による財産の分与がされずに、共有持分が承継するべき者のない財産として残存することが確定して初めて、民法255条が適用されるとした※8。

（川　淳一）

（残余財産の国庫への帰属）
第959条　前条の規定により処分されなかった相続財産は、国庫に帰属する。この場合においては、第956条第２項の規定を準用する。

本条は、無主となった相続財産であって特別縁故者への分与がされなかったものは国庫に帰属する旨を規定する。

本条については、国庫への帰属時期が判例上問題になった。最高裁は、相続財産管理人に対して行われた土地賃貸借契約解除の意思表示が有効かどうかが争われた事案において、国庫への帰属時期を財産が国庫に引き渡された時期であるとした。その上で、それ以前には相続財産法人は消滅せず、引渡未了の相続財産については相続財産管理人の代理権が存続しているとして、解除の意思表示は有効に受領されたとした※9。

（川　淳一）

※8　最二小判平１·11·24民集43巻10号1220頁。
※9　最二小判昭50·10·24民集29巻９号1483頁。

第５編第７章　遺言

〔前注〕

遺言とは、自然人の最終の意思表示の効力をその人の死後に生じさせる法律行為である。相手方のない単独行為であり、相手方の受領を必要としない。

遺言は、**遺言自由の原則**に服するとされる。しかし、その原則の内容として民法典が明確に保障していることは、①被相続人は、いつでも自由に遺言をすることができ、自由に変更し、撤回することができるということ（**遺言をするかどうかの自由**。民1023条・1026条参照）と、②遺言によって一定の範囲で法定相続準則による財産の承継と異なる財産の承継をさせることができるということ（一定の制約に服した上での遺言による財産処分の自由）に尽きる（民960条参照）。すなわち、**遺言の方式**は自由ではないし、**遺言事項**も法定されているという２つの点で、遺言自由の原則は生前処分の基本原則である契約自由の原則とは大きく異なる。

遺言事項には、①法定相続に関するもの（推定相続人の廃除・廃除の取消し（民893条・894条２項）、相続分指定・指定委託（民902条）、遺産分割方法の指定・指定委託・期間を定めた遺産分割の禁止（民908条）、共同相続人間での担保責任の分担（民911条）等）、②相続財産の処分に関するもの（一般財団法人の設立（一般法人法152条２項）、一般財団法人への財産の拠出（一般法人法164条２項）、遺贈（民964条）、遺言による信託の設定（信託２条）等）、③遺言の執行に関するもの（遺言執行者の指定・指定委託（民1006条）等）、④遺留分に関するもの（遺留分侵害額請求の負担割合指定（民1047条１項２号）等）、および⑤身分関係に関するもの（遺言認知（民781条２項）、未成年後見人・未成年後見監督人の指定（民839条・848条））がある。また、明文による定めはないが、遺言によってすることができると解釈されている事項として、特別受益の持戻しの免除の意思表示（民903条３項）、祭祀主宰者の指定（民897条）がある。

問題は、これら遺言の方式と事項についての「不自由」をどう解するかである。立場は大まかにいって２つに分かれる。１つは、それらの「不自由」は、効力が表意者の死後に生じる法律行為たる遺言が**表意者の真意**を忠実に反映することを確保する手段である、という理解から出発する立場である。これによれば、遺言者の真意が確保されるのであれば遺言の方式自体を厳格に解することは必ずしも要求されないし、法が明示的に承認しているもの以外の財産処分であっても、遺言者の真意が明確であれば、できるだけその真意に沿って法的効力を認めてよいという方向に傾くことになる。もう１つは、遺言の方式と内容に制限があるのは、法定相続と遺言による財産承継との間にある緊張関係、また部分的には物権法定主義等の諸原則と遺言による処分との間にある緊張関係の反映であり、単に遺言者の真意が確保されればよいというわけではない、という理解から出発する立場である。これによれば、遺言の方式は比較的厳格に解されるべきであり、遺言の補充的解釈も民法の規定と遺言書自体に現れている事実に基づくもの以外は抑制されるべきであり、また、法が明示的に承認しているもの以外の財産処分に遺言者の真意に沿った効力を与えることには、少なくとも慎重な考慮が必要であるという方向に傾くことになる。

判例は、遺言の方式については、死者の真意が確保されているという前提の下では比較的緩やかに解し※1、遺言の解釈についても、遺言以外の事情をも考慮して遺言者の真意を探求するべきであるとし※2、法が明示的には承認していない財産処分についても、できるだけ遺言者の真意に沿って法的効力を認めようとしている※3。

したがって、判例は、基本的には、前者の立場に立っているとみることができる。しかしながら、いずれにせよ、個々の解釈の背後には上述したような根本的な問題があることは、常に意識するべきである。遺言をどこまで私的な制度とみて、自由を認めるかということは、理論的に私的財産権の限界という問題にかかわるだけでなく、実際上も財産承継の設計にかかわる重要な問題だからである。

なお、遺言全体の効力を争う場合には、普通裁判所に対して遺言無効確認の訴えを提起することができるが、遺言者の生存中に推定相続人が遺言無効確認の訴えを提起することは不適法である※4。他方、日本の法制度上は、遺言の執行に先立って、当該文書が遺言としての方式を備えた最終文書であることを一応確認する手続は、普通方式遺言については存在しない。また、遺言が有効であることを前提にして遺言中の個々の文言の解釈が争われる場合にも、特別の手続はなく、個々の遺言執行にかかわる訴訟の中で判断がされる。

（川　淳一）

※1　たとえば、自書に関する最三小判平５・10・19家月46巻４号27頁。

※2　たとえば、遺産全部を「公共に寄与」するとの文言の解釈に関する最三小判平５・１・19民集47巻１号１頁。なお、この判決については民964条の解説も参照。

※3　たとえば、「相続させる」遺言に関する最二小判平３・４・19民集45巻４号477頁、および最二小判平14・６・10家月55巻１号77頁。

※4　最二小判平11・６・11家月52巻１号81頁。

第５編第７章第１節　総則

〔前注〕

本節には、遺言に関する通則として、遺言の**要式性**、**遺言能力**、財産処分の形式としての**遺贈**、**共同遺言の禁止**に関する規定が置かれている。これらのほか、遺言に関する通則的事項として問題になるのは、**遺言の解釈**の仕方である。判例の基本的立場は、「遺言書の文言を形式的に判断するだけではなく、遺言者の真意を探究すべきものであり、遺言書が多数の条項からなる場合にそのうちの特定の条項を解釈するにあたつても、単に遺言書の中から当該条項のみを他から切り離して抽出しその文言を形式的に解釈するだけでは十分ではなく、遺言書の全記載との関連、遺言書作成当時の事情及び遺言者の置かれていた状況等を考慮して遺言者の真意を探究し当該条項の趣旨を確定すべきものであ」※5り、さらに「遺言者が遺言書作成に至った経緯」※6も考慮することが許されるというものである。

（川　淳一）

（遺言の方式）

第960条　遺言は、この法律に定める方式に従わなければ、することができない。

本条は、遺言が**要式行為**であることを規定する。方式違背の場合には、遺言は、遺言としての効力を生じず、無効である。もっとも、遺言と題された文書によって死因贈与契約が締結されたと評価できる場合には、その文書の内容が贈与として効力を与えられることがある※7。なお、判例は死因贈与には、方式に関する部分を除いて遺贈に関する規定が準用されるとし※8、民法1022条による死因贈与の撤回を認めたが、学説上は民法1022条の準用を否定する見解または準用の場面を制限する見解も有力である。

（川　淳一）

※5　最二小判昭58・3・18家月36巻3号143頁。
※6　最三小判平5・1・19民集47巻1号1頁。
※7　最三小判昭32・5・21民集11巻5号732頁。
※8　最一小判昭47・5・25民集26巻4号805頁。

（遺言能力）
第961条　15歳に達した者は、遺言をすることができる。

民法961条～963条を併せて解説（民963条の解説参照）。

（川　淳一）

第962条　第5条、第9条、第13条及び第17条の規定は、遺言については、適用しない。

民法961条～963条を併せて解説（民963条の解説参照）。

（川　淳一）

第963条　遺言者は、遺言をする時においてその能力を有しなければならない。

これら3か条については、**意思能力**および**制限行為能力**との関係で複数の説明の仕方があるが、いずれにせよはっきりしているのは、次の諸点である。①15歳未満の者の遺言は無効である（民961条。ただし認知に関しては異説がある）、②民法第1編に規定される制限行為能力者の行為に関する規定の適用はない（民962条。ただし、成年被後見人が遺言をする際には民973条の規律に服する）、③15歳に達した者が遺言をする場合であっても、意思能力は必要であり、意思能力を欠いた状態でされた遺言は無効である（民3条の2）、④遺言作成のために必要な能力（**遺言能力**）は、遺言作成時に備わっていることが必要であり、かつ、それで十分である（民963条）ということである。

最近意識されている問題は、財産処分をする遺言作成のために必要な能力とは、どの程度の判断能力なのか、ということである。遺言能力が争点となる事案の多くが、判断能力の低下した高齢者の遺言にかかわるものであることから、実際上問題になる。伝統的な通説においては、とくに意識されてこなかった点であるが、有力な学説は、そもそも生前行為についても個々の財産処分の重大さに応じて意思能力の有無を個別に判断するべきであるという見解を前提としつつ、それと同じ見解を遺言についても採るべきであるとし、かつ、当該財産処分を生前処分によって行う場合に要求される意思能力と同等の能力が遺言時に備わっていなければならないとする。

なお、通説によれば、遺言無効を主張する側が、遺言能力の不存在を主張立証しなければならない。

（川　淳一）

（包括遺贈及び特定遺贈）

第964条　遺言者は、包括又は特定の名義で、その財産の全部又は一部を処分することができる。

遺贈とは、要式行為たる遺言によって自己に属する財産的利益を、他人（受遺者と称される。ただし相続人であってもよい）に与える無償の処分行為である。

判例・通説によれば、包括名義の遺贈（**包括遺贈**）とは、相続財産の全部または一定の割合で示された部分を与える処分であり、特定の名義での遺贈（**特定遺贈**）とは、相続財産中の特定の財産（または財産的利益）を与える処分である。特定遺贈の目的物は、**特定物**でも**種類物**でもよい。

これに対して、近時、学説上は、包括名義の遺贈とは、権利だけではなく債務も目的とする遺贈であり、特定名義の遺贈とは、権利のみを目的とする遺贈であると解する立場も有力である。判例通説による包括遺贈の理解は、包括遺贈を相続人指定制度の代用と捉える立場と結びついているが（民990条参照）、日本法は、そもそも相続人指定制度を継受しなかったと解するべきことが、この見解の理論的根拠である。また、実際上の利点としては、その見解によれば、残余遺贈（特定遺贈の残りの財産すべてを目的とする遺贈）を包括遺贈と扱うことができ、その結果、残余遺贈を民法に規定のない種類の遺贈とせずにすむということ等が挙げられている。

受遺者が特定されていない遺贈は無効である。もっとも、判例は、遺言によって受遺者が明確に特定されていることを要求してはいない。判例は、遺言執行者を指定する遺言と「遺産は一切の相続を排除し」、「全部を公共に寄与する」という文言が記載された遺言とがある場合に、それらの遺言を有効としている。問題の事案においては、遺言の解釈を通じて、遺言者の意思が、遺産を国・地方公共団体、公益法人等の中から受遺者として特定の者を選定することを遺言執行者に委ねる趣旨であることが明らかであり、そのような遺言は有効である、というのである[※9]。

特殊な遺贈の仕方として、**補充遺贈**（受遺者が遺贈を放棄したら、その者が受けるはずであった利益を、特定の他の者に与える遺贈）、**裾分け遺贈**（受遺者が受ける利益の一定部分を、他の者に与えることを指示した遺贈）、**後継ぎ遺贈**（第一受遺者の受ける利益を一定の条件の成就または期限の到来によって、

※9　最三小判平5・1・19民集47巻1号1頁。

第5編第7章

第二受遺者に移転させる遺贈）がありうるといわれている※10。遺贈に条件を付けることができるのは確かであるから（例として民985条2項）、これらの遺贈を、一概に無効ということはできない。しかし、物権法定主義との関係や遺留分との関係等検討するべき問題は多い。

（川　淳一）

（相続人に関する規定の準用）
第965条　第886条及び第891条の規定は、受遺者について準用する。

本条で準用されているのは、胎児に関する扱い（民886条）と相続人の欠格事由（民891条）である。

（川　淳一）

（被後見人の遺言の制限）
第966条　被後見人が、後見の計算の終了前に、後見人又はその配偶者若しくは直系卑属の利益となるべき遺言をしたときは、その遺言は、無効とする。
2　前項の規定は、直系血族、配偶者又は兄弟姉妹が後見人である場合には、適用しない。

本条による遺言については、民法973条も参照。

（川　淳一）

第5編第7章第2節　遺言の方式

〔前注〕

民法典が規定する方式は、普通方式と特別方式遺言の2つに分かれる。前者は、自筆証書遺言（民968条）、公正証書遺言（民969条）、秘密証書遺言（民970条）の3つである。後者は、死亡危急時遺言（民976条）、難船時遺言（民979条）、伝染病隔離時遺言（民977条）、在船時遺言（民978条）の4つである。

自筆証書遺言については、2018（平成30）年民法改正において方式を緩和す

※10　後継ぎ遺贈の可能性を示唆したものとして、最二小判昭58・3・18家月36巻3号143頁。

る改正がされた。

（川　淳一）

第５編第７章第２節第１款　普通の方式

（普通の方式による遺言の種類）
第967条　遺言は、自筆証書、公正証書又は秘密証書によってしなければならない。ただし、特別の方式によることを許す場合は、この限りでない。

（自筆証書遺言）
第968条　自筆証書によって遺言をするには、遺言者が、その全文、日付及び氏名を自書し、これに印を押さなければならない。
２　前項の規定にかかわらず、自筆証書にこれと一体のものとして相続財産（第997条第１項に規定する場合における同項に規定する権利を含む。）の全部又は一部の目録を添付する場合には、その目録については、自書することを要しない。この場合において、遺言者は、その目録の毎葉（自書によらない記載がその両面にある場合にあっては、その両面）に署名し、印を押さなければならない。
３　自筆証書（前項の目録を含む。）中の加除その他の変更は、遺言者が、その場所を指示し、これを変更した旨を付記して特にこれに署名し、かつ、その変更の場所に印を押さなければ、その効力を生じない。

Ⅰ　本条の意義

本条は、**自筆証書遺言**の方式を規定する。方式に違背する遺言は無効である。本条に規定される方式は、遺言者の真意を確保するためのものである。一般的には、方式を厳格に解することと、遺言者の真意を確保することは矛盾しない。しかし、なんらかの事情に基づいて、遺言者の真意が確保されているという前提がとれる場合には、方式を厳格に解することと、遺言者の真意に即して遺言の効力を認めることは、衝突することがある。この衝突が生じる場合、裁判所は、方式要件よりも、遺言者の最終意思に即して遺言に効力を与えることを優先する傾向にある。

本条２項は、2018（平成30）年民法改正によって追加されたものである。追加の趣旨は、本条１項が規定する厳格な方式を、遺言者の真意が確保できる範囲で緩和し、自筆証書遺言の利用を促進するということである。具体的には、遺言による処分の対象である財産については、所定の署名押印があれば自書によらない目録でも足りるとした。

Ⅱ　自書

自書とは、筆跡によって本人が書いたことを判定できる種類の筆記方法をいう。したがって、タイプライター・ワープロ等を利用した場合は、自書にあたらない。他方、遺言の全文、日付および氏名がカーボン紙を用いて複写の方法で記載されたとしても、なお自書要件自体は満たされる※11。カーボン複写の場合には、筆跡による判定が可能だからである。

他人の添え手があった場合には、自書の要件は満たされるか。判例は、次の3つの要件を満たす場合に、添え手のあった遺言を自書要件を満たす遺言として有効とする。すなわち、①遺言者が証書作成時に自書能力（字を識り、筆記する能力）を有すること、②他人の添え手が、単に始筆・改行にあたり、もしくは、字の間配りや行間を整えるため、遺言者の手を用紙の正しい位置に導くにとどまるか、または、遺言者の手の動きが遺言者の望みに任されており、遺言者は添え手をした他人から単に筆記を容易にするための支えを借りただけであること、③添え手がこのような態様のものにとどまること、すなわち添え手をした他人の意思が介入した形跡のないことが、筆跡の上で判定できること※12である。なお、昭和62年判決の事案では支えを借りただけにとどまらないとして最高裁は遺言を無効としている。

自筆証書遺言の無効確認を求める訴訟においては、問題の遺言が本条の定める方式に則って作成されたものであることの主張立証責任は、遺言の有効を主張する側にある。したがって、添え手による補助を受けたにもかかわらず、自書要件が満たされていることの主張立証責任を負うのも、遺言が有効であると主張する側である※13。

Ⅲ　日付

日付は、最終文書であるかどうかの判定、および、文書作成時に遺言者に必要な能力があったかどうかを判断するために、年月日が特定できるように記載されていることを要し、かつそれで足りる。「昭和四拾壱年七月吉日」では足

※11　最三小判平5・10・19家月46巻4号27頁。
※12　最一小判昭62・10・8民集41巻7号1471頁。
※13　前掲※12・最一小判昭62・10・8民集41巻7号1471頁。

りない※14。他方、自筆遺言証書に記載された日付が、真実の作成日付と相違しても、それが誤記であるということと真の作成日が遺言証書の記載その他から容易に判明する場合には、記載日付の誤りは遺言を無効としない※15。

Ⅳ 氏名

遺言者の同一性が確保されれば必要十分である。戸籍上の氏名であることを要さず、氏・名の一方だけでも、遺言者の同一性が確保される限り、要件を満たす。

Ⅴ 押印

文書の完成を担保していれば必要十分である。遺言書本文の自書の下に押印がない場合であっても、遺言書を入れた封筒の封じ目に押印があれば、要件は満たされる※16。印は、いわゆる実印であることを要しないだけでなく、拇印その他指頭に墨、朱肉等をつけて押印すること、すなわち**指印**でもよい※17。

判例では、遺言者が押印の習慣を持たない帰化した人である等の事情がある事案において、署名はあるが押印のない英文の自筆証書遺言について、遺言の効力が認められたこともある※18。

Ⅵ 加除変更

本条の要求する方式は厳格すぎるという指摘が一般的である。判例も、自筆証書遺言における証書の記載自体からみて、明らかな誤記の訂正については、本条2項所定の方式に従っていなくても、そのことは、遺言の効力に影響を及ぼさないとした※19。遺言者の意思を確認することに支障がないというのがその理由である。

（川　淳一）

（公正証書遺言）
第969条　公正証書によって遺言をするには、次に掲げる方式に従わな

※14 最一小判昭54・5・31民集33巻4号445頁。
※15 最二小判昭52・11・21家月30巻4号91頁。
※16 最二小判平6・6・24家月47巻3号60頁。
※17 最一小判平1・2・16民集43巻2号45頁。
※18 最三小判昭49・12・24民集28巻10号2152頁。
※19 最二小判昭56・12・18民集35巻9号1337頁。

けれぱならない。
一　証人2人以上の立会いがあること。
二　遺言者が遺言の趣旨を公証人に口授すること。
三　公証人が、遺言者の口述を筆記し、これを遺言者及び証人に読み聞かせ、又は閲覧させること。
四　遺言者及び証人が、筆記の正確なことを承認した後、各自これに署名し、印を押すこと。ただし、遺言者が署名することができない場合は、公証人がその事由を付記して、署名に代えることができる。
五　公証人が、その証書は前各号に掲げる方式に従って作ったものである旨を付記して、これに署名し、印を押すこと。

Ⅰ　本条の趣旨

本条は、**公正証書遺言**の方式を規定する。方式に違背する遺言は無効である。もっとも、最高裁は、自筆証書遺言におけるのと同様に、個々の事案において遺言者の真意が確保されていると評価できる場合には、方式要件を厳格には解していない。

Ⅱ　作成手順

遺言作成の手順が本条の順序に厳密には従っていない場合でも、遺言が有効であるとされることがある。判例は、病臥している遺言者が、自己所有不動産を同棲相手と妻子合わせて4人に平等に遺贈する旨の遺言をするに際して、まず遺言者が、同棲相手を公証人役場に行かせて遺言の内容を告げさせ、公証人がその内容を筆記した後に遺言者宅に赴き、証人の前で清書済みの遺言を遺言者に読み聞かせ、それを聞いた遺言者が、みんなに分けてやりたかった旨を述べて自ら署名捺印し、これでよかったと述べた事案において、遺言は有効であるとした。本条2号と3号の手順が前後したにとどまり、遺言者の真意を確保し、その正確を期するため遺言の方式を定めた法意に反するものではないというのがその理由である[※20]。

Ⅲ　証人の立会い

遺言を作成する際に、**証人欠格事由**（民974条）にあたらない者が2人以上いる場合であって、さらに、その場に欠格事由にあたる者もいたときには、遺言

※20　最二小判昭43･12･20民集22巻13号3017頁。

の効力が問題になる。民法974条の趣旨は、遺言者がだれにも左右されずに、真意に基づいて遺言することの確保にあるからである。最高裁は、遺言公正証書の作成にあたって、民法所定の証人が立ち会っている以上、たまたま当該遺言の証人となることができない者が同席していても、この者によって遺言の内容が左右されたり遺言者が自己の真意に基づいて遺言をすることを妨げられたりする等の特別の事情がない限り、その遺言は無効とはならないとした[※21]。

なお、証人は本条4号所定の署名および押印にも立ち会うことを要する。もっとも、判例は、読み聞かせ、署名、押印の一連の過程の中で押印の瞬間に2人の証人のうち1人が臨席しておらず、直後に押印の事実を確認したという事案において、遺言者の意思に反して遺言が完成されたという事情が全くうかがわれない場合に、遺言を有効としている[※22]。

Ⅳ　口授

証人の質問に対して言語をもって陳述することなく、単に肯定または否定の挙動を示しただけでは足りない[※23]。

（川　淳一）

（公正証書遺言の方式の特則）

第969条の2　口がきけない者が公正証書によって遺言をする場合には、遺言者は、公証人及び証人の前で、遺言の趣旨を通訳人の通訳により申述し、又は自書して、前条第2号の口授に代えなければならない。この場合における同条第3号の規定の適用については、同号中「口述」とあるのは、「通訳人の通訳による申述又は自書」とする。

2　前条の遺言者又は証人が耳が聞こえない者である場合には、公証人は、同条第3号に規定する筆記した内容を通訳人の通訳により遺言者又は証人に伝えて、同号の読み聞かせに代えることができる。

3　公証人は、前2項に定める方式に従って公正証書を作ったときは、その旨をその証書に付記しなければならない。

本条は口授ができない者が、公正証書遺言を作成する場合の特則を規定する。

本条2項は、「耳が聞こえない者」が証人である場合の手順を規定する。なお、口授の内容を耳で聞くとともに公証人の筆記したところを目でみて両者を対比

※21　最三小判平13・3・27家月53巻10号98頁。

※22　最二判平10・3・13家月50巻10号103頁。

※23　最二小判昭51・1・16家月28巻7号25頁。

するのでなければ公証人による筆記が正確であることを確認できないような特別の事情がない限り、「目が見えない者」も証人適格を有する※24。

（川　淳一）

（秘密証書遺言）

第970条　秘密証書によって遺言をするには、次に掲げる方式に従わなければならない。

一　遺言者が、その証書に署名し、印を押すこと。

二　遺言者が、その証書を封じ、証書に用いた印章をもってこれに封印すること。

三　遺言者が、公証人１人及び証人２人以上の前に封書を提出して、自己の遺言書である旨並びにその筆者の氏名及び住所を申述すること。

四　公証人が、その証書を提出した日付及び遺言者の申述を封紙に記載した後、遺言者及び証人とともにこれに署名し、印を押すこと。

2　第968条第３項の規定は、秘密証書による遺言について準用する。

秘密証書遺言による場合には、本文を自書することを要しない。代筆やワープロを使用することも許される。その代わり、**筆者**がだれであるかを公証人に対して遺言者に申述させることによって、遺言が遺言者の真意に基づくものであることを後に確かめる方法を確保しようとしている。したがって、市販の文例を基にワープロを操作して文例中の人名のみを置き換えてそのまま入力・印字した文書を秘密証書遺言とする際に、遺言者が文書の筆者を自分であると申述し、ワープロ操作者の氏名・住所を申述しなかった場合には、その文書は、秘密証書遺言としては無効となる※25。

（川　淳一）

（方式に欠ける秘密証書遺言の効力）

第971条　秘密証書による遺言は、前条に定める方式に欠けるものがあっても、第968条に定める方式を具備しているときは、自筆証書による遺言としてその効力を有する。

※24　最一小判昭55·12·４民集34巻７号835頁。

※25　最三小判平14·９·24家月55巻３号72頁。

（秘密証書遺言の方式の特則）
第972条　口がきけない者が秘密証書によって遺言をする場合には、遺言者は、公証人及び証人の前で、その証書は自己の遺言書である旨並びにその筆者の氏名及び住所を通訳人の通訳により申述し、又は封紙に自書して、第970条第1項第3号の申述に代えなければならない。
2　前項の場合において、遺言者が通訳人の通訳により申述したときは、公証人は、その旨を封紙に記載しなければならない。
3　第1項の場合において、遺言者が封紙に自書したときは、公証人は、その旨を封紙に記載して、第970条第1項第4号に規定する申述の記載に代えなければならない。

（成年被後見人の遺言）
第973条　成年被後見人が事理を弁識する能力を一時回復した時において遺言をするには、医師2人以上の立会いがなければならない。
2　遺言に立ち会った医師は、遺言者が遺言をする時において精神上の障害により事理を弁識する能力を欠く状態になかった旨を遺言書に付記して、これに署名し、印を押さなければならない。ただし、秘密証書による遺言にあっては、その封紙にその旨の記載をし、署名し、印を押さなければならない。

本条は、成年被後見人が遺言を作成する場合の方式を規定する。法律行為一般とは異なり、遺言者が制限行為能力者であるからといって、そのことによって遺言の効力が左右されることはない（民962条）。したがって、成年被後見人が一時的に事理弁識能力を回復した時に作成された遺言は有効になるはずである（民963条）。しかし、事理弁識能力を欠く常況にある者が一時的に能力を回復しているかどうかは、しばしば判然としないことがありうるだけでなく、遺言作成後に、その点についての争いが生じることも容易に予想できる。そこで、本条は、成年被後見人が遺言をする場合には、医師が立会人として臨席することを要するとした。本条は、普通方式遺言のすべて（自筆証書遺言、公正証書遺言、秘密証書遺言）に適用される。

なお、成年被後見人のする遺言については、内容上の制約として、民法966条も参照。

（川　淳一）

（証人及び立会人の欠格事由）

第974条　次に掲げる者は、遺言の証人又は立会人となることができない。

一　未成年者

二　推定相続人及び受遺者並びにこれらの配偶者及び直系血族

三　公証人の配偶者、四親等内の親族、書記及び使用人

本条は、証人（民969条・970条3項・972条1項）または立会人（民973条1項）となることができる者を制限している。本条に反する遺言は無効である（なお、民969条の解説Ⅲも参照）。

本条1項が未成年者を排除するのは、判断能力が不十分であるという理由からであり、推定相続人らを排除するのは、遺言の内容に利害関係を有する者が遺言の内容に影響を与えたという懸念を生じさせないためである。本条2号にいう配偶者・直系血族には推定相続人の配偶者・直系血族と受遺者の配偶者・直系血族の両方が含まれる[※26]。なお、民法諸規定が定める証人が立ち会っている場合には、たまたま問題の遺言の証人となることができない者が同席していたときでも、その者によって遺言の内容が左右されたり、遺言者が自己の真意に基づいて遺言をすることを妨げられたりするなどの特別の事情がない限り、問題の遺言は無効とはならない[※27]。

本条に規定されている者以外についても、証人または立会人となることの適格性が問題になることがある。遺言執行者につき、戦前の判例は証人・立会人たる適格を有するとする[※28]。遺言者の言語・文字を理解する知識を有しない者や精神的能力を有しない者について、学説は「自然の欠格」等として適格性を有しないとする。目の見えない者が公正証書遺言における証人となれるかどうかについて、判例は、遺言者の口授を耳で聞きそれと公証人の筆記したところを目で見て対比しなければ公証人の筆記の正確さを確認できないような例外的な場合を除き、証人適格を肯定する[※29]。

（川　淳一）

第5編第7章

※26　推定相続人の配偶者が含まれることにつき、最一小判昭47・5・25民集26巻4号747頁。

※27　公正証書遺言について、最三小判平13・3・27家月53巻10号98頁。

※28　大判大7・3・15民録24輯414頁。

※29　最一小判昭55・12・4民集34巻7号835頁。

（共同遺言の禁止）
第975条　遺言は、2人以上の者が同一の証書ですることができない。

共同遺言を禁止する理由は、それを許すと単独の意思表示としての遺言をすることの自由およびその撤回の自由を確保することに支障が生じる可能性があること、および、複数の遺言のうちの1つが無効である場合に、他の遺言の効力をどうするか等錯綜した法律関係が生じる可能性があることである。

最高裁は、夫が内容を説明した上で、妻の承諾を得て、夫が両名の署名をした遺言であって、その内容が、夫名義の不動産を子に分け与えるが、夫が先死し妻がのこった場合には、まず妻が全財産を相続する旨を定めたものについて、共同遺言として、その遺言全体を無効であるとした※30。ここでは、妻の署名が自書でなかったことを理由に（民968条参照）、夫の遺言のみを有効として残すこともありえたにもかかわらず、そうしなかった点が、日本法における共同遺言の禁止というものの趣旨のゆらぎを感知する上で、重要である。

複数の遺言が**同一の証書**によって行われていても、それぞれの意思表示がそれぞれ単独の意思表示として区別可能であり、かつ、遺言の内容が相互に関連していない場合には、それぞれが単独の遺言としての要件を具備する限り、独立の遺言として有効とする余地がある。最高裁は、4枚綴りの遺言書のうち、1枚目から3枚目までが夫の遺言書として署名・捺印されていて、4枚目が妻の遺言書として署名・捺印されている場合であって、両者を容易に切り離すことができる場合には、4枚綴りの綴り目に夫の印章による契印がされていても、その遺言は共同遺言にあたらないとした※31。

（川　淳一）

第5編第7章第2節第2款　特別の方式

〔前注〕

本款には、特別方式遺言に関する規律が置かれている。特別方式遺言とは危急状態において普通方式遺言より緩和された要件の下で作成される遺言である。第1款に規定される普通方式遺言と特別方式遺言の最も大きな違いは、遺言者が普通方式遺言によって遺言することができるようになった時から6か月生存

※30　最二小判昭56・9・11民集35巻6号1013頁。

※31　最三小判平5・10・19家月46巻4号27頁。なお、原審は、遺言相互に内容上の関連性がないことも認定している。

する場合には、特別方式の遺言は効力を失うことにある。

（川　淳一）

（死亡の危急に迫った者の遺言）

第976条　疾病その他の事由によって死亡の危急に迫った者が遺言をしようとするときは、証人3人以上の立会いをもって、その1人に遺言の趣旨を口授して、これをすることができる。この場合においては、その口授を受けた者が、これを筆記して、遺言者及び他の証人に読み聞かせ、又は閲覧させ、各証人がその筆記の正確なことを承認した後、これに署名し、印を押さなければならない。

2　口がきけない者が前項の規定により遺言をする場合には、遺言者は、証人の前で、遺言の趣旨を通訳人の通訳により申述して、同項の口授に代えなければならない。

3　第1項後段の遺言者又は他の証人が耳が聞こえない者である場合には、遺言の趣旨の口授又は申述を受けた者は、同項後段に規定する筆記した内容を通訳人の通訳によりその遺言者又は他の証人に伝えて、同項後段の読み聞かせに代えることができる。

4　前3項の規定によりした遺言は、遺言の日から20日以内に、証人の1人又は利害関係人から家庭裁判所に請求してその確認を得なければ、その効力を生じない。

5　家庭裁判所は、前項の遺言が遺言者の真意に出たものであるとの心証を得なければ、これを確認することができない。

この方式の遺言についても**口授**の有無が問題になる。最高裁は、医師である証人の1人が、遺言者の配偶者からの聴き取りに基づいて弁護士が作成した草案を1項目ずつ読み上げ、遺言者がその都度うなずく動作をして「はい」と返答し、最後に確認を求められて「よくわかりました。よろしくお願いします」と答えた事案において、その一連の行為は口授にあたるとした[※32]。

死亡危急時遺言（死亡危急者遺言）については、**日付の記載**は遺言の有効要件とはされていない[※33]。遺言がされた日がいつであるかは、立ち会った証人によって確定できるというのが理由である。

証人の署名・捺印は、遺言の有効要件である。本来予定されている手順は、遺言者の口授に従って筆記された遺言の内容を口授を受けた証人が遺言者および他の証人に読み聞かせたのち、その場で署名・捺印がされるというものであ

※32　最三小判平11・9・14判時1693号68頁。

※33　最二小判昭47・3・17民集26巻2号249頁。

る。もっとも、判例は、筆記の正確性が担保できるならば、この手順にこだわってはいない。判例は、署名・捺印が、筆記内容に改変を加えた疑いを挟む余地のない事情の下で、遺言書作成の一連の過程に従って遅滞なくされたと評価できる場合には、その署名・捺印を本条所定の方式に従ったものと扱っている。具体的には、筆記者である証人が、筆記内容を清書した書面に遺言者がいない場所で署名・捺印をして、他の証人２名の署名を得た上で、その２人の証人の立会いの下に遺言者に読み聞かせ、その後に、遺言者のいない場所で読み聞かせに立ち会った証人の捺印を得たという場合に、遺言を有効としている[※34]。

この方式の遺言は、家庭裁判所による**確認の審判**を経なければ、効力を生じない。遺言の確認は、その遺言が遺言者の真意から出たものとの心証を得なければすることができない。もっとも、遺言の有効性の確定は最終的には訴訟手続に委ねられるものであるから、ここでいう真意から出たという心証は、緩和されたもの、すなわち、問題の遺言が一応遺言者の真意にかなうと判断される程度のものでよい。

なお、確認の後、検認も必要である（民1004条２項）。確認の意義が遺言者の真意に出たものであるかどうかを確かめる点にあるのに対して、検認の意義は、遺言書の方式に関する事実を調査し、遺言書の現状を確定する証拠保全という点にあり、両者は目的が異なる。

（川　淳一）

（伝染病隔離者の遺言）
第977条　伝染病のため行政処分によって交通を断たれた場所に在る者は、警察官１人及び証人１人以上の立会いをもって遺言書を作ることができる。

（在船者の遺言）
第978条　船舶中に在る者は、船長又は事務員１人及び証人２人以上の立会いをもって遺言書を作ることができる。

（船舶遭難者の遺言）
第979条　船舶が遭難した場合において、当該船舶中に在って死亡の危急に迫った者は、証人２人以上の立会いをもって口頭で遺言をすることが

※34　前掲※33・最二小判昭47・3・17民集26巻２号249頁。

できる。
2　口がきけない者が前項の規定により遺言をする場合には、遺言者は、通訳人の通訳によりこれをしなければならない。
3　前2項の規定に従ってした遺言は、証人が、その趣旨を筆記して、これに署名し、印を押し、かつ、証人の1人又は利害関係人から遅滞なく家庭裁判所に請求してその確認を得なければ、その効力を生じない。
4　第976条第5項の規定は、前項の場合について準用する。

（遺言関係者の署名及び押印）
第980条　第977条及び第978条の場合には、遺言者、筆者、立会人及び証人は、各自遺言書に署名し、印を押さなければならない。

（署名又は押印が不能の場合）
第981条　第977条から第979条までの場合において、署名又は印を押すことのできない者があるときは、立会人又は証人は、その事由を付記しなければならない。

（普通の方式による遺言の規定の準用）
第982条　第968条第3項及び第973条から第975条までの規定は、第976条から前条までの規定による遺言について準用する。

準用されているのは、具体的には、①自筆証書遺言の加除訂正の方式、②成年被後見人の遺言の仕方、③証人及び立会人の欠格事由、および④共同遺言の禁止である。

（川　淳一）

（特別の方式による遺言の効力）
第983条　第976条から前条までの規定によりした遺言は、遺言者が普通の方式によって遺言をすることができるようになった時から6箇月間生存するときは、その効力を生じない。

（外国に在る日本人の遺言の方式）
第984条　日本の領事の駐在する地に在る日本人が公正証書又は秘密証書によって遺言をしようとするときは、公証人の職務は、領事が行う。

第５編第７章第３節　遺言の効力

〔前注〕

本節は遺言の効力と題されているが、遺言一般に関する規定は民法985条だけであり、他は遺贈に関するものである。といって、遺贈の主要な規定が集められているわけでもない（他の節にある遺贈に関する重要な規定の例として、民964条・965条等参照）。

（川　淳一）

（遺言の効力の発生時期）
第985条　遺言は、遺言者の死亡の時からその効力を生ずる。
２　遺言に停止条件を付した場合において、その条件が遺言者の死亡後に成就したときは、遺言は、条件が成就した時からその効力を生ずる。

本条１項は、遺言の効力は遺言者の死亡の時から生じることを規定する。この規定は、遺言は遺言者の生前にはいつでも撤回可能であること（民1022条以下参照）と表裏をなす。

遺言の効力が生じる時点以降に遺言無効確認の訴えを提起しうることには争いがない。問題は、遺言が効力を生じる時点より前に遺言無効確認の訴えを提起することができるかである。判例は、遺言者の生前における遺言無効確認の訴えは、将来問題となる法律関係の不成立ないし不存在の確認を求めるものであるとして不適法であるとし※35、さらに、遺言作成のための意思能力の有無が争点になる場合であっても、遺言が効力を生じるより前の時点では遺言無効確認の訴えは不適法であるとする※36。

遺言事項のうち、遺言者の意思表示以外に所定の手続を要するものについての効力はいつの時点で生じるのかという問題がある。条文から明らかなもの（例：廃除に関する民893条）もあるが、たとえば、遺言による認知の効力発生

※35　最一小判昭31・10・4民集10巻10号1229頁。
※36　最二小判平11・6・11家月52巻1号81頁。

時期については条文の文言上は必ずしも明白ではない。通説は、遺言の効力発生時であるとする。

遺贈（民964条の解説参照）は典型的な遺言事項である。判例・通説は、遺贈は、**特定遺贈**であると**包括遺贈**であるとを問わず**物権的効力**を有し、それゆえ、客体が特定物または特定の権利である場合には直ちに、種類物である場合には特定した時点で、客体に対する所有権（単独所有権または共有持分権）が受遺者に移転するとする。ただし、権利取得を第三者に対抗するためには、客体の種類に応じた**対抗要件**を具備することを要する[※37]。

なお、ここにいう第三者とは、判例によれば、相続人からの譲受人のほか、相続人に対する債権者であって、代位により相続分による持分登記をした上で、その持分を差し押さえた者[※38]、被相続人からその生前に客体の贈与を受けた相続人たる者も含まれる[※39]。

本条2項は、民法127条と同じ内容を注意的に規定したものである。遺言の内容に条件を付することが許される場合に関する規定であって、法定の遺言事項すべてに停止条件を付することを許す趣旨ではない。たとえば、受遺者の婚姻を停止条件として家屋を遺贈することは許されるが、停止条件付きの認知は許されない。

（川　淳一）

（遺贈の放棄）

第986条　受遺者は、遺言者の死亡後、いつでも、遺贈の放棄をすることができる。

2　遺贈の放棄は、遺言者の死亡の時にさかのぼってその効力を生ずる。

判例・通説は、本条は特定遺贈にのみ適用され、包括受遺者には相続の承認放棄に関する諸規定（民915条以下）が適用されるとする（民990条参照）。

（川　淳一）

※37　指名債権の譲渡につき、最二小判昭49・4・26民集28巻3号540頁。

※38　最二小判昭39・3・6民集18巻3号437頁。

※39　最三小判昭46・11・16民集25巻8号1182頁。

（受遺者に対する遺贈の承認又は放棄の催告）
第987条 遺贈義務者（遺贈の履行をする義務を負う者をいう。以下この節において同じ。）その他の利害関係人は、受遺者に対し、相当の期間を定めて、その期間内に遺贈の承認又は放棄をすべき旨の催告をすることができる。この場合において、受遺者がその期間内に遺贈義務者に対してその意思を表示しないときは、遺贈を承認したものとみなす。

（受遺者の相続人による遺贈の承認又は放棄）
第988条 受遺者が遺贈の承認又は放棄をしないで死亡したときは、その相続人は、自己の相続権の範囲内で、遺贈の承認又は放棄をすることができる。ただし、遺言者がその遺言に別段の意思を表示したときは、その意思に従う。

（遺贈の承認及び放棄の撤回及び取消し）
第989条 遺贈の承認及び放棄は、撤回することができない。
2 第919条第2項及び第3項の規定は、遺贈の承認及び放棄について準用する。

（包括受遺者の権利義務）
第990条 包括受遺者は、相続人と同一の権利義務を有する。

通説は、**包括遺贈**を遺言によって相続人を創出する制度（**相続人指定制度**）の代用と捉える。すなわち、包括受遺者は、準相続人として、①遺産を消極財産を含めて当然かつ包括的に承継し（民896条）、②共同相続人とともに遺産を共有し（民898条・890条）、③民法915条以下によって承認・放棄ができる（民986条の適用は排除される）とする。

もっとも、通説においても、包括受遺者がすべての場面で相続人に準じて扱われるわけではない。通説は、①法人にも包括受遺能力があると解するべきこと、②代襲が生じないこと、③包括受遺者や相続人が放棄をした場合、他の包括受遺者の受遺分が増加するかどうかについては、相続人と包括受遺者の間で区別する解釈もありうること、④限定承認の申述の際に、包括受遺者も含めて全員一致を要するとはしない解釈もありうること、および⑤第三者に権利を対抗するためには、相続人と異なり、包括受遺者は対抗要件具備を要すること等の諸点を、相続人と包括受遺者の間の相違点、ないしは、ありうる相違点として挙げる。また、判例は、全部包括遺贈がされた場合には、包括遺贈の客体となった財産は、特定遺贈の客体となった財産と同様に、遺産分割の対象ではなくなるという解釈を示している※40。この解釈を前提にすれば、分割手続という点でも包括受遺者と共同相続人は別扱いということになる。

共同相続人に対して財産取得の割合を指定した遺言があった場合に、その趣旨は包括遺贈なのか、それとも相続分指定なのかを判断しなければならない。通説は、原則として相続分指定と解する。挙げられている理由は、同一人が相続人としての地位と受遺者としての地位を併せ有することは法律関係を複雑にするということである。しかし、相続人が受遺者でもあることは、もともと民法の予定するところである（民903条参照）。通説の根拠は、むしろ、包括遺贈を相続人指定制度の代用と解するときに生じる、すでに法定相続人である者を重ねて指定相続人としての包括受遺者とすることの論理的不整合にあるように思われる。

（川　淳一）

（受遺者による担保の請求）
第991条　受遺者は、遺贈が弁済期に至らない間は、遺贈義務者に対して相当の担保を請求することができる。停止条件付きの遺贈についてその条件の成否が未定である間も、同様とする。

本条は、始期付または停止条件付遺贈について、受遺者が遺贈義務者に対して相当の担保を請求できる旨を規定する。担保の種類に制限はない。請求の相手方は、相続人および包括受遺者である。相手方が複数の場合、通説は、各人の相続分（または包括遺贈の割合）に応じた請求のみをなしうるとする。

（川　淳一）

（受遺者による果実の取得）
第992条　受遺者は、遺贈の履行を請求することができる時から果実を取得する。ただし、遺言者がその遺言に別段の意思を表示したときは、その意思に従う。

本条は、遺贈が権利移転の効果を生じた時から、受遺者が果実収受権を取得する旨を定める。果実には天然果実だけでなく法定果実も含まれる。

（川　淳一）

※40　最二小判平8・1・26民集50巻1号132頁。

（遺贈義務者による費用の償還請求）

第993条　第299条の規定は、遺贈義務者が遺言者の死亡後に遺贈の目的物について費用を支出した場合について準用する。

2　果実を収取するために支出した通常の必要費は、果実の価格を超えない限度で、その償還を請求することができる。

（受遺者の死亡による遺贈の失効）

第994条　遺贈は、遺言者の死亡以前に受遺者が死亡したときは、その効力を生じない。

2　停止条件付きの遺贈については、受遺者がその条件の成就前に死亡したときも、前項と同様とする。ただし、遺言者がその遺言に別段の意思を表示したときは、その意思に従う。

本条は、遺言者の死亡以前に受遺者が死亡した場合と停止条件付遺贈において受遺者が条件成就前に死亡した場合には、遺贈は効力を生じない旨を定める。ただし、停止条件付遺贈について、遺言者が別段の意思を表示したときには、その意思に従う。この場合、別段の意思とは、遺贈の効力を失わせないということであり、結局、受遺者の相続人が受遺者たる地位を承継することになる。他方、遺言者の死亡以前に受遺者が死亡した場合については、別段の意思に関して本条1項はなんら定めていない。2項ただし書を準用すべしとする見解もあるが、これに対しては、規定の文言から離れすぎるという批判がある。もっとも、いずれにしても、遺言者が本条1項の場合に表示した別段の意思を、「受遺者が遺言者の死亡以前に死亡した場合には、受遺者の相続人に遺贈する」旨の意思と解釈できる場合には、それは、補充遺贈（民964条）として有効である。

（川　淳一）

（遺贈の無効又は失効の場合の財産の帰属）

第995条　遺贈が、その効力を生じないとき、又は放棄によってその効力を失ったときは、受遺者が受けるべきであったものは、相続人に帰属する。ただし、遺言者がその遺言に別段の意思を表示したときは、その意思に従う。

本条は、遺贈が無効である場合または放棄によって効力を失った場合には、遺贈の目的物は、相続人に帰属する旨を規定する。通説によれば、本条は、包括遺贈と特定遺贈の両方に適用される。受遺者が数人ある場合に、その一部の者に対する遺贈のみが効力を失ったときに、遺贈目的物は、もっぱら本来の相続人にのみ帰属することになるのか、それとも包括受遺者にも帰属することになるのかについては、見解が分かれている。包括受遺者をどこまで相続人に準じて扱うか（民990条参照）という問題の一部である。現在では本来の相続人のみに帰属するとする見解が有力であるが、その根拠は、民法起草者の意思等に求められている。

（川　淳一）

（相続財産に属しない権利の遺贈）
第996条　遺贈は、その目的である権利が遺言者の死亡の時において相続財産に属しなかったときは、その効力を生じない。ただし、その権利が相続財産に属するかどうかにかかわらず、これを遺贈の目的としたものと認められるときは、この限りでない。

本条は、遺贈の目的である権利が遺言者死亡の時に遺言者に帰属していなかった場合には、原則として、遺贈は無効である旨を定める。遺言者の通常の意思を推定した規定である。

（川　淳一）

第997条　相続財産に属しない権利を目的とする遺贈が前条ただし書の規定により有効であるときは、遺贈義務者は、その権利を取得して受遺者に移転する義務を負う。
2　前項の場合において、同項に規定する権利を取得することができないとき、又はこれを取得するについて過分の費用を要するときは、遺贈義務者は、その価額を弁償しなければならない。ただし、遺言者がその遺言に別段の意思を表示したときは、その意思に従う。

（遺贈義務者の引渡義務）
第998条　遺贈義務者は、遺贈の目的である物又は権利を、相続開始の時（その後に当該物又は権利について遺贈の目的として特定した場合にあっては、その特定した時）の状態で引き渡し、又は移転する義務を負う。ただし、遺言者がその遺言に別段の意思を表示したときは、その意思に従う。

本条は、2018（平成30）年改正によって全面的に書き改められたものである。改正の趣旨は、従来、特定物（（旧）民1000条）と不特定物（（旧）民998条1項）について別々に定められていた遺贈義務者の引渡義務の内容を、その対象の特定の時点における現状での引渡しまたは移転としたものである。特定の時点における現状での引渡しという義務内容は、遺贈と同じく無償行為である贈与におけるそれとパラレルである（民551条）。

本条は、任意規定であり、遺言者の意思が表示されている場合には、その意思が優先する。もっとも、意思表示の方法は遺言に限定されている。限定の趣旨は、死者の意思をめぐる紛争をできるだけ生じさせないようにすることである。

（川　淳一）

（遺贈の物上代位）

第999条　遺言者が、遺贈の目的物の滅失若しくは変造又はその占有の喪失によって第三者に対して償金を請求する権利を有するときは、その権利を遺贈の目的としたものと推定する。

2　遺贈の目的物が、他の物と付合し、又は混和した場合において、遺言者が第243条から第245条までの規定により合成物又は混和物の単独所有者又は共有者となったときは、その全部の所有権又は持分を遺贈の目的としたものと推定する。

本条は、遺贈の物上代位性を規定したものである。償金請求権への物上代位が認められるのは、遺言者死亡時に、償金請求権がまだ行使されていない場合である。遺言者が生前に弁済を受けて償金請求権が消滅した場合には、遺贈は効力を生じない。

（川　淳一）

第1000条　削除（平成30年法律72号による）

（債権の遺贈の物上代位）
第1001条　債権を遺贈の目的とした場合において、遺言者が弁済を受け、かつ、その受け取った物がなお相続財産中に在るときは、その物を遺贈の目的としたものと推定する。
2　金銭を目的とする債権を遺贈の目的とした場合においては、相続財産中にその債権額に相当する金銭がないときであっても、その金額を遺贈の目的としたものと推定する。

本条は、債権を遺贈の目的とした場合の物上代位について定める。受け取った物が相続財産中に存在しなくなっている場合には、遺贈は効力を生じない。本条にいう弁済には、代物弁済、更改、および準消費貸借も含まれる。債権が相殺によって消滅している場合には、遺贈の目的物が存在しなくなっているものとして扱われる。

本条2項は、金銭債権の当然の性質を前提にした規定である。

（川　淳一）

（負担付遺贈）
第1002条　負担付遺贈を受けた者は、遺贈の目的の価額を超えない限度においてのみ、負担した義務を履行する責任を負う。
2　受遺者が遺贈の放棄をしたときは、負担の利益を受けるべき者は、自ら受遺者となることができる。ただし、遺言者がその遺言に別段の意思を表示したときは、その意思に従う。

本条は、負担付遺贈の場合の受遺者の義務を定める。負担付遺贈とは、受遺者に一定の法律上の義務を負担させる遺贈である。典型は、「遺言者の不動産甲をAに与える。代わりに、AはBに500万円を与えるものとする」というような遺贈である。負担によって利益を受ける者（受益者）は相続人であっても第三者であってもよい。負担を付すことができる遺贈は、特定遺贈包括遺贈を問わない。

受遺者の行為を内容とする付款は、負担でも条件でもありうるが、そのどちらであるかは、遺言の解釈の問題である。しばしば挙げられる例は、「遺言執行者になること」という付款である。付款が条件ではなく負担であると解釈された場合には、付款の内容が実行されないことによっては遺贈の効力は左右されず、民法1027条の規定する要件を満たす場合に、単に相続人に、取消請求権が認められるにとどまる。

本条1項は、負担は、遺贈の価額を超えることができない旨を規定する。負担が遺贈の価額よりも大きい場合には、遺贈の価額を超過する負担の部分のみが無効となる。

本条２項は、負担付遺贈の受遺者が遺贈の放棄をしたときは、原則として、負担の受益者が自ら受遺者となることができる旨を規定する。この規定は、民法995条の特則である。受遺者が受けるべきであったものを、負担の受益者が受遺者として受けることになる。受遺者となることができるというのは、受益者は当然に受遺者となり、ただ、放棄をなしうる、ということである。

（川　淳一）

（負担付遺贈の受遺者の免責）

第1003条　負担付遺贈の目的の価額が相続の限定承認又は遺留分回復の訴えによって減少したときは、受遺者は、その減少の割合に応じて、その負担した義務を免れる。ただし、遺言者がその遺言に別段の意思を表示したときは、その意思に従う。

本条は、負担付遺贈の目的が限定承認または遺留分侵害額請求によって減少した場合の受遺者の義務の軽減を定めている。原則として、減少の割合に比例して、義務の負担も減少する。

（川　淳一）

第５編第７章第３節　〔後注〕　「相続させる」旨の遺言

遺産中の特定ないし特定可能な財産を特定の共同相続人に割り付ける遺言があった場合、とりわけ「相続させる」という文言によって割り付ける遺言があった場合に、その遺言をどのように解釈するべきかが問題になる。問題が顕在化し始めた当初は、共同相続人への遺贈（民903条参照）であると解する見解と、遺産分割方法の指定（民908条）であるとした上で、割り付けられた財産の価額が割付を受けた共同相続人の相続分を越える場合には、その分割方法の指定は相続分指定（民902条）を伴うとする見解に分かれていた。ところが、これらの見解は、「相続させる」という文言が、とりわけ公証実務において、ある時期から**遺産分割の省略・登記手続の簡略化**（＝割付を受けた相続人の単独申請による登記を可能にする）という明確な意図を伴って用いられたものであるということとは、相容れないものであった。「相続させる」旨の遺言が、場合によっては相続分指定を伴う、遺産分割方法の指定であると解する見解は、共同相続人への遺産の終局的帰属確定には、遺産分割協議または審判を経ることを要するとしていたし、その遺言を遺贈と解する見解によれば、遺贈の客体が不動産である場合、受遺者相続人は、遺贈義務者である他の共同相続人全員と移転登記を共同申請しなければならないからである。

この状況の中で、判例は、次のような準則を宣言して、「相続させる」旨の遺言は原則として遺贈ではなく、まさに公証実務が目指した効果を持つ別の処分であるとした。すなわち、①「相続させる」旨の遺言は、原則として**遺産分割方法の指定**（民908条）であって遺贈ではない、②問題の遺言において、相続による承継を当該相続人の受諾の意思表示にかからせた等の特別の事情がない限り、なんらの行為を要せずして、被相続人の死亡の時（遺言の効力の生じた時）に、直ちに当該遺産が当該相続人に相続により承継される、③したがって、当該遺産については、遺産分割協議または審判を経る余地はない[※41]。

注意するべきは、判例は、「相続させる」旨の遺言は、遺産分割方法の指定であるとしているものの、その含意は、従来の「相続分指定を伴うこともある遺産分割方法の指定」説とは大きく異なるということである。従来の「相続分指定を伴うこともある遺産分割方法の指定」説は、共同相続人への遺産の終局的帰属の確定には、遺産分割手続が不可避であるとしていた。それに対して、判例は、遺産分割の方法の指定である以上、原則として、「何らの行為を要せずして、被相続人の死亡の時（遺言の効力の生じた時）に直ちに当該遺産が当該相続人に相続により承継される」としているからである。判例の採った見解は、1991（平成３）年当時、比較的新しい見解であった、割り付けられた財産は遺産共有状態を経ずに受益相続人の単独所有になるという見解（遺産分割効果説）と軌を一にするものである。

なお、2018（平成30）年民法改正において、特定財産承継遺言、すなわち、「遺産の分割の方法の指定として遺産に属する特定の財産を共同相続人の一人又は数人に承継させる旨の遺言」（民1014条２項）の存在が明示されるに至っている。これは、従来判例が「相続させる」旨の遺言としてきたものに条文上の名称を与えるものである。従来の判例の準則、すなわち、特別の事情がない限り、「相続させる」旨の遺言は、全財産を「相続させる」ものも含めて、遺贈ではなく遺産分割方法の一種として扱うという準則を実質的に変更するものではない。

「相続させる」旨の遺言と第三者との関係が問題になる。判例は、「相続させる」旨の遺言によって取得した権利は、対抗要件を具備することなく第三者（たとえば、他の共同相続人の債権者であって、代位により法定相続分による共有登記をした上で持分を差し押さえた者）に対抗できることを明らかにした[※42]。もっとも、この点についての判例の準則は、2018（平成30）年民法改正において新設された民法899条の２によって変更され、法定相続分の割合を超

※41　最二小判平３・４・19民集45巻４号477頁。

※42　最二小判平14・６・10家月55巻１号77頁。

える部分の権利取得は登記登録等の対抗要件を備えなければ第三者に対抗できないものとなっている。

「相続させる」旨の遺言がある場合に、その遺言によって財産を割り付けられた推定相続人が相続開始より前に死亡した場合に遺言の効力はどうなるかという問題もある。判例は、その場合には原則として、遺言は効力を生じないとしている[※43]。すなわち、割り付けられた遺産は、原則として、被割付者の代襲相続人によって直接承継されるのではなく、法定相続の一般原則に服することになる。

なお、遺言執行者がある場合の扱いについては、民法1014条の解説参照。

（川　淳一）

第５編第７章第４節　遺言の執行

〔前注〕

本節は遺言の執行と題されているものの、民法1004条、1005条は遺言執行の準備段階に関する規定であり、また、民法1006条から1020条までは遺言執行一般ではなく、遺言執行者に関する規定である。結局、遺言執行一般に関する規定は、民法1021条のみである。

遺言の執行とは、遺言の効力が生じた後、遺言の内容を実現する事務を行うことをいう。遺言の内容は、遺言執行を要するものとそうでないものに分かれ、遺言執行を要するものは、遺言執行者による遺言執行を要するものと必ずしもそれを要しないものに分かれる。遺言執行を要しないものとしては、未成年後見人・未成年後見監督人の指定（民839条・848条）、相続分指定・特別受益の持ち戻しの免除（民902条・903条３項）、遺産分割の禁止（民908条）等がある。遺言執行を要するもののうち、遺言執行者による執行を要するとされるのは、推定相続人の廃除とその取消し（民893条・894条）、認知（戸籍64条）等である。遺言執行を要するもののうち、必ずしも遺言執行者によることを要しないものは、（特定）遺贈や寄付行為等である。

なお、特定財産承継遺言における遺言執行について、2018（平成30）年民法改正によって民法1014条２項から４項までが新設された。

（川　淳一）

※43　最三小判平23・２・22民集65巻２号699頁。

（遺言書の検認）

第1004条　遺言書の保管者は、相続の開始を知った後、遅滞なく、これを家庭裁判所に提出して、その検認を請求しなければならない。遺言書の保管者がない場合において、相続人が遺言書を発見した後も、同様とする。

2　前項の規定は、公正証書による遺言については、適用しない。

3　封印のある遺言書は、家庭裁判所において相続人又はその代理人の立会いがなければ、開封することができない。

遺言書の**検認**とは、遺言の現状を確認することによって、偽造・変造を防ぐ**証拠保全の手続**である。偽造・変造のおそれの少ない公正証書遺言については要求されないが、公正証書遺言以外のすべて遺言について要求される。確認手続を経た遺言（民979条3項・4項参照）にも要求される。

検認の意義は証拠の保全につきる。すなわち、検認は、遺言の方式に関する一切の事実を調査して遺言書そのものの状態を確定し、その現状を明確にするものであって、内容の真否、効力の有無等、遺言書の実体法上の効果を判断するものではない。したがって、検認を受けたとしても、遺言が有効であるとはいえず、遺言の効力を争うことができる。また、本条による検認・開封が行われなかった場合でも、過料が課せられるにとどまり（民1005条）、遺言の効力に影響はない。裁判所書記官は申立人および相続人に対して検認の期日を通知しなければならない（家事手続規115条1項）。

遺言書の検認がされた場合には、検認に立ち会わなかった申立人、相続人、受遺者その他の利害関係に対して、通知がなされる（家事手続規115条2項）。検認された遺言書については、調書が作成される（家事手続211条）。

（川　淳一）

（過料）

第1005条　前条の規定により遺言書を提出することを怠り、その検認を経ないで遺言を執行し、又は家庭裁判所外においてその開封をした者は、5万円以下の過料に処する。

（遺言執行者の指定）
第1006条　遺言者は、遺言で、１人又は数人の遺言執行者を指定し、又はその指定を第三者に委託することができる。
２　遺言執行者の指定の委託を受けた者は、遅滞なく、その指定をして、これを相続人に通知しなければならない。
３　遺言執行者の指定の委託を受けた者がその委託を辞そうとするときは、遅滞なくその旨を相続人に通知しなければならない。

（遺言執行者の任務の開始）
第1007条　遺言執行者が就職を承諾したときは、直ちにその任務を行わなければならない。
２　遺言執行者は、その任務を開始したときは、遅滞なく、遺言の内容を相続人に通知しなければならない。

本条２項は、2018（平成30）年改正によって新設されたものである。遺言の内容の実現、すなわち遺言執行は、遺言執行者がない場合には相続人が行うべきところ、遺言執行者がある場合（民1013条）には、遺言執行者の権限が及ぶ範囲（民1014条参照）で相続人の権限は排除される。したがって、遺言の内容および遺言執行者の有無には、相続人は重大な利害関係を有することになる。そこで、本条２項は、就職を承諾した遺言執行者に（本条１項）、遺言の内容を遅滞なく相続人に通知する義務を課すことにより、相続人に遺言執行者の存在と遺言の内容を知らせることにした。

（川　淳一）

（遺言執行者に対する就職の催告）
第1008条　相続人その他の利害関係人は、遺言執行者に対し、相当の期間を定めて、その期間内に就職を承諾するかどうかを確答すべき旨の催告をすることができる。この場合において、遺言執行者が、その期間内に相続人に対して確答をしないときは、就職を承諾したものとみなす。

（遺言執行者の欠格事由）
第1009条　未成年者及び破産者は、遺言執行者となることができない。

（遺言執行者の選任）
第1010条　遺言執行者がないとき、又はなくなったときは、家庭裁判所は、利害関係人の請求によって、これを選任することができる。

（相続財産の目録の作成）
第1011条　遺言執行者は、遅滞なく、相続財産の目録を作成して、相続人に交付しなければならない。
２　遺言執行者は、相続人の請求があるときは、その立会いをもって相続財産の目録を作成し、又は公証人にこれを作成させなければならない。

（遺言執行者の権利義務）
第1012条　遺言執行者は、遺言の内容を実現するため、相続財産の管理その他遺言の執行に必要な一切の行為をする権利義務を有する。
２　遺言執行者がある場合には、遺贈の履行は、遺言執行者のみが行うことができる。
３　第644条、第645条から第647条まで及び第650条の規定は、遺言執行者について準用する。

本条は、遺言執行者の権利義務について規定する。2018（平成30）年改正によって、本条1項への「遺言の内容を実現するため」という文言の付加、本条2項の新設がされている（本条3項は実質的には変更されていない）。

本条1項への文言の付加は、民法1015条から遺言執行者を「相続人の代理人とみなす」という文言を抹消することとあいまって、遺言執行者の職務が遺言の内容の実現、すなわち遺言者の意思の実現であることを明示する趣旨である。

本条1項にいう「必要な一切の行為」には、訴訟追行も含まれる。判例は、2018（平成30）年改正前民法1015条の規定の下ですでに、遺言執行者は自己の名において訴訟当事者となるとしていた※44。遺言執行者の訴訟追行は、一種の法定訴訟担当であるということである。具体的には、相続人が遺言無効を主張し相続財産への共有持分権の確認を求める訴えの場合や※45、特定不動産の受遺者が提起する、遺言の執行として目的不動産の所有権移転登記手続を求める訴えの場合※46、被告は遺言執行者である。他方、遺贈の目的不動産につき、

※44　最三小判昭31・9・18民集10巻9号1160頁。
※45　前掲※44・最三小判昭31・9・18民集10巻9号1160頁。
※46　最二小判昭43・5・31民集22巻5号1137頁。

遺言の執行として、すでに受遺者に遺贈による所有権移転登記あるいは所有権移転仮登記がされているときに、相続人が右登記の抹消登記手続を求める場合には事情が異なる。その場合には、相続人は、遺言執行者ではなく、受遺者を被告として訴えを提起するべきである[※47]。また、受遺者は、遺言執行者がある場合でも、遺贈の物権効により、所有権に基づく妨害排除請求として、遺贈の客体たる不動産について、相続人または第三者のためにされた無効な登記の抹消登記請求をすることができる[※48]。

新設された本条2項は、特定不動産の受遺者が提起する、遺言の執行として目的不動産の所有権移転登記手続を求める訴えの被告適格を有するのは遺言執行者に限られ、相続人は被告適格を有しないという従来の判例を明文化したものである[※49]。

（川　淳一）

（遺言の執行の妨害行為の禁止）
第1013条　遺言執行者がある場合には、相続人は、相続財産の処分その他遺言の執行を妨げるべき行為をすることができない。
2　前項の規定に違反してした行為は、無効とする。ただし、これをもって善意の第三者に対抗することができない。
3　前2項の規定は、相続人の債権者（相続債権者を含む。）が相続財産についてその権利を行使することを妨げない。

本条は、「遺言執行者がある場合」には、相続人は遺言執行者による遺言執行行為を妨害できないこと、およびそれにもかかわらずされた妨害行為の効力を定める。本条2項と本条3項は2018（平成30）年民法改正によって新設されたものである（本条1項の文言に変更はない）。

本条1項は、「遺言執行者がある場合」には相続人が執行妨害行為をすることを禁止している。従来の判例は、「遺言執行者がある場合」には遺言執行者として指定された者が就職を承諾する前も含まれるとし[※50]、相続人がするこの禁止に反する行為は絶対的無効、すなわちだれとの関係でも無効であるとしていた[※51]。

これらの判例の基本的立場は、遺言者の意思を尊重するということから説明

※47 最二小判昭51・7・19民集30巻7号706頁。
※48 最一小判昭62・4・23民集41巻3号474頁。
※49 前掲※46・最二小判昭43・5・31民集22巻5号1137頁。
※50 大判昭5・6・16民集9巻550頁、最一小判昭62・4・23民集41巻3号474頁。
※51 前掲※50・最一小判昭62・4・23民集41巻3号474頁。

可能であった。しかし、それらの帰結は、相続人と取引をした第三者の利益を害すること甚だしいと評価されることも多かった。

そこで、2018（平成30）年民法改正においては、まず、本条2項で、禁止に反した相続人の行為は無効であると明文で定めつつも、その無効は、相続人による処分が禁止されていることについて善意である第三者には「対抗できない」ものとした。この結果、特定遺贈の客体の処分を相続人から受けた善意の第三者と受遺者の関係は民法177条にいう対抗関係となる（なお、民899条の2参照）。次に、本条3項で、遺贈の客体に権利行使したのが債権者（相続債権者と相続人の債権者の両方を含む）である場合には、「遺言執行者がある」ときであっても、そのことに関する善意悪意を問わず、その権利行使は効力を妨げられないこととされた。この結果、権利行使をした債権者と受遺者は民法177条にいう対抗関係となる。

（川　淳一）

（特定財産に関する遺言の執行）

第1014条　前3条の規定は、遺言が相続財産のうち特定の財産に関する場合には、その財産についてのみ適用する。

2　遺産の分割の方法の指定として遺産に属する特定の財産を共同相続人の1人又は数人に承継させる旨の遺言（以下「特定財産承継遺言」という。）があったときは、遺言執行者は、当該共同相続人が第899条の2第1項に規定する対抗要件を備えるために必要な行為をすることができる。

3　前項の財産が預貯金債権である場合には、遺言執行者は、同項に規定する行為のほか、その預金又は貯金の払戻しの請求及びその預金又は貯金に係る契約の解約の申入れをすることができる。ただし、解約の申入れについては、その預貯金債権の全部が特定財産承継遺言の目的である場合に限る。

4　前2項の規定にかかわらず、被相続人が遺言で別段の意思を表示したときは、その意思に従う。

本条は、遺言が相続財産中の特定の財産に関するものである場合における遺言執行者の役割を規定するものである。2018（平成30）年民法改正によって本条2項と3項が新設された。本条1項は文言上は改正を受けていない。しかし、民法1012条と1013条が改正されたことにより、その実質的意義を増している。

まず、本条1項は、遺言が特定の財産に関するものである場合には、民法1011条、1012条および1013条はその財産についてのみ適用される旨を定める。ここで問題になるのは特定の財産に関する遺言には何が含まれるかであるが、新設された本条2項と3項から、特定財産承継遺言（遺産分割方法の指定の一種としての「相続させる」旨の遺言）が含まれるのは明らかである。この結果、とくに、特定財産承継遺言にも民法1013条２項・３項の適用があることに、留意するべきである。

次に、本条２項は、特定財産承継遺言があった場合に、財産の割付を受けた相続人が対抗要件を備えるために必要な行為を遺言執行者もできることを定める。これは、2018（平成30）年改正民法が特定財産承継遺言による財産の承継にも対抗要件を要求したこと（民899条の２参照）に対応する規定である。特定財産承継遺言にかかわる遺言執行者の権利義務に関する従来の判例の準則、すなわち遺言執行者は原則として特定承継遺言の執行のための登記手続をする権利義務を有せず※52、遺言執行者が登記請求をすることができるのは、割付を受けた相続人以外の相続人が自己への所有権移転登記を経由している場合における妨害排除請求としての移転登記抹消・真正な登記名義の回復のための所有権移転登記請求の場合である※53という準則は、その前提を失うことになった。

本条３項は、特定財産承継遺言の客体が預貯金債権であった場合の遺言執行者の権限を明示するものである。

（川　淳一）

（遺言執行者の行為の効果）

第1015条　遺言執行者がその権限内において遺言執行者であることを示してした行為は、相続人に対して直接にその効力を生ずる。

第5編第7章

本条は、遺言執行者が権限内で遺言執行者としてした行為の効果は直接相続人に帰属する旨を定める。

本条は、2018（平成30）年民法改正によって従来の「遺言執行者は、相続人の代理人とみなす」という文言から全面的に書き改められたものである。もっとも、判例・通説は、旧文言にあってもその趣旨を、遺言執行者の行為の効果が相続人に帰属することに尽きるとし、相続人の利益と遺言者の意思の実現の結果が衝突する場合、遺言執行者は遺言者の意思の実現を優先させるべきとしていた（遺言執行に関する訴訟についての当事者適格について民1012条の解説を参照)。したがって、実質的な変更はない。

（川　淳一）

※52 最二小判平14・6・10家月55巻１号77頁、最三小判平７・１・24判時1523号81頁。
※53 最一小判平11・12・16民集53巻９号1989頁。

（遺言執行者の復任権）
第1016条　遺言執行者は、自己の責任で第三者にその任務を行わせることができる。ただし、遺言者がその遺言に別段の意思を表示したときは、その意思に従う。
2　前項本文の場合において、第三者に任務を行わせることについてやむを得ない事由があるときは、遺言執行者は、相続人に対してその選任及び監督についての責任のみを負う。

本条は遺言執行者の復任権について定める。

本条は、2018（平成30）年民法改正によって、内容的にも全面的な改正を受けたものである。従来は遺言執行者の復任権は、任意代理人の例にならい「やむを得ない場合」にのみ認められていたのに対して、改正法は、遺言によって制限されている場合を除いて遺言執行者に復任権を認めている。また、遺言執行者の復任権の行使が「やむを得ない事由」に基づく場合には、相続人に対する遺言執行者の責任は「選任及び監督について」のみ生じるものとされている。これらの結果、新法における遺言執行者の復任権は法定代理人の例にならうものになっている。この改正には、遺言執行者は遺言によって選任される場合だけではなく、家庭裁判所によって選任されることもあること（民1010条）、遺言執行者の職務が広範に及ぶこともあること、やむを得ない場合以外の復任に際して遺言執行者が相続人全員からの同意を得なければならないという従来のやり方では遺言執行に困難が生じる場合があること等が理由として挙げられている。

（川　淳一）

（遺言執行者が数人ある場合の任務の執行）
第1017条　遺言執行者が数人ある場合には、その任務の執行は、過半数で決する。ただし、遺言者がその遺言に別段の意思を表示したときは、その意思に従う。
2　各遺言執行者は、前項の規定にかかわらず、保存行為をすることができる。

（遺言執行者の報酬）
第1018条　家庭裁判所は、相続財産の状況その他の事情によって遺言執行者の報酬を定めることができる。ただし、遺言者がその遺言に報酬を定めたときは、この限りでない。
2　第648条第2項及び第3項並びに第648条の2の規定は、遺言執行者が報酬を受けるべき場合について準用する。

（遺言執行者の解任及び辞任）
第1019条　遺言執行者がその任務を怠ったときその他正当な事由があるときは、利害関係人は、その解任を家庭裁判所に請求することができる。
2　遺言執行者は、正当な事由があるときは、家庭裁判所の許可を得て、その任務を辞することができる。

（委任の規定の準用）
第1020条　第654条及び第655条の規定は、遺言執行者の任務が終了した場合について準用する。

（遺言の執行に関する費用の負担）
第1021条　遺言の執行に関する費用は、相続財産の負担とする。ただし、これによって遺留分を減ずることができない。

第5編第7章第5節　遺言の撤回及び取消し

〔前注〕

遺言は死者の最終意思の表現であり、その意思の尊重のために、遺言者は死亡の直前まで遺言を撤回することが認められている（**遺言撤回の自由**）。撤回とは、まだ効力の発生しないうちに、表意者が任意に意思表示の効果を将来に向かって失わせることを意味する。また、遺言は遺言者の死亡まで効力を生じないのであるから、撤回の自由は当然なことでもある。本節は、遺言の撤回の自由の確保（撤回権の放棄禁止（民1026条））、撤回方式の明確化（撤回方式の制限（民1022条）、法定撤回（民1023条・1024条）、撤回の効果（民1025条））について定めている。また、撤回とは異質であるが、負担付遺贈における義務の不履行による取消しについても定めている（民1027条）。

（高橋朋子）

（遺言の撤回）
第1022条　遺言者は、いつでも、遺言の方式に従って、その遺言の全部又は一部を撤回することができる。

Ⅰ　本条の意義

本条は、遺言の撤回の自由とその方式について定めたものである。遺言制度は遺言者の最終の意思を尊重することを制度趣旨とするものであるので、遺言者は死亡時までいつでも遺言を撤回することが許される。ただ、撤回意思を明確にし、後日の紛争を回避するために、撤回の方式は遺言の方式によらなければならないこととされている。

Ⅱ　撤回の方式

遺言の撤回は、遺言が効力を生じる時までいつでも、そして、なんらの理由なく、行うことができる。撤回権者は遺言者のみであり、一般の取消しと異なり代理人によってすることもできないし、また、撤回は遺言者死亡前のことであるから、承継人（相続人）が撤回することもできない。遺言の全部を撤回することはもちろんのこと、一部の撤回も可能である。撤回は、単なる撤回の意思の表明では足りず、遺言の方式によらなければならないが、撤回される遺言と同じ方式である必要はない（たとえば、公正証書遺言を自筆証書遺言により撤回する等）。

Ⅲ　効力

遺言は、撤回によりその効力の発生を阻止される。撤回の効力がいつ発生するかについては見解の対立がみられる。撤回が遺言の方式による以上、撤回の効力も遺言者死亡時に発生する（民985条1項）という説と、遺言書の破棄による撤回（民1024条）の場合には破棄の時点で効力が生じることとの釣り合いから、撤回遺言作成時に効力が生じるという説とが対立している。前者においては、撤回遺言の撤回ということが考えられるが、後者においては、厳密には、撤回遺言の撤回はないことになる（民1025条の解説Ⅱ参照）。下級審には、後者の立場を採った判決がみられる※54。

Ⅳ　死因贈与への準用

死因贈与には遺贈の規定が準用される（民554条）ので、判例は死因贈与の撤回について、その方式に関する部分を除いて（遺言の方式による撤回は必要とせずに）、本条の準用を認めている※55。しかし、裁判上の和解において約された死因贈与については、贈与者において自由に撤回することができないという判決がある※56。また、負担付死因贈与の撤回についても、事情によっては本条や民法1023条が準用されない場合があるとする判決がある※57。すなわち、負担の履行期が贈与者の生前と定められた負担付死因贈与の受贈者が、負担の全部またはこれに類する程度の履行をした場合には、契約締結の動機、負担の価値と贈与財産の価値との相関関係、契約上の利害関係者間の身分関係その他の生活関係等に照らし、契約の全部または一部を撤回することがやむをえないと認められる特段の事情がない限り、本条や民法1023条は準用されないという。

（高橋朋子）

（前の遺言と後の遺言との抵触等）
第1023条　前の遺言が後の遺言と抵触するときは、その抵触する部分については、後の遺言で前の遺言を撤回したものとみなす。
2　前項の規定は、遺言が遺言後の生前処分その他の法律行為と抵触する場合について準用する。

Ⅰ　本条の意義

本条は、ある事実が存するときに、遺言の撤回があったと擬制するもの（法定撤回）であり、撤回は遺言の方式によるという原則（民1022条）のいわば例外となる。遺言者の真意は問わない。撤回の擬制が行われる前提となる事実とは、①前の遺言と内容の抵触する後の遺言が作成されたこと（本条1項）、②遺言と抵触する内容の生前処分等がその後されたこと（本条2項）である。①は、遺言が終意処分であることから、後の遺言を優先するべきであるという「**後遺言優先の原則**」を表現したものである。したがって、2つの遺言があっても、

※54　東京高判平18・6・29判タ1238号264頁
※55　最一小判昭47・5・25民集26巻4号805頁。
※56　最二小判昭58・1・24民集37巻1号21頁。
※57　最二小判昭57・4・30民集36巻4号763頁。

内容が抵触しない場合は、両者とも有効である。②は、内容の抵触する生前処分等を行ったということが遺言の意思の変更とみられうるからである。遺言者の真意は問われないので、仮に撤回の意思がなく、単に遺言の内容を忘却したことが生前処分等をした理由であっても、撤回は擬制される。

Ⅱ　要件

要件としては前遺言と内容の抵触する遺言の作成、あるいは、遺言と内容の抵触する行為をすることである。

1　抵触の定義

抵触とは何か。その定義としては、必ずしも両遺言あるいは遺言と後の行為の内容を実現することが客観的に絶対不可能であることを必要とせず、両遺言あるいは遺言と後の行為を両立させないという趣旨の下に行われたことが明白な場合も含まれる。裁判例としては、金1万円を与える旨の遺言をした後、遺言者が遺贈に代えて生前に金5,000円を受遺者に贈与することとし、受遺者もその後金銭の要求をしない旨を約した事案につき、抵触すると認めたものがある[※58]。

前遺言との抵触の範囲は全部である必要はなく、一部の抵触の場合でも要件は満たす。しかし、一部の抵触によって前遺言の全体が無効とされるのではなく、抵触しない部分は前遺言が有効なままであると解されている。

2　抵触する行為（本条2項）

撤回が擬制される理由は、上述のように、遺言と抵触する生前処分・法律行為を行ったということが遺言の意思の変更とみられることにあるので、生前処分・法律行為は遺言者自身が行う必要がある。しかし、遺言者が他人に生前処分等を委任して代理権を付与したような場合は、遺言者自身の行為と同視してよいと解されている。

生前処分とは、所有権譲渡、地上権の設定、定款の作成（一般法人法152条1項。2006（平成18）年の一般法人法立法前は、寄附行為（(旧) 民39条)）等の処分行為を指し、その他の法律行為とは、生前の処分行為および財産に関係のない一切の法律行為を指すとされるが、その内容は必ずしも明確ではない。実際に問題となるのは身分行為である。遺言と抵触する行為が身分行為であった場合、遺言による財産処分行為に抵触するとして撤回を認めてよいのであろうか。裁判例としては、終生扶養を受けることを前提として養子縁組をした上、その所有する不動産の大半を養子に遺贈する旨の遺言をした者が、その後養子

※58　大判昭18・3・19民集22巻185頁。

に対する不信の念を深くし、扶養を受けないことにして協議離縁をした事案につき、離縁により遺言を撤回したものと判断した最高裁判決がある※59。これに対しては、抵触行為の安易な拡大を危惧し、身分行為と財産行為という異質な法律行為間の場合には撤回という構成を取るべきではないという見解も見られる。

また、一般社団法人及び一般財団法人に関する法律（平成18年法律48号）の成立前の問題であるが、遺言による寄附行為（(旧) 民42条2項）に基づく財団法人設立行為がされた後に内容の矛盾する生前処分の寄附行為に基づく財団法人設立行為がされた場合に、生前処分の寄附行為に基づく財団法人設立行為がされた時点に遺言は撤回されたことになるのか、それとも、生前処分の寄附行為に基づく財団法人設立行為が主務官庁の許可によって財団が設立され、その効果が生じた時点になるのかという見解の対立がみられた。判例は後者の説を採った※60。すなわち、財団法人の設立を目的とする意思表示が、主務官庁の許可という成否の未確定な将来の事実を法定の停止条件とするものであるため、停止条件が成就したことが確定されない限り、生前処分は法律行為としての本来の効力を生じていないので、遺言に抵触するものということはできないからであるという。

（高橋朋子）

（遺言書又は遺贈の目的物の破棄）

第1024条　遺言者が故意に遺言書を破棄したときは、その破棄した部分については、遺言を撤回したものとみなす。遺言者が故意に遺贈の目的物を破棄したときも、同様とする。

Ⅰ　本条の意義

本条は、遺言者が故意に遺言書や遺贈の目的物を破棄した場合に、遺言を撤回したものとみなすことを定めたものである。同じく法定撤回を定めた民法1023条2項が法律行為による撤回に関するものであるのに対し、本条は事実行為による撤回に関するものである。

※59　最二小判昭56・11・13民集35巻8号1251頁。
※60　最三小判昭43・12・24民集22巻13号3270頁。

Ⅱ　遺言書の破棄（本条前段）

1　遺言者による破棄

遺言書の破棄は遺言者自身によるものであることが必要である。遺言者の嘱託による第三者の行った破棄の場合は、それが遺言者の意思に基づくことが明らかであれば、破棄とみてよいと解されている。

2　破棄

遺言書の破棄には、焼き捨て、切断等の遺言書自体の破棄の場合と、遺言書の内容を識別できない程度に抹消する場合を含む。後者に関しては、文字の上に斜線や2本線が引かれているものの、元の文字が判読できる場合が問題となる。遺言書の「加除その他の変更」（民968条3項）の場合には一定の方式に従うことが求められているので、それを備えない限り変更とは認められず、判別可能な元の文字の部分が有効となり、一部撤回は認められないというのが通説である。ただし、赤色のボールペンで遺言書の文面全体に斜線が引かれている場合について、判例は遺言の撤回であると認めた。すなわち、民法968条3項の「変更」が遺言の効力を維持することを前提に遺言書の一部を変更する場合を想定した規定であるのに対し、赤色のボールペンで遺言書の文面全体に斜線を引く行為は、その行為の有する一般的な意味に照らして、その遺言書の全体を不要のものとし、そこに記載された遺言のすべての効力を失わせる意思の表れとみるのが相当であるから、本条前段所定の「故意に遺言書を破棄したとき」に該当し、遺言の撤回とみなされると判断した[※61]。

また、公正証書遺言の破棄は、公証人役場に保存されている原本の破棄を意味するので、正本を破棄しても撤回の効力を生じないと解されている。

3　故意

遺言書の破棄は、遺言書であることを認識した上で、これを破棄する意思をもってしたことが必要である。遺言を撤回することの故意は不要であると解されている。過失による破棄、第三者による破棄、不可抗力による破棄等の場合には撤回の効力は生じないが、それによって破棄部分が識別できなくなったときは、その部分の遺言の効力は生じない。

4　撤回の効力

遺言者が故意に遺言書を破棄したとき、破棄した部分については遺言を撤回したものとみなされる。したがって、破棄されなかった部分は効力を有したままであるが、破棄された部分がないことによって内容が不明・不能・不法であ

※61　最二小判平27・11・20民集69巻7号2021頁。

るような場合には、遺言全体が無効になると解されている。

Ⅲ 目的物の破棄（本条後段）

遺言者が故意に遺贈の目的物を破棄したとき、破棄した部分については遺贈を撤回したものとみなされる。遺言者に撤回の意思の存することは要求されない。目的物は特定物である必要がある。破棄とは、目的物の滅失・毀損を意味するばかりでなく、物の経済的な価値を失わせることも含むと解されている。破棄は遺言者自身の行為であること、遺言者の故意によることが要求される。

（高橋朋子）

（撤回された遺言の効力）
第1025条 前3条の規定により撤回された遺言は、その撤回の行為が、撤回され、取り消され、又は効力を生じなくなるに至ったときであっても、その効力を回復しない。ただし、その行為が錯誤、詐欺又は強迫による場合は、この限りでない。

Ⅰ 本条の意義

本条は、民法1022条から1024条までの事由によって遺言（以下、第1遺言と称する）が撤回されたのちに、その撤回行為がさらに撤回され、取り消され、または効力を生じなくなったときに、第1遺言の効力が回復しないこと（**非復活主義**）を定めたものである（本条本文）。

学説には、撤回行為が撤回され、取り消され、または効力を生じなくなったとき、論理的には第1遺言の効力が復活するのが当然であるという見解（**復活主義**）もある。これに対して、非復活主義の立場からは、実際に遺言者が復活の意思を有していたかどうかが不明な場合もあること等から、もし遺言者が第1遺言を復活させたければ、それと同一内容の遺言を新たに作成するべきであるという見解が出されている。

また、非復活主義の例外として、錯誤、詐欺または強迫による遺言の撤回を取り消す場合には、第1遺言が復活することを認めている（本条ただし書）。

Ⅱ 要件

1 民法1022条による撤回の場合

撤回遺言の効力が直ちに生じると解する立場に立てば、撤回遺言を撤回することはできないことになるが、撤回遺言の効力は遺言者死亡の時に生じるという立場に立てば、撤回遺言の撤回も可能である（民1022条の解説Ⅲ参照）。

⑴　撤回遺言の撤回

(a)　第1遺言を撤回する第2遺言を第3遺言で撤回した場合（民1022条）

第1遺言を撤回する第2遺言は、第3遺言により撤回されうる（民1022条）。その効力について、学説は、本条の非復活主義の立場に立つ非復活説と復活主義を採る復活説とに分かれている。判例は、遺言書の記載に照らし、遺言者の意思が第1遺言の復活を希望するものであることが明らかなときは、本条ただし書の法意に鑑み、遺言者の真意を尊重して第1遺言の効力の復活を認めるのが相当であるとする※62。

(b)　第1遺言を撤回する第2遺言に抵触する第3遺言あるいは生前行為等がされた場合（民1022条と1023条）

第1遺言（例：指輪をAに与える）を撤回する第2遺言（撤回の結果、指輪をAに与えないことになる）に抵触する第3遺言（例：指輪をAに与える）がある場合、民法1023条1項の解釈問題となり、第2遺言は第3遺言により撤回が擬制され、第1遺言の復活・非復活の問題は生じず、本条が適用される余地はないと解されている。その結果、効力が生じるのは第3遺言であって、第1遺言が復活するのではない。

同様に、第1遺言（例：指輪をAに与える）を撤回する第2遺言（撤回の結果、指輪をAに与えないことになる）に抵触する生前行為等の法律行為（例：指輪をAに贈与する）がある場合も、民法1023条2項の解釈問題となり、第2遺言は生前処分等により撤回が擬制され、第1遺言の復活・非復活の問題は生じず、本条が適用される余地はないと解されている。その結果、効力が生じるのは生前処分等であって、第1遺言が復活することはない。

第5編第7章

(c)　第1遺言を撤回する第2遺言書を遺言者が故意に破棄し、あるいは目的物を故意に破棄した場合（民1022条と1024条）

第1遺言を撤回する第2遺言書が破棄された場合（民1024条）、遺言者の真意は第1遺言の復活にあるという復活説が有力である。これに対して、破棄によって第2遺言が不存在となり、第1の遺言書しか存在しない場合には、事実上第1遺言が効力を有するだけのことであるという説もみられる。この説は、仮に複写等の存在によって第2遺言書の破棄の事実およびその記載内容が明らかな場合であっても、第1遺言の復活には疑義を呈する。また、第1遺言を第2遺言で撤回したのち、第1遺言による遺贈の目的物を遺言者が故意に破棄した場合（民1024条）には、第1遺言の効力が生じないのは当然である。

⑵　第1遺言を撤回する第2遺言が取り消される場合

第1遺言を撤回する第2遺言が取り消されうる場合であるが、制限行為能力を理由に撤回遺言が取り消されることはないため（民962条）、本条の非復活主

※62　最一小判平9・11・13民集51巻10号4144頁。

義が適用されることはない。錯誤、詐欺または強迫を理由とする取消しについては本条ただし書に該当し、第1遺言は復活するため、本条本文の非復活主義は適用されない。

⑶　第1遺言を撤回する第2遺言の効力が生じない場合

特別方式による遺言は、遺言者が普通方式による遺言ができるようになった時から6か月間生存するときは、遺言は効力を生じなくなるという規定（民983条）があるが、撤回遺言が特別の方式によって行われ、失効の要件を満たす場合、撤回の効力は維持されると考えるのか、それとも撤回の効力は生じないと考えるのかが問題となる。学説は分かれている。前者の立場によれば、第1遺言は復活せず、後者の立場によれば、第1遺言は復活することになる。

2　民法1023条による撤回擬制の場合

⑴　抵触遺言の撤回

ⓐ　第1遺言に抵触する第2遺言を第3遺言で撤回した場合（民1023条1項と1022条）

第1遺言（例：指輪と靴をAに与える）と内容の抵触する第2遺言（例：指輪をBに与える）により撤回擬制がされた後に、第3遺言により第2遺言が撤回された場合（民1022条）、遺言者の真意は不明となり（例：指輪も靴もAに与えるのか、靴のみをAに与えるのか）、第3遺言の解釈問題となる。それでも遺言者の真意が不明のときは、本条の適用により第1遺言は復活しないと解されている。

ⓑ　第1遺言に抵触する第2遺言にさらに抵触する第3遺言あるいは生前行為等がされた場合（民1023条1項と1023条2項）

第1遺言（例：指輪をAに与える）と内容の抵触する第2遺言（例：指輪をBに与える）により撤回擬制がされた後に、それと抵触する第3遺言（例：指輪をCに与える）がされた場合（民1023条）、第3遺言の効力が生じるので、第1遺言の当然の復活はありえないという見解が有力である。そのほかに、本条本文の適用によって第1遺言は復活しないという説等がみられる。

また、第1遺言（例：指輪をAに与える）と内容の抵触する第2遺言（例：指輪をBに与える）により撤回擬制がされた後に、それと抵触する生前処分等の法律行為（例：指輪をAに贈与する）がされた場合（民1023条）、民法1023条2項の規定により生前処分の効力が生じるため、第1遺言の復活・非復活の問題は生じず、本条が適用される余地はないと解されている。

ⓒ　第1遺言に抵触する第2遺言書を遺言者が故意に破棄し、あるいは目的物を故意に破棄した場合（民1023条1項と1024条）

第1遺言と内容の抵触する第2遺言により撤回擬制がされた後に、第2遺言を破棄した場合（民1024条）、および、第1遺言と内容の抵触する第2遺言により撤回擬制がされた後に、目的物を破棄した場合（民1024条）には、上記1⑴

第5編第7章

(c)と同様の扱いとなる。

(2)　第１遺言に抵触する第２遺言が取り消される場合

第１遺言に抵触する第２遺言が制限行為能力を理由に取り消されることはなく（民962条）、本条本文の非復活主義が適用されることはない。錯誤、詐欺または強迫を理由とする取消しについては本条ただし書に該当し、第１遺言は復活するため、本条本文の非復活主義は適用されない。また、第１遺言に抵触する第２遺言が効力を生じなくなる場合、たとえば、第１遺言でAを未成年後見人に指定し、第２遺言でBを未成年後見人に指定したが、Bが遺言者死亡前に死亡したような場合には、それぞれの遺言の意思解釈によるべきであり、疑わしいときには復活しないという説等、非復活説が唱えられている。

(3)　第１遺言に抵触する生前行為が制限行為能力を理由として取り消される場合（民1023条２項と取消し）

第１遺言と内容の抵触する第２遺言（民1023条１項）が制限行為能力を理由に取り消されるということは考えられない（民962条）が、第１遺言に抵触する生前行為等（民1023条２項）が制限行為能力等を理由に取り消される場合、たとえば、満15歳以上の未成年者が甲不動産をAに与える旨の遺言をした後に、未成年者のうちに甲不動産をBに売却したため、第１遺言は撤回されたが、その売却行為が法定代理人の同意を得ていなかったため取り消されたような場合には、本条の非復活主義が適用され、第１遺言は復活しないと考えられている。

(4)　第１遺言に抵触する第２遺言あるいは生前行為の効力が生じない場合

第１遺言に抵触する第２遺言の効力が生じない場合としては、いくつかの場合が考えられる。①第１遺言に抵触する第２遺言の受遺者が遺言者より前に死亡した場合には、第１遺言に抵触する第２遺言の効力は生じなくなる（民994条１項）が、本条本文の非復活主義が適用され、第１遺言は復活しない。②第１遺言に抵触する第２遺言の遺贈が解除条件付きであって、遺言者の死亡より前に条件が成就した場合にも、本条本文の非復活主義が適用され、第１遺言は復活しない。③第１遺言に抵触する第２遺言が特別の方式（死亡危急者遺言等）によってされたとき、遺言者が普通の方式による遺言をすることができるようになった時から６か月生存した場合、民法983条により遺言は効力を生じなくなる。この場合、撤回の効力は生じなくなるのか、それとも撤回の効力は維持されるのかが問題となる。学説は分かれている。下級審裁判例には、撤回遺言が効力を失うのみで、撤回の効力はすでに生じており、第１遺言の効力が復活するものではないとしたものがある[※63]。

また、第１遺言に抵触する生前行為の効力が生じない場合としては、生前行為に遡及効を有する解除条件が付されていて、その条件が遺言者死亡前に成就した場合、生前行為の効力は生じなくなり、本条本文の適用により第１遺言は

※63　東京高判平18・6・29判タ1238号264頁。

復活しない。停止条件付きの生前行為のときは、条件が不成就の場合、生前行為の効力が生じず、そもそも抵触行為がないので、本条本文の問題にはならないと解されている（民1023条解説Ⅱ2参照）。

3　民法1024条による撤回擬制の場合

本条本文には「前3条の規定により」という文言が書かれているが、民法1024条の定める遺言書の破棄・遺贈目的物の破棄という事実行為については、その撤回・取消しまたは効力がなくなるという事態は考えられないので、本条には民法1024条の場合は含まれないと考えられている。

Ⅲ　非復活主義の例外（本条ただし書）

先行する遺言を撤回する効果を生じる生前行為が錯誤、詐欺または強迫を理由に取り消された場合、撤回の行為が遺言者の真意に出たものでないことが明らかであるため、先行する遺言が復活する。本条本文が定める非復活主義の例外となる。この場合、生前行為が第三者の詐欺によって行われた場合も、民法96条2項は適用されず、常に先行する遺言が復活すると解されている。たとえば、遺言者が甲土地をAに遺贈するという遺言をした後、Bの詐欺により甲土地を善意無過失のCに譲渡したような場合、遺言者は詐欺を理由としてCへの譲渡を取り消すことができ、先行する遺言は復活すると解される。しかし、詐欺による取消しの効果は善意無過失の第三者には対抗することができない（民96条3項）ので、詐欺による撤回行為が善意無過失の第三者に効力を生じている場合には、事実上、遺言の内容は復活しないことになる。

また、撤回行為が遺言の場合、詐欺または強迫によって行われた第2遺言の効力をどのように考えるかが問題となる。第2遺言を取り消すことができると解する説（取消権者が相続人のみか、あるいは遺言者も含むのかについては議論がある）によれば、本条ただし書の対象となり、第1遺言は復活する。これに対して、詐欺または強迫による第2遺言は遺言者の真意によるものではないことから無効であると解する説によれば、第1遺言はそもそも撤回されていないことになる。

（高橋朋子）

（遺言の撤回権の放棄の禁止）

第1026条　遺言者は、その遺言を撤回する権利を放棄することができない。

本条は、遺言の撤回権の放棄を禁止するものである。**遺言自由の原則**から、遺言者の最終意思が尊重されるからである。仮に遺言者が遺言を撤回しないという契約を締結しても、本条により契約に拘束されることはない。

遺言が錯誤、詐欺または強迫によりされたとき、その撤回権と取消権との関係が問題となる。遺言者がこの遺言を追認すること、すなわち錯誤、詐欺または強迫を原因とする取消権を放棄することは本条の対象ではない。遺言者がこの遺言を追認した場合であっても、その後にこれと抵触する内容の新しい遺言や法律行為をしたり、あるいは遺贈の目的物を破棄等した場合、錯誤、詐欺または強迫による遺言は撤回されたことになる（民1023条・1024条）。遺言者がこの遺言を追認しないで死亡した場合には、相続人が取消権を行使できる。

（高橋朋子）

（負担付遺贈に係る遺言の取消し）

第1027条　負担付遺贈を受けた者がその負担した義務を履行しないときは、相続人は、相当の期間を定めてその履行の催告をすることができる。この場合において、その期間内に履行がないときは、その負担付遺贈に係る遺言の取消しを家庭裁判所に請求することができる。

Ⅰ　本条の意義

本条は、負担付遺贈（民1002条・1003条）の取消しに関する規定である。遺言に付された負担は、遺贈の条件でも対価でもない。したがって、負担が履行されなくても遺贈の効力は発生する。遺贈は相手方のない単独行為なので、負担の不履行を理由とする解除は問題となりえない。しかし、遺言者の意思においては負担を一種の条件として考えている場合が多いと思われることに鑑み、本条は受遺者が負担を履行しない場合に遺贈の取消しを認めた。相続人や遺言執行者は、受遺者に対し履行を請求することもできるし、強制履行させることもできるが、ことの性質上強制履行できない負担である場合等にはとくに取消しの意味がある。ただし、恣意的な取消しを防止するために、家庭裁判所の審判によらせている。現実には遺言の取消しの申立ては年間ほぼ1桁しかない（ただし、2012（平成24）年には、例外的に11件の申立てがみられた）。

Ⅱ　取消請求の要件・手続

取消権者は、相続人および遺言執行者である。取消しの要件としては、①受遺者が負担を履行しないこと、②相続人が相当の期間を定めて受遺者に催告したことが必要である。①の要件における不履行とは、全部の不履行はもちろんのこと、一部の不履行が含まれる場合がある。一部の不履行は、それによって負担付遺贈の目的が達せられないものであるときに取消しが認められる。通説は、本条の取消しが実質的には債務不履行に基づく契約解除に近いものであるため、契約の解除（(旧) 民541条）に準じて、負担を履行しないことについて受遺者の責めに帰すべき事由が必要であると解していた。しかし2017（平成29）年の債権法改正によって契約の解除には帰責事由を要しないこととなった（民541条)。②の要件は、負担が履行されることが最善であり、遺贈の取消しは最後の手段であることに鑑みて要請される。

相続人または遺言執行者は相続開始地の家庭裁判所（家事手続209条1項）に負担付遺贈の取消しの審判を請求する（家事手続別表第1〈108〉)。取消しの申立てが却下された場合、相続人は審判に対して即時抗告をすることができる（家事手続214条1項8号)。取消しの審判が下された場合、受遺者その他の利害関係人は即時抗告をすることができる（家事手続214条1項7号)。

Ⅲ　取消しの効果

本条の「取消し」を債務不履行に基づくものと考える通説によれば、取消しによって負担付遺贈は遡及的に効力を失い（民121条)、受遺者が受けるべきであった対象物は相続人に帰属する（民995条)。負担の受益者および第三者の利益保護の規定がないため、受益者は負担の利益を受けず、また、取消し前に遺贈の目的物に権利を取得した第三者も、公信の原則によって保護される以外はその権利を失う。受遺者は相続人に対して不当利得返還義務を負うことになる。負担が一部履行されているときは、受遺者は遺贈として受けた価額から履行した負担の価額を控除して返還すればよい。

この見解に対して、遺贈の取消しによって相続人に帰属するのは負担を負った状態の遺贈目的物であり、相続人は受益者に対して負担を履行する義務を負うと解する説もある。その理由としては、負担の実現を図ることが遺言者の意思であり、負担付遺贈を放棄した場合の効果（受益者が受遺者になるという民1002条2項）とも均衡がとれるためであるという。

（高橋朋子）

第５編第８章　配偶者の居住の権利

〔前注〕

本章は2018(平成30)年民法改正において新設されたものである。相続開始後、生存配偶者に従前からの居住建物に居住する２種類の権利を認めるものである。まず、配偶者居住権は、生存配偶者に終身の間の居住を認める権利であり、被相続人に属した財産をだれにどのような形で帰属させるかという問題にかかわる。次に、配偶者短期居住権は、相続開始後比較的短期間、生存配偶者に居住を認める権利であり、被相続人に属した財産が終局的にだれに帰属するかということとは切り離されたものである。その目的は、相続開始によって生活が変化する期間に生存配偶者に用意された暫定的な居住の利益の保護である。

(川　淳一)

第５編第８章第１節　配偶者居住権

(配偶者居住権)

第1028条　被相続人の配偶者（以下この章において単に「配偶者」という。）は、被相続人の財産に属した建物に相続開始の時に居住していた場合において、次の各号のいずれかに該当するときは、その居住していた建物（以下この節において「居住建物」という。）の全部について無償で使用及び収益をする権利（以下この章において「配偶者居住権」という。）を取得する。ただし、被相続人が相続開始の時に居住建物を配偶者以外の者と共有していた場合にあっては、この限りでない。

一　遺産の分割によって配偶者居住権を取得するものとされたとき。

二　配偶者居住権が遺贈の目的とされたとき。

2　居住建物が配偶者の財産に属することとなった場合であっても、他の者がその共有持分を有するときは、配偶者居住権は、消滅しない。

3　第903条第４項の規定は、配偶者居住権の遺贈について準用する。

Ⅰ　本条の意義

本条から民法1036条までに規定される配偶者居住権とは、2018（平成30）年民法改正によって新設された権利である。相続において生存配偶者が所定の要件の下で取得できる権利であって、その居住建物を従前の用法に従い無償で使用・収益する権限を含み、処分権限を含まないものである。生存配偶者の終身の間を原則的存続期間とする法定債権である。処分権限を含まない結果、その価額が所有権等と比較して低廉であることとその存続期間が原則として生存配偶者の終身の間であることに意義がある。

まず、その価額が低廉であることの意義は、遺産分割において具体的相続分の枠内で生存配偶者に必要十分な財産を取得させることに資する点にある。すなわち、遺産分割において生存配偶者に従前からの居住を保障しようとする場合、所有権を取得させようとすると所有権の価格が生存配偶者の相続分の多くを占めてしまい、生存配偶者に十分な生活の資を確保させることができなくなることがあり、だからといって賃借権を設定しようとすると、今度は問題の建物の所有権を取得する者が賃貸借契約の締結に応じるかどうかという問題が生じる。これらに対して、本条による配偶者居住権は、法定債権であるがゆえに所有者が権利の設定契約に応じるかどうかという問題はそもそも発生せず、しかもその低廉さのゆえに生存配偶者に具体的相続分の枠内で十分な生活の資等を割り付けることを可能にする場合があるのである。

次に、その存続期間が原則として生存配偶者の終身の間であるということの意義は、遺言によって配偶者居住権を設定することにより、いわゆる後継ぎ遺贈類似の効果を生じさせうるという点にある。すなわち、生存配偶者と子の間に相続関係が生じない場合に、被相続人が遺言によって配偶者居住権を設定することにより、生存配偶者の死亡時に目的建物の完全な所有権を子が取得するといった段取りを組むことができるのである。

Ⅱ　配偶者居住権の成立要件

本条による配偶者居住権の成立要件は、①生存配偶者が被相続人の財産に属した建物に相続開始の時に居住していたことと、②その建物について、（ア）配偶者に配偶者居住権を取得させる旨の遺産分割があったか、（イ）その旨の遺贈があったか、（ウ）またはその旨の死因贈与（民554条参照）があったということである。なお、特定財産承継遺言によって配偶者居住権を設定することはできないと解されている。遺贈による場合であれば、生存配偶者は遺贈のみを放棄して相続人としての地位を維持することができるのに対して、法的性質としては遺産分割方法の指定である特定財産承継遺言による割付を拒絶しようとする場合には、生存配偶者は相続放棄をするほかなくなり、配偶者居住権の設定がかえって生存配偶者の利益を害することになりかねないというのがその解釈の理由である。

配偶者とは、法律婚における配偶者のみを指し、内縁配偶者を含まないと解されている。明文の規定はないが、部分的には遺産分割を前提とした規定であることからの帰結である。なお、被相続人が遺言または死因贈与により内縁配偶者のために通常の賃借権等を設定することができるのは当然のことである。

配偶者居住権の目的建物は、被相続人が所有していた建物に限られる。賃借建物には本条は適用されない。また、居住建物が被相続人と配偶者とで共有されていた場合には、配偶者居住権は成立するが、被相続人と生存配偶者以外の者の共有に服していた場合には、配偶者居住権は認められない（本条1項柱書ただし書）。共有者の利益保護のためである。

「居住していた」とは、生活の本拠にしていたということである。相続開始時に実際に居住していたことが生活本拠にしていたということになるのはいうまでもないが、相続開始時に実際には居住していなかった場合であってもなお生活の本拠にしていたと認められる場合がある。たとえば、相続開始の時点では配偶者は入院していたが、その家具等が建物内に存在しており、退院後はそこに戻ることが予定されていたような場合である。

Ⅲ　本条２項の意義

本条2項は、居住建物が生存配偶者の所有に帰することになった場合であっても、他の者がその共有持分を有するときは、配偶者居住権は存続する旨を定める。借地借家法15条2項が規定する自己借地権に類似の処理である。居住建物が生存配偶者の単独所有に帰することになった場合とは異なり、配偶者居住権が混同によって消滅するという扱いは生存配偶者の保護にとって不適切だからである。

Ⅳ　持戻し免除意思表示の推定

本条3項は民法903条4項を準用すると定める。この結果、婚姻期間が20年以上の夫婦の一方である被相続人が配偶者居住権を遺贈または死因贈与した場合には、被相続人は持戻し免除の意思表示をしたものと推定される。

（川　淳一）

（審判による配偶者居住権の取得）

第1029条　遺産の分割の請求を受けた家庭裁判所は、次に掲げる場合に限り、配偶者が配偶者居住権を取得する旨を定めることができる。

一　共同相続人間に配偶者が配偶者居住権を取得することについて合意が成立しているとき。

二　配偶者が家庭裁判所に対して配偶者居住権の取得を希望する旨を申し出た場合において、居住建物の所有者の受ける不利益の程度を考慮してもなお配偶者の生活を維持するために特に必要があると認めるとき（前号に掲げる場合を除く。）。

本条は、遺産の審判分割において家庭裁判所が生存配偶者に配偶者居住権を取得させることができる場合を限定するものである。

本条1号で念頭に置かれているのは、生存配偶者に配偶者居住権を取得させることについて共同相続人間で合意があるが、その他の点で争いがある場合である。これに対して、本条2号は、生存配偶者が配偶者居住権の取得を希望しているが、その点について共同相続人間で合意がない場合が念頭に置かれている。

本条2号の文言は、建物所有権を取得する相続人の意に反しても生存配偶者に配偶者居住権の取得を認めるべき場合があることを示している。

（川　淳一）

（配偶者居住権の存続期間）
第1030条　配偶者居住権の存続期間は、配偶者の終身の間とする。ただし、遺産の分割の協議若しくは遺言に別段の定めがあるとき、又は家庭裁判所が遺産の分割の審判において別段の定めをしたときは、その定めるところによる。

本条は、配偶者居住権の存続期間を終身の間と推定するものである。配偶者居住権が遺贈によるか死因贈与によるか、遺産分割によるかを問わない。

（川　淳一）

（配偶者居住権の登記等）
第1031条　居住建物の所有者は、配偶者（配偶者居住権を取得した配偶者に限る。以下この節において同じ。）に対し、配偶者居住権の設定の登記を備えさせる義務を負う。
2　第605条の規定は配偶者居住権について、第605条の4の規定は配偶者居住権の設定の登記を備えた場合について準用する。

本条1項は、配偶者居住権を取得した生存配偶者は登記請求権を有する旨を規定する。本条2項は、登記を備えた配偶者居住権は対抗力を持つこと、および、配偶者居住権に基づく妨害排除請求等が可能である旨を規定する。

このように配偶者居住権は、権利者が登記請求権に基づいて権利を登記すると、無償で居住建物を使用できることを内容とする権利であるにもかかわらず、対抗力を具備し、かつ、妨害排除請求の基礎となる権利になる。配偶者居住権が登記を対抗要件とし、借家権とは異なり、建物の引渡しを対抗要件としなかったのは、そうしたのでは、配偶者居住権にあっては建物に居住していることが成立要件であるから、建物の外観上なんら変化がないことになり、権利の公示という点で問題が生じるからである。

（川　淳一）

（配偶者による使用及び収益）

第1032条　配偶者は、従前の用法に従い、善良な管理者の注意をもって、居住建物の使用及び収益をしなければならない。ただし、従前居住の用に供していなかった部分について、これを居住の用に供することを妨げない。

2　配偶者居住権は、譲渡することができない。

3　配偶者は、居住建物の所有者の承諾を得なければ、居住建物の改築若しくは増築をし、又は第三者に居住建物の使用若しくは収益をさせることができない。

4　配偶者が第1項又は前項の規定に違反した場合において、居住建物の所有者が相当の期間を定めてその是正の催告をし、その期間内に是正がされないときは、居住建物の所有者は、当該配偶者に対する意思表示によって配偶者居住権を消滅させることができる。

本条は、全体として、配偶者居住権の内容が従前の用法による住居の使用・収益であることを示している。

本条1項は、生存配偶者は、善管注意義務をもって居住建物を使用・収益するべきことを規定しているが、その使用・収益は、従前の用法に従ってされなければならない。配偶者居住権が相続開始前からの居住状況を維持することを目的とする権利であることからの帰結である。もっとも、相続開始前に建物の一部が店舗営業に使われていたり、間貸しされていたりしていた場合などであって、そのような使用・収益が終了した場合には、生存配偶者は、その部分も含めて、居住建物を使用・収益できる（本条1項ただし書）。生存配偶者が居住建物の全部について配偶者居住権を有する（民1028条1項参照）ことからの帰結である。

本条2項は、配偶者居住権は譲渡できないことを規定する。配偶者居住権が生存配偶者という親族法上の地位と結びついた一身専属性を有することの表れである。譲渡性を前提とする強制執行も許されないと解される。

本条3項は、建物所有者の承諾がない限り、生存配偶者は、居住建物の増改築をすることができないし、第三者に居住建物の使用・収益をさせることもできないことを定める。配偶者居住権は、生存配偶者の従前の居住状況の維持を目的とする権利であることからの帰結である。

本条4項は、生存配偶者が本条1項3項の規定に違反している場合に、居住建物の所有者は、相当期間を定めて是正の催告をし、その期間に是正がされないときには、生存配偶者に対する意思表示によって配偶者居住権を消滅させることができることを定める。用法違反による利用権の消滅の場合であるが、是正の催告を要するとする点で、使用貸借（民594条3項参照）ではなく、賃貸借に準じた（民616条による594条3項の不準用）処理になっている。これは、配偶者居住権は形式的には無償の使用権であるものの、その実質において、生存配偶者は、自己の相続分によって賃料を前払いしたのに近い経済的負担をしているということに配慮がされた結果である。

（川　淳一）

（居住建物の修繕等）

第1033条　配偶者は、居住建物の使用及び収益に必要な修繕をすることができる。

2　居住建物の修繕が必要である場合において、配偶者が相当の期間内に必要な修繕をしないときは、居住建物の所有者は、その修繕をすることができる。

3　居住建物が修繕を要するとき（第1項の規定により配偶者が自らその修繕をするときを除く。）、又は居住建物について権利を主張する者があるときは、配偶者は、居住建物の所有者に対し、遅滞なくその旨を通知しなければならない。ただし、居住建物の所有者が既にこれを知っているときは、この限りでない。

本条は、居住建物の修繕の主体に関する事柄を規定する。

本条1項は、生存配偶者が居住建物の使用・収益に必要な修繕のための第一次的な権利を有することを規定し、本条2項は、生存配偶者が相当な期間内に必要な修繕をしない場合には、所有者が修繕権を有することになることを規定している。賃貸借の場合とは異なって（民606条〜608条参照）、生存配偶者に第一次的な修繕権を認めているのは、所有者に修繕義務を負わせていないことに照応する。所有者に修繕義務を負わせなかったのは、紛争性のある事案において、所有者が修繕を口実にして、生存配偶者を退去させる事態の発生を警戒したゆえである。

修繕に要する費用を最終的に生存配偶者が負担するか所有者が負担するかは、具体的に建物の使用・収益に必要な修繕のための費用が通常の必要費に属するかそれともそれを超える特別の必要費に属するかによって決まる（民1034条参照）。

居住建物が修繕を要するにもかかわらず、生存配偶者が修繕をしない場合には、生存配偶者は所有者に修繕を要することを遅滞なく通知する義務を負う。また、居住建物について権利主張をするものがある場合にも、生存配偶者は所有者に対して通知義務を負う。もっとも、いずれの場合であっても所有者が事情を知っている場合には、義務は生じない（本条3項）。

（川　淳一）

（居住建物の費用の負担）
第1034条　配偶者は、居住建物の通常の必要費を負担する。
2　第583条第2項の規定は、前項の通常の必要費以外の費用について準用する。

本条は、居住建物の費用負担について規定している。規定の構成は、使用貸借の目的物の費用に関する民法595条と同じである。

本条1項は、居住建物の通常の必要費は生存配偶者が負担するべきことを規定している。通常の必要費にあたるのは、建物の小規模修繕にかかる費用、建物およびその敷地にかかる公租公課などである。

本条2項は、通常の必要費以外の費用については、民法583条2項を準用することを規定している。すなわち、特別の必要費および有益費を生存配偶者が支出した場合には、所有者は生存配偶者に対してその額を償還しなければならない。特別の必要費にあたるのは、災害等によって必要になった大規模修繕にかかる費用等である。なお、有益費の償還に関しては、所有者の請求により裁判所が相当の期限を付与することができる。

（川　淳一）

（居住建物の返還等）
第1035条　配偶者は、配偶者居住権が消滅したときは、居住建物の返還をしなければならない。ただし、配偶者が居住建物について共有持分を有する場合は、居住建物の所有者は、配偶者居住権が消滅したことを理由としては、居住建物の返還を求めることができない。
2　第599条第1項及び第2項並びに第621条の規定は、前項本文の規定により配偶者が相続の開始後に附属させた物がある居住建物又は相続の開始後に生じた損傷がある居住建物の返還をする場合について準用する。

本条は、配偶者居住権が消滅した場合の居住建物の返還について規定する。

生存配偶者が居住建物について共有持分を有する場合についての扱いは、遺産共有に関する判例を前提としたものである※1。

本条2項は、生存配偶者が相続開始後に居住建物に付属させた物がある場合および居住建物に相続開始後に生じた損傷がある場合の扱いについて規定している。相続開始後に付属させた物については、生存配偶者は、それを収去する権限を有し（民599条1項準用）、また配偶者居住権の消滅により居住建物を返還する時にはそれを収去する義務を負う（民599条2項準用）。さらに、生存配偶者は、居住建物に相続開始後に生じた損傷（通常損傷および経年劣化を除く）について、生存配偶者に帰責事由がない場合を除いて、原状回復義務を負う（民621条準用）。

（川　淳一）

（使用貸借及び賃貸借の規定の準用）

第1036条　第597条第1項及び第3項、第600条、第613条並びに第616条の2の規定は、配偶者居住権について準用する。

本条は、配偶者居住権に使用貸借および賃貸借に関する規定を準用している。

配偶者居住権は、遺言または遺産分割により終期が定められた場合には、その期間満了によって終了するほか、生存配偶者の死亡によって終了する（民597条1項・3項準用）。

居住建物の使用・収益に関する規定（民1032条1項・3項）に反する使用・収益によって生じた損害の賠償および生存配偶者が支出した費用の償還（民1034条2項による583条2項準用）については民法600条が準用される。その結果、それら賠償および償還請求は、居住建物の返還時から1年以内にされなければならない（民600条1項準用）。また、損害賠償の請求については、居住建物の返還時から1年を経過するまでの間は、時効は完成しない（民600条2項準用）。

以上の準用の実質的根拠は、配偶者居住権が形式的には無償の利用権であり、それゆえ使用借権に類似する側面を有することにある。

他方、配偶者居住権は、実質的には、生存配偶者が賃料を相続分によって前払いしているという意味で賃借権に類似する側面も有する。配偶者が適法に第三者に居住建物の使用・収益をさせている場合に民法613条の準用により所有者と第三者との間に直接の法律関係を認めているのは、このことの反映である。

なお、居住建物の全部が滅失その他の事由により使用・収益の対象たりえなくなった場合には、非配偶者居住権は消滅する（民616条の2準用）。このことは、目的物の滅失による権利の消滅ということに尽きるのであり、配偶者居住

※1　最一小判昭41・5・19民集20巻5号947頁。

権が使用借権に類似するか賃借権に類似するかには関わりがない。

（川　淳一）

第5編第8章第2節　配偶者短期居住権

（配偶者短期居住権）
第1037条　配偶者は、被相続人の財産に属した建物に相続開始の時に無償で居住していた場合には、次の各号に掲げる区分に応じてそれぞれ当該各号に定める日までの間、その居住していた建物（以下この節において「居住建物」という。）の所有権を相続又は遺贈により取得した者（以下この節において「居住建物取得者」という。）に対し、居住建物について無償で使用する権利（居住建物の一部のみを無償で使用していた場合にあっては、その部分について無償で使用する権利。以下この節において「配偶者短期居住権」という。）を有する。ただし、配偶者が、相続開始の時において居住建物に係る配偶者居住権を取得したとき、又は第891条の規定に該当し若しくは廃除によってその相続権を失ったときは、この限りでない。

一　居住建物について配偶者を含む共同相続人間で遺産の分割をすべき場合　遺産の分割により居住建物の帰属が確定した日又は相続開始の時から6箇月を経過する日のいずれか遅い日

二　前号に掲げる場合以外の場合　第3項の申入れの日から6箇月を経過する日

2　前項本文の場合においては、居住建物取得者は、第三者に対する居住建物の譲渡その他の方法により配偶者の居住建物の使用を妨げてはならない。

3　居住建物取得者は、第1項第1号に掲げる場合を除くほか、いつでも配偶者短期居住権の消滅の申入れをすることができる。

I　本条の趣旨

本条から民法1041条までに規定される配偶者短期居住権とは、2018（平成30）年民法改正によって新設された権利である。典型的には、相続開始から所定の比較的短い期間、生存配偶者が従前からの居住建物に居住することを認めるものである。生活状況が変化する場面において、生存配偶者に暫定的に従来からの居住の保護を提供するものである。

問題の居住建物が終意処分（特定遺贈、死因贈与、特定財産承継遺言）の対

象でない場合には、生存配偶者は問題の住居に共同相続人として共有持分を有する。判例は、この場合、他の共同相続人は、持分の過半数によっても、従前からの居住を続ける共同相続人に対して当然には建物の明渡しを求めることはできないとし※2、さらに、相続人の1人が被相続人の許諾を得て被相続人所有の建物に同居していた場合には、特段の事情がない限り、被相続人と同居相続人との間に、相続開始時を始期とし、遺産分割時を終期とする使用貸借契約の成立を推認している※3。配偶者短期居住権は、このようにして判例が従来認めてきた無償の使用権を、生存配偶者について明文化したものである。もっとも、なされたことは単純な明文化ではなく、従来の判例の準則ではカバーされなかった場合への使用権の拡張（本条1項2号）を含む。

なお、配偶者居住権の場合とは異なり、生存配偶者に認められるのは建物の使用権に限られ、収益権は認められていない。

Ⅱ 成立要件

配偶者短期居住権の成立要件は、生存配偶者が「被相続人の財産に属した建物に相続開始の時に無償で居住していた」ことである。したがって、問題の居住建物が終意処分の対象である場合にも成立する。

本条にいう「配偶者」は法律婚の配偶者のみを指し、内縁配偶者を含まない。

居住していたとは、生活の本拠として現に居住の用に供していたということであるが、相続開始時に一時的に他の場所に滞在していた場合であっても、生活の本拠たることが失われていなければ、なお配偶者短期居住権は認められる。

生存配偶者が居住建物の配偶者居住権（民1028条）を取得した場合には、配偶者短期居住権は成立しない。その必要がないからである。生存配偶者が相続欠格または相続人の廃除により相続資格を失った場合にも配偶者短期居住権は成立しない。相続欠格または相続人の廃除があった場合には生存配偶者は相続開始時に遡って相続資格を失うのであるから、このこと自体は当然である。むしろ重要なのは、同じく相続資格の遡及的消滅を導く相続放棄の場合には、なお、配偶者短期居住権が成立するということである。

Ⅲ 存続期間

生存配偶者が問題の居住建物について相続を原因とする共有の持分を有している場合、すなわち遺産分割の対象になっている場合には、遺産分割により居住建物の帰属が確定した日または相続開始の時から6か月を経過する日のいず

※2 最一小判昭41・5・19民集20巻5号947頁。

※3 最三小判平8・12・17民集50巻10号2778頁。

れかのうち遅い日まで存続する（本条1項1号）。

問題の居住建物が終意処分（遺贈、死因贈与、特定財産承継遺言）の対象になっていて、遺産分割の対象ではない場合には、居住建物の取得者がする配偶者短期居住権の消滅の申入れの日から6か月を経過する日まで存続する。

（川　淳一）

（配偶者による使用）

第1038条　配偶者（配偶者短期居住権を有する配偶者に限る。以下この節において同じ。）は、従前の用法に従い、善良な管理者の注意をもって、居住建物の使用をしなければならない。

2　配偶者は、居住建物取得者の承諾を得なければ、第三者に居住建物の使用をさせることができない。

3　配偶者が前2項の規定に違反したときは、居住建物取得者は、当該配偶者に対する意思表示によって配偶者短期居住権を消滅させることができる。

本条は生存配偶者による配偶者短期居住権の対象となる建物の使用に関して規定している。

本条1項は、従前の利用方法に従い、善管注意義務をもって建物を使用するべきことを規定している。実質的には使用貸借における目的物の使用に関する規定である民法594条1項と同様の規定である。

本条2項は、居住建物取得者の承諾がなければ、生存配偶者は第三者に建物を使用させることができないことを規定している。使用貸借に関する民法594条2項と同様の規定である。居住建物取得者の承諾があっても、配偶者居住権の場合とは異なって（民1032条3項）、第三者に対して建物を収益に供することができない。

本条3項は、生存配偶者が本条1項・2項に違反した場合には、居住建物取得者は生存配偶者に対する意思表示により配偶者短期居住権を消滅させることができる。実質的に使用貸借に関する民法594条3項と同様の規定である。

（川　淳一）

（配偶者居住権の取得による配偶者短期居住権の消滅）

第1039条　配偶者が居住建物に係る配偶者居住権を取得したときは、配偶者短期居住権は、消滅する。

（居住建物の返還等）

第1040条 配偶者は、前条に規定する場合を除き、配偶者短期居住権が消滅したときは、居住建物の返還をしなければならない。ただし、配偶者が居住建物について共有持分を有する場合は、居住建物取得者は、配偶者短期居住権が消滅したことを理由としては、居住建物の返還を求めることができない。

2 第599条第1項及び第2項並びに第621条の規定は、前項本文の規定により配偶者が相続の開始後に附属させた物がある居住建物又は相続の開始後に生じた損傷がある居住建物の返還をする場合について準用する。

本条は、居住建物の返還について規定している。

本条1項は、生存配偶者は、配偶者短期所有権が消滅した場合には、配偶者居住権を取得した場合を除いて、居住建物を原則として返還しなければならないことを規定する。例外は、生存配偶者が居住建物について共有持分を有する場合である（本条1項ただし書）。この例外は、遺産共有に関する判例、すなわち、遺産である建物について、共同相続人らは、その持分の和が過半数を超えるからといって、問題の建物を現に占有する少数持分権者である共同相続人に対して、当然に明渡しを求めることができるものではないとした判例と平仄をあわせたものである[※4]。

本条2項は、配偶者短期居住権によって生存配偶者が居住建物に付属させた物がある場合および居住建物に相続後に生じた損傷がある場合について規定している。規定の内容は、配偶者居住権に関する民法1035条2項と同じである。

（川 淳一）

（使用貸借等の規定の準用）

第1041条 第597条第3項、第600条、第616条の2、第1032条第2項、第1033条及び第1034条の規定は、配偶者短期居住権について準用する。

本条は、使用貸借、賃貸借および配偶者居住権に関する規定を配偶者短期居住権に準用している。

配偶者短期居住権の存続期間満了前に生存配偶者が死亡すると、配偶者短期居住権は消滅する（民597条3項準用）。

居住建物の全部が滅失その他の事由により使用できなくなった場合には、配偶者短期居住権は消滅する（民616条の2準用）。

※4 最一小判昭41・5・19民集20巻5号947頁。

配偶者短期居住権は譲渡することができない（民1032条2項準用）。

配偶者短期居住権の対象である居住建物の修繕主体、通常の必要費の負担および通常の必要費以外の費用（特別の必要費および有益費）の負担に関する規律は、配偶者居住権と同様とされている（民1033条および1034条準用）。

民法1038条1項・2項に違反する使用によって生じた損害賠償および生存配偶者が支出した費用の償還の請求は、居住建物が返還された時から1年以内にされなければならず、損害賠償請求権については、居住建物が返還された時から1年を経過するまでの間は時効は完成しない（民600条準用）。

（川　淳一）

第５編第９章　遺留分

〔前注〕

遺留分とは、一定の範囲の相続人（遺留分権利者）が、相続を介して取得することを保障されている権利である。従来は、被相続人が処分した一定の財産権について、その帰属を、遺留分権利者による権利行使によって、遺留分権利者が取得ないし回復するものとして構成されていた。しかし、この点は、2018（平成30）年民法改正によって根本的な変更を受けるに至った。すなわち、遺留分は、被相続人による一定の処分の帰結として遺留分権利者の遺留分を侵害するに至っている者に対して遺留分権利者が有する金銭債権と構成されることになったのである。このことにより、用語も、遺留分減殺請求から遺留分侵害額請求に変わることになった。

この根本的制度変更の正当化根拠としては、従来の制度の下では法律関係が複雑になりがちであったことが挙げられるほか、遺留分権利者による権利帰属の取得ないし回復という制度の基本構造が遺言によって示された事業承継等に関する被相続人の意思実現を大きく阻害しがちであるという評価が比較的一般的になっていたこと等が挙げられている。

（川　淳一）

（遺留分の帰属及びその割合）

第1042条　兄弟姉妹以外の相続人は、遺留分として、次条第１項に規定する遺留分を算定するための財産の価額に、次の各号に掲げる区分に応じてそれぞれ当該各号に定める割合を乗じた額を受ける。

一　直系尊属のみが相続人である場合　３分の１

二　前号に掲げる場合以外の場合　２分の１

２　相続人が数人ある場合には、前項各号に定める割合は、これらに第900条及び第901条の規定により算定したその各自の相続分を乗じた割合とする。

本条は、実質的には、2018（平成30）年民法改正によって改正前1028条の内容を明確化したものである。規定内容に実質的な変化はない。すなわち、本条１項は、**総体的遺留分**の割合、および総体的遺留分額の算定方法を規定する。次いで、本条２項は、複数の遺留分権者がいる場合には、この割合に法定相続分を乗じて**個別的遺留分**の割合を算定する旨を規定する。本条２項が民法902条に言及していない結果、相続分指定の有無は、個別的遺留分の割合の大きさに影響を及ぼさない。相続分指定が影響を及ぼすのは、個別の遺留分侵害額を算定する際の、相続人の純取り分額の控除の場面である。

本条は遺留分の割合を示すものであり、この遺留分は、各遺留分権者が遺留分侵害額請求権（民1046条参照）を行使することで実現される。遺留分の侵害の有無、侵害額の算定方法については、民法1046条2項参照。

（川　淳一）

（遺留分を算定するための財産の価額）

第1043条　遺留分を算定するための財産の価額は、被相続人が相続開始の時において有した財産の価額にその贈与した財産の価額を加えた額から債務の全額を控除した額とする。

2　条件付きの権利又は存続期間の不確定な権利は、家庭裁判所が選任した鑑定人の評価に従って、その価格を定める。

本条は、遺留分の額を算定するための基礎となる財産額の評価方法を規定する。この額を出発点にして、各遺留分権者の遺留分が侵害された額（遺留分侵害額）が、確定される。

被相続人が相続開始時に有していた財産とは、相続財産のうちの積極財産をいう。遺贈（特定物遺贈）と死因贈与の客体も含まれる。

控除される債務は、被相続人の負担していた債務である。私法上の債務だけでなく、いわゆる公法上の債務（税金等）も含まれる。

財産評価の基準時は、相続開始時である。

（川　淳一）

第1044条　贈与は、相続開始前の1年間にしたものに限り、前条の規定によりその価額を算入する。当事者双方が遺留分権利者に損害を加えることを知って贈与をしたときは、1年前の日より前にしたものについても、同様とする。

2　第904条の規定は、前項に規定する贈与の価額について準用する。

3　相続人に対する贈与についての第1項の規定の適用については、同項中「1年」とあるのは「10年」と、「価額」とあるのは「価額（婚姻若しくは養子縁組のため又は生計の資本として受けた贈与の価額に限る。）」とする。

本条は、前条の規定によって加算される贈与について規定する。2018（平成30）年改正前民法1030条に対応するものである。

まず、本条1項にいう「損害を加えることを知って」といえるためには、加害の意識があることや、遺留分権者がだれであるかを知っていることを要せず、単に損害を加えるべき事実を認識していれば足りる。もっとも、損害を加えるべき事実を認識していたといえるためには、単に贈与時に遺留分を侵害することを知っていただけではなく、将来において贈与者の財産が増加しないことの予見があったことを要する。

本条2項は、2018（平成30）年改正前民法1044条による準用関係を明確化したものである。実質的は変更はない。

本条3項は、特別受益（民903条参照）にあたる贈与については、相続開始前の10年間にされたものが加算の対象になることを明らかにしたものである。特別受益にあたる相続人に対する贈与が加算の対象になるという点は2018（平成30）年改正前民法（(旧) 民1044条による民903条の準用）と同じである。

他方、本条3項が、原則として、特別受益にあたる贈与のうち加算の対象を相続開始前の10年間にされたものに限定する点は、実質的な改正にあたる。この限定の趣旨は、侵害額請求を受ける第三者たる受遺者等にとっての法的安定性および共同相続人間の衡平への配慮であるとされる。

また、本条3項は、「相続人に対する贈与についての」と規定することにより、従来条文上はっきりしなかった相続人に対してされた贈与のうち特別受益に該当しないものは加算の対象にならないことを明確にしている。

さらに、本条3項は、民法903条を準用するのではなく、直接「婚姻若しくは養子縁組のため又は生計の資本として受けた贈与の価額」が加算の対象となることを規定することにより、①相続人が1人の場合にもその贈与の価額が加算の対象となること、②持戻し免除の意思表示があった場合にもその意思表示は加算の有無に影響しないことを明らかにしているという指摘がある。

なお、判例によれば、死亡保険金の受取人を相続人から相続人でない者に変更することは、遺贈または本条にいう贈与に準じるものにはあたらない[※1]。

（川　淳一）

第1045条　負担付贈与がされた場合における第1043条第1項に規定する贈与した財産の価額は、その目的の価額から負担の価額を控除した額とする。

2　不相当な対価をもってした有償行為は、当事者双方が遺留分権利者に損害を加えることを知ってしたものに限り、当該対価を負担の価額とする負担付贈与とみなす。

※1　最一小判平14·11·5民集56巻8号2069頁。

本条1項は、2018（平成30）年改正前民法1038条に対応する。負担付贈与の場合には、負担を控除した額を贈与の価額として「遺留分を算定するための財産の価額」に算入することを明らかにしている。

本条2項は、2018（平成30）年改正前民法1039条に対応する。改正前民法とは異なり、問題の有償行為を不当な対価を負担の価額とする負担付贈与とみなして処理することを明らかにしている。

（川　淳一）

（遺留分侵害額の請求）

第1046条　遺留分権利者及びその承継人は、受遺者（特定財産承継遺言により財産を承継し又は相続分の指定を受けた相続人を含む。以下この章において同じ。）又は受贈者に対し、遺留分侵害額に相当する金銭の支払を請求することができる。

2　遺留分侵害額は、第1042条の規定による遺留分から第1号及び第2号に掲げる額を控除し、これに第3号に掲げる額を加算して算定する。

一　遺留分権利者が受けた遺贈又は第903条第1項に規定する贈与の価額

二　第900条から第902条まで、第903条及び第904条の規定により算定した相続分に応じて遺留分権利者が取得すべき遺産の価額

三　被相続人が相続開始の時において有した債務のうち、第899条の規定により遺留分権利者が承継する債務（次条第3項において「遺留分権利者承継債務」という。）の額

I　遺留分侵害額請求権の成立

本条は、遺留分侵害が生じている場合に遺留分権利者が有する権利が金銭債権（遺留分侵害額請求権）であることをまず規定している（本条1項）。

従来の制度、すなわち、遺留分権利者が有する権利は遺産に属する財産権の帰属の取得ないし回復という効力（いわゆる物権的効力）を有するものとする制度を、根本的に変更したものである。

もっとも、「請求することができる」という文言にかかわらず、遺留分侵害額請求権が形成権であることは、従前と同じである。すなわち、遺留分侵害額請求の意思表示により、遺留分侵害額に相当する金銭債権（遺留分侵害額請求権）が発生する。この意思表示は裁判外でもされうる。

Ⅱ 請求権者と相手方

遺留分侵害額請求権を有するのは、自分の遺留分を侵害された遺留分権利者とその承継人である。承継人には、遺留分権利者の包括承継人（相続人や包括受遺者）だけでなく、特定承継人も含まれる（本条1項）。

権利行使の相手方は、受遺者、特定財産承継遺言により財産を承継した相続人、相続分指定を受けた相続人または受贈者である（本条1項）。

Ⅲ 遺留分侵害額の算定

本条2項は、遺留分侵害額の算定は、個々の遺留分権利者の個別的遺留分額からその遺留分権利者が被相続人から特別受益として得ている財産額（本条2項1号）と遺産分割によって得るべき財産額（本条2項2号）を控除し、遺留分権利者が負担する相続債務がある場合には、これを遺留分権利者承継債務として加算することによって（本条2項3号）、算定する。数式的に表現すると、〔個別的遺留分額〕－〔（特別受益額）＋（遺産分割によって取得すべき額）－（遺留分権利者承継債務額）〕ということである。基本的には、従来の判例の準則を明文化したものである[※2]。

なお、本条2項2号は、遺産分割により遺留分権利者が取得するべき遺産の価額を控除する旨を定めたものであるが、寄与分を規定する民法904条の2が引かれていない点に注意を要する。遺留分額侵害請求の事物管轄と遺産分割の事物管轄が異なり、かつ、寄与分を定めることが家庭裁判所の専権に属することの帰結である（民904条の2第2項参照）。

また、本条2項3号は、民法899条の規定によって各共同相続人が承継する債務とは、相続分指定がある場合には指定相続分（民902条）、相続分指定がない場合には法定相続分（民900条）に応じたものであることを前提にしている。これも、実質的には従来の判例の準則を明文化したものである[※3]。

（川　淳一）

（受遺者又は受贈者の負担額）
第1047条　受遺者又は受贈者は、次の各号の定めるところに従い、遺贈（特定財産承継遺言による財産の承継又は相続分の指定による遺産の取得を含む。以下この章において同じ。）又は贈与（遺留分を算定するための財産の価額に算入されるものに限る。以下この章において同じ。）の目

※2　最三小判平8・11・26民集50巻10号2747頁。
※3　最三小判平21・3・24民集63巻3号427頁。

的の価額（受遺者又は受贈者が相続人である場合にあっては、当該価額から第1042条の規定による遺留分として当該相続人が受けるべき額を控除した額）を限度として、遺留分侵害額を負担する。

一　受遺者と受贈者とがあるときは、受遺者が先に負担する。

二　受遺者が複数あるとき、又は受贈者が複数ある場合においてその贈与が同時にされたものであるときは、受遺者又は受贈者がその目的の価額の割合に応じて負担する。ただし、遺言者がその遺言に別段の意思を表示したときは、その意思に従う。

三　受贈者が複数あるとき（前号に規定する場合を除く。）は、後の贈与に係る受贈者から順次前の贈与に係る受贈者が負担する。

2　第904条、第1043条第2項及び第1045条の規定は、前項に規定する遺贈又は贈与の目的の価額について準用する。

3　前条第1項の請求を受けた受遺者又は受贈者は、遺留分権利者承継債務について弁済その他の債務を消滅させる行為をしたときは、消滅した債務の額の限度において、遺留分権利者に対する意思表示によって第1項の規定により負担する債務を消滅させることができる。この場合において、当該行為によって遺留分権利者に対して取得した求償権は、消滅した当該債務の額の限度において消滅する。

4　受遺者又は受贈者の無資力によって生じた損失は、遺留分権利者の負担に帰する。

5　裁判所は、受遺者又は受贈者の請求により、第1項の規定により負担する債務の全部又は一部の支払につき相当の期限を許与することができる。

本条は、遺留分を侵害する受遺者等が複数存在する場合に、それらの者が遺留分侵害額請求に対してどのように負担するかを明らかにするものである。「減殺」に関する従来の条文および判例の準則を基本的には維持しながら必要な修正を加えたものである。

本条1項柱書は、受遺者または受贈者は遺贈または贈与の目的の価額を限度として遺留分侵害額を負担する旨を定める。遺贈に特定財産承継遺言による財産の承継と相続分の指定による遺産の取得が含まれていることに注意を要する。遺贈、贈与、特定財産承継遺言による割付および相続分の指定のうちの1つまたは複数によって共同相続人が遺留分侵害額請求を負担する場合には、「目的物の価額」はその共同相続人の遺留分額（民1042条参照）を超過した額を指す。この準則は2018（平成30）年民法改正前の判例の準則を明文化したものである[※4]。

本条1項1号は2018（平成30）年改正前民法1033条と、本条1項2号は改正前民法1034条と、本条1項3号は改正前民法1035条と実質的には同じである。なお、従来、死因贈与の減殺の順序が問題になっていたが、この点については新法もふれていない。

本条3項は実質的な新設規定である。相殺に類似する内容を持つが、相殺の場合とは異なり、請求を受けた受遺者等が月払いの相続債務を一括弁済した場合にも相殺適状の有無にかかわらず差引計算できる点に意義がある。この消滅請求は形成権である。

本条4項は、改正前民法1037条と実質的に同じである。

本条5項は、侵害された遺留分の回復が金銭債権化されたことに応じて新設されたものである。期限が付与された場合であっても、遺留分権利者に先取特権等の法定担保物権による保護が与えられることはない。

（川　淳一）

（遺留分侵害額請求権の期間の制限）

第1048条　遺留分侵害額の請求権は、遺留分権利者が、相続の開始及び遺留分を侵害する贈与又は遺贈があったことを知った時から1年間行使しないときは、時効によって消滅する。相続開始の時から10年を経過したときも、同様とする。

本条は、遺留分額侵害額請求権が1年の短期消滅時効および10年の除斥期間に服することを規定する。2018（平成30）年改正前民法1042条に対応するものであり、請求権の性質が減殺請求権から侵害額請求権に変わったことに対応する以外は、実質的な変更はない。

遺留分侵害額請求権の時効の起算点である「相続の開始及び遺留分を侵害する贈与又は遺贈があったことを知った時」とは、贈与または遺贈の事実、およびそれらが遺留分侵害を生じさせていていることを認識した時のことである。判例は、この解釈を前提に、被相続人の財産のほとんど全部が贈与されたことを遺留分権者が認識していて、遺留分権者がその無効を主張した場合には、原則として贈与を知った時点から時効期間が進行するとしている。ただし、遺留分権者が、処分が無効であることを信じていたことにもっともな事情があれば、その限りではない[※5]。

1年の消滅時効にかかるのは、形成権としての遺留分侵害額請求権自体であ

※4　最一小平10・2・26民集52巻1号274頁。

※5　最二小判昭57・11・12民集36巻11号2193頁。

る。形成行使の結果生じた金銭債権は、債権一般の消滅時効（民166条1項）に服する。

（川　淳一）

（遺留分の放棄）
第1049条　相続の開始前における遺留分の放棄は、家庭裁判所の許可を受けたときに限り、その効力を生ずる。
2　共同相続人の1人のした遺留分の放棄は、他の各共同相続人の遺留分に影響を及ぼさない。

本条が規定するのは、相続開始前の放棄であって、相続開始後の放棄は自由であると解されている。

（川　淳一）

第５編第９章　〔後注〕　遺留分と寄与分

遺留分（割合）を算定する際には、寄与分はなんら影響しない。民法1044条は民法904条の2を準用していないからである。他方、民法904条の2によって寄与分を定めるに際しては、家庭裁判所は、原則として、寄与分が他の相続人の遺留分を害しないように定めるべきであるとする高裁決定例がある※6。

（川　淳一）

※6　東京高決平3·12·24判タ794号215頁。

第5編第10章　特別の寄与

第1050条　被相続人に対して無償で療養看護その他の労務の提供をしたことにより被相続人の財産の維持又は増加について特別の寄与をした被相続人の親族（相続人、相続の放棄をした者及び第891条の規定に該当し又は廃除によってその相続権を失った者を除く。以下この条において「特別寄与者」という。）は、相続の開始後、相続人に対し、特別寄与者の寄与に応じた額の金銭（以下この条において「特別寄与料」という。）の支払を請求することができる。
2　前項の規定による特別寄与料の支払について、当事者間に協議が調わないとき、又は協議をすることができないときは、特別寄与者は、家庭裁判所に対して協議に代わる処分を請求することができる。ただし、特別寄与者が相続の開始及び相続人を知った時から6箇月を経過したとき、又は相続開始の時から1年を経過したときは、この限りでない。
3　前項本文の場合には、家庭裁判所は、寄与の時期、方法及び程度、相続財産の額その他一切の事情を考慮して、特別寄与料の額を定める。
4　特別寄与料の額は、被相続人が相続開始の時において有した財産の価額から遺贈の価額を控除した残額を超えることができない。
5　相続人が数人ある場合には、各相続人は、特別寄与料の額に第900条から第902条までの規定により算定した当該相続人の相続分を乗じた額を負担する。

2018（平成30）年民法改正による新設規定である。従来、相続人の「寄与」については民法904条の2によって手当がされていたところ、相続人の配偶者等については手当がされておらず、不衡平であるという指摘があった。これに対して裁判例※1は、相続人の配偶者等を「履行補助者」と法律構成し、相続人に寄与分を認める際に考慮するということをしてきた。本条はこの問題に対して一定の立法対応をしたものである。

もっとも、本条によって従来の「履行補助者」構成が廃されることになるのかは必ずしも明らかではない。内縁配偶者等そもそも本条の射程の及ばない者について「履行補助者」構成を廃する理由はないし、本条の適用対象である者についても期間制限との関係でなお「履行補助者」構成を維持する実質的理由は残っているというべきである。

（川　淳一）

※1　東京高決平22・9・13家月63巻6号82頁。

重要用語一覧

アルファベット・数字

あ

い

え

お

か

き

く

け

こ

さ

し

つ

て

と

な

に

は

ひ

ふ

判例索引

大審院

最高裁判所

控訴院

高等裁判所

区裁判所

地方裁判所

家庭裁判所

編者・執筆者一覧

編者

松岡　久和　（まつおか・ひさかず）　　立命館大学教授
中田　邦博　（なかた・くにひろ）　　龍谷大学教授

執筆者　（五十音順）

川　淳一　（かわ・じゅんいち）　　成城大学教授
…第５編第１章〜第３章第１節（〔前注〕・896条，第２節，第３節，第４章第１節，第２節第１款，第６章，第７章第１節〜第４節，第８章〜第10章

冷水　登紀代　（しみず・ときよ）　　甲南大学教授
…第４編第２章，第５章〜第７章

高橋　朋子　（たかはし・ともこ）　　成蹊大学教授
…第５編第３章第１節（897〜899条の２），第４章第２節第２款，第３節，第５章，第７章第５節

常岡　史子　（つねおか・ふみこ）　　横浜国立大学教授
…第４編第３章〜第４章

松川　正毅　（まつかわ・ただき）　　大阪学院大学教授
…第４編第１章

新・コンメンタール　民法（家族法）

（2009年 9 月30日　学習コンメンタール民法Ⅱ親族・相続　第1版第1刷発行）
2021年 4 月20日　第1版第1刷発行
2021年12月 1 日　第1版第2刷発行

編　者――松岡久和・中田邦博
発行所――株式会社日本評論社
〒170-8474　東京都豊島区南大塚3-12-4
電話　03-3987-8621（販売）　-8592（編集）
FAX　03-3987-8590（販売）　-8596（編集）
振替　00100-3-16
印　刷――倉敷印刷
製　本――難波製本

装幀／林　健造
ISBN 978-4-535-52527-6